国家社科基金重大项目课题"尤里·洛特曼著作集汉译与研究"（21&ZD284）阶段性成果

Жизнь и творчество Ю.М. Лотмана

尤 · 米 · 洛 特 曼 的
生 平 与 创 作

Борис Фёдорович Егоров

〔俄〕鲍里斯·费奥多罗维奇·叶戈罗夫 著

谢子轩 王加兴 译

南京大学出版社

Жизнь и творчество Ю. М. Лотмана

© Борис Фёдорович Егоров

Simplified Chinese edition copyright © 2023 by NJUP

江苏省版权局著作权合同登记　图字：10-2021-35 号

图书在版编目(CIP)数据

尤·米·洛特曼的生平与创作 /（俄罗斯）鲍里斯·
费奥多罗维奇·叶戈罗夫著；谢子轩，王加兴译. 一 南
京 ：南京大学出版社，2023.5
（俄罗斯社会与文化译丛 / 王加兴主编）
ISBN 978 - 7 - 305 - 27009 - 3

Ⅰ. ①尤… Ⅱ. ①鲍… ②谢… ③王… Ⅲ. ①尤·米
·洛特曼－人物研究 Ⅳ. ①K835.125.41

中国国家版本馆 CIP 数据核字(2023)第 091124 号

出版发行　南京大学出版社
社　　　址　南京市汉口路 22 号　　　　邮　编　210093
丛 书 名　俄罗斯社会与文化译丛
丛书主编　王加兴
书　　　名　**尤·米·洛特曼的生平与创作**
　　　　　　YOU MI LUOTEMAN DE SHENGPING YU CHUANGZUO
著　　　者　[俄罗斯]鲍里斯·费奥多罗维奇·叶戈罗夫
译　　　者　谢子轩　王加兴
责任编辑　黄隽翀

照　　　排　南京南琳图文制作有限公司
印　　　刷　南京玉河印刷厂
开　　　本　787 mm×960 mm　1/16　印张 21.25　字数 353 千
版　　　次　2023 年 5 月第 1 版　　印　次　2023 年 5 月第 1 次印刷
ISBN 978 - 7 - 305 - 27009 - 3
定　　　价　75.00 元

网　　　址：http://www.njupco.com
官方微博：http://weibo.com/njupco
官方微信号：njupress
销售咨询热线：(025) 83594756

总　序

俄罗斯文化学者尤·谢·里亚布采夫在《千年俄罗斯》一书的《致中国读者》中写道:"俄罗斯文化与中国文化相比还很年轻,她只有一千多年的历史。但是在此期间,她走过了辉煌的道路,以无数杰出的人物和文物丰富了世界文化宝库。"独树一帜的俄罗斯文化对人类文明做出了重要贡献。

20世纪,苏联对社会主义新中国的社会意识形态和社会制度的形成与发展产生过广泛而深刻的影响。苏联解体后,俄罗斯虽然失去了超级大国的地位,但依旧是世界上的文化强国,依旧是对我国影响最深的国家之一,也是同我国在科学技术、军事、能源、教育、文化等领域交往最多的国家之一。自2001年两国元首签署《中俄睦邻友好合作条约》以来,中俄关系进入了新的发展阶段,两国人文交流蓬勃发展,双方成功互办了"国家年""语言年""旅游年"和"青年友好交流年",2016至2017年则举办"中俄媒体交流年"。最近两年,随着"一带一路"与(俄罗斯提出的)欧亚经济联盟建设对接合作的积极开展,两国务实合作取得了新的重要成果。由于世代友好的理念已渐入人心,双方在各个层面(包括官方和民间)的交流与合作必将不断深化。无论是为了总结20世纪的历史经验,还是为当下开展有效的双向交流、加深两国人民的友谊,抑或是为了展望未来的两国合作前景,我们都必须系统而深入地了解俄罗斯。

我国出版界历来较为重视译介外国学术名著。苏联解体以来,国内曾出版过不少俄罗斯社会与文化方面的译著,但多"以单行本印行,难见系统"。最具规模和影响的是商务印书馆出版的"苏联丛书"。该丛书分为"俄国部分"和"苏联部分"。前者包括《俄国各阶层史》《俄国社会思想史》《俄国教会史》《俄国工人阶级状况》等11种;后者则有《苏联地理》《苏联人口七十年》《苏联教育史》《苏联哲学史》等10种。此外,该馆出版的"汉译世界学术名著丛书"中也列有瓦·奥·克柳切夫斯基著《俄国史教程(1—5卷)》和拉夫连季编《往年纪事》等。但这些原作都是苏联及更早时期的学术成果。在该馆出版的相关译著中,目前见到的唯一一本"新书"是根据1999年修订版译出的塔·谢·格奥尔吉耶娃著《俄罗斯文化史——历史与现代》。

本人在我国驻俄罗斯联邦大使馆教育处工作期间(2001—2003)就开始关注这方面的新论,返回南京大学教学科研岗位后也一直与该领域的俄罗斯学者保持着联系。在与俄罗斯学者的交流中,从他们的新著中,可以深刻感受到他们一方面对俄罗斯传统文化尤其是对苏联时期的文化重新审视;另一方面,对当下的俄罗斯社会形态和文化现象也在做出自己的思考与判断。

鉴于我们国内缺乏对此类新作的系统译介,我们提出了编辑出版该译丛的设想,并很快得到了学校领导和出版社的支持。在选题方面,我们努力满足三个层次的需求——中俄两国人文交流的需求,我国学术界研究俄罗斯人文社会科学的需求,我国普通读者了解俄罗斯社会与文化的需求;并最大可能地使译丛兼具学术性与可读性的特点。

该译丛第一辑共四册,分别是维·费·沙波瓦洛夫著《俄罗斯文明的起源与意义》、亚·伊·弗多文著《二十世纪的俄罗斯族人》、亚·尼·扎苏尔斯基主编《俄罗斯大众传媒》和谢·伊·科尔米洛夫主编《二十世纪俄罗斯文学史》。十分巧合的是,这四位作者都是莫斯科大学的知名教授。尤其值得一提的是,《俄罗斯大众传媒》的出版恰逢"中俄媒体交流年",俄罗斯联邦驻中华人民共和国特命全权大使安德烈·伊凡诺维奇·杰尼索夫先生于2016年1月专门致函南京大学出版社表示感谢,信中称此书"在中国的出版将会增进俄中学者的彼此了解,也将促进两国传媒研究的发展""2016—2017年是俄中媒体交流年,《俄罗斯大众传媒》一书在中国问世恰逢其时,符合时代潮流"。《俄罗斯文明的起源与意义》于2015年获第四届中国大学出版社图书奖优秀学术著作二等奖。此外,《中华读书报》(2016年3月30日第8版)发表《民族问题与民族的解体》一文,对《二十世纪的俄罗斯族人》做了有力推介;国内核心期刊《俄罗斯文艺》也发表了两篇书评,分别对《俄罗斯文明的起源与意义》和《俄罗斯大众传媒》的主要观点进行了较为详细的分析。

　　本译丛的目的是向我国读者比较全面、比较客观地介绍俄罗斯社会与文化方方面面的情况，我们将持续推出俄罗斯政治、哲学、法律、宗教、教育等领域的新书，因此本译丛具有开放性。俄罗斯方面也对译丛的后续出版工作予以高度重视，2016 年 5 月俄罗斯联邦驻上海总领事阿·尼·叶夫西科夫一行专程来南京大学商谈相关事宜，并赠送了一批俄文版新书。

　　该译丛第一辑的出版得到了教育部国际合作与交流司的支持，特此致谢。

王加兴

2016 年 9 月 14 日

于南大和园

致中国读者

亲爱的中国读者！

我很荣幸受王加兴教授之邀，为《尤·米·洛特曼的生平与创作》中译本作一番寄语。

为这样一本书提笔作序，我是心怀忐忑的。正如我父母所言，我完全不是一个"做学问的人"。我当了大半辈子的英语教师，移居美国后接受了图书馆学教育，并担任图书管理员，直至数年前退休。我唯一能够献给诸位的，便是我的平实却又十分温馨真挚的回忆——在塔尔图度过的童年，同尤·米·洛特曼一家的友谊，还有我大学时代及此后岁月里对塔尔图的多次造访。因此，我谨将往事追述于此，并希望中国读者宽容以待。

我父亲1999年将他的《尤·米·洛特曼的生平与创作》一书赠与我和我丈夫詹姆斯时，在书上题写了这样一句话："送给我亲爱的孩子们塔尼娅和詹姆斯——这是一本对我而言十分珍贵的书；塔尼娅也参与其中了……"

没错儿，我确实是一名"参与者"，如果可以这样说的话；但准确地说，我只不过是周遭所发生事件的一个背景而已。"参与者"一词要求的是积极主动。我的"参与"却全然是被动的——我只是有幸生在了群贤汇聚的环境中，并在其间长大，却浑然不知，这是得天独厚的。这是我生活的一部分，我也就以为，所有人都是这样生活和交往的。

翻阅爸爸回忆尤里·米哈伊洛维奇的这本书时，我欣喜地读到了有关我和米沙·洛特曼的一段话："我女儿塔尼娅和洛特曼家的大儿子米沙差不多同岁。记得他们当时才三四岁，在一起玩过家家——典型的儿童游戏。我们家塔尼娅像个小主妇似的整理东西、收拾房间，而米沙疲惫地提着公文包回到了家——我不记得他拿的是自己的包还是我们家的包了。他打开包：'我买了只鸡。'我们家塔尼娅瞪大了眼睛:'鸡应该让奶奶来买!'——我们家都是奶奶买菜。而爸爸带回家的应该是书,爸爸爱去书店,回来时总是带着满满一包书。这件事儿我一辈子都忘不了。我们经常想起此事——这是她'对爸爸的印象'。"

　　我对此事记忆犹新。我觉得爸爸记错了。我当时应该有 5 岁了,米沙是 4 岁,他比我小一岁,而且他肯定没有自己的公文包。这件事在我脑海中留下的印象真是再清晰不过了。确实,让爸爸用公文包装一只鸡,或是让他去厨房洗碗,这在我是完全不可想象的。但尤里·米哈伊洛维奇却总是在做家务,我清楚地记得,我上大学时有一次留宿洛特曼家,看见他风趣地把手巾往手臂上一搭,学着餐厅服务员的样子从厨房走出来。大伙儿可乐坏了。而现在我就笑不出来了,因为我知道,他挤压自己的睡眠时间来开夜车,白天并没有多少时间……

　　我想起另一桩更加令人伤心、悲痛的事件:1970 年 1 月洛特曼家的住宅遭到搜查(他们当时有两套住宅,一套在塔斯卡尼街,另一套在海德曼尼街)。我父亲在书中描述了这两起搜查。大学放假期间,尤其是一月份放寒假时,我常去塔尔图消遣假日,洛特曼一家总是热情地让我住海德曼尼街的房子,他们自己住在塔斯卡尼。就在这样的一月份的某日早晨,响起了门铃。来了 5 名上门搜查的克格勃。那是早上 9 点钟。我和女伴才刚睡下,我们参加聚会,玩了一个通宵,凌晨才散。那套住宅很小,只有两个相邻的房间。房东扎拉·格里戈里耶夫娜很快就被带了过来。搜查一直持续到下午 5 点。那些人搜得很仔细,所有纸张都翻了个遍,找到了我爸爸的一些信件。此后,有一个克格勃,我至今还记得,叫作特里什金大尉(我记住了这个姓氏,因为伊·安·克雷洛夫有一篇寓言就叫《特里什卡的外套》),一连数日都来找我和我的女伴问话。然后,我俩就返回列宁格勒了。

　　那些年代是令人惶恐不安的。我们生活在一个难以置信的世界,现在想来简直荒唐,但当时就是这样。可怕的是,一切都显得那么稀松平常,似乎就是我们生活的一部分。也只能设法与之共处;需要时刻提防,谨言慎行;我们被限制出境,且没有任何理由。不过,我们也会苦中作乐。记得上大学时在塔尔图有过这么一件事。那时我们爱玩一种游戏——限韵打油诗(法语 bouts-rimés〈"押韵的末尾词"〉——一种文学游戏,即用指定的韵脚写诗,多为打油诗)。我们在洛特曼家聚会时常玩这个游戏。在我所记得的诗句中有这样一句："大教授尤里·洛特曼想去巴黎逛,可竹篮打水空一场。"1969 年,尤里·米哈伊洛维奇入选国际符号学研究会组织委员会,但他从未获准前往西欧参加委员会工作会议。我父亲在本书中记述了此事。

父亲的这本书精彩地展现出他和尤里·米哈伊洛维奇那精妙的、友好的、真挚的关系,他们的这份情谊维持了(近)45 年。我想,除了尤·米·洛特曼,我父亲跟其他任何人都不曾结下如此亲密、真诚的情谊。想来这应是双向的。

虽说我上大学时的行为并非总是尽善尽美,尤里·米哈伊洛维奇还是对我仁厚相待。有一次,在塔尔图大学举办本科生学术会议期间,我们在位于帕尔索尼街的我的宿舍里纵酒狂欢。第二天早晨,怒气冲冲的女宿管员闯进我的寝室,扬言要去学校告发我。我赶紧去找尤里·米哈伊洛维奇,倒不是想请他出面对事态施加影响,而是生怕他从别人口中听说此事后把我想得很糟糕。听完我的讲述后,他好像是这么说的:"塔尼娅,从你出生起我就认识你了。难道你以为,凭某个糊涂宿管员就能改变我对你的看法吗?"我早已忘记此事是如何收场的,再说这也已经不重要了,可尤里·米哈伊洛维奇的话却让我铭记一生。

我很高兴中国读者将能用母语阅读父亲记述尤里·米哈伊洛维奇·洛特曼生平与创作的著作。希望你们能欣赏并喜欢上这位杰出的天才学者,这位心灵高尚的非凡之人。

塔季扬娜·鲍里索夫娜·米勒,本书作者之女
2022 年 12 月

目 录

献给爱沙尼亚民族最优秀的代表——
塔尔图大学的同仁们。
在人文学者的艰辛岁月里，
他们为尤·米·洛特曼及其身边的人创造了
教育青年、从事科研和发表论著的机会。

引　言

　　我与尤里·米哈伊洛维奇·洛特曼相识有半个世纪之久。初次见到他，是在列宁格勒大学语文系附近的滨河街上，好像是 1947 年。他的模样十分引人注目：神情专注，眼神有点冷漠，鼻子肥大，唇髭茂盛，脚步很快，几乎像是在奔跑。同学们告诉我，这是一位非常有才华的学生。他看上去比我们这些大学生的年纪大得多，事实上他那时已有 25 岁，但看上去还要再大上十岁。我觉得，他既有点像昔日的象棋名手艾·拉斯克尔①，又有点像伟大的阿·爱因斯坦（我当时尚不知晓阿·史怀哲②也有着一副相似的面容）。我们真正结识是在 1951 年的塔尔图，且很快便成了真朋挚友：在四十多年的艰难岁月里，我们始终患难与共，从未发生过争吵，也未曾疏远过对方。

　　我们一同创建了塔尔图大学俄国文学教研室（所以一提到那些年，我便会经常使用"我们"——指的就是我和洛特曼，甚或整个教研室的所有教师）；1960 年，我几乎亲手把教研室的领导工作交接给了尤里·米哈伊洛维奇，可以说，时

---

　　① 艾·拉斯克尔(1868—1941)，德国国际象棋大师，第二位世界冠军，犹太人。——译注

　　② 阿·史怀哲(1875—1965)，德国学者、医生、音乐家、人道主义者，曾提出"敬畏生命"的伦理学思想。1913 年，他在非洲加蓬建立了丛林诊所，从事医疗援助工作直至去世。史怀哲于 1952 年获诺贝尔和平奖。——译注

至今日我仍对它视如己出。我是唯一一个尤·米·洛特曼总是乐于与之分享所有想法、主意和内心秘密的人,也是少数几个能数十年如一日,在心智上都与他如此亲密交往的人之一。

所以,当中国同行建议我写一本关于洛特曼的书的时候,我欣然接受,并深感荣幸:除了我,还有谁能写得了这样一本书呢?!后辈学者们想必可以从 21 世纪的高度对洛特曼的学术贡献写出更加精彩、更有远见卓识的专论,但我想——或许有些过于自信——不会有人像我这样能把对他创作演变的分析与他个人的生平事迹,与具体的、没有留下任何记录的言谈话语,与具体的性格特点紧密地结合起来。当我们这代人离开人世的时候,许多像这样的具体细节和事实也就一起消失得无影无踪了,但我想,对于后人的记忆而言,重要的不仅是学术、艺术和日常生活的文本所记载的思想产品,而且是其背后所隐藏的原因,以及其中所伴随的复杂人为因素及作用,对于一位杰出学者所留下的文本则更是如此。况且,他还是一位人文学者,相较于从事精密科学和自然科学研究的那些人,其创作中所体现出的主观个性要鲜明得多。

因此,呈现在读者面前的这本书既涵括尤·米·洛特曼的生平传记(我在其中也加入了一些心理描写),也包含对他学术遗产的分析。好在此前已有不少人对后者贡献良多。安·舒克曼的专著[1]在西方早已为人所知。此后又出现了不少关于"苏联"结构主义者和符号学家的研究,其中自然也对洛特曼给予了高度关注[2]。如今,无论在国内还是国外已有许多专门研讨我们这位学者的论文乃

---

[1]　安·舒克曼:《文学与符号学:尤·米·洛特曼论著研究》,阿姆斯特丹—纽约—牛津,1977。

[2]　1976 年至 1994 年间此类研究的详细目录载于塔·米·尼古拉耶娃为《莫斯科符号学界文选》所写的导言,第 XVI—XVII 页。导言中列有"苏联"符号学的著述目录。

至整本文集问世,且近年来数量尤多①。我也写了"整整一打"关于其生平和创

---

① 《符号活动,符号学与文化史:纪念尤里·洛特曼》——《密歇根斯拉夫集刊》,1984,第 10 辑;《符号学与文化史:纪念尤里·洛特曼》(俄文论文集),哥伦布,俄亥俄,1988;《尤·米·洛特曼教授 70 寿辰纪念文集》,塔尔图,1992;《俄国文化中的文学传统与实践:纪念尤·米·洛特曼 70 寿辰国际会议论文集》,瓦·波卢欣娜、乔·安德鲁、罗·雷德主编(他们也是以下三本书的出版者),阿姆斯特丹,罗得比出版公司,1993;《俄国文化:符号学与结构》——《俄国文学》(阿姆斯特丹),第 36 卷(尤·米·洛特曼纪念特辑),第 1—2 期,1994 年 10 月、11 月;《俄国社会中的结构与传统》——《赫尔辛基斯拉夫研究》,第 14 卷,赫尔辛基,1994;《纪念尤里·洛特曼》——《理论·文学·教育》,第 13 卷,巴黎,1995;《尤·米·洛特曼的遗产:现状与未来》——《特格斯特斯拉夫研究》,第 4 卷,的里雅斯特,1996;《尤·米·洛特曼与塔尔图—莫斯科符号学派》,莫斯科,1994;《洛特曼纪念文集》,第 1—2 卷,莫斯科,1995—1997;《莫斯科—塔尔图学派:历史、回忆与思考》,莫斯科,1998;《纪念洛特曼学术报告会文集》,萨拉托夫,1998;《维什戈罗德》(塔林),1998,第 3 期(洛特曼及其教研室纪念专号)。极有价值的单篇文章有:伊·切尔诺夫:《文化的三种模式》,载《半百之庆:纪念尤·米·洛特曼教授 50 寿辰青年语文学者文集》,塔尔图,1972,第 5—18 页;伊·切尔诺夫:《进入尤·米·洛特曼体系的尝试(献给导师 60 寿辰)》,载《国立塔尔图大学》,1982 年 2 月 28 日,第 1—2 期(此文重刊于尤·米·洛特曼《论俄国文学》一书,圣彼得堡,1997,第 5—12 页);马·马扎杜里:《尤里·洛特曼的大学时代:研究论文与早期撰作》,载《从形式到精神:尼娜·考赫奇什维利纪念论文集》,米兰,1989,第 267—283 页;翁·艾柯:《序言》,载尤·米·洛特曼《思维的宇宙》,伦敦,1990,第 Ⅶ—ⅩⅢ 页(俄译本为翁·艾柯:《英译本序言》,载尤·米·洛特曼:《在思维世界的深处》,莫斯科,1996,第 405—414 页);塔·库佐夫金娜:《尤·米·洛特曼生前最后几篇文章中的死亡主题》,载《俄罗斯研究》,圣彼得堡,1995,第 4 期,第 288—303 页;米·列·加斯帕罗夫:《尤·米·洛特曼:科学与意识形态》,载尤·米·洛特曼《论诗人与诗歌》一书,圣彼得堡,1996,第 9—16 页;塔·库佐夫金娜:《关于尤·米·洛特曼未公开发表的遗产》,载《塔林》,1996,第 2 期,第 117—120 页;大卫·贝西亚:《巴赫金的散文性与洛特曼的"诗性思维":代码及其与文学传记的关系》,载《斯拉夫和东欧学刊》,第 41 卷,第 1 期,1997;勒·斯利沃夫斯基:《尤里·米哈伊洛维奇·洛特曼:人,著作者》,载《东斯拉夫》,1997,第 1 期,第 83—92 页;扬·列夫琴科:《混沌—宇宙—文本》,载《俄罗斯语文学(第 9 卷):青年语文学者学术论文集》,塔尔图,1998,第 251—265 页;柳·基谢廖娃:《尤·米·洛特曼:从文学史到文化符号学(论洛特曼符号域的边界问题)》,载《赫尔辛基和塔尔图俄罗斯研究》,第六卷,塔尔图,1998,第 9—21 页;托·西比奥克:《与爱沙尼亚人的交往》,载《符号系统论丛》,第 26 卷,塔尔图,1998,第 20—41 页;罗·格·格里戈里耶夫、谢·米·达尼埃尔:《洛特曼的悖论》,载尤·米·洛特曼《论艺术》一书,圣彼得堡,1998,第 5—12 页;米·尤·洛特曼:《跋:结构诗学及其在尤·米·洛特曼遗产中的地位》,同上,第 675—686 页。

作的文章①。

　　在纪念这位学者的上述文集中,除了分析性文章,还载有不少回忆录。尤·米·洛特曼本人,尽管记忆力超群(他年轻时能记得整个四年卫国战争期间每一天所发生的事情,仿佛脑子里有一本日记),却并不喜欢回忆自己的生活;更确切地说,他不喜欢把这些事记在纸上,因为他觉得,科研工作要比写回忆录更为重要。尽管多年间我一直苦口相劝,却全无成效。尤里·米哈伊洛维奇曾多次热情劝说过别人,如他对伟大的钢琴家玛·韦·尤金娜说:"您给我的信上有那么多人名冲我看。作为文化史学者,面对这些人名我不得不叫喊起来:'您还没有写回忆录吗??'须知写回忆录就是留下**记忆**②,而人类却总是不长记性。还是说回来吧:文化就是人类的集体记忆。一切遗忘都是犯罪,都是对死亡的妥协。人不是在断气时死去的,而是在被遗忘时才死去的。"(1969 年 6 月 22 日的书信)但他自己却依旧我行我素。只是在生命的最后几年,他才口述了一些无比珍贵的回忆片段。幸亏洛特曼的亲朋好友们留下了对他的记忆。

　　除已出版的文献外,我还采用了其亲人和同事的口述资料。所以,我十分感谢学者的三位姐姐,以及弗·索·巴赫金、谢·根·伊萨科夫、维·亚·卡缅斯卡娅、马·格·卡丘林、奥·米·马列维奇、帕·谢·赖夫曼、法·谢·松金娜、

---

　　①　《献给尤里·米哈伊洛维奇·洛特曼 60 寿辰》,载《花甲之庆:尤·米·洛特曼教授 60 寿辰纪念文集》,塔林,1982,第 3—20 页;《从游戏到电子计算机》,载《前进》(塔尔图),1987 年 3 月 5 日,第 27 期;《心灵传记》,载尤·米·洛特曼《卡拉姆津的创作》一书,莫斯科,1987,第 7—10 页(重刊于"杰出人物传记"丛书中的《卡拉姆津》一书,莫斯科,1998,第 5—10 页;增补后又载于尤·米·洛特曼《卡拉姆津》一书,圣彼得堡,1997,第 5—8 页);《与尤·米·洛特曼相交 50 载》,载文集《尤·米·洛特曼与塔尔图—莫斯科符号学派》,莫斯科,1994,第 475—486 页;《塔尔图学派的起源问题:忆 1950 年代》,载《新文学评论》,莫斯科,1994,第 8 期,第 78—98 页;《作为普希金研究者的尤·米·洛特曼》,载《俄罗斯文学》,1994,第 1 期,第 227—235 页;《洛特曼及其他人(关于 1950 年代塔尔图学派的回忆录节选)》,载《日复一日》(塔林),1995 年 3 月 24 日,第 22 期,第 21 页;《尤·米·洛特曼的个性与创作》,载尤·米·洛特曼《普希金》一书,圣彼得堡,1995,第 5—20 页;《我们喜爱的字谜游戏"参孙"》,载《塔林》,1996,第 2 期,第 88—101 页;《在 50 年代末》,载《维什戈罗德》(塔林),1998,第 3 期,第 66—76 页;《我们年轻的教研室》,同上,第 147—153 页;《生活中的尤·米·洛特曼:性格与品行》,载《纪念洛特曼学术报告会文集》,萨拉托夫,1998。

　　②　原文为拉丁语。——译注

弗·尼·托波罗夫、玛·伊·哈列温娜、塔·弗·齐韦扬等所提供的各类宝贵资料。

　　还须指出一些技术性问题。首先是在开始写作本书时就已出现的一个问题：应当如何称呼尤里·米哈伊洛维奇·洛特曼？我们在书中可要上百次地提及他的名字！年长的亲戚以及大学同学们自然就叫他"尤拉"①。我起初称他为"尤里·米哈伊洛维奇"，后来简化成"尤尔米赫"；这个名字此后便广为流传，甚至还出现了某些严肃出版物里。但在本书中使用像"尤·米"或"尤尔米赫"这样的缩写想来都不太合适，所以，我倾向于在"童年和少年"一章中称呼他为"尤拉"，而在此后的各章中就称"洛特曼"。

　　第二个问题。不少行政机关和地点都曾改名。为避免个人偏好，我尽量将苏联时期的彼得堡称为"列宁格勒"（尽管我有时也使用"彼捷尔"——这一名称即使在1924年后也未从我的朋友圈子中消失），用当时的简称"国列大"来指代彼得堡大学，用"国塔大"指代塔尔图大学（如今的爱沙尼亚人已去掉了"国"字，把校名缩减到只剩"塔大"两个字），而把当时的爱沙尼亚，如果涉及官方文件的话，叫做"爱沙尼亚苏维埃社会主义共和国"。此外，还有一个重要用语。所有苏联时期的西方同行和研究者都把莫斯科和塔尔图的符号学者、结构主义者一概称为"苏联"学者。显然，这一用语指的是行政归属，而绝非学者们的意识形态属性。我尽量避免这一用语，但若必须使用（如上述情形），则加上引号以强调其限定性。

　　本书仅交代对洛特曼的生活和学术活动至关重要人士的生卒日期及生平概述。下文中提及的其他人的相关信息请参阅《尤·米·洛特曼书信集（1940—1993）》一书中的"人名索引"条目。

　　引文中的所有着重号均为其原作者所加，下文对此将不再另行注明。

　　为避免出现浩繁的脚注，本书做了某些简化处理。首先，如洛特曼著作在本书中虽有提及，但并未加以引用，则相关文献（包括刊物和论文集等）的出版信息均标注于论著标题后的括号内。如欲更详细地了解洛特曼及其同事的所有发表

---

　　①　"尤拉"系"尤里"的小名。——译注

成果,请参阅其著作目录①及国立塔尔图大学俄国文学教研室的出版物目录②。其次,有几种文献是本书中经常援引的,其标题经缩写后也标注在引文后的括号内。所采用的缩写及其全称如下:

洛特曼:《一》(或《二》《三》)——尤·米·洛特曼:《洛特曼文选》,第一——三卷,塔林,1992—1993。

洛特曼:《深处》——尤·米·洛特曼:《在思维世界的深处:人—文本—符号域—历史》,莫斯科,1996。

洛特曼:《论文学》——尤·米·洛特曼:《论俄国文学(文章和学术论文〈1958—1993〉)·俄国散文史·文学理论》,圣彼得堡,1997。

《纪念集》(1)——《洛特曼纪念文集》,第 1 卷,莫斯科,1995。

《新文评》(3);《新文评》(8)——《新文学评论》,1993 年第 3 期,1994 年第 8 期。

《书信集》——尤·米·洛特曼:《书信集(1940—1993)》,莫斯科,1997。

《符号学》(1)[或(2)—(25)]——《符号系统论丛》,第 1—25 卷(《塔大学术论丛》,第 160—936 卷),塔尔图,1964—1992。

《塔大学术论丛》——《塔尔图大学学术论丛》。

未公开发表的洛特曼书信均引自和摘自如下档案文献库中的原稿(我收有复印件):致尤·格·奥克斯曼的书信——俄罗斯国立文学和艺术档案馆(莫斯科),2567 号全宗,1 号目录,639 号案卷(我写给尤·格·奥克斯曼的信件也引自该全宗,1 号目录,492、493 号案卷);致帕·瑙·别尔科夫的书信——俄罗斯科学院档案馆(圣彼得堡),1047 号全宗,3 号目录,373 号案卷;致维·马·日尔蒙斯基的书信——俄罗斯科学院档案馆,1001 号全宗,3 号目录,539 号案卷;致玛·韦·尤金娜的书信——俄罗斯国立图书馆(莫斯科)手稿部,527 号全宗,15

---

① 　尤·米·洛特曼教授论著编目资料(1949—1990,柳·尼·基谢廖娃编),载《尤·米·洛特曼教授 70 寿辰纪念文集》一书,塔尔图,1992,第 514—565 页;尤·米·洛特曼论著目录(1949—1992,柳·尼·基谢廖娃编),载《洛特曼文选》,第三卷,第 441—482 页。

② 　《塔尔图大学俄国文学教研室俄国文学与符号学研究论著(1958—1990):目录索引》,塔尔图,1991。

号目录,33 号案卷。衷心感谢为我寄来洛特曼(和我)致尤·格·奥克斯曼的书信复印件的谢·伊·帕诺夫、提供致帕·瑙·别尔科夫和维·马·日尔蒙斯基的书信复印件的米·施·法因施泰因和提供致玛·韦·尤金娜的书信复印件的阿·米·库兹涅佐夫。

　　所援引的尤·格·奥克斯曼致洛特曼的信件收藏于塔尔图大学图书馆的洛特曼文献库;我非常感谢彼·奥列斯克馆长及塔·德·库佐夫金娜为我提供的复印件。

童年和少年

现存尤里·米哈伊洛维奇·洛特曼父母的生平资料十分简略,且多为零碎片段。苏联时期,许多家庭通常都不怎么向孩子们详谈祖辈的情况,洛特曼家同样也不例外。

有一点十分清楚——其双亲都是敖德萨人;他们特别勤劳,秉性善良,为人仁厚,对子女关爱有加。父亲米哈伊尔·利沃维奇(1883—1942)出身于殷实的商人家庭——芬克尔施泰因家族。他早年改姓"洛特曼"的原因扑朔迷离:有说是他在大学期间好像参加了地下革命活动(另一个版本是,为了谋得轮船机械师的差事),需要用别人的护照出国,米哈伊尔·利沃维奇后来便也沿用了这个姓氏;也有说是为了获得独立自主的地位,他从青年时起就不再使用家族的姓氏了。

米哈伊尔·利沃维奇上的是建筑学校,他擅长绘画和制图,还靠这一特长挣些零用钱(素描、制图、画宣传画的才能后来传给了他的儿子尤里)。之后他升入彼得堡大学法律系(他还在数学系学习过,但看来没有学完),毕业后做了律师助理,专治民法,后来成了一名著作权法专家,担任了列宁格勒多家出版机构的法律顾问。他为人诚实负责。也正是由于这份诚实本分,他在大围困期间的冬天患了重病:他的工作单位位于列宁格勒郊区的基洛夫工厂附近,离家有 10 公里之远,在交通中断、冰天雪地的冬季,米哈伊尔·利沃维奇几乎每天上下班都是步行的,最终受了严重的风寒,且病入膏肓。他于 1942 年 3 月初去世。

母亲,亚历山德拉·萨莫伊洛夫娜(1889—1963),娘家姓努德尔曼,出身于一个儿女成群的贫苦家庭(她父母有 13 个孩子!),家里是做缝纫的。从六岁起,小姑娘就得在作坊里帮哥哥姐姐们干活;她后来成了一名缝制内衣的熟练女工。她读完了函授高中。活泼、好奇的她决意要看一看大千世界,于是便和两位女伴一起去了巴黎,还顺道去了趟繁华美丽的首都彼得堡。她在巴黎也给别人做女上衣,就跟在敖德萨一样。后来就回到了家乡,她和未来的丈夫稍早前就是在这里认识的。他追了她8年,不仅帮意中人考上了医科(口腔)学校,给她提供物质上的帮助,在精神上引导她,还教她掌握生活技能(例如,她原先根本不会做饭)。最终,在第一次世界大战前夕,这对年轻人结成眷属,共同度过了近三十年的幸福生活。

他们有四个孩子。前三个都是女孩儿:因纳(1915年出生)、莉季娅(1917)、维多利亚(小名拉拉①,1919)。也就是说,因纳是革命前出生的,拉拉则生于苏维埃政权时期。而莉达是与苏维埃同年同月同日生的,正好是旧历1917年10月25日,这是布尔什维克占领彼得格勒的日子,她几乎就在阿芙乐尔号巡洋舰的炮声中呱呱坠地。根据家人的说法,当母亲开始阵痛时,父亲却怎么也找不到产婆:他们家离皇宫广场很近(但并不是后来一家人生活了半个世纪的、位于涅瓦大街18号的那座房子),枪声四起,涅瓦大街上都是持枪奔跑的水兵……最终还是找来了一位勇敢的妇女,莉季娅这才顺利降生。

尤里作为唯一的男孩,在家排行老小,他出生于1922年2月28日。

洛特曼家的文化素质教育从孩子们幼年时期便开始了。一家大小每天都要聚在一起,朗读西方经典作家(沃·司各特、查·狄更斯等)的小说——因纳俨然是一名朗诵演员;父亲则朗读普希金、契诃夫以及伏尔泰的作品。

米哈伊尔·利沃维奇喜欢带着家人一起步行游览城市,一路上他们边游玩边交谈。受过建筑师教育的父亲精通本市的建筑史,他几乎给孩子们开了系列讲座,讲解各种建筑风格的特征、演变,介绍彼得堡著名建筑物的建造情况,等等。对于爱子尤拉,父亲则更是关爱有加,例如教会了他下象棋,还经常跟他对弈。

一家人最常去的游览地是埃尔米塔什和俄罗斯博物馆。父亲给孩子们详细解说著名画作,讲述画家生平,解释画中的神话情节和圣经故事。尤拉第一次被

---

① 俄文为 Ляля,按俄汉音译表应译作"利亚利亚",为了符合汉语小名的称呼,姑且译为"拉拉"。——译注

带进埃尔米塔什时才刚满三岁。入口处的检票员起初都不愿意放他进去：也太小了！可尤拉郑重其事地从口袋里掏出了爷爷的银表，检票员便心头一软……10—12岁时，尤拉便已一个人去埃尔米塔什了，有一次还险些被抓：工作人员见一个小男孩在提香的《忏悔的抹大拉的玛丽亚》画前站了足足半个钟头，觉得形迹可疑。他只好作了一番解释。

在俄罗斯博物馆，伊万诺夫的《基督显圣》、列宾的《扎波罗什人》和库因芝画作的明亮色彩都给孩子们留下了深刻印象，但让他们流连忘返的还是勃留洛夫的《庞贝城的末日》。孩子们决定在家里复现这幅让他们惊艳不已的画面。他们将四张床拼在一起，把床上用品堆成山形，让尤拉坐在上面——他要往天花板上扔积木、枕巾、枕头，以此模拟维苏威火山的喷发情形——姐姐们则摆出画上人物的各种造型。下班回家的父母见到这番乱象，都愣住了……六十年后，洛特曼就普希金对勃留洛夫此画的解读撰写了一大篇文章，或许，当时他也回想起了自己扮演维苏威火山的情景。

剧院也是一家人常去的地方，特别是亚历山德拉话剧院和玛丽亚歌舞剧院①。柴可夫斯基的歌剧《叶甫盖尼·奥涅金》使孩子们激动不已。尤拉后来在家里曾多次表演过决斗场景，时而扮演连斯基，时而扮演奥涅金。后来他之所以严肃认真地研究普希金的创作和俄国决斗史——对已经上了岁数的洛特曼而言这是一项十分重要的工作——其源头是否也来自于此呢？

父母想给孩子们良好的音乐教育，很早就让他们学弹钢琴。莉季娅和维多利亚并不感兴趣，而大姐因纳则将音乐当成了职业：她上的是音乐学院，并成了作曲家和音乐理论家，还教授音乐史。孩子们所接受的综合素质教育对其多样化的职业选择产生了积极影响：因纳是音乐学者，拉拉继承母亲的衣钵成了一名医生，莉达和尤拉则皆为语文学者。

仿佛是对父亲那讲座式游览的一种补充，因纳为弟妹们提供了良好的音乐

---

① 亚历山德拉话剧院得名于沙皇尼古拉一世的皇后亚历山德拉·费奥多罗夫娜；玛丽亚歌舞剧院又译"马林斯基歌舞剧院"，得名于沙皇亚历山大二世的皇后玛丽亚·亚历山德罗夫娜。——译注

教育。她和他们一起研究莫扎特、格林卡和里姆斯基—科萨科夫经典歌剧的钢琴谱;在因纳的带领下,全家人都会唱格林卡、柴可夫斯基、舒伯特、舒曼等的浪漫曲。尤拉不仅参加这些集体活动,而且自己也弹得一手好钢琴,甚至还在全市业余文艺会演中获了奖。但那都是 12 岁以前的事了,此后他便放弃了音乐,再未演奏过乐器,全身心投入到了语文学之中。或许,他并不满足于成为一个著名钢琴家。

当一个有才华的人能相对自由地做选择时,他会先尝试好几种道路,最终选定一两条而放弃其他。洛特曼未能成为一名出色的演员,尽管他显然有此潜力。他生动地表演过奥涅金与连斯基决斗的场景。而在六年级(还是七年级?)时,教文学的女老师曾给同学们分配果戈理《钦差大臣》中的角色,让他们在课堂上表演剧本。洛特曼出色地扮演了赫列斯塔科夫[①]一角,赢得了欢笑和掌声。但这个浅薄的女教师却深深刺痛了小男孩:她不假思索地说,洛特曼之所以能把赫列斯塔科夫演得这么好,是因为他俩具有相似的性格。这句话使少年永远退出了戏剧表演,而且有两年他还疏离了文学,幸亏高年级时他遇到了一位好老师。洛特曼的表演天赋在他成年后,我们晚间一起玩字谜游戏时还会时时闪现出来(关于这一点下文还会提到),但那只是闲暇之余,而无关乎职业了。

洛特曼本也可以成为另一个领域——动物学——的杰出学者。他定期去少年宫参加少年自然界研究小组的活动,持续了好几年,并对爬行动物的研究着实下了一番功夫。少先队夏令营里常常出现这样一幕——小伙伴们用棍子挑着一条从森林里捕来的蛇请教洛特曼:这家伙有没有毒呀?

用现在的话说,洛特曼从小就是位"环保人士":他大力宣传要爱护大自然,宣扬自然万象的和谐与价值;为了证明动物是洁净的,他甚至可以把青蛙放到嘴里。

除爬行动物外,尤拉对昆虫也很感兴趣。他深受未来的著名昆虫学家、教授亚·谢·丹尼列夫斯基的影响,不过在当时的 30 年代,后者还只是一名研究生,

---

① 赫列斯塔科夫是果戈理喜剧《钦差大臣》中的男主角,这一姓氏在现代俄语中已成为"信口雌黄、漫天撒谎之人"的代名词。——译注

是二姐莉季娅的朋友(丹尼列夫斯基作为贵族而受到惩治,曾被流放至哈萨克斯坦,但因他是普希金的玄孙、果戈理的侄孙,1937 年普希金纪念日①前夕,又被遣送回列宁格勒)。直到晚年,洛特曼仍对广袤而神秘的昆虫世界保持着惊人的好奇与热爱。

　　他对整个动物界都同样怀有一颗爱心。在洛特曼的塔尔图住所几乎总是养着狗,它们俨然成了家庭成员。两只可爱的小狗,凯瑞和杰瑞,已传为教授家日常生活的美谈。即使在艰苦至极、颠沛困顿的前线生活中,洛特曼也念念不忘动物世界。在这位老兵关于战争的现存叙述中,最精彩的一段是他在炮火纷飞的荒野里遇见一只受到惊吓的兔子的情景(见《纪念集》〈1〉,第 25—26 页)。还得引用一下塔尔图的一名大学生瓦·尼·库哈列娃当年记下的洛特曼的一段口述:在战时一个可怕的夜晚,他做了一个色彩斑斓的梦——蔚蓝的大海,雪白的浪花,两只小白熊紧紧抱着一截棕色的浮木⋯⋯

　　但生物学也未能成为这位少年的职业。在二姐莉季娅的强烈影响下,他更喜欢语文学。莉季娅从弟弟年幼起便注意培养他,因而他在 5—7 岁时就已掌握了小学基础知识的要义,所以弟弟在 8 岁时(当时这是小学的入学年龄)跳过一年级,直接升入了二年级;也正是这次机会使得少年后来在参军前就已上了整整一年的大学;他中学毕业的年龄不是 18 岁,而是 17 岁;部队征召的则通常都是18 岁的青年。

　　1934 年,二姐莉季娅考上了列宁格勒大学语文系(当时刚刚取消入学限制;此前,只有工农子弟才能从中学直升高校,而出身于知识分子家庭的,必须在生产部门工作两年以上)。家里来了一些大学生朋友。莉季娅有一位名叫阿纳托利·库库列维奇的友人,此人把自己的同学丹尼列夫斯基也带到了洛特曼家里。相较于研究昆虫学的这名朋友,库库列维奇对尤拉产生的影响更大。他是一位天生的语文学者,同时在两个专业方向——俄罗斯语文学和古希腊罗马语文学——积极开展学术研究。还在读大学时,他就已经在格·亚·古科夫斯基教

　　① 1937 年,苏联隆重举行了纪念伟大诗人普希金(1799—1837)逝世一百周年的系列活动。——译注

授指导下写出了一些很有分量的学术论文,后者则像对待其他优秀学生的作品一样,将他的两篇文章刊发在权威的出版物上:一篇是载于《列大学报》(语文学版,第 3 期,1939)的《尼·伊·格涅季奇的俄国牧歌〈渔夫〉》,另一篇是科学院《俄国文学史》的"格涅季奇"一章(第五卷,莫斯科—列宁格勒,1941)中的两节文字。在读研究生期间,库库列维奇应征入伍,1941 年卫国战争刚开始时就牺牲了,甚是可惜。

与库库列维奇的交谈使尤拉对古希腊罗马产生了强烈兴趣。他如饥似渴地研读荷马的《伊利亚特》,几乎能背诵全诗,并钻研起古典历史学家(希罗多德、普鲁塔克、塔西佗)的著述,还请库库列维奇为他上希腊语课。选定语文学这条路后,洛特曼明白了学好外语的重要性。好在他也步姐姐们的后尘,考上了有名的"彼得学校"。该校用德语授课,孩子们也因此获得了这门语言的良好知识。遗憾的是,洛特曼在彼得学校只读完了低年级;30 年代初,由于当时的"一刀切"政策,彼得学校被改建为普通的俄语中学。但良好的语言功底使得洛特曼后来在战时迅速掌握了德语。他在大学期间开始学习法语,在前线打仗时也未中断;成年后,他已能用法语写文章、作报告了。在塔尔图时期,他还自学了意大利语和英语。

还在上中学时,尤拉便开始去语文系旁听格·亚·古科夫斯基教授讲得十分精彩的 18 世纪俄国文学课程。他也听过列·利·拉科夫副教授那同样精彩的古希腊罗马文学课。在一位中学高年级老师的帮助下,他让自己真正见识到了伟大的俄国经典文学;只是洛特曼记不得他姓什么了,在回忆录里称他为"叶菲姆·格里戈里耶维奇"。上高中时,尤拉已通读列夫·托尔斯泰的 12 卷本作品集(这是《火星》杂志 1928 年增刊);父亲也给儿子赠送过一套 12 卷本的陀思妥耶夫斯基作品集,他同样也全部读完了。

作为一名毕业班的学生,洛特曼努力学习所有科目,甚至为后进同学免费补习,以便充分复习功课。1939 年,他以全优成绩从中学毕业,也即拿到了红皮金字的毕业证书,因此可以免试进入大学学习——不知为何,他对入学考试感到紧张兮兮的(原因恐怕是,当时语文系入学考试的科目实在太多,比如说,要考数学和化学)——于是,他就飘飘然了:中学毕业晚会后,在六月份的白夜,他没穿外套,只穿一件白衬衫就和同学们在城里逛了一整夜,结果严重受凉——接下来的整个夏天,这位感冒患者都卧床不起,直到八月底语文系俄罗斯语文学专业快开学时才痊愈。假如在他大病初愈时让他把一整套考试全都考一遍,那就够他瞧的了!

需要强调的是,洛特曼直到中学毕业后乃至卫国战争中期都未加入共青团,这对大城市的年轻人而言是少有的;通常,八年级时,全班就都已入团了。直到1942 年,在前线的严酷条件下,当入党已成为一种壮举时(众所周知,德军在俘获苏军战士时会立刻枪杀共产党员),洛特曼这才递交了入党申请书。

在列宁格勒大学(1939—1940)

　　如此这般,1939 年秋,洛特曼便成了列宁格勒大学的一名学生,他带着一股猛劲儿,满怀无法抑制的热情投身于学业之中。可以说,热衷于追求科学和知识,是 30 年代知识青年的典型特征。苏维埃国家的工业增长使人们深感科学技术具有不可限量的发展前景。而以共产主义理想的精神来教育人们:消灭寄生的资产阶级,在普遍平等友爱的基础上为所有劳动者建立起全世界范围内的公平制度,这使得世界革命的梦想几近成真。只是需要与法西斯分子尽快撇清关系。而为了高效参与共产主义社会建设,就要成为全面发展的人才和精通业务的专家,所以,列宁的口号"学习、学习、再学习"就显得十分重要。

　　这种豪情壮志洋溢在许多年轻人的心头,少年洛特曼也不例外。西班牙爆发内战(1936—1939),苏联政府以公开和隐秘的方式向共和政府提供了援助,尤拉和中学时的朋友鲍里斯·拉赫曼一道潜入了码头:两个男孩试图钻进向西班牙运输援助物资的轮船货舱,以便身体力行地参与革命战斗。警觉的保安人员抓住了"偷渡客",但又放了他们,未予追究。

　　在如此高涨的浪漫情绪和对前景的乐观预期下,发展过程中的成本和不足等都已是次要问题。而关键问题是,人们正苦等着与法西斯分子和帝国主义分子进行一场决战,到那时,党内的纷争——谁是托洛茨基派、谁是布哈林党羽(这话不是洛特曼自己说的,就是他的中学好友拉赫曼说的;正如福音书里那句"从此不再分犹太人和希腊人")——就会遗忘殆尽,所有人都将万众一心。

　　现在需要的是学习、再学习。洛特曼也投入了学习,每天差不多要学上 16 小时;上完课,他还要去图书馆待上半天。20 世纪 30—40 年代,列宁格勒大学语文系可谓名师荟萃,其中不乏一些全苏乃至世界知名的学者:院士有弗·费·希什马廖夫、列·弗·谢尔巴、亚·谢·奥尔洛夫、瓦·米·阿列克谢耶夫,科学院通讯院士有德·康·泽列宁、尼·基·皮克萨诺夫、维·马·日尔蒙斯基,教授则有格·亚·古科夫斯基、弗·雅·普罗普、马·康·阿扎多夫斯基、鲍·米·艾亨鲍姆、鲍·维·托马舍夫斯基、弗·叶·叶夫根耶夫—马克西莫夫、瓦·瓦·吉皮乌斯、阿·谢·多利宁和格·阿·比亚雷。语文系当时的教学大纲内容十分之丰富。例如,俄罗斯语言文学专业的学生不仅要学习俄国史,还要学习外国史的全部课程(一年级的古希腊罗马史课程由德·帕·卡利斯托夫副教授主讲)。语言学课程自然安排得非常充实:新生们的"现代俄语"由玛·亚·索科洛娃教授主讲;为一年级学生讲授古希腊罗马文学的是杰出专家伊万·伊万诺维奇·托尔斯泰教授(1880—1954),这位未来的院士不仅为听众们介绍希腊和拉丁作家们的作品,还注意多加诵念原著文本,以便让学生们直观地体会到杰作的音响效果。

担任俄国文学教研室主任的是当时系里最年轻的教授之一——格里戈里·亚历山德罗维奇·古科夫斯基(1902—1950)。尽管他是 18 世纪文学专家,但其学术研究已转向普希金时代。一年级新生们在入学最初的日子便认识了这位教授:他给他们讲授"文艺学导论"。

语文系第一学年开设有两门基础导论课:语言学导论和文艺学导论。前者由知名语言学者亚历山大·帕夫洛维奇·里夫京教授(1900—1945)主讲,他是闪含语文学领域的专家,也是一位博学多才的学者。他要求学生扩大知识面,建议他们研读语言学经典著作——其中就有当时还不怎么有名的结构主义语言学创始人费尔迪南·德·索绪尔的作品。他是一位杰出的授课者和教育家,同时担任系主任一职,卫国战争爆发时,正是他组织完成了艰难的疏散任务,将全系搬迁至萨拉托夫,并在伏尔加河畔有条不紊地主持了系里的工作;后来,1944年,他又同样有条不紊地组织了全系的返迁。1945 年 5 月,他因心肌梗死而猝死,据传——刚得知战争结束的消息就突然发作:心脏无法承受这一喜讯。

古科夫斯基的文艺学导论课也讲得同样精彩。他基本上都是即兴讲课(他从不重复自己讲过的内容,这一点得到了不同年代听他讲课之学生的证实)。在讲解文学分析的方法论和技巧时,他会挑出某位大诗人的一首诗,给所有听众朗读一遍,随后就对艺术文本的不同层次和方面进行即兴分析。他考试的方式也别出心裁:他不用那些常规的考签和考题①,而是提前给学生们开一份作品清单,考试时让他们从中选出一篇详加分析。洛特曼选的是叶·阿·巴拉丁斯基②的《秋》;古科夫斯基当即便对这位学生的卓越才能大加赞赏。

　　如前所述,洛特曼还是中学生时就听过古科夫斯基在俄语专业开设的 18 世纪俄国文学课(洛特曼上大学时,古科夫斯基已将这门课交给了帕·瑙·别尔科夫,自己则另开了一门 19 世纪初的课程)。古科夫斯基记忆力惊人,熟知俄国 18 世纪的几乎所有诗歌。他能将学生们几乎一无所知的 18 世纪俄国文学资料阐释得鲜活有趣,并有意恢复亚·彼·苏马罗科夫在俄国文化史上的地位。他讲课时无拘无束:在教室里来回走动,抽烟,坐上桌沿,还辅之以各种手势来帮助同学们理解问题的实质。而且,他会即席对所析内容作出一些有趣的别解,于是平庸的解读不攻自破,新见卓识迭出⋯⋯古科夫斯基的讲课地点通常安排在语文系礼堂(想听他课的人实在太多),他的每堂课最后都会以暴风雨般的掌声结束——他擅于把材料描述得如此之精彩。同事们却不大喜欢这种"戏剧性"(因为这种戏剧效果的感染力有时的确胜过了内容的精确性);还有他那不稳健的、尖刻的古怪性格也影响到了别人对他的态度。他和教研室的同事们曾不止一次地吵过架。但所有人都认可古科夫斯基那杰出的创造性能力、新思想的不断生发和独到的演讲才能。

　　二年级时,洛特曼赶上了由古科夫斯基主持的 18 世纪俄国文学初级研讨课。而这门课程的主讲人,如前所述,已由研究 18 世纪文学和图书编目学的知名专家帕维尔·瑙莫维奇·别尔科夫教授(1896—1969)担任。1960 年,他当选为科学院通讯院士。

　　早在大学生活之初,洛特曼就迷上了民间创作。当时,俄国民间创作教研室的代表人物是两位杰出的学者。教研室主任为马克·康斯坦丁诺维奇·阿扎多

---

　　①　俄苏教育机构的课程考核方式为口试:教师准备若干考签,上面写有考题,学生现场抽签作答。根据课程性质分为考试和考查。考查结果仅有"通过"与"不通过"之分。——译注

　　②　叶·阿·巴拉丁斯基(1800—1844),全称为叶甫盖尼·阿布拉莫维奇·巴拉丁斯基,俄国著名诗人。——译注

夫斯基教授(1888—1954),通论课程由他讲授。洛特曼并不满足于课程大纲的要求,他还修了这位教授为感兴趣的学生开设的任选课。在这位学者的影响下,洛特曼决心成为一名民间创作研究者。入伍后,即使在卫国战争进行得非常激烈的时候,他也利用与乌克兰、白俄罗斯、北高加索的当地居民交流的机会,尽量把他听到的民歌和四句头①记录下来。其中的一部分他寄给了马·康·阿扎多夫斯基,后者好像是唯一一位与士兵洛特曼保持通信的大学老师。

另一位著名的民间创作研究者是弗拉基米尔·雅科夫列维奇·普罗普教授(1895—1970),他在一年级开了一门研讨课。洛特曼在他的课上做了报告《俄国民间创作中的父与子之争》,并对德国同题作品做了对比研究。普罗普对这份报告非常欣赏。洛特曼在去世前不久写了一篇妙趣横生的随笔《阿扎多夫斯基与普罗普:两种方法》(载《纪念集》〈1〉,第64—67页),文中指出了两位学者在方法论上的显著差异:阿扎多夫斯基关注的是实证材料、不同讲述者的民间创作文本中的创新之处与个性特征;普罗普重视的则是类型学概括,以及对滥觞于遥远的史前时代、经年累世的稳定结构之划分。洛特曼在此基础上强调:只有当高校教师和学者拥有迥异的创作个性时,学术才能蓬勃发展。

还要指出,自进入大学之日起,洛特曼便投入了很多精力来学习外语:法语、拉丁语和希腊语(后者为选修)。教他们法语的是别·雅·哈斯金娜——外交官夫人,曾在巴黎生活多年;她用自己的知识,凭借其教学能力乃至一副"巴黎人"的相貌,在学生心中唤起了对伏尔泰和福楼拜所用语言的热爱。

洛特曼在学校里用于听课和泡图书馆的时间每天都多达12小时,回家后也不松懈;而且,为了维持正常的物质生活,还要打工挣钱。所以,洛特曼那时便已养成了每天只睡4小时的习惯。当然,这对身体是一种伤害,其程度与酒精相比有过之而无不及,后来也严重影响了这位已然德高望重的学者的健康;尽管在那时已出现了一些令人忧心的症状,但他仍不眠不休地从事创造性的科研工作。

大学第一年之所以对洛特曼极为重要,还在于此间所形成的一种全新的同

---

① "四句头(частушка)"是一种快节奏的押韵歌谣,在19世纪后半叶至20世纪是俄国民间歌谣中最流行的体裁。——译注

学关系。在中学,通常情况下,一个班级是由性格、兴趣各不相同的人随机组成的,所以,班上总会自发形成一些 2—4 人的小团体,也有一些人独来独往;直到最后一两年,若是有幸遇上一个好的班主任,就更有可能慢慢形成一个"共同体",只是很快便又会分化为朋友性质的几个小圈子。

在大学生的世界里,随着年龄的增长和个性化的发展,这一分化过程似乎应当持续下去,事实上也的确如此;但此时也会出现一种重要的、可以将人们联合起来的向心力——共同的兴趣和即将选定的相同专业方向。如果再遇上可以团结众人的得力组织者——班主任和领头人,那么这一情势还能得以强化。在命运的安排下,1939 年 9 月一入学,洛特曼便成了语文系俄罗斯语言文学专业 5 班班长。他之所以被委以此任,是因为系里很了解他那位刚毕业的姐姐莉季娅,他们觉得,弟弟应该也和姐姐一样能干、负责、认真。洛特曼没有辜负系里的重托和信任,光荣地完成了这项绝不轻松的任务。

我有幸从奥莉加·尼古拉耶夫娜·格列钦娜处了解到了当时 5 班学生生活的详情,她后来曾在母校任副教授,现已退休。

全班共 17 人,成分庞杂。除洛特曼外,来自彼捷尔及其附近地区知识分子家庭的还有六位女生:奥·格列钦娜(军医之女,著名斯拉夫学家弗·伊·拉曼斯基的孙女)、伊·叶夫谢耶娃—西多罗娃(来自皇村;其父是半个德国人,却参加了俄国游击队并英勇牺牲,而伊琳娜本人则嫁给了一名德国入侵者,并随夫去了德国;她后来在慕尼黑"自由"广播电台工作)、柳·阿列克谢耶娃(汉学家瓦·米·阿列克谢耶夫院士之女)、卓·帕普科维奇(海军将军、造船师之女)、安·马特维耶娃和利·拉特纳。卓·瓦西里耶娃和瓦·奥尔洛娃这两个女孩则来自彼得堡的无产阶级家庭,她们感到自己文化修养不够、读书不多,于是产生了自卑心理,并格外积极地投身于共青团活动,以弥补不足(她俩后来命运各殊:卓娅作为一名专职党务工作者被一路提拔,而瓦利娅则作为一名前线护士经历了大规模战争,之后进入医学院,并成了有声望的外科医生)。另一组是五位来自外省的犹太姑娘:德·索尔金娜、安·扎伊德尔、基·利夫希茨、法·埃利阿斯贝格、尼·富克斯。她们操有浓重的地方口音,又因不是"京城女子"而心生自卑,因此也很热衷于共青团工作。她们的命运也不尽相同:德·索尔金娜后来几乎成了一名持不同政见者,她在托木斯克大学执教多年;法·埃利阿斯贝格在 40 年代末遭到拘捕;基·利夫希茨和尼·富克斯在二年级时不知何故退了学。

共青团积极分子们起初并不敢对三名非团员(洛特曼、格列钦娜和叶夫谢耶娃—西多罗娃)提出严肃批评,但洛特曼参军后,两位姑娘却因缺乏党性而备受责难。

班里的边缘人是三个不起眼的男孩,他们后来都在战争时去世了:尤·奥斯特洛夫斯基(二年级时转至古典语文学专业)、维·什尼托罗夫(二年级时也转到别的专业去了)、亚·捷连季耶夫(与前两位不同,他因白内障而未被征召入伍,但却命丧大围困的寒冬季节,他是伐木时失踪的;多半在树林里因迷路而被冻死了)。

班长洛特曼所要"领导"的就是这么一群形形色色的人。就其性情和知识分子特有的儒雅而言,洛特曼似乎完全不适合做"领导人":他完全不习惯凭借权势发号施令、颐指气使的"领导做派"。但无论身处何种性质的集体,他都会成为默认的主心骨。现在,在大学一年级也是如此:尽管他是班上最年轻的(只有他和奥·格列钦娜入学时才 17 岁,而其他人都已 18 岁甚或更大一些),却因其渊博的知识、出色的工作能力和睿智的头脑而获得同学们的交口称誉,他尽心尽力地履行班长的职责也是一个重要原因:他与老师们就考查和考试事宜进行必要的沟通,跟系里商议教室安排问题,对同学们的物质需求也十分了解。多数学生都过得很窘迫,尤其是那些基本靠微薄奖学金(当时是 12 卢布)生活的人。

洛特曼家里也不富裕,这个未成年的大学生时常要靠画画和绘图挣些零用钱,有时还和同学一起去海港做装卸工。即使那么点儿奖学金也算是一种贴补。可要是连这个也拿不到了呢? 维·什尼托罗夫考试成绩有几个三分[①],所以就没拿到奖学金,日子过得很苦。当洛特曼看见维克托用细绳系绑脱落的鞋底后,便将全班人召集起来,动员众人慷慨解囊,以凑够一笔钱。尽管不少人也颇为拮据,但大家都毫无怨言地同意了,并凑钱为维克托买了鞋子。后来,年事已高的

　　[①]　苏联教育机构实行五分制评分系统,五分为"优秀",四分、三分、二分则分别为"良好""及格""不及格"。一分极少使用。——译注

洛特曼又多次参与济困:为学生,为米·米·巴赫金等人。

为了保证教学的正常进行、不出现迟到和旷课的现象,洛特曼也是恪尽职守。有一次,格列钦娜因赶回家(郊外的磨坊溪地区)安葬父亲,然后又帮母亲匆匆收拾家当前往列宁格勒,缺了近两周的课,于是遭到了洛特曼的严厉责问:"奥莉娅,你怎么旷了 10 天的课?"得知原委后,他深感愧疚、十分难过。

洛特曼也是一名活跃在班级报刊上的绘画者和写作者:他出墙报,也为奥·格列钦娜发刊的班级杂志《涅瓦河畔》撰稿,对这份刊物的共同兴趣也使同学们团结了起来。换言之,洛特曼是有名有实的领头人,是班级的核心人物,在全系也颇有知名度。他在研讨课上的发言和在考试、考查中的精彩回答,引起了所有教授和老师的注意。

在这个以女生为主体的班级里,班长的显要地位也令他作为男生而受到关注。唉,要是他个头再高些,体格再强壮些就好了! 奥·格列钦娜和伊·叶夫谢耶娃—西多罗娃一起复习备考时,把多个童话般的白夜都用来编撰情节跌宕的口头故事,其主人公名叫列夫,他兼有洛特曼的强大精神力量和美男子的健壮身躯……

但青春年少的班长却未能长久享受这种具有创造性的、充满友爱的大学生活。全国上下都在备战。所有年轻人很快就都听说了国防人民委员克·叶·伏罗希洛夫的讲话内容:将取消大学生缓役政策,所有 18 岁的男青年都要告别"非军人生活"。洛特曼的多数同学在大学第一年就已应征入伍了,17 岁的洛特曼则因在小学里跳级直接上了二年级而得以修完第一学年的课程,在第二学年初,他又通过自身的努力提前通过了全年不多的几门考查和考试,这对他 1946 年返校继续完成学业大有裨益。

参军打仗

1940年秋天,也轮到了洛特曼——他应征入伍了。洛特曼在部队里一待就是六年,而且其中有四年处于与法西斯德国所进行的那场艰苦卓绝的大战之中。当然,对一位记忆力非凡、工作能力极强而又渴望不断创作的年轻人来说,荒疏学业与科研长达六年之久,这是一个很大乃至巨大的损失。但塞翁失马,焉知非福。战前便已在军队中服役近一年的洛特曼这代人掌握了军事技能,接受了军事训练,比起那些几乎未经任何训练就从学校直接开拔前线的新兵蛋子,他们更容易领会战争的智慧。在每一场关乎生死的战斗中,洛特曼的同龄人——1940年入伍者——相较于后几年出生(1923—1927)的少年们,都更富生命力、更易存活下来。在所有四年的战斗中,洛特曼本人都一直身处激战前线,可他却从未挂过彩,只是有一次被严重震伤。而他在炮兵部队中担任的是通信兵,总要在田野上奔跑、爬行,不是在放线收线,就是在查找电话线断口——这也是在枪林弹雨、炮火连天中进行的。老天爷,还有自身的才智和本领,保了他的命。

列宁格勒为应征入伍的新兵举行了隆重的欢送会:在专运列车前进行的集会上,相关领导发表了送别辞。可快要结束时,一个有几分醉意的彼得堡老工人要求发言。他的临别赠言非常简短:"小伙子们! 我瞧着你们,真为你们难过。我会挂念你们的,真他妈的该死!"其实他说的不是"真他妈的",而是另一个更短的脏词。满广场的人都笑了起来。如此不合常规的致词是领导们始料未及的,军列指挥员皱起眉头,大喊一声:"上车!"就这样收场了。

送走弟弟后,二姐莉达大哭着离开了会场。一名少校,就是在欢送会上指挥军队管乐团演奏的那位,试图安慰这个姑娘,他指着英武的乐手们说道,部队里其实也挺不错的嘛。莉达却理直气壮地反驳他道:"他要是在你们队里,我就不哭了。"

姐姐还很担心弟弟与身边战友的相处问题。弗·巴赫金向我们转述了莉·米·洛特曼讲过的一件趣事,这是他在洛特曼去世后听来的:"他参军时还完全是个孩子。我们很担心他,不知我们的小书生、文静的尤拉,在那里跟农村的孩子、城里的刺儿头相处得怎么样。但战争快结束时,士兵们开始越来越频繁地往我们家跑——带来他的问候和信件。他们说话时毕恭毕敬的样子也让我们大为惊奇:一口一个'洛特曼说'——'洛特曼说:谁把书籍留给敌人,他就是坏蛋!'——他们便从废弃的图书馆里收集书籍,随身带着,然后,等有机会时,再邮寄回去……"①洛特曼即使在部队里也成了战士们默认的领头人。

1940 年入伍的彼捷尔新兵穿越了俄国的整个欧洲部分,来到格鲁吉亚的库塔伊西附近。洛特曼被分入了第 427 炮兵团,此团后扩编为近卫旅。战争期间,这支部队被编入总预备队,并被频繁调往最艰苦、最危险的战区——因为它配备了大量英勇能干、认真负责的官兵。

卫国战争爆发 8 个月前,洛特曼开始在炮兵团服役,那几个月他们一直在格鲁吉亚无路可走的山区,在瓢泼冬雨中进行着繁重的劳动。但这也是很好的业务技能培训经历。洛特曼提起团长康·多尔斯特、连长格里戈里耶夫和排长沙利耶夫时总是感到很温暖。多尔斯特,由于命运的捉弄,本是个德国人,但他小心翼翼地隐瞒了自己的出身(否则他就得进劳改营了!),说自己是拉脱维亚人。他们都是真正内行的炮兵,在这 8 个月里,他们教新兵们学会了许多东西。

洛特曼得到了一份并不轻松的通信兵工作:他要背着两卷各重 8 公斤的电话线,在相应的各点间布线(当时,苏军中的无线电接收机还很少)。

总之,部队生活,尤其是前线生活,全然是繁重、累人、消耗极大的体力劳动。但洛特曼作为一名语文学者,却总能想出办法,在难得的休息时间里学习法语(一本法语教材伴他度过了整场战争;它后来也留在了这位老兵身边,但当大学生米·雅·比林基斯在 20 世纪 60 年代被征召入伍时,洛特曼来为他送行,并给了他一件礼物,就是这本法语教材;米·雅·比林基斯把它当作圣物一样一直珍藏着)。他还学起了对欧洲人来说很难学的格鲁吉亚语,可惜没坚持多久。

---

① 弗·巴赫金:《在洛特曼学派里》,载《圣彼得堡公报》,1993 年 12 月 9 日。

1941 年春,炮团调至乌克兰的舍佩托夫卡地区。6 月 22 日,德军全线越过了苏联漫长的西部国境线。

洛特曼这个团被部署在德涅斯特河高岸的"旧"界,他们等了三天,准备迎战穿越摩尔达维亚旷野的德军。前方似乎并没有我们部队的踪影。三天后,激战开始了。炮团在前线上英勇坚守了两昼夜。战争初期,苏联炮兵部队已优于德军,但它在孤军作战(或与步兵协同作战)时却显得势单力薄。德国在空军和坦克方面的优势是毋庸置疑的,这决定了战争头几个月的交战结果。本来坦克速射炮在普通火炮射击的间隙差不多就可以发射七枚炮弹,更何况也并非所有武器都能击穿坦克的坚固装甲。因此,坦克与炮兵的对决总是以前者的胜利而告终。撤退开始了,主要是在夜间进行:德军夜里睡觉,不作战,因此一夜可以后撤30—40 公里。那为什么不撤得远一些呢? 这是因为,火炮高速牵引车在战争的最初几天就被德军的坦克和飞机炸毁了,后来只得从集体农庄征用时速只有 6 公里的履带式拖拉机,所以,炮兵们只能以步兵般的速度转移。

乌克兰南部为期数月的撤退开始了。那是在炎热的七八月份,还要横穿干枯的草原。所有水井都已被先行撤退的部队抽干。西瓜通常就是唯一可以解渴的东西(乌克兰有许多瓜田),就连洗脸也得用西瓜汁。一天深夜,洛特曼和一小队士兵来到了一座空荡荡的废弃农舍,在一间板棚里发现了满满一桶发酸的液体。"格瓦斯!"①小伙子们欢呼道,并喝掉了半桶。然后就睡觉去了。第二天早上,女主人不知从哪儿冒了出来,她说那桶里是她沤的粪肥,浇菜地用的。

由于德军以坦克纵队突破,且经常空投伞兵,炮兵们往往会陷入包围,但夜间他们便又能顺利脱身。洛特曼记得,有位志愿兵少校守在某片树林附近,彻夜为突围后打散了的小队和单兵指路,告诉他们如何绕过德军哨兵,回到己方部队。

由于道路泥泞、饮食不规律和睡眠不足(士兵们学会了扶着炮车边走边睡),洛特曼患上了严重的疥病,全身都长满了疖子,脚掌和脚趾也因高强度徒步行军

---

　　① 格瓦斯是俄国人钟爱的一种清凉饮料,由黑麦粉或黑麦面包等制成,通常呈或深或浅的褐色,略带酸味。——译注

磨得鲜血淋漓。但坚韧的意志力和对战胜法西斯主义的乐观信念却克服了这一切。

洛特曼大体是个生性乐天的人。尽管他那坎坷的命运并未提供多少滋养让他保持这一心态，但总体说来，他还是遵从了自己的天性。已是垂暮之年的他曾这样描述自己的精神状态："我这个人天性乐观，但作为一名对历史较为熟悉的学者，我总免不了要克制自己的这种倾向。"（莉·米·洛特曼笔录；载《纪念集》〈1〉，第 145 页）。

从战争的头几天起，洛特曼及其战友们便克服了前线上最糟糕的感受——恐惧。在纷飞的战火中，在接连不断的狂轰滥炸中，他们已在某种程度上"习惯"了这种生活方式，而恐惧在不知不觉中也逐渐烟消云散。后来，当洛特曼升为军士并开始培训年轻一代的新兵时，他是这样教他们克服恐惧的：他把一名年轻士兵带到炮火最密集的地方，向他传授专业技能，其实这同时也减缓了他的恐惧感。

在 1941—1942 年之交的冬天，前线稳定了下来，苏军甚至已在某些地区转入反攻。在可以稍作喘息的那几个月里，洛特曼总算克服了恼人的生理疾病，但他的那颗心却因无从得知家人的命运而隐隐作痛。列宁格勒大围困和大饥荒的消息传到了士兵们的耳里，但具体情形洛特曼却一无所知。在混乱的撤退中，邮政通信自然完全中断，从家里寄出和寄往家里的信件全都泥牛入海，尽管双方都不断尝试着写信。通往围困中的列宁格勒的邮路终归还是经拉多加湖给开辟出来了①。停止撤退后，前线的邮政也开始运营。1941 年 12 月 31 日，家人收到了士兵洛特曼的第一张明信片——很难想象还有什么比这更珍贵、更令人欣慰的新年礼物了。"这孩子还活着！"病榻上的父亲惊呼道。家里人是在忍饥挨饿，不过，如果有女性在战地医院工作（那几个月里二姐莉达也在医院做事），那她会多得一点儿围困期间的口粮配给。洛特曼父亲的情况最糟糕，他病了很久（受了风

① 拉多加湖距圣彼得堡（列宁格勒）约 40 公里，是欧洲最大的淡水湖。1941 年 9 月至 1944 年初列宁格勒大围困期间，拉多加湖成了连接孤城与外界的唯一通道，被称为"生命之路"。——译注

寒),虚弱的身体无法抵御病魔,女儿们用珍贵的面包换来的氨苯磺胺①也帮不了大忙。父亲只熬过1942年的头两个月便因肺炎去世了。但在临终前,他把三个女儿召集了起来,并让她们发誓,一定要帮助生还的尤拉读完大学。

在接下来的军旅岁月中,洛特曼与家人的通信变得相对频繁起来,只有1942年那个令人惶恐不安的夏天除外,当时德军又展开了强攻,将我军驱至伏尔加河和高加索山麓沿线。初夏,为了冲破顿巴斯—顿河之间的包围圈,炮兵团分成若干小队,洛特曼独自一人渡过了顿河,之后炮兵团重又集结、增员,并绕道调往了北高加索的莫兹多克(印古什)地区,后来还参加了保卫北奥塞梯首府弗拉基高加索——当时的地名叫奥尔忠尼启则——的战斗。这是苏军撤退阶段的最后一战。自1942年深秋起,开始发起全面反攻。

洛特曼随团走遍了克里米亚、顿巴斯、西乌克兰、白俄罗斯、立陶宛、拉脱维亚、东普鲁士……他作战英勇无畏,获得过多枚勋章和奖章,还把所有空闲时间都用于学习。在攻克的城市里,特别是在西欧,总能找到不少无主的德语、法语书籍。能带走的,洛特曼就尽量都带走。他找到了一卷海涅的诗集,并把其中的一些诗作译成俄语,寄给了姐姐莉达。他研读了斯宾格勒的《西方的没落》,啃完了维·雨果和大仲马的几部法语作品,还首次读到了米·布尔加科夫出版于国外的《白卫军》。他在书信中还提到了冈察洛夫的《悬崖》、伯·凯勒尔曼的小说,以及鲍·帕斯捷尔纳克、康·西蒙诺夫和米·杜金的诗歌。后来,书籍也可以邮寄了。三个姐姐,还有从莉达那儿打听到洛特曼前线地址的战前的女同学们,都给他寄去了不少文学作品。

通过不断阅读德语小说和诗歌,通过与当地居民的交流,洛特曼自幼打下的扎实的德语基础得以进一步加强,而他所掌握的法语知识也在一个重要场合派上了用场:一群被苏军解放了的法国战俘正在回国的途中,也就在炮兵团驻扎的地方,这些人无论如何都无法向当地的德国行政官员把情况说清楚,于是,洛特曼便充当了法国人与德国人之间的翻译。

洛特曼所在的炮团有一位名叫阿纳托利·托马舍维奇的中尉,此人才华横

---

① 氨苯磺胺可用于治疗感染性疾病。——译注

溢、文质彬彬，他招揽了约五十名乐手、朗诵者、戏剧和马戏演员，组建了一个前线剧团。这一剧团在渴求文化生活的官兵中获得了巨大成功。洛特曼也成了剧团里的美工和布景师。曾发生过几起滑稽事件，由此即可预感到，苏联文化界领导人将会做出一些外行行为。例如，洛特曼曾为古希腊罗马戏剧中的某些场景绘制了一幅背景，上面画有几位古典女神；审查演出的那位政工大人（当时所有的演出都要预先审查）却认定，这些裸体女神像是从德国剧院的残存储备物中拿出来的，并要求立即清除这些"德国臭……"。直到美工解释说，此画是前一天他自己画的，这才得到了大人的恩准。

洛特曼还与职业画家合作，为军人俱乐部和街头节庆展板绘制首长们的大型肖像。他后来曾讲述过，他能用蘸了颜料的拖把精彩地展示出军大衣和胡子的粗糙质感。他们通常用"打格子"的方式来作画：先用铅笔将图样画出若干小格子，再把每格相应地放大 5、10、20 倍，依次描画到同样打好格子的画布上。

如前所述，炮兵团开进德国后坚守道德操行，对打家劫舍有一种嫌恶感。他们只拿（仓库和废弃军用列车里的）无主之物，况且士兵们心里惦记的主要是家乡的亲人们：因已获准给家里寄邮包，他们便想用从德国的废弃军用仓库里找来的日用工业品和食品——主要是白糖——让亲人们乐呵乐呵。洛特曼也平生唯一一次给家里寄去了一包白糖。洛特曼一位战友的故事很是典型：他想弄套便服在热切盼望的复员时刻穿戴一新；他几乎完全可以从当地任何一户人家"征用"一件，却本本分分地将占领期间得到的为数不多的德国钱币攒下来，以备将来买上一块布或一套成衣；但货币改革却突然开始，德国马克改版了，这位战友便赶紧用积蓄买来一袋面粉，想过些日子再把它卖掉；不过，他并没有拿去卖，朋友们却三天两头地向他讨面粉做煎饼吃，还打趣说：嘿，我们只吃你那件外套上的一截袖子，不会再多了；可后来他们就吃掉了整件外套，接着又吃起了裤子——于是整袋面粉都见了底……可见，占领军也是分人的。

大战结束后，部队里的日子令人焦心。关于复员没有半点消息。

直到 1946 年年底，也即战争结束一年半后，洛特曼才得以复员。终于回家了！他抵达列宁格勒时已是深夜；他让一辆救护车带他离开了火车站。大略可以想见，离家六年的儿子和弟弟在经历可怕的四年战争后终于回到了家里，所有家庭成员是多么的欢欣雀跃。

　　一名士兵在经历了四年的鏖战后居然还能安然生还,这在所有人看来就是一个奇迹。据非官方统计,在 1922 年出生的年轻人中,仅有 5% 的入伍者能从战场上生还。而洛特曼,如前所述,甚至从未受过伤,只有一次因一枚炮弹在不远处爆炸而受了严重震伤(一种奇特的生理现象:战前,洛特曼口吃很严重;考试时只要一紧张,他就说不出话来,言语肌肉完全丧失了功能。而震伤对控制发声的神经系统产生了某种强烈影响——他几乎不再口吃了,除非在极度紧张的情况下)。但又有多少次,他险些成了那 95% 的牺牲者!比如,1941 年秋季的那次连续包围(洛特曼说,他决意不做俘虏,便在军便服口袋里放了一支粗铅笔:万一身处绝境,他就把步枪冲着自己的脸,借助于铅笔扣动扳机;士兵们没有手枪)。他曾有与死神擦肩而过的上千次经历:为了接通被炸弹和炮弹炸断的电话线,通信兵总是在开阔地带冒着枪林弹雨沿线爬行。还有一次,洛特曼险些因一位暴躁指挥员的歇斯底里而丢了性命:他觉得这名士兵接线不够利落,于是就要枪毙部下;结果手枪哑火了,指挥员这才清醒过来,甚至放声大哭……这位士兵能在 1946 年 12 月的那一夜回到家里,岂不是奇迹?!

重返列宁格勒大学（1946—1950）

　　洛特曼一早便赶到列大校园。没费什么周折他就被编入了二年级。虽然第三学期，也即二年级秋季学期已快要结束，离考试期仅剩两周，但首先，洛特曼早在 1940 年就已顺利通过了几门考试，其次，他通过夜以继日的强化学习完成了所修课业，很快便赶超了新同学。所以称他们为"新"，是因为"老的"都已经毕业或即将毕业，后者虽未在军队中服役，但也经历了大围困，并且，几乎所有人都不得不在战时中断学业，转而投身于工作。

　　洛特曼当时是一副典型的复员士兵的模样：一身军便服，一双好像是缴获来的高筒靴，瘦瘦的——而且，大家所熟悉的那一抹小胡子也不见了。在部队时他起初找借口居然保住了胡子，可此事触怒了首长；团长派人把洛特曼叫了过去，并勒令他赶紧剃掉。① 不过，在列宁格勒，这名大学生很快就把唇髭恢复成了原样，此后便再也没剃过。这副唇髭蒙上了一层奇幻色彩，甚至被传为神话（后文还将谈及此事）。依我愚见，蓄髭的原因在于洛特曼的审美直觉：茂盛的唇髭恰到好处地掩饰了他那过于显眼的大鼻子。

　　我们这位大学生所在的二年级，也即战后的 1945 年所招收的那一级，俄专（更准确地说，是"俄罗斯语言文学专业"，但为了简便起见，就用这两个字）共有 8 个班级。一年级时，每个班都有 20—25 人，但后来人数却不断减少，有几个班甚至只剩下了一半：有人考试成绩不好，被淘汰了，有人则离开了列宁格勒；1946年增设了新闻系，有些学生就转到那里去了。但系领导并未将这些小班进行合并，而是将原来的班级数量一直维持到毕业（也许是因为，10—12 人正好符合外语课小班的标准，这样每个班就无需再分成两组上课了）。洛特曼被分到了五

---

　　① 　马·格·卡丘林：《为了刮胡子这件事……》，载《塔林》，1996，第 2 期，第 102 页。

班,这应该是最小的一个班,仅 12 人。四班与五班学生间的人际关系最为亲密:这两个班都是"法语班",也即所学外语都为法语,不过这并非最主要的原因。四班的三名"火线员",也即参加过 1941—1945 年卫国战争的前线战士——弗拉基米尔·所罗门诺维奇·格尔曼—巴赫金、列夫·亚历山德罗维奇·德米特里耶夫和马克·格里戈里耶维奇·卡丘林起着主导作用,三人后来都成了鼎鼎有名的文学研究者;他们立即也把洛特曼拉入其朋友圈。这个圈子里也有其他班级的同学:同样是"火线员"的叶夫根尼·亚历山德罗维奇·迈明(未来的教授,普斯科夫师范学院的教研室主任)和西班牙语言文化学者尼古拉·鲍里索维奇·托马舍夫斯基,未来的知名翻译家。总体上,语文系俄语专业男生的比例较之往届开始加大:可以回忆一下,那一届的"非火线员"学生里还有未来的知名文学研究者谢尔盖·瓦西里耶维奇·弗拉基米罗夫、叶夫根尼·所罗门诺维奇·卡尔马诺夫斯基和马克·康斯坦丁诺维奇·佩卡尔。在五班的"火线员"中,需要提一下维克托·谢尔盖耶维奇·马斯洛夫,他后来在列大当了副教授;但他并不属于洛特曼的密友圈子。

现如今,班级乃至整个年级的人数及人员构成都迥异于 1939—1940 年的情形。男生几乎全都是从部队退伍的,都已"上了一定岁数",即使那些没有打过仗的人年龄也都稍大一些,女生则相反,都是十七八岁,她们中学一毕业就直接考入了大学。不过,男生的练达老成恰恰有助于同学们建立亲善关系,整体而言,大家相处得十分融洽。经常举办集体性的节庆活动(五班通常在洛特曼的住宅举办,他住在涅瓦大街的始端,离学校最近),还进行集体复习备考。他们和其他班级的同学也保持着良好的关系,因为像大课、专题课和专题研讨课,各班会合起来上或混在一起上,与其他班级的同学自然也是十分相熟的。例如,法因娜·谢苗诺夫娜·松金娜——洛特曼给她写过一些妙趣横生的书信,就是一班的学生,她学的外语是德语。

按当时的校规,本科生的每个班级都应由教研室指定一名教师或研究生负责监督,这位监督人就是班主任。四班班主任为当时的青年教师格奥尔吉·潘捷列伊莫诺维奇·马科戈年科(1912—1986),他后来成了教授和俄国文学教研室主任;五班的班主任则是研究生莫伊谢伊·米哈伊洛维奇·吉恩(1919—

1984)，后来同样也当了教授，还是彼得罗扎沃茨克大学俄国文学教研室主任。如前所述，每个班级都得有一名班长。四班班长是娜杰日达·费奥克蒂斯托夫娜·德罗布连科娃，她后来成了著名的古代俄罗斯文学研究者，是"普希金之家"①相关研究室的研究员（该研究室主任系德·谢·利哈乔夫），而且还是语文学博士，发表了多种有价值的论著；五班班长则是玛加丽塔·伊万诺夫娜·哈列温娜，她后来在米·尼·波克罗夫斯基师范学院读研，并在阿·谢·多利宁指导下获得语文学副博士学位，此后执教于列宁格勒的高校。笔者非常感谢哈列温娜和弗·索·巴赫金对洛特曼大学生活的详细叙述。

在入系的头几个月，他的博学就已让同学们惊叹不已。玛·哈列温娜曾提起他参加 18 世纪俄国文学考试的情形。这门课程的主讲人是帕·瑙·别尔科夫教授，主考人则为格·潘·马科戈年科（这是常见的实际情形：德高望重的教授请教研室的年轻人作为课程助理主持考试）。当洛特曼作答时，在场的所有人便都明白：这已不是传统意义上的那组关系——"教与学"，俨然就是一场两位学者、两位创作者之间的平等对话。

此后，洛特曼作为一名行家里手，积极而无私地帮助同学们在考前复习那些海量的文学资料——而他自己则已烂熟于心。据马·格·卡丘林回忆②，除了惊人的记忆力，洛特曼还得益于他制作的那套别出心裁的卡片集：他将练习本的纸裁成三等份，就在一叠类似于这样的长方形土卡片上提纲挈领地记下这门或那门课程的内容。从大学时代起他便养成了做学术卡片的习惯。

战前、战时和战后头几年的那一代苏联青年基本上都是在高尚的、臻于浪漫主义的社会主义理想中培养起来的。艰苦的生活和政府的威严口号在他们那批青年的世界观和心灵中转化为苦行者的坚忍不拔和道德上的严格自律与他律。洛特曼圈子的那些人也概莫能外。

就此而言，叶夫根尼·卡尔马诺夫斯基的故事颇为典型。他是三年级的转校生，入系时间比洛特曼稍晚一些。他转自于萨拉托夫大学，古科夫斯基在那里

---

① "普希金之家"即位于圣彼得堡的俄罗斯科学院俄罗斯文学研究所。——译注

② 马·格·卡丘林：《为了刮胡子这件事……》，载《塔林》，1996，第 2 期，第 104 页。

执教时,他便是其得意门生(看来,老师在自己的学生转学到列宁格勒这件事情上也是起了作用的)。古科夫斯基培养出来的某些学生,不仅从老师那里如饥似渴地学习知识,同时还接受了他那具有鲜明个性的表演方式,当然也免不了会加以模仿。"古科夫斯基风格"——善用双关语、做出一些匪夷所思的夸张动作和对普通现象的新颖解释——曾流行一时。卡尔马诺夫斯基也是"古科夫斯基风格"的忠实追随者,但他又鲜明地表现出了个人特点,有意摆出"一副恰尔德·哈洛尔德①模样"——绝望颓废,狂放不羁。

最后实在让同学们忍无可忍的是他针对民间女说书人(她们是民间文艺的传承人和表演者)说的那句"臭老婆子";班长娜·德罗布连科娃尤为气愤,当时她已开始专攻古代俄罗斯文学。大家决定将卡尔马诺夫斯基的个人问题提交给共青团会议。尽管大家的意见有分歧,但许多人都投票支持开除这名同学的团籍。共青团员们的痛愤得到了党内"火线员"们的支持(卡尔马诺夫斯基后来告诉我,他特别气不过的是,如果未出他所料,洛特曼和马·卡丘林对此居然表示了支持,他认为这两人的行为具有官方性质,尽管事实上,这只是富有阅历的两个男人对这个小男孩的"狂妄"所表示的强烈不满)。在斯大林执政的最后几年,若是真把这位少年给开除了,那他的命运就不得而知了,但团区委不想把事情闹大,对开除团籍一事未予批准。最后只给了一个处分。

其实,大学生的团员和党员会议审议个人问题,在当时是十分常见的,这实际上反映了全国上下普遍的"审查"氛围。例如,年级的共青团会议就曾讨论过尼古拉·托马舍夫斯基的个人问题:他竟敢把洛尔迦的创作选作学年论文题目!这位伟大的西班牙诗人当时可被认为是个颓废派!

洛特曼以全优成绩通过了第一个考试期,拿到了高额奖学金(这对他来说非常重要:他不想给母亲和姐姐们增加负担,并已做好准备,万一得不到奖学金,他就不上全日制了,转读夜校或函授,边工作边学习)。从三年级起,他就开始拿斯大林奖学金了,其数额为 500 卢布(几乎是普通奖学金的两倍);其发放对象为在

———————————

① 　恰尔德·哈洛尔德这一艺术形象出自英国 19 世纪浪漫主义大师拜伦的长篇叙事诗《恰尔德·哈洛尔德游记》,他是一位不满现实、忧郁孤独、四处漂泊的贵族青年。——译注

科研和社会活动中均有出色表现的全优生。

于是,青年学者那三年半的其乐陶陶的幸福生活便开始了:在迫不得已做了这么多年与学术无关的事情之后,终于有机会每天都花 16 个小时在学习和创作上。和战前一样,洛特曼全身心投入了语文学之中。他自己坦言:"……我开始了工作,那股劲头儿简直像贪杯的酒鬼似的。一出校门,我就直奔'公共图书馆'①,在那儿看书,直到闭馆。那是一种实实在在的幸福感。"(《纪念集》〈1〉,第34 页)

可以确定,他将献身于科学——真正意义上的献身。1980 年代,列宁格勒有一些生理学家从事大脑左右两个半球不同功能的研究,他们用电击大脑的方式阻断受试精神病患者的半脑功能。洛特曼与他们建立了良好的关系,他觉得这些实验是有局限性的,认为也应当对健康人进行研究,并提出拿自己做这项危险的实验。② 不仅如此,过于繁重的科研工作损耗了健康,终致他过早离世,——这难道不正是为科学献身吗?

战后,列大的科研实力依然十分雄厚。俄国文学史的主干部分——19 世纪,按当时的惯例分为三段。前三分之一由尼·伊·莫尔多夫琴科副教授(下文还会说到他)主讲,他讲得很精细,却不免有些枯燥,他的课学生们不喜欢听,经常旷课;洛特曼苦口婆心地劝同学们切勿浮躁,要听懂莫尔多夫琴科所讲的深邃内容,但可惜广大学生们所需要的不只是内容,还有鲜明生动的讲解形式。主讲19 世纪中段的是亚历山大·格里戈里耶维奇·杰缅季耶夫副教授(1904—1986)。他聪明博学、为人世故,既是一名党务工作者,又是一位严谨的学者——他对俄国社会思想史的几个复杂领域颇有研究,特别是与斯拉夫派和保守出版物相关的领域。不久他就被调到莫斯科去了,首都需要这样精明能干、又有党性的文学研究者(杰缅季耶夫后来在《新世界》杂志主编亚·特·特瓦尔多夫斯基身边成了一位了不起的"政委")。杰缅季耶夫让学生们感到苦恼和害怕的是,他

---

① 指国立萨尔蒂科夫·谢德林公共图书馆。——译注
② 见维亚切·弗谢·伊万诺夫:《蓝色野兽(回忆录)》,载《星》,1995,第 3 期,第 176页。

所授课程的考试准是由伊·格·扬波利斯基副教授担任主考,而后者的挑剔和打分严格是出了名的。

19世纪最后三分之一这门课程由学生们的偶像、学校最杰出的讲课人之一——格里戈里·阿布拉莫维奇·比亚雷教授(1905—1987)主讲。他的课上——无论是大课还是专题课(如屠格涅夫和契诃夫专题课),都座无虚席;系办尽量给他安排全系最大的教室(1949年权力机关大肆批判"世界主义者",于是比亚雷也"遭殃"了:有人指责他贬低苏联文学——说他把19世纪俄国文学课程讲解得过于精彩,对其评价也是偏高)。讲授20世纪初期俄国文学的是同样杰出的专家德米特里·叶夫根耶维奇·马克西莫夫副教授(1904—1987,后升为教授)。他是20世纪俄国诗歌最优秀的研究者之一,但由于受到当时环境的限制,他未能完成关于亚·勃洛克的博士学位论文,后来又另起炉灶,撰写了一篇关于莱蒙托夫的论文。

苏联文学课程由列夫·阿布拉莫维奇·普洛特金教授(1905—1978)主讲,他是一位博学的专家,但却持犬儒主义态度,没有原则性。

在其他教师中,应该提一下主讲"斯拉夫学导论"的康斯坦丁·亚历山德罗维奇·科佩尔任斯基教授(1894—1954),他是斯拉夫文学教研室主任,还教波兰语。外国文学这一大型课程由以下三位教师为学生们联袂讲授:"中世纪"——亚历山大·亚历山德罗维奇·斯米尔诺夫教授(1883—1962),他是著名的文学研究者和翻译家;"近代"——玛丽亚·拉扎列夫娜·特龙斯卡娅教授(1896—1987),她是知名的德国文学专家;"现代(自19世纪末起)"——亚历山大·利沃维奇·格里戈里耶夫教授(1904—1990),他是亚·伊·赫尔岑师范学院外国文学教研室主任。由此可见,战后这批大学生的主修课程都由列宁格勒最有名的文学研究者担任授课教师。

上实践课的大部分老师也都为一流专家。五班的法语课老师是副博士、著名翻译家奥莉加·谢尔盖耶夫娜·扎博特金娜。上马列主义原理实践课的可不是只会照本宣科的教书匠(这种人在当时的高校为数不少!),而是富有学术创造力的讲师马克·雅科夫列维奇·拉特高泽,这位不折不扣的独立思想者,后来在反世界主义者的斗争期间被捕,并被送往古拉格劳改营。

除上述教师外,给俄语专业学生上专题课和专题研讨课的,还有以下几位极为杰出的专家:格·亚·古科夫斯基、马·康·阿扎多夫斯基、鲍·米·艾亨鲍姆、鲍·维·托马舍夫斯基和阿·谢·多利宁。

在升入三年级之前,学生们需选定专题研讨课的指导教师。按照多年以来的传统,语文系俄语专业的学生从三年级起首先要确定自己的专业方向——是想研究语言还是文学,然后再选一门相应的专题研讨课。此后亦可改弦更张:三年级时上一门研讨课,四年级时上另一门,五年级毕业论文开题后①再投入另一位导师门下。不过,目标明确的学生在三年级开学选定研讨课和导师后,便会在其后的三年里对既定的"方向"始终不渝:他们在三四年级上的都是同一门研讨课,然后在起初就跟定的那位学者的指导下撰写毕业论文。

洛特曼战前对民间创作表现出的兴趣此时已有所减退。有一门课程深深吸引了他,即18世纪末至19世纪初的俄国文学,这一时期的文学鲜有研究,却可以说明其后阶段的俄国文化史中的诸多问题。学生们的共同偶像自然是格·亚·古科夫斯基,他研究的正是这一阶段。但不知何故洛特曼却犯了难。

格里戈里·亚历山德罗维奇·古科夫斯基,如前所说,是彼得堡最有才华的文学研究者之一。他讲课精彩生动,善于即兴表演,能够充分理解、感受艺术的本质,并擅长朗诵诗歌。总之,教研室的这位表演家不仅以讲课风格,还以思想火花和深知灼见而令听众叹服不已;他被荣耀与崇拜的光环所笼罩。与讲课、做报告相比较而言,其书其文略有逊色——生动的艺术气质难以得到张扬,但这些论著依然博得了青年学子的喜爱。

杰出的教学、组织和科研能力使古科夫斯基声名显赫,连他的对头也无法否认其学术贡献;自战前起,他就理所当然地成了俄国文学教研室主任:1939—1943年,1946—1949年(在这两个时间段的间隔,他被疏散到萨拉托夫大学工作,甚至还在1945—1946年担任了该校的科研副校长)。

究竟为什么洛特曼没选这位天才人物的专题研讨课呢?他向笔者解释,其中原因有二:首先,谦虚持重的洛特曼与教授那过于直爽、奔放甚至爱出风头的

---

① 苏联高校的普通本科学制通常为五年。——译注

个性格格不入;其次,也是最重要的,他不仅知道,还曾目睹同行们质疑其某些观念的情景,他们说在鲜亮外衣下的事实并非总是经过严格验证的,其观念有时不免附会,有失准确。对这位思想生成者而言,重要的是提出鲜明的创新观点,而基本的具体事实却难以得到充分保证,有时甚至被完全忽视了。

在内容丰富的重要随笔《托马舍夫斯基与古科夫斯基》(《纪念集》〈1〉,第54—64 页)中,洛特曼不失公允地指出,在提出应将果戈理视为人民的、现实主义的作家这一主张时,古科夫斯基事实上忽略了《与友人书简选》①:"他的果戈理就不该撰写《书简选》。"(第 64 页)就其禀性和修养而言,洛特曼总觉着首先要尽可能多地研究具体材料,然后再得出结论。古科夫斯基更偏爱演绎法,洛特曼则推崇归纳法。

因此,出乎众人的意料,他参加的是其貌不扬、籍籍无名的尼·伊·莫尔多夫琴科副教授的专题研讨课(他感到此举得罪了古科夫斯基——后者已打算指导这位有天赋的学生了;但也只好如此了)。

尼古拉·伊万诺维奇·莫尔多夫琴科(1904—1951)自 1949 年(古科夫斯基被捕之后)起任俄国文学教研室主任,他是一位功底扎实、实事求是的文学研究者,其学术观点都建立在丰富的材料之上。他是尤·格·奥克斯曼的学生。只有在全面研究艺术对象本身(作家或作品)及其广阔背景之后,他才会做出结论,这些背景包括"邻近的"作家和作品、新闻出版和文艺评论、社会政治和哲学的思潮,以及与此前的、对研究客体产生影响的文化发展阶段相关的一切;他十分注重档案工作。无怪乎在着手研究普希金及其同时代人之前,莫尔多夫琴科首先详细钻研了当时的新闻出版和文艺评论:他于 1948 年通过答辩的博士学位论文写的是 19 世纪前二十五年的文学批评,后来又完成了一本大部头著作《维·别林斯基与他所处时代的俄国文学》(1950 年出版)。一如他的导师奥克斯曼,在莫尔多夫琴科的研究方法中可以感受到 19 世纪至 20 世纪初俄国实证主义的底

---

① 《与友人书简选》是果戈理 1847 年出版的一部著述,其内容体现了作家对君主制和宗教的保守态度。此书问世后,评论界哗然,别林斯基甚至认为它标志着果戈理对自己创作理想的背叛。——译注

蕴,它对彼得堡—列宁格勒文学研究者们诸种方法的形成产生了决定性影响(充分积累资料,细致研究从社会政治到日常生活等所有方面的"背景",而不喜欢作"全盘性"概括)。这些原则也传给了他的学生洛特曼。诚然,其他因素(主要是黑格尔主义)的影响恰恰使得洛特曼更倾向于综合性的概括,这是与奥克斯曼和莫尔多夫琴科的最大不同点;但是,"总括化"(鲍·米·艾亨鲍姆语)也是俄国——或许不是彼得堡,而是莫斯科及以南地区(哈尔科夫、萨拉托夫等)——文学研究的一大特点。一些学者(米·米·巴赫金,亚·帕·斯卡夫特莫夫,形式主义的主要学者——指其正统者而非骑墙者,还有以格·卢卡奇为首的黑格尔式马克思主义者)依据哲学原理(不一定是黑格尔主义,也可以是新康德主义和诸心理学流派)和世界语言学的理论成果,已在各自的论著中通过归纳获得了重大的、具有远见卓识的发现。洛特曼也向他们学习过,但那主要是在此后的塔尔图时期,即他已变得更加独立了。至于青年时期,还是奥克斯曼—莫尔多夫琴科的影响更为明显。

我曾有幸聆听过尼古拉·伊万诺维奇 1947 年 9 月那一学期开设的别林斯基专题研讨课。没有任何即兴发挥、讲课技艺以及充满浪漫色彩的远景描述:这位授课人只是语气平和地对相关话题进行详述,还不时地看一看笔记本。讲课效果欠佳,课程有不少单元的内容"枯燥乏味",再加上材料巨多,不少学生都退选了,坚持下来的只有 3—4 人,直到多年以后我们翻看听课笔记时,才意识到其重大的学术价值:把这些笔记与 1950 年出版的那本书进行对比,就会发现两者具有非常独特的多重关联,对前者的接受就会获得立体化的效果。

莫尔多夫琴科对科研工作的执念与他的个人品质完全吻合。可以说,他是语文系最为高尚、最具浩然之气的教师之一。在手术失败后的弥留之际,他急不可耐地向妻子转述了关于《叶甫盖尼·奥涅金》的专著及其他拟写著作的构思。可惜,这位杰出人物有太多的事情未及做完就告别了人世。

洛特曼在三年级时投入其门下的就是这样一个人(其实,二年级时他就已在自己的新导师那儿上了半年的专题研讨课)。莫尔多夫琴科 1947 年开设的正是《叶甫盖尼·奥涅金》专题研讨课。他给每个选课的学生分别指定了一章,并让各人在学年结束前就"自己的"那一章撰写一篇不长的专题论文:其创作史,文本考据,章节的艺术建构,以及评论界的反响。

但渴望创作的洛特曼并未仅限于《叶甫盖尼·奥涅金》。他出于某种本能,自崭新的大学生活伊始,便想认真研究一下处于向“真正”具有艺术性的俄国文学(普希金、莱蒙托夫、果戈理等)过渡的那一阶段,即此前一个世纪的萌芽期,特别是作为文学家、语言改革家和新闻出版工作者的卡拉姆津的活动。但是在当时,卡拉姆津被列为落后的保守派:君主主义者,唯心主义者等。将他作为研究对象,也就意味着要做出冒险之举;而允许学生以君主主义者和唯心主义者为题撰写学年论文的导师莫尔多夫琴科和教研室主任古科夫斯基,也同样是勇敢之人。

1947 年,洛特曼以卡拉姆津主办的《欧洲导报》杂志为题撰写了学年论文,而 1948 年写的题目则是《卡拉姆津与共济会会员们》。直到晚年洛特曼仍将前者视为自己的得意之作。他在其回忆录中对此文作了这样的描述:“卡拉姆津郑重声明,《欧洲导报》将是一份仅刊载译文的杂志,其宗旨为报道欧洲的最新事件。其消息来源却含糊不明,甚或根本不注明出处。对其来源我专门查证过。坐在‘公共图书馆’那间藏有法国期刊的空房间里,钻研文献,直到他们开始赶人(即直至图书馆晚上闭馆——鲍·叶),这简直是一种无与伦比的享受。我很快便发现,卡拉姆津的消息来源写得非常不准确,他刊发的事实上不是译文,而是倾向性很强的改写,且明显指向了俄国国内的事件。例如,我成功找到了卡拉姆津对拉季舍夫之死作出回应的证据,他将这一回应作了包装,看上去是从法语翻译过来的。”(《纪念集》〈1〉,第 34 页)这两篇学生作品立刻就被古科夫斯基录用,拟刊发于科学院文集《18 世纪》中。但糟糕透顶的是,当 1949 年古科夫斯基突然遭到逮捕时(因“列宁格勒案件”①这一事件而掀起的镇压浪潮在涅瓦河畔之城令人惶恐不安地蔓延开来),这两篇文章连同教授的档案一起消失得无影无踪。着实是我们这个时代令人扼腕的损失之一(幸亏洛特曼保存了草稿,后来在

_____

① “列宁格勒案件”是 1940 年代末到 1950 年代初在苏联发生的一系列冤案的统称。冤案导致较为年轻的苏共高层领导人阿列克谢·库兹涅佐夫和尼古拉·沃兹涅先斯基被枪毙,列宁格勒当地和各地方干部被牵连。卷入冤案者多在列宁格勒工作过。——译注

其论及卡拉姆津世界观演变的一篇文章中还使用了其中的一些内容——下面我们还将谈及此文)。

而古科夫斯基一年后候审时死在了列福尔托沃监狱里。这是一个更为重大的损失。

难能可贵的是,洛特曼将最初几篇学生作业中的一篇经整理后予以发表,它作为一项重要的发现以学术论文的形式刊载于《列宁格勒大学学报》(1949,第7期):《马·亚·德米特里耶夫—马莫诺夫的〈对俄国骑士们的简明训诂〉(十二月党人早期思想的宣传性政论佚失文献)》。这是青年学子的第一篇印成铅字的作品。

标题中的"佚失"一词并不完全确切:专门研究十二月党人的学者们早就知道,德米特里耶夫—马莫诺夫有一本只印了25份的法文小册子,它们被分发给了早期秘密社团的成员,但在任何一家档案馆和图书馆中都未能找见(准是在起义失败后,所有印本都被销毁了,相关人士都害怕它们会作为罪证被搜查出来)。洛特曼在列宁格勒"公共图书馆"馆藏的著名共济会成员马·涅夫佐罗夫的文件中找到了它的一份手抄本,并且不是法译本,而是俄文原件。

1948年12月18日,莫尔多夫琴科将这一发现及论文发表情况告知尤·格·奥克斯曼,他写道:"尤·洛特曼是选修我研讨课的学生,如此才华横溢、天赋异禀的年轻人,我还从未见过。他研究共济会、卡拉姆津和拉季舍夫,但目前则以共济会为主。洛特曼去年提交的关于卡拉姆津《欧洲导报》的报告完全把我震到了。"[1]

而这位精力充沛的学子又撰写了一篇学术作品,这是他早期论文中篇幅最大的一篇(3个印张):《18世纪80年代的文学—社会斗争史抉微:亚·尼·拉季舍夫与阿·米·库图佐夫》。这篇作品以文章形式发表于列宁格勒大学1950年出版的论文集《拉季舍夫》中。文章探析了18世纪最激进的俄国思想家拉季舍夫与他的朋友及思想对立者、共济会成员库图佐夫的社会—政治论战。此文试

---

① 马克·阿扎多夫斯基,尤利扬·奥克斯曼:《书信集(1944—1954)》,康·阿扎多夫斯基付印,莫斯科,1998,第204页。

图重构大量散佚的、两位论战者的往来书信。对未予留存的记录、设想和谈话的还原问题此后一直是这位学者的关注点,所以他后来陆续发表了再现类的优秀成果:从尝试还原画家亚·安·伊万诺夫与激进派记者尼·格·车尔尼雪夫斯基的谈话(《文学问题》,1966,第 1 期,第 131—135 页),到晚年撰写的文章《关于1826 年 9 月 8 日普希金与尼古拉一世谈话问题的几点补充意见》(《纪念普希金学术报告会》,塔林,1990,第 41—43 页)。

　　大学时代的科研工作所积累的财富,在洛特曼的后续研究——其学位论文、文章和著作中都派上了用场。例如,他撰写的那个很有价值的词条"共济会"(《苏联历史百科全书》,第 9 卷,莫斯科,1966),有多处依据的就是大学时代的研究成果。

　　不知不觉间,洛特曼就成了大学生科研生活的核心人物;无怪乎他连续担任了三年的系学生科协(大学生科学协会)主席。在那些年里,洛特曼的创作方法已基本形成。他在研究某一时期或某位作家时,总是力求把相关的一切都细"耕"一遍:其时出版的书籍和小册子,尽可能齐全的期刊和尽可能多的档案资料——这可以追溯到尼·伊·莫尔多夫琴科的方法,后者对这种尽善尽美的追求精神则是从尤·格·奥克斯曼那里学来的,而奥克斯曼又是学的谢·阿·温格罗夫(从这个角度来说,可以将他视为洛特曼在方法论上的"祖师爷");如上所述,这些师祖的方法源自于革命前俄国使用得最多的一种人文方法,也即文学研究者和历史学者的方法——实证主义。洛特曼方法论中的实证主义特征是清晰可辨的:像启蒙主义者那样推崇理性、知识和科学;崇尚事实,在综合事实的基础上才得出结论(即归纳法);追求精确,甚至是用数学方法进行分析(这种追求后来在洛特曼的结构—符号学论著中也进而得到了体现)。洛特曼研究方法中的实证主义特征相当融洽地与黑格尔主义和黑格尔式早期马克思主义中的一些重要原理结合在了一起,而此类原理是这名苏联大学生通过"官方的"哲学教育所接受的:对所有局部细节的宽泛概括,分析的完整性,历史主义,所研究的艺术手法与包括阶级问题和阶级利益在内的社会—政治现实的关联,社会和文化发展规律的崇高思想(直到晚年,洛特曼联系到存在中的大量偶然性,才对铁律开始产生怀疑),以及那造就了世界的多义性、并使其各部分全都交织在一起的普遍存在的辩证复杂性。

这一方法论基本原则后来得以进一步发展,并与不断接受的新影响相结合,但其基本精髓一直未变。

毕业后,几经周折,他得到了一份很不错的工作。他的同学奥莉加·扎伊奇科娃被分配到一个非常好的工作岗位——在塔尔图师范专科学校当教师。她打听到,该校还需要一些人手。洛特曼立即给学院院长阿·塔尔尼克打了电话,向他口述了简历上所有栏目的内容——后者这才知道,此人是俄国文学教师的合适人选。洛特曼随即带着所需材料前往塔尔图,办理了入编手续,从而摇身一变成了爱沙尼亚居民,那时该国是作为第 15 个共和国加入苏联的:1940 年,苏联将波罗的海沿岸的爱沙尼亚、拉脱维亚和立陶宛三个共和国纳入了自己的版图。

在塔尔图师范专科学校

爱沙尼亚当时急需俄语教师:在该共和国的所有中小学的所有年级,俄语都是必修课程,且课时量很大,而师资一定是不够的。需要尽快培养。除塔尔图大学外,在塔林还开办了一所师范学院,而师范专科学校则设在了塔尔图,但就连这些学校也缺乏师资。

苏联的不少城市早在战前就已开设了师范专科学校,同样也是因为对中小学教师有大量的需求。这些专科学校为两年制,在四个为期半年的学期里,学生们要以速成方式学完四年制师范学院的全部课程。毕业生们受到的是不完整的高等教育,不过这也足以对学生们进行启智与开蒙了。后来,大约在 50 年代末—60 年代初,国内的师范专科学校不是被关闭,就是升格为师范学院;塔尔图的这所就给关闭了。

就这样,洛特曼在塔尔图师范专科学校获得了讲师的职位。文艺学的所有课程几乎被他一人包下了,他不仅要教民间口头创作,古代、18 世纪、19 世纪和苏联时期的俄国文学史,还要教文学理论。

他每天要讲 4—6 小时的课。课后,他便一如既往,赶往大学图书馆一直学到很晚。幸运的是,塔尔图大学图书馆是全国最好的高校书籍藏馆之一:该馆成立于 19 世纪头几年,藏有俄罗斯乃至西欧主要国家的几乎所有学术资料,还订阅了俄罗斯国内外的大多数"大型"期刊;在 1920—1940 年代爱沙尼亚独立期间,图书馆收到了多种俄侨出版物,其中也包括期刊(这一部分全部交由"特藏部"保管,但教师甚至学生并不难获得这些资料的使用许可);在苏联时期,得益于必须提供出版物样本的规定①,图书馆收藏了全国几乎所有的人文类印刷品,甚至于外省的诗集,更不用说学术期刊和高校学报了。我们的这位青年教师在图书馆里既可以备课,也可以撰写副博士学位论文。

洛特曼的心里再次荡漾出幸福的浪花儿:有一份感兴趣的工作,有一座极好的图书馆,将来一定会大有可为! 他全身心投入科研和教学工作中。他并未因教学工作量过大而感到烦恼,也未因日常生活的窘境而深感不安。他来到塔尔图时,穿着唯一的一套西装——这套黑西服还是用父亲的那套改做的,没有秋冬装;一直拖到雨季来临,他才请亲戚汇来 150 卢布,用这笔借来的钱买了一件雨衣。洛特曼被安置在学生宿舍,而且,因为已经没有空房间了,供他暂住的是一间隔离室,即传染病人的医疗室。幸亏隔离室是空着的,但宿管员却提心吊胆:万一医生来了,看到房间被占用,准会把她给训斥一通。当院长为这名新员工物色像样点的住房时,洛特曼与一名天资不高但心地善良的塔大教师——亚·米·沙内金合住在一起。于是,两个男人开始"搭伙过日子":他们自己买菜做饭。过了好几个月,院长才找着一个小房间:按照苏联时期的通行做法,将一名食品店经理的住宅又隔出了一间房。

在沉浸于图书馆和课堂教学之余,洛特曼始终没有忘记亲朋好友。他已经在考虑安排家人来塔尔图附近(此处有许多非常好的别墅村)消夏的事情,并张罗着想给母亲弄到一张疗养证。他听说列宁格勒油类短缺,便立即托人捎去了三公斤黄油……杰出的普希金研究专家、版本学家和诗律理论家鲍·维·托马舍夫斯基教授的六十大寿快要到了,洛特曼便准备送他一份别出心裁的礼物。塔尔图有位才华横溢的女手艺人,她制售精美漂亮的野兽玩偶和家畜摆件。洛特曼向她订购了一只小虎,并寄给了姐姐莉季娅,托马舍夫斯基就在生日当天收到了礼物。学者的妻子伊琳娜·尼古拉耶夫娜说,这只棕红色的小虎很像鲍里斯·维克托罗维奇……挂念、关心他人,这是洛特曼的人品特质。晚年时他已是九个孙子孙女的爷爷,当意大利或德国鞋店的店主看到他从公文包里拿出九双

① 在苏联时期,出版社按国家规定必须向文化部指定的图书馆或其他机构提供出版物样本。塔尔图大学图书馆是指定的机构之一。——译注

各不相同的鞋垫纸样,按照其尺码给每个小辈买礼物时,他们都深感惊讶……

1950—1951学年即将结束时,洛特曼的个人生活中发生了一桩大事:他决意娶妻成家,没过多久,早已成为他意中人的扎拉·格里戈里耶夫娜·明茨便迁居到了塔尔图。

扎拉·格里戈里耶夫娜·明茨(1927—1990)后来成了20世纪俄国文学领域的知名专家,她是塔尔图勃洛克专题学术会议的组织者,还与其大学老师德·叶·马克西莫夫共同编纂了多卷本《勃洛克纪念文集》——这套佳作在塔尔图大学的支持下出版。她是列宁格勒知识分子家庭的女儿,不过她对老家的情况所知甚少:她年仅七岁时,母亲便去世了,她实际上是由表姐西玛——列宁格勒保育院院长——抚养长大的。扎拉·格里戈利耶夫娜的父亲死于围困时期的1941—1942年间那可怕的冬季后,她就成了父母双亡的孤儿。她随表姐的保育院疏散到了国家东部,因此,她的整个童年和中小学生活都是在保育院中度过的;在保育院长大的任性女孩所特有的那些习惯,比如没有养成操持家务之类的女性应有的一些习惯(下厨做饭,收拾房间,营造舒适环境),后来也影响到了她的家庭生活。扎拉·格里戈里耶夫娜于1944年考入语文系,后来选修了德·叶·马克西莫夫的勃洛克专题研讨课,这门课以其创造性的氛围和相对开明的思想而闻名全校。她因表现出文学研究者良好的创造性才能而很快成了导师的得意门生之一。

洛特曼和自己未来的妻子还在大三时便已相识。扎·格·明茨积极参加学生的各项学术活动,和洛特曼一样,她也是学生科协的负责人之一。有一次,她在筹办弗·弗·马雅可夫斯基纪念会时,得知洛特曼擅长绘制领袖和作家的大型肖像,便找到他,请他帮助布置会议厅,画一幅马雅科夫斯基的肖像。洛特曼曾回忆说,他当时为撰写学术论文忙得焦头烂额,对于这种请求能推则推,便告诉她,他画画是要收费的。扎拉·格里戈里耶夫娜顿时惊呆了,甚至哭了起来。

第二次见面时的情形比第一次还要糟糕。扎·格·明茨在维·格·别林斯基专题研讨会上(1948年,各地纷纷举办活动纪念他逝世100周年),无所顾忌地做了题为《别林斯基与浪漫主义》的报告。同学们和尼·伊·莫尔多夫琴科都有礼有节而不失严厉地说到,报告人所依据的主要是对浪漫主义的泛泛的刻板印象,而不是具体材料。一向具有骑士精神的洛特曼便站出来为挨批的女生进行辩护。他的辩护似乎显得有些苍白无力,再加上马雅可夫斯基肖像事件中那"出于一己私利"的冷漠回应,扎拉·格里戈里耶夫娜更是气不打一处来。

直到后来,两人才逐渐建立起了良好关系,洛特曼还帮助扎拉·格里戈里耶夫娜和她的女伴维多利亚·卡缅斯卡娅、柳德米拉·拉卡耶娃复习 1949 年国家考试的内容。扎·格·明茨大学毕业后被分配到列宁格勒州区中心沃尔霍夫斯特罗伊的一所中学任教(该市自 1940 年起开始简称为沃尔霍夫,但至今人们习惯上仍然称其为沃尔霍夫斯特罗伊)。她满怀热情与爱心投入了学校的工作。洛特曼早在 1950 年夏天时便已向她求婚,但她久久不愿离开那些孩子们,实在舍不得、放不下她带的那个班级(被洛特曼奚落说她想在单独一个班级建设社会主义——套用的是"在单独一个国家内……"那句名言)。1951 年,她最终还是决定离开沃尔霍夫斯特罗伊,来到了塔尔图。于是,洛特曼只好再次劝说未婚妻前往民事登记处办理结婚登记:此事她已拖了好久,因为她认为法定婚姻属于小市民遗风。不过,这一障碍也终被清除——洛特曼硬是把未婚妻拽进了国家民政机构,尽管她一肚子不情愿;一个帅气的爱沙尼亚人办好了所有的必要证明文件。婚礼是在一家咖啡馆举办的,他们只邀请了沙内金:每人喝了两杯咖啡,吃了好多美味的奶油小面包,仅此而已。洛特曼的小家庭便这样诞生了。扎拉·格里戈里耶夫娜按苏联新风保留了自己的姓氏。[1]

婚后不久,洛特曼的生活中又发生了一件大事:他完成了学位论文。在塔尔图的第一学年期间,他通过了三门副博士生必修课程(专业、哲学和外语)的考试,并在第二学年初完成了论文撰写;而一般的研究生们要做完这些事情都得花上两倍的时间——3 年。

---

[1] 按照俄罗斯的传统习俗,女子出嫁后要随丈夫姓。但在苏联时期,随着女性地位的提高,这一风俗也发生了变化,女子结婚后仍保留娘家姓的情况相当普遍。——译注

扎·格·明茨。摄于 20 世纪 50 年代初期。

专业课考试包括两项内容——检验考生对俄国文学史整个课程知识的掌握情况，让考生回答事先给出的两个专门问题；给洛特曼指定的题目是"罗蒙诺索夫"和"别林斯基论18世纪"。

1952年年初，他在列宁格勒大学的母系（即语文系）顺利通过了副博士学位论文《与尼·米·卡拉姆津的社会政治观和贵族美学之斗争中的亚·尼·拉季舍夫》的答辩。论文评阅人是两位博士（尽管第二位评阅人通常为副博士）：文学研究者帕·瑙·别尔科夫和历史学者阿·瓦·普列捷琴斯基。

论文共有五章：1. 与18世纪80年代贵族唯心主义之斗争中的拉季舍夫；2. 拉季舍夫的世界观；3. 1790年至1800年间尼·米·卡拉姆津世界观的演变；4. 19世纪初期的拉季舍夫与卡拉姆津；5. 拉季舍夫的美学观。

洛特曼当时对拉季舍夫的创作产生了浓厚的兴趣：除上面已提到的撰写于大学时代、刊登在论文集《拉季舍夫》中的那篇长文和其他几篇短文外，在答辩之后的整整十年间，他还就此论题发表了多篇具有学术价值的作品：《论亚·尼·拉季舍夫审美观中的若干问题》（载《纪念国立塔尔图大学建校150周年学术论文集》，塔林，1952）；《拉季舍夫是贵族革命者吗?》（载《哲学问题》，1956，第3期）；《拉季舍夫与马布利》（载论文集《18世纪》，第3卷，莫斯科—列宁格勒，1958）；《拉季舍夫与18世纪俄国军事思想》（载《塔大学术论丛》，第67卷，1958）。洛特曼的早期作品中不免反映出约·维·斯大林去世前国内紧张的思想状况的一些特点。副博士学位论文的标题并未对拉季舍夫与卡拉姆津的方法论关系作出某种定性，而是叫作"……斗争中的拉季舍夫"。当时有一句流传甚广的戏言说得很到位："斗争与斗争进行斗争"。论文摘要以列宁的一句话开始，以斯大林的一句话结束。

文中揭露了"资产阶级贵族'学者'捏造的谣言"和"资产阶级世界主义者的诬蔑性企图"。这是时代的一种烙印。但在时局因素的这些表象之下却蕴涵着对课题多年钻研所获得的成果。尽管拉季舍夫的精神面貌略显泛化，其世界观和创作中的革命、唯物主义和现实主义等因素也有被夸大之嫌，但作者展现出了扎实的知识功底，藉此可以准确把握拉季舍夫思想的发展历程，清晰地梳理出其与共济会成员、阿·米·库图佐夫、卡拉姆津等人之间的关系阶段，此外，卡拉姆津在与共济会成员和库图佐夫等人的复杂关系中的人生道路也更显明晰。

值得注意的是,在 1951 年年底写成关于拉季舍夫与卡拉姆津的副博士论文后,洛特曼明确意识到,为了更加全面地理解 18 世纪末俄国的社会思想与文学,就必须认真研究这个世纪的相关渊源,也即彼得一世时代。不过,随后他将这一计划暂时搁置了起来,留待以后作为毕生的主要课题进行研究,并开始向后延伸,转向了 19 世纪。

洛特曼早期的创新精神在他论及拉季舍夫与库图佐夫、拉季舍夫审美观的文章中(前者载论文集《拉季舍夫》,1950;后者载 1952 年塔尔图校庆纪念论文集)体现得尤为鲜明。两文都以丰富的档案材料为基础(其中,第二篇文章已使用了爱沙尼亚历史档案馆的资料:作者居然在那里研读了波罗的海沿岸总督办公厅的部分文献!),因而给出了新的史料,作出了新的阐述,并为相应的结论提供了可靠依据。文中进一步阐明了拉季舍夫的世界观:针对农民村社中频繁的土地再分配,这位思想家写道,此举"非常不利于农业,但有利于平等"(见论拉季舍夫审美观一文的第 161 页)。

这一观点在洛特曼稍后写就的《拉季舍夫与马布利》一文中得到了修正和发展。他在文中令人信服地证明,与坚持土地公有制、反对一切再分配的法国乌托邦主义者的共产主义理想相反(马布利认为,再分配会导致不平等,使土地集中在少数人手中),拉季舍夫是土地私有制的拥护者;在他看来,恰恰是农民村社中每年进行的再分配才会带来平等和公正,才会在家庭人口有所增减的条件下而作出调整。

需要强调的是,《拉季舍夫与马布利》一文开启了这位学者探讨俄罗斯与西欧文化关系的一众系列作品(以俄—法为主,但也涉及俄—德、俄—意、俄—英):《俄国文学界最初译介席勒的新材料》(1959 年用德文发表于德国格赖夫斯瓦尔德大学《学刊》);《卢梭与 18 世纪俄国文化》(载论文集《启蒙时代》,列宁格勒,

1967);《论"但丁与普希金"问题》(载《普希金委员会①会刊》,列宁格勒,1960),及其他多篇论文。在这些文章中,从论及拉季舍夫与马布利的那篇起,严格的社会政治范畴性就已愈发弱化,取而代之的是对研究材料所做的复杂化、细节化和个性化处理。

综合来看,20世纪50年代,洛特曼在方法论上并未超出马克思主义阶级决定论的框架②。他的《亚·尼·拉季舍夫是贵族革命者吗?》③一文在这方面很有代表性。此文对期刊《历史问题》所发社论(1955,第9期)的观点——不应将拉季舍夫称为革命民主派,他是一位贵族革命者——提出了异议。洛特曼仔细考察了这位思想家的所有革命言论及其诸如人民至上、人民有权起义和武力捍卫自身利益的观念,并同时阐明了十二月党人世界观所具有的贵族特点。他在这篇论战性文章的结尾这样写道:"上述所有考量都使我们有理由断言,如果将亚·尼·拉季舍夫归为贵族革命者,那么这一评价就没有反映出他思想中的社会内容,并掩盖了其革命民主主义的本质。"

不过,文章作者在前一页(第171页)谈及这样的分类时则谨慎得多:"然而,是否可以用'革命民主派'一语来鉴定亚·尼·拉季舍夫的世界观,这一问题其实并不那么重要。通过分析亚·尼·拉季舍夫主要理论观点的实际内容,便可证明他的观念已超越贵族革命性的范畴,而获得了民主性质。"

几乎直到临终前,洛特曼一直都对拉季舍夫的创作抱有兴趣;尔后,这位学者的相关见解不断得以修正,其中还涉及革命性这一复杂问题;从拉季舍夫到十二月党人,他理出的线索也越来越多。

---

① 普希金委员会系根据皇家科学院俄罗斯语言文学部的决议于1900年设立,成立初衷是为了统筹普希金作品集的编纂和出版事务。该委员会后来逐渐发展为俄苏普希金研究的重要学术机构。——译注
② 米·列·加斯帕罗夫在谈及洛特曼的几篇文章中对马克思主义方法与马克思主义意识形态作了区分,后者是"取得胜利的"马克思主义的旗帜,是对绝对真理的肯定:"洛特曼对待马克思主义方法是严肃的,而对其意识形态则持与之匹配的态度。"(米·列·加斯帕罗夫:《洛特曼与马克思主义》,载尤·米·洛特曼《在思维世界的深处》一书,莫斯科,1996,第416页)。
③ 载《哲学问题》,1956,第3期,第165—172页。

在这一发展变化的过程中,尤·格·奥克斯曼对他最初看法所提出的批评意见起到了非同小可的作用。当初,洛特曼曾将其在《哲学问题》上那篇文章的校样寄呈这位年长的同事,后者决不认同"革命民主派"的概念可适用于拉季舍夫的观点,并对其"贵族革命性"的说法提出异议。他在1956年10月18日致洛特曼的信中写道:

"……关于18世纪末至19世纪前三分之一段的平民知识分子——从普宁①、克雷洛夫到纳杰日金②,您说得很好,但您却把最主要的一点给忘了:如果对于贵族革命者而言,反农奴制的斗争与反专制的斗争是密不可分的,那么'平民知识分子'(包括曾是我们革命民主派的先驱和导师中的一些人)的特点则是,将反专制主义斗争的原则(他们说这是贵族的小花招)与反农奴制斗争的原则分开来进行解释。我早就想就此写点什么了,但却又顾虑重重,因为我的朋友们让我谨言慎行,说这个话题对于那些在大明星时代③牢牢掌控着意识形态问题的地方巨婴们来说,实在太离谱了。然而,如果我不对20—30年代平民知识分子的政治立场作出解读,那么1836—1840年间的别林斯基也就颇为令人费解。

"我们习惯于把这一转向——由'贵族革命性'转向'革命民主'立场——视为一种涂油礼④,乃至一种晋级,然而,无论是别林斯基还是车尔尼雪夫斯基,更不用说他们在50—60年代的追随者了,反反复复重弹的那一套老调儿,其实早已被贵族革命者们突破了。我指的不仅仅是平民知识分子政治素质不高……我想,你我之间似乎只是言辞之辩,可实际上您是在支持巴布金之流。"(德·谢·巴布金是"普希金之家"一名才疏学浅的研究人员,他所发表的有关拉季舍夫的言论成了学界的笑料谈资。)

类似的想法也在洛特曼的意识中酝酿着,直至他完成博士学位论文之时(即

---

① 普宁(1773—1805),全名为伊万·彼得罗维奇·普宁,俄国启蒙学者、诗人、政论家,拉季舍夫的追随者。——译注

② 纳杰日金(1804—1856),全名为尼古拉·伊万诺维奇·纳杰日金,俄国评论家、美学家,是最早深入研究现实主义美学原则者之一。——译注

③ 指赫鲁晓夫时代。——译注

④ 涂油礼是东正教中极为神圣的一种仪式,原系信徒入教的一种基本仪礼,后演变为一种赋予少数人以特殊身份和权力的典礼。——译注

塔尔图，国立大学基础图书馆。

20 世纪 60 年代初期)才最终形成。

洛特曼对拉季舍夫的特殊"论敌"——卡拉姆津的认识也在不断深化和拓展。在《卡拉姆津世界观的演变(1789—1803)》(载《塔大学术论丛》,第 51 卷,1957,第 122—162 页)一文中,他在我国学术界首次不是静态地——像这位青年学者的两位甚或杰出的导师(格·亚·古科夫斯基和尼·伊·莫尔多夫琴科)所描述的那样,而是在复杂的、分阶段的变化中展现出卡拉姆津的思路历程。

洛特曼首先展示了这位年少时就处于共济会影响之下的年轻文学家的复杂世界观(1785—1789):卡拉姆津既受到了共济会制度的影响(对人类感知世界的主观性、对人的自私本性、对道德教育的必要性等问题的认识),也受到了与之截然不同的百科全书派①和卢梭一些观念的熏渍陶染,如社会对人格所产生的作用才是优先考虑的因素;不过,后者的影响毕竟有限,而与共济会会员们卡拉姆津很快也就不再来往了,和他们几乎出现了思想分歧,于是便开始了他的远游②。卡拉姆津真正的创造性工作始于出游回国之后——他着手发行《莫斯科杂志》(1791—1792),并在上面发表了其早期的两篇杰作:《一个俄国旅行者的书信》和小说《苦命的丽莎》。洛特曼认为这是作家的第一阶段:对外部世界的描绘相对客观,对日常生活和地理环境的特点加以介绍;但这些只不过是背景而已,而最主要的还是人的心理特点。

第二阶段(1792—1800)主要反映出卡拉姆津所发生的复杂的相关演变过程:其中不乏时而相互矛盾的观点,不过,总体路径通向的是——主观主义(在某种程度上是在向共济会靠拢),抒情的、个性鲜明的因素在艺术散文中的主导地位,以及诗歌的崇高与散文的通俗平淡所形成的对立。

第三阶段则以政治性为主。卡拉姆津成了其《欧洲导报》杂志上知名的政论家和宣传家——他鼓吹专制君主政体,煽动对民主思想的敌视。洛特曼将这条道路界定为"从贵族自由主义向温和保守主义的演变"(见文章第 145 页)。

---

①　百科全书派指 18 世纪法国一部分启蒙思想家因编纂和出版《百科全书》而形成的派别,其核心是以狄德罗为首的唯物论者。——译注

②　卡拉姆津曾于 1789 年至 1790 年间游历西欧。——译注

　　与相信启蒙具有变革作用的人所不同的是，卡拉姆津现在对民众在道德上的自我完善、摒弃利己主义的可能性持怀疑态度；他主要寄希望于外部压力和国家强权。耐人寻味的是，洛特曼从未使用过"感伤主义"这一常常附着在卡拉姆津身上的术语：他已明白空泛的哲学、文学术语多有穿凿附会之嫌。但在社会政治领域，他仍旧相当概略化，多次将卡拉姆津的世界观界定为贵族世界观，尽管对种种个性特点（即这位思想家与当时的文学界同行，乃至同为贵族的私友们的不同之处）的详细分析已经直观地表明，这种界定十分笼统，没有体现出一定差异。洛特曼本人后来也发生了转变——渐渐摆脱了社会—政治概念的公式化。

调职塔尔图大学

从洛特曼来到塔尔图的头几周起（1950 年 9 月），他便开始在塔大授课，但尚未入编，领取的是计时工资：一开始，他代替已离职一个月的亚·米·沙内金讲授 19 世纪俄国文学史课程，而后，自 1950—1951 学年第二学期起，则开设了拉季舍夫专题课。他甚至曾一度全程讲授过"语言学导论"——这是相邻的俄语教研室给安排的。

此后几年，他就一直承担俄国文学教研室不同课程的教学工作，并积极参加教研室和全校的学术活动。在学校举办的隆重纪念亚·尼·拉季舍夫逝世 150 周年大会上（1952），洛特曼代表教研室做了主旨报告。纪念建校 150 周年的文集（亦为 1952 年）刊载了上面提到的这位学者论及拉季舍夫审美观的文章。

1952 年，我就已"鼓动"鲍·瓦·普拉夫金，并与他一起找过校长费·德·克列缅特，请后者设法搞一个编制内名额，把洛特曼调入塔大。然而首先，1952 年的最后几个月和 1953 年的头两个月处于十分紧张的社会——政治环境和不断高涨的社会运动之中，这使得校长举棋不定；其次，洛特曼本人当时对调职一事也避而不谈，因为人们对教研室瓦·亚当斯副教授的被捕记忆犹新：没承想，这名教师应聘的是被黜免同事的岗位。

直到 1953 年 3 月斯大林去世，1954 年我正式履行俄国文学教研室主任一职之后，我们才成功说服费·德·克列缅特校长聘请洛特曼担任在编副教授的职位（校长亲自跟他谈了此事）。于是自 1954 年起，洛特曼便成了我国最著名大学之一的全职教师。

塔尔图大学在其历史上多经波折。塔尔图的首家高等教育机构——古斯塔夫学院是在瑞典统治时期，由国王古斯塔夫·阿道夫倡导，于 1632 年创建的。但这所学院只存在了 33 年；17 世纪末虽曾尝试过重建，但也是好景不长

（1690—1710）。

此后，该校作为一所名副其实的大学而再度开办已是亚历山大一世执政时期的 1802 年，不过授课语言改用了德语。该市由于行政—政治情势的变化曾数度更名。11 世纪兴起于诺夫哥罗德领地①之时，它起名为尤里耶夫；后来，被利沃尼亚骑士团占领并在其后的波罗的海德意志人统辖下，取名为多尔帕特（俄国人习惯称为杰尔普特）。1893 年，在亚历山大三世时期，该市恢复了俄语名称尤里耶夫；而在 1919 年爱沙尼亚独立期间，始称塔尔图——这是爱沙尼亚语中自古以来对它的称呼。与此相应，这所大学曾先后叫做杰尔普特大学、尤里耶夫大学，而从 1919 年起就定名为塔尔图大学。

1932 年，在获得自由的爱沙尼亚举办了 300 周年校庆（从古斯塔夫·阿道夫时期算起）。而在苏联时代的 1952 年，更何况是在斯大林去世前一年，庆祝的则自然是俄治阶段的 150 周年。

1941—1945 年卫国战争结束后，塔尔图大学的教职员工惨遭迫害。在德国法西斯占领期间，多数教职工都留了下来，这按照当时苏联的通例便是一宗重罪。而跟随德国人离去的，或经波罗的海偷渡瑞典的，只是为数不多的塔尔图教师（不过，他们可是最具创造力、最有才华的一拨人），大部分人则留在了本地。众人都因自己可能成为被镇压的对象而惶惶不可终日。

1950—1951 年，此类行径达到高潮之时，也正是洛特曼来到塔尔图之际。先前的镇压行为并不多见：1940—1941 年曾有人被捕和流放；接着就是战后头几年，其间从脑力劳动者到普通农民的所有社会阶层都受到了迫害；波罗的海三国患难与共，团结一心。其中受伤尤深的是爱沙尼亚。

也正是为了加强党和苏维埃对塔尔图大学的领导，1951 年，列宁格勒大学的副教授费奥多尔·德米特里耶维奇·克列缅特（1903—1973）被任命为校长。这一选任真乃一大幸事！克列缅特是苏联时代的独特之人，谈及塔尔图大学

---

① 诺夫哥罗德领地曾是古罗斯国（9—13 世纪）和莫斯科国（15 世纪末—18 世纪初）的重要组成部分。其面积最大时，领地北抵白海，东至乌拉尔山脉。——译注

50—60 年代的校史,他是绕不开的话题。他的父亲是普梯洛夫工厂①的工人,早在革命前就已来到彼捷尔做工。其子费奥多尔是一名典型的革命后共青团员,他响应列宁在 1924 年发出的号召加入了布尔什维克党,并将自己的命运与彼得格勒—列宁格勒大学联系在了一起,从事力所能及的科研和教学工作,积极投身社会活动,对我们的共产主义道路坚信不疑,他是一位善良的同志,对女性关爱有加……总之,他若是留在彼捷尔,就会是一名籍籍无名、默默无闻的普通副教授。但由于他不仅具有党性,而且拥有副博士学位,再加上他又是爱沙尼亚人,因此命运对他另有安排:斯大林在世的最后两年里,在共和国乃至全苏联极度困难的阶段,他成了这所国立大学的一校之长。

国立塔尔图大学主楼。

---

① 普梯洛夫工厂建于 1801 年。该厂曾于 1905 年和 1916 年两度举行大罢工,第一次罢工期间发生的"流血星期日"事件成为俄国 1905 年革命的导火索。1917 年列宁曾在此发表演讲。——译注

对克列缅特而言，就像当时常有的情形那样，各种名利接踵而至：他不仅获得了教授的学衔，而且还入选爱沙尼亚科学院和苏联最高苏维埃，取得了爱沙尼亚社会主义共和国共产党中央委员会委员资格。

而至关重要的是，克列缅特担任校长期间，一直在不断提升自己的道德水准与精神境界，这一点尤为难能可贵。不仅如此，似乎直到晚年他始终对苏维埃体制的先进与前途抱有信心，依然对大学和学术的发展十分关注。他深知真正的高校教师的价值所在，深知学术的价值所在。在他看来，被任命为校长一职是赋予他重大责任的一项崇高荣誉，他把全身心都奉献给了学校，为其跻身世界著名科研教学机构行列做出了诸多贡献。

我被他任命为俄国文学教研室主任时，还很年轻，因各种难题，尤其是人事问题，我可没少找过校长。当说到某个人选时，克列缅特首先会问清此人的主要优点（科研、教学、人品等方面），接着准会把"人事履历登记表"仔细研究一番（我记得，当我把安·弗和格·叶·塔马尔琴科夫妇的履历表拿给他看时——当时由于某些原因，夫妻俩都是无业人员，他啧了一声，并咕哝道，还是头一回见到这种情形：女方是"贵族出身"，男方则是"农民出身"）。对我的举荐，校长从未有过推辞。洛特曼、扎·格·明茨、帕维尔·谢苗诺维奇·赖夫曼和雅科夫·谢苗诺维奇·比林基斯都是这样入职教研室的。为有才华的毕业生安置工作是件特别困难的事情。爱沙尼亚当时急需中小学教师，因而部里的相关委员会并不愿意考虑我们的需求。克列缅特帮我们解决了此事。谢尔盖·根纳季耶维奇·伊萨科夫和弗拉基米尔·彼得罗维奇·基尔克，以及稍后的瓦列里·伊万诺维奇·别祖博夫都顺利留校了。1960 年以后，洛特曼继续为新教师们争取到了留人名额①，也同样仰仗于这位善待我们的校长。

与蔓延全国的那种官老爷作风截然不同的是，克列缅特按照欧洲的规范行事：无论是开会还是上课，他都准点到场，办公室的接访他也准时开始，并严格遵守每个时段：若访客不能在 15 或 30 分钟之内（后一种时限仅适用于特殊情况）

---

① 洛特曼自 1960 年起任塔尔图大学俄国文学教研室主任。详情可见本书"担任教研室主任（1960 年代）"一章。——译注

说明诉求，校长便会道歉并中止接待，以免等候者们长吁短叹。他做事非常专注，一丝不苟，从不迷糊，言出必行。

他将迎送客人的欧式礼仪带入了苏联人的日常生活。有人走进他办公室时，他便立刻从办公桌后站起身来，迎上前去(办公室很宽敞!)，同来人打招呼，引客入座后，他才绕过桌子，自己也坐下。送客时也一样——一直送到门口。无论来访者是大名鼎鼎的院士还是清洁工，他都以礼相待。这不仅仅说明克列缅特力求为人处事干净利落，追求文明礼仪;其民主气质、对人的尊重是他的本质特性。他似乎正应了启蒙思想家说的那句话，天性本善。

不妨说一件典型事例。我们有一小群学生乘近郊火车去埃尔瓦，那是塔尔图附近有名的别墅区，他们都没买票，被检票员逮了个正着;他们非但不道歉，反而撒野闹事;几名检票员便把这伙人全部抓了起来，按照证件记下了姓名，并给校长写了一封措辞严厉的信。后者自然气愤不已，盛怒之下便命人起草开除所有肇事者的校长令。那些年轻人自然并不拿有关校长令的传言当回事儿，可他们的家长却惊恐万分，不知所措。一位母亲立刻从彼捷尔赶来求见校长，请他开恩。他劝慰这位悲痛欲绝的母亲时，真是苦口婆心:他说，对孩子们还是要进行惩处、严加管教的，他们完全被惯坏了，不过并不会取消他们学籍的，只是给予每人警告处分。

对这种胡作非为克列缅特是不能容忍的，但对年轻人平日里的缺乏教养之举却能心平气和地加以对待:"有那么一回，我在新西伯利亚开会:那些大学生真是才华横溢! 但却很是放纵任性:有的就坐在主席团的桌子上，有的随手搬走了教授的椅子，如此这般——我看在眼里，心想:也许是二者不能两全?"

许多来自俄罗斯的单位主管都不屑于学习当地语言，与这些人所不同的是，克列缅特立即就学了起来。孩童时期他对爱沙尼亚语是有所记忆的，掌握了一些日常词汇，这使校长仅仅过了几个月就能较为流利地讲爱沙尼亚语了;不过，做报告、发表讲话时他还是用俄语。

有些高层人士自然看不惯克列缅特，嫉恨他的独立品格、卓越美德，早就在暗算他了，终于在勃列日涅夫的"停滞"时期将他扳倒，粗暴地免去了他的职务。塔林的官员科普未能在例行的权力瓜分中得到想要的那块蛋糕，而荣幸地被贬黜为塔尔图大学校长，克列缅特则在此前被迫退休了。科普让其早已习惯了克列缅特那早期布尔什维克式的简朴作风的新下属们错愕不已：他首先便为自己的公馆从西德订购了一套全自动水暖系统，仅这一项就花掉了拨给学校的全年外汇……

我如此不厌其烦地来谈论克列缅特其人，就是为了强调他 50—60 年代在塔尔图大学，特别是在我们教研室的生存景况中所起到的巨大作用。假如没有他，我们就不可能发展得如此迅速，也不可能这么快就与国内外文艺学界建立联系。假如没有出版《学术论丛》，没有举办勃洛克会议和符号学"暑期学校"，没有给我们提供公费出差的机会，其实当时在遭到系里某些同事嫉恨的情况下，我们的工作是很难有什么起色的。要不是有克列缅特的支持，这些人力和学术资源，我们恐怕要花上 15 年才能获取其中的一部分，而我们从他那里却不费周折、更未卑躬屈膝就获得了，况且是在我们的开创期。毋庸置疑，这位极为难得的党务、国务活动家的光辉形象将永存于我们心中。我衷心希望我们的后人们也能缅怀这位恩人。

只可惜，学校里的本地人大多都对克列缅特表现出矜持的态度。他迅速融入爱沙尼亚语言和当地习俗的环境，对这一点他们颇为欣赏。爱沙尼亚人是在德国式的教育中长大的，他们拘泥于生活中的条条框框，一板一眼地遵循着各种烦琐的细则——其中有的很适用（譬如，在门口迎面相撞或一拥而上挤公交车的现象，在此地都是令人不可思议的），有的则令人啼笑皆非（譬如，即便你三分钟前刚和某人打过招呼，再见面时还得摘下帽子落至腰际——就这样一天恐怕要重复上千次），而有的则因尊卑贵贱之分而令人嫌恶（有人曾提请我注意，副教授提着篮子出入商店是有失体面的：日常购物这种事应当由女人来做）。克列缅特那迂腐的生活方式自然就会招惹他们的喜欢，但这位校长由于是在彼捷尔出身、长大的，毫无排俄的民族主义情绪，对我们教研室予以学术和人事上的支持，因此并不受他们的待见。对他们而言，克列缅特始终是个"外人"。

平心而论，还应当提及一些爱沙尼亚籍同事的姓名，他们非但没有刁难我们，反而尽可能地给予帮助。和蔼可亲的系主任安·帕尔为我们提供了公费赴莫斯科和彼捷尔进行学术交流的机会。校图书馆馆员爱·维格尔（他可是大名鼎鼎的菲·菲·维格尔①的后人!)在我们遇到资料查询方面的困难时总能神乎其神地找到所需文献。系编委会负责人之一的里·克莱斯深知我们所编文集的价值,他严谨至极,简直到了死抠字眼的地步;他在战前就已出版了多卷本爱沙尼亚百科全书,在数十年间,竟然一点瑕疵、一个印刷错误都挑不出来! 他是一名真正的民族主义者,但对"外人"却全无傲慢之气或狡诈之心。有一次在系里开会时,我和他杠上了,当时要从系里选派一名同事去里加参加一个会议,此人要以拉脱维亚为题做学术报告。爱沙尼亚人和拉脱维亚人的关系并不十分理想(我曾建议用马雅科夫斯基的诗句在市区打出一幅标语:"愿世界上不分俄罗斯,不分拉脱维亚,实现人类大同!"),但要表明,我们学校是有人在严肃认真地研究邻族文化的。我当即提名了谢·根·伊萨科夫——我们这儿唯一的爱—拉关系研究者,孰料,我第一次见到了克莱斯发火的样子:伊萨科夫怎么能代表爱沙尼亚的学校呢?! 得派卡尔·阿本去(此人是一个智力平平、绝非学者型的拉脱维亚语教师)。不消说,获批的是阿本。会后,我和克莱斯同时向对方伸出了手:我说到了"入侵"之耻,但也提及了学术价值和公平问题;克莱斯为自己的失态而表示羞愧,但也说起了爱沙尼亚遭受压迫的痛苦······我们各自散去,不过已理解了彼此的立场。

正如爱沙尼亚其他设有人文科系的高校一样,国塔大也开设了俄语专业(相应地,也开设了俄国文学专业)②,并且不断扩大其规模。20 世纪 30 年代,学校里尚无此专业,鲍·瓦·普拉夫金是唯一的一名俄语教师,而拉脱维亚语、立陶宛语、波兰语和捷克语也同样都只有一名教师。

卫国战争快要结束时,塔尔图从德国侵略者手中被解放了出来,学校也复课

---

① 菲·菲·维格尔(1786—1856),全称为菲利普·菲利波维奇·维格尔,19 世纪俄国著名回忆录作家。他所撰写的《笔记》为后人了解 19 世纪上半叶俄国的风俗习惯、道德观念等提供了丰富资料。——译注

② 关于该专业、该教研室的编年纪事及一些具体事实源自以下几篇文章:鲍·瓦·普拉夫金:《俄罗斯语文学在塔尔图大学》,载《塔大学术论丛》,第 35 卷,1954,第 130—164 页;柳·基谢廖娃:《教研室属于文化史》,载《维什戈罗德》(塔林),1998,第 3 期,第 6—13 页;加·波诺马廖娃:《解冻之前:俄国文学教研室的历史(1940 年代末—1950 年代初)》,同上,第 53—65 页。

了(1944年11月)。也就是在那时开设了一个小规模的、用爱沙尼亚语授课的俄罗斯语言文学专业。骨干教师是瓦·特·亚当斯和鲍·瓦·普拉夫金两位副教授,他们都是知识渊博的专家和独具个性的人物。

瓦尔马·特奥多罗维奇(其俄化变体形式为弗拉基米尔·费奥多罗维奇)·亚当斯(1899—1993)出生于彼得堡,但整个成年生活都与爱沙尼亚联系在一起。他确信其父母都是彼得堡的爱沙尼亚人,但一些塔尔图人则持怀疑态度,城里最有名的咖啡馆"维尔纳"的常客们窃窃私语道,亚当斯其实是俄罗斯人,他年轻时用过的所谓假名"亚历山德罗夫斯基"才是他的真姓,而"亚当斯"只是化名。我们并不想弄清他的家谱,仅想指出,亚当斯步入成年时已精通三门语言:爱沙尼亚语、俄语和德语,这在后来为他带来了无可比拟的福利——几乎同时也造成了巨大的不幸。当然,他之所以遭遇多种大灾大祸,往往是性格使然:争强好胜,傲慢自大,喜怒无常,还总爱往"枪口"上撞。他在晚年回首一生时苦笑道:"我曾在九种政治制度下生活过,可无论哪一种,我都过得不好。"他至少在三种制度下坐过牢。

1918年,他首次扬名塔尔图。这个刚毕业的中学生积极参加苏维埃共和国的组织,胸前点缀着一个大大的红蝴蝶结,发行布尔什维克的俄文报纸《铁锤》。但爱沙尼亚的"资产阶级"势力获得了胜利,亚当斯被逮捕入狱,据他说,那里自由度较高:允许朋友探监,而且还可以带食物。

带有苏维埃色彩的少年时代对亚当斯后来的生活经历产生了一定的负面影响,但他最终完成了在塔尔图大学的学业,甚至还得到了一份奖学金——供他在布拉格大学的斯拉夫语文学领域继续深造。自20世纪20年代起,他便是有名的爱沙尼亚诗人、语言和诗律的革新者(使用新词;采用自由节律和纯重音朗诵诗体)。他写的诗大多具有象征主义和"颓废主义"的特点;亦即为勃洛克与马雅科夫斯基诗歌的独特糅合。

1940年,当苏维埃政权在爱沙尼亚确立后,亚当斯便踌躇满志:在各种集会上演讲,抨击资产阶级,赞美苏维埃,最终得以在塔大任教,而先前他是被拒之门外的。

但在1941年,法西斯占领了城市,亚当斯的亲苏活动让他付出了惨痛代价——他被关入德国人的集中营,此处可没有 20 年前的爱沙尼亚监狱里那般舒服。但他因掌握三门语言而成了德国军官可利用的工具——为他们当翻译。

从这所苏维埃大学复校后的头几天(1944 年 11 月),亚当斯就着手工作,1946 年 3 月他被任命为俄语教研室代理主任(应当注意的是,教研室人数相当多:所有科系都开设了俄语必修课,这需要大量教师)。不久,亚当斯便以塔尔图大学的《学术论丛》形式,用俄语出版了其书稿《从自然描写看果戈理的田园诗〈汉斯·古谢加顿〉》(塔尔图,1946)。亚当斯的这本旧作颇有分量,却不乏幼稚的弗洛伊德主义的成分,先前曾出过德文版,这回作者将其译成了俄文。当然,他选择的时机再也糟糕不过了:1946 年 8 月,党中央关于《星》和《列宁格勒》两杂志的著名决议已在全国引起反响,各地都掀起了揭批唯心主义、颓废风气和"资产阶级"其他余孽的热潮,而这些形形色色的"主义"在亚当斯的书中都可以找见。爱沙尼亚的报刊上出现了数篇抨击性的书评,1946 年 10 月,亚当斯就迫不得已写了一份申请,辞去教研室主任一职。然而,他在莫斯科经过一番奔走,加之又得到了著名的"西欧派"学者米·帕·阿列克谢耶夫院士的支持,终于在1947 年取得了成功——6 月他恢复了原职,9 月又被聘为重建后的俄国文学教研室副教授。此时应被视为后来享有盛名的这个教研室的起始端点。

亚当斯并没有立即,但毕竟还是当上了该教研室的代理主任。他做了两学年(1947/1948 和 1948/1949)的光杆司令——他是教研室的唯一一位在编教师,而负责授课任务的都是他从近邻教研室请来的同事。但对亚当斯所进行的打压又开始了,就连他少年时代的旧作——"颓废主义的"诗歌也被翻了出来。1949年 9 月,鲍·瓦·普拉夫金成为俄国文学教研室主任,而在一年后的 1950 年 12月,亚当斯被校方给彻底开除了。过了几个月他就被捕了——他为德国占领军当翻译的事情败露了——并被发配到卡拉干达①矿区服苦役。1955 年,即赫鲁晓夫解冻初期,他获释并回到了塔尔图。笔者——当时的教研室主任,费了好一番周折才让他恢复了工作。此后的 20 年间,亚当斯一直是教研室最出色的成员之一,他积极参与科研工作,并用爱沙尼亚语(给爱沙尼亚的语文系学生)讲授俄

① 在今哈萨克斯坦境内。——译注

国文学的几乎所有课程。即使在退休后的那些年间,他也未中断与教研室的来往和学术联系。在他 90 寿辰之际,洛特曼写了一篇文笔活泼的文章《我认识亚当斯的五副面孔》(1989 年 1 月 28 日的塔尔图《前进报》),文中着重描写了这位年高望重的同事的多面性:诗人、文学研究家、脾气暴烈者、回忆录作家、小说家,是学校里一位个性十分鲜明的人物。

亚当斯,一个具有爱沙尼亚文化背景的人,与当地知识分子群体过从甚密,关于学界的思想倾向、小道消息和各种纷争,他给我们讲了不少故事。其中也包括对洛特曼相貌的种种趣谈,当时,即 20 世纪 50 年代,洛特曼已成为塔尔图这座城市中一位引人注目的人物。在斯大林时期,塔尔图民众竟然坚定地认为,洛特曼是在模仿领袖。因此,当赫鲁晓夫在苏共二十大上做过报告后,那家有名的"维尔纳"咖啡馆的常客们便焦急地等待着洛特曼剃去小胡子。但始终没有等来这一刻。于是便又传出了另一个版本:不便现在就撇清关系,所以才把胡子留着……

亚当斯的俄国文学教研室主任一职由鲍里斯·瓦西里耶维奇·普拉夫金(1887—1960)接任。作为里加的知识分子之子,他还是一名法语专家。第一次世界大战期间,在德军占领里加前夕,他随家人疏散至塔尔图,从 1919 年开始在我们这所学校教授俄语和法语。和亚当斯一样,他年轻时也写过"颓废主义的"诗歌;他曾与常来塔尔图的伊戈尔·谢韦里亚宁①交好,还主持过"尤里耶夫诗人行会"。1941—1944 年德军占领期间,他在爱沙尼亚行政当局发行的《新时代》报社做翻译——但与亚当斯所不同的是,他并未被送往古拉格;这或许是因为他从事文职的缘故,况且报社也不是德国人办的,其犯罪程度似乎要轻于替法西斯军队做翻译。然而,意识形态上的"污点"使得普拉夫金束手束脚,他寡言少语、谨小慎微,隔三岔五地向人讨教,该怎样以马克思主义的精髓来阐释俄国文学史中某些单元的内容。与教研室相关的所有研究工作他概不参与,自顾自地一头扎进了词典编纂。他编的俄—爱和爱—俄词典是两本非常之好、内容翔实的辞书。1954 年,他迫不及待地办理了退休手续,我便从他手中接管了教研室,

---

① 伊戈尔·谢韦里亚宁(1887—1941),俄国"白银时代"著名诗人。——译注

而此前，我实际上已给他做了三年的助理和参谋。

我从国列大毕业（1948）并在中学教了一年书后，考上了列宁格勒的米·尼·波克罗夫斯基师范学院的副博士研究生。我是 1951 年迁居的塔尔图，因为妻子索·亚·尼古拉耶娃——学的是化学，比我早一年研究生毕业，由国家统一分配工作；在几所备选的高校中，我们选择了塔尔图大学。我正式在国塔大就读了一年的研究生，1952 年 12 月通过论文答辩后，我便当上了讲师，并自 1954 年 8 月起担任了俄国文学教研室主任。

除了鲍·瓦·普拉夫金和我，洛特曼作为非全时人员在教研室工作的最初那几年，还有几名教师先后入了编制。因亚当斯被送去了古拉格，用爱沙尼亚语（为系里其他专业）开设的俄国文学课程便由俄语教研室的教师伊万（约翰内斯）·亚历山德罗维奇·费尔德巴赫（1902—1972）代上。他出生于爱沙尼亚，国内战争期间在红军部队作战，1936 年毕业于列宁格勒亚·伊·赫尔岑师范学院；他是一名共产党员和社会活动家，1946—1951 年间曾任俄语教研室主任，而后调至我们教研室，因为他的教学任务几乎全都与俄国文学教研室有关。此人寡淡无趣，其貌不扬，缺乏创造力，从不参加教研室的科研工作，也根本不和我们这些年轻人来往。他看上去比实际年龄——50 岁老很多。1954 年，当鲍·瓦·普拉夫金退休后，校长提议由我来担任教研室主任，我以年纪尚轻经验不足、对本地具体情况缺乏了解为由而诚惶诚恐地推辞了，费·德·克列缅特则最后冷笑着撂出一句话："我总不能让费尔德巴赫来干吧！"

1950 年至 1953 年间，教研室还有一位副教授，名叫亚历山大·米哈伊洛维奇·沙内金（1917—1990），就是与初来乍到塔尔图的洛特曼合住在一起的那位。他 1950 年在国列大通过了关于糟糕乏味的 19 世纪三流作家尼·亚·布拉戈维申斯基的副博士学位论文答辩，此后便再未做过学术研究，对教学工作也毫无兴趣。他实在太懒惰、太平庸了，不宜从事高校工作，讲课时只会照本宣科（有一次，他拿错教案装进了皮包：从一叠陀思妥耶夫斯基小说教案本中拿的不是需要的那份，而是下面一份，于是便直接向学生们宣布："在你们的课堂笔记本上空出24 页。"——好像所有听课学生写的字迹、字数都和他们的老师一模一样似的！）。学生们怨声载道，开始闹事，公然罢上沙内金的课。不久，他偶然得到了一个回列宁格勒的机会，于是赶紧走人。即使在那里，他也无法胜任文学课教学，此后多年都在国列大教对外俄语。

其空出的岗位，经过我的争取——除了鲍·瓦·普拉夫金的帮助，自然还得到了校长费·德·克列缅特的支持，1953 年由我的研究生同学雅科夫·谢苗诺维奇·比林基斯接任。他后来成了知名教授，也是研究托尔斯泰、陀思妥耶夫斯基、契诃夫创作的专家。他讲课非常精彩，很有吸引力，教室里总是座无虚席；他还积极参与教研室的科研工作。遗憾的是，他一心想去列宁格勒，1955 年便离开了塔尔图。

国塔大俄罗斯语言文学专业的规模连年扩大。20 世纪 40 年代末，每个年级大约只有十名学生，但 1950 级招生数量已达 25 人，1951 级则为 59 人；此后，招生规模通常稳定在 50 人，分为人数相等的两个班级，分别以俄语和爱沙尼亚语授课（有时需要将掌握爱沙尼亚语的本地中学毕业生编入"俄语"班，因此这些班级就很难招满 25 人）。

随着学生人数的增长，教研室的工作量自然也有所增加，就像近邻俄语教研室那样；终于等来了向校长办公室申请增加人员编制的机会。1954 年，因纳·马尔科夫娜·普拉夫金娜加盟教研室，她是鲍里斯·瓦西里耶维奇的儿媳、其子阿纳托利的妻子。阿纳托利是语言学者，他在莫斯科读完了研究生，不久后，即从 1956 年起担任国塔大俄语教研室主任一职。因·马·普拉夫金娜是研究苏联文学的专家，我们正需要一位 20 世纪俄国文学教师。但她和雅·谢·比林基斯一样，想要调回原籍——只不过不是回彼捷尔，而是回故乡莫斯科，所以当那里的弗·弗·马雅可夫斯基博物馆空出一个编制时，她便于 1956 年从国塔大辞职了。这个空位就给了扎拉·格里戈利耶夫娜·明茨，洛特曼夫妇俩这样才都成了塔尔图大学的教师。

这就是 50 年代教研室的基本师资情况。还需补充一点：在费·德·克列缅特的支持下，几乎每个学年，我们专业的毕业生中都有能人留在教研室做助理或教师。这不得不再次感谢命运赐予我校这样一位校长。我作为教研室主任，有此类迫切需要去求助于他时，校长总是先详细询问候选人的情况，然后叫来人事处长，他们当场物色空编岗位。在苏联时代这一现象的罕见程度，从维亚切·弗谢·伊万诺夫关于其在莫斯科大学读研、任教的青年时光的回忆录中可见一斑：当时,在这位学者身边云集了一大批才华横溢的学生,但他们都未能在毕业时留校。①

1954 年,我们成功将本专业的毕业生谢尔盖·根纳季耶维奇·伊萨科夫②留了下来,他后来成了知名教授,发表了许多学术论著,在 1980—1992 年间任教研室主任,如今还成了爱沙尼亚议会的议员。谢·根·伊萨科夫曾做过教研室一学年的助理(这一年是在此后的所有助理中工作业绩最突出的一年),而在1955 年,也还是在校长的帮助下,我们为他争取到了一个教师编制。此外,教研室的非全职人员还有后来的知名哲学家列昂尼德·瑙莫维奇·斯托洛维奇教授以及后来也当上了教授(不过是文艺学教授)的帕维尔·谢苗诺维奇·赖夫曼(他于 1959 年进入教研室编制)。

正所谓越吃越想吃。我们很想延请一位大腕级资深专家来教研室工作。这样的机会终于等到了,尽管事出偶然,颇有些意外。1952 年,我在莫斯科的《文学遗产》编辑部结识了尤利扬·格利戈里耶维奇·奥克斯曼(1895—1970),他当时是萨拉托夫大学的教授(在科雷马劳改营中熬过 10 年之后,这位曾在 20 世纪30 年代领导过"普希金之家"的杰出文艺学者,1947 年时却只能在萨拉托夫找份工作)。当地官员总是打压这位失去地位的教授,所以尤利扬·格利戈里耶维奇一听说塔尔图大学的工作氛围相当好,差不多就兴高采烈地准备去爱沙尼亚了。我去费·德·克列缅特那里谈过几次,告诉他,如果能请来这么一位同仁,这对于我们是何等重要;校长听了我说的理由,也深有同感,并很快找到了一个专职岗位和一套两居室住房,但此事一开始就搁浅了(像常有的那样,萨拉托夫地方政府得知有人请奥克斯曼去塔尔图工作,便马上改变了对待他的态度,主动谈起出版这位教授论著的可能性等事),后来,莫斯科的世界文学研究所向奥克斯曼发出了邀请——我们的想法自然就落了个空。在 1952 年 11 月 16 日致奥克斯

---

① 载《星》,1995,第 3 期,第 157—159 页。

② 其生平及论著编目见《谢·根·伊萨科夫教授:生平传记、著述篇目索引(1953—1990)》一书,塔尔图,1991。

曼的信中，我郁闷地告诉他，校长专门留了一套单独住宅，这两个来月谁也没给。太遗憾了。

值得一提的是，到了 1967 年，奥克斯曼因"持不同政见""里通外国"而被世界文学研究所和作协开除，他的名字遭到封杀，被加入黑名单，这时洛特曼再次邀请他来国塔大任教（俄国文学教研室的同事帕·谢·赖夫曼离职两年去攻读博士学位，在此期间便空出一个副教授岗位，此岗可转为教授职位）。洛特曼在 1967 年 11 月 23 日致奥克斯曼的信中这样写道："我们不会让您承担太多的工作量——您可开点儿专题课和一门新闻学课程。只要您每（学）年能来塔尔图两次，每次一至一个半月，足矣〈……〉。我这边已跟校长初步谈妥。"克列缅特再次表明自己不是那种生怕丢掉官位的人，而是一名真正的知识分子。可惜，奥克斯曼这次还是没有来成：经当时在高尔基大学①工作的格·瓦·克拉斯诺夫和弗·弗·普加乔夫两位教授的努力争取，他获准在这所高校做兼职。尽管高尔基市也是黑云压城（洛特曼想必听说了他受到迫害的事情，所以决定再度邀请他来塔尔图），但奥克斯曼还是更愿意留在莫斯科附近。

关于聘请知名学者之事，还有一次发生在 20 世纪 50 年代末。具体而言，是指与弗拉基米尔·达维多维奇·列兹尼克副教授（笔名为第聂伯罗夫；1903—1992）所进行的商谈，他是小说理论界备受关注的评论家和专家。他当时在鲍里索格列布斯克的师范学院工作，该校的俄国文学教研室主任是著名文艺学家鲍·奥·科尔曼。弗·达·第聂伯罗夫也希望调到我们这里来，我又去找了费·德·克列缅特，但这次校长只是解决了进编问题，却怎么也搞不到一套住房，所以暂时只能保证提供学生宿舍的一个房间。对此这位同行表示无法接受，最终也是白忙活一场。

后来，洛特曼还曾一度期盼能把米·米·巴赫金请到塔尔图来常住，但此事同样也无疾而终——后文还将言及此事。

所以，受命运的摆布，我们未能将老一辈的杰出学者引进俄国文学教研室，那就只好自己来挑大梁了……

---

① 高尔基大学即今国立下诺夫哥罗德大学。高尔基市即今下诺夫哥罗德。——译注

教研室的全体青年教师——自 1955 年起，瓦·特·亚当斯也以奇葩之姿跻身其中，他精力之旺盛是其同龄人所望尘莫及的——为我们的科研工作注入了极大活力：本系主编的《学术论丛》每一期都刊有我们某位同事的文章；学术会议也频繁召开。

爱沙尼亚苏维埃政府竭力让报刊和教学机构的负责人举办俄罗斯文化名人，尤其是作家的各种纪念日活动。在我们之前，国塔大就已隆重纪念过亚·谢·普希金诞辰 150 周年(1949)；而我们则赶上了 1952 年举行的两场活动：纪念尼·瓦·果戈理逝世 100 周年和亚·尼·拉季舍夫诞辰 150 周年。如前所述，洛特曼在后一场纪念活动暨全校性学术研讨会上作了关于拉季舍夫的报告——这是他首次参加国塔大的学术会议。此后，他几乎每年都在全校性学术研讨会上作报告：《安德烈·凯萨罗夫文学观的形成问题》(1953)，《〈叶甫盖尼·奥涅金〉中的作者评价与插笔问题》(1955)，《作为历史—文学问题的卡拉姆津主义》(1956)，《18 世纪末—19 世纪初俄国散文发展的几个主要阶段》(1959)，等等。

我们也设法吸引学生更为积极地参加科研活动。只要有学生肯付出努力，并且赶上去莫斯科、列宁格勒待上一周或一个月的机会，就会给他设计这样一个学年论文或毕业论文的题目，即需要去档案馆查找相关文献。学生科研小组的活动行之有效、有声有色地开展了起来。1952 年，我让小组成员们去研究学校馆藏的丰富档案资源，那里保存着珍贵的未发表手稿。这一创新项目最突出的成果之一便是经谢·根·伊萨科夫和瓦·伊·别祖博夫这两名学生详加注解而公开发表的亚·谢·格里鲍耶陀夫致米·尼·扎戈斯金的书信(载《塔大学术论丛》，第 35 卷，1954)。

依靠小组的集体力量，同学们决定不定期出版一份用打字机打出的《友谊》丛刊(印数为 3 份)。遗憾的是，出了第一期(1952)就停刊了，因为在丛刊中除学术文章外，还发表了学生诗歌，这些作品自然写的是个人情感与思考，并非改编自那些政治口号。因此，丛刊立即引起了组织的注意，参与办刊的人开始遭受公开的严厉批评，并背上了"不讲思想性"及其他罪名。丛刊只得停办。

但师生们的创意活力终究是难以钳制的，我们总能变着法子添加点私货。

那些年里教研室经常要召开所谓的哲学研讨会,我们就想办法把这些活动搞得既有趣又有益。譬如,我们讨论过黑格尔哲学问题(整个 1955/1956 学年,我们都在讨论黑格尔美学);50 年代末,控制论也成了我们的议题——下文还将谈及这一点。

1956 年,我们在没有接到任何上级"指示"的情况下,举办了一台极为有趣的、纪念沃·阿·莫扎特诞辰 200 周年的晚会。除音乐"节目"外,还加了两场报告。洛特曼谈的是莫扎特歌剧,特别是《魔笛》脚本中的共济会旨趣,而我则概述了充满矛盾的准十二月党思想家亚·德·乌雷贝舍夫的创作道路——后者论及莫扎特的三卷本专著蜚声世界,其另一本谴责贝多芬背离莫扎特主义的书则落得了不幸的名声。

洛特曼家经常举办的家庭"小聚会"也起到了不小的作用,而在我这边——叶戈罗夫家里的聚会次数则更多,我的岳母塔季扬娜·阿列克谢耶夫娜总会备好一桌美味的宴席。几家人齐聚一堂,当然也会邀请教研室里的年轻人。我们讨论科研计划、学校事务和政治生活。我国开始了赫鲁晓夫的解冻时期,这为我们的聚会平添了浓浓的喜气,聚会洋溢着意气风发、前景喜人的欢乐气氛。我们在生日派对上互写戏谑的颂诗,也互赠搞笑礼物。几乎每场晚会的压轴节目都是表演猜字游戏,此时洛特曼的演员天赋尽显无遗。通常由我和洛特曼两人担任导演和表演者。有这样两个例子可以说明他设计"戏剧性"动作的能力之强。先说猜字谜"莫恰洛夫"的表演(当时,我们同事列·尼·斯托洛维奇的朋友,列宁格勒诗人和艺术评论家列夫·莫恰洛夫来到了塔尔图)。这个词的第一部分"莫恰"就是"尿"[①]。洛特曼扮演的是验收员——负责接收准备送往医院化验室进行检测的一小瓶尿样。我故作难为情地从包里拿出这样一个小玻璃瓶,洛特曼接过手去,对着亮光仔细察看了一番,接着嗅了嗅,然后——完全令人难以置信地——用手指蘸着那"液体"舔了一下,尔后煞有介事地做出一副呕吐的样子来。一幅完整的场景就这样呈现了出来。

---

① 俄语姓氏 Мочалов(莫恰洛夫)一词中的 моча 作为单词使用时意为"尿"。——译注

但我们的拿手好戏还是表演猜字谜"参孙"①，这个节目后来在别人家里也多次演过。第一个音节是这样加以呈现的：我扮演一位箕踞的尊贵之人，而洛特曼则扮演一个卑躬屈膝的、可怜兮兮的哀求者。第二个音节——我们作睡觉状；洛特曼发出绝佳的打鼾声，还伴有哨音。完整单词——我装扮成狮子，"参孙"洛特曼则掰开我的"狮口"，于是从中喷出一注"泉"水（在表演字谜前，我的嘴里就含了满满一口水）。

在 20 世纪 60 年代洛特曼组织筹办符号学"暑期学校"的过程中，我们也习惯于在欢快的气氛中提振精气神儿，这一点与莫斯科青年可谓声气相投。

我们赓续彼得堡教授们的重要传统，非常重视对学生的培养，在撰写学年论文和毕业论文的学生身上投入了大量精力。他们最初完成的学术类作品尽管也产生于相应的专题研讨课以及在图书馆的用功学习，但多半是与导师面谈的结果。我们乐于邀请撰写学年论文和毕业论文的学生来参加晚间的家庭"小聚会"和茶话会，与他们分享家中的学术资源——藏书与资料卡片。爱沙尼亚总统伦·梅里在洛特曼的葬礼结束后的酬客宴上回忆道，令他感怀至深的是，恩师对他这个研究"十二月党人在爱沙尼亚"课题的大学生所给予的关心：洛特曼将他邀至家中，让他看了自制的"十二月党人的"全套卡片。其实，对我们来说——一如我们的彼捷尔导师那样，这并不是什么大不了的事情，这是老同志的普通之举。

我们沿袭塔尔图—杰尔普特的相关传统，毕业论文答辩结束后，师生们在"伏尔加"餐厅共享晚餐，然后在沉寂的塔尔图街头漫步一整夜，在位于座堂山②的这座神圣学府随手将学习笔记付之一炬，并在我们不太喜欢（如果说得不那么尖刻的话）的几名教师的窗前举行大合唱。

不堪其扰的是语言学副教授萨·瓦·斯米尔诺夫。众人聚集在他家小花园的二楼阳台下，分成四组，放开喉咙高唱四声部卡农：

---

① 参孙（Самсон）是《圣经》中的大力士，传说他曾徒手击杀狮子。俄语词 Самсон 由两个音节构成，第一个音节 сам 作为单词使用时有"主人，东家"之意；第二个音节 сон 作为单词使用时意为"睡眠，梦"。"参孙搏狮"也是彼得堡名胜——彼得宫中最大的一座喷泉。——译注

② 塔尔图大学主楼即位于座堂山。——译注

> 萨瓦哥！萨瓦哥！
>
> 你睡了吗？你睡了吗？
>
> 你听那塔楼的钟声：
>
> 嘀哩——喤！嘀哩——喤！

第一组唱头一句，唱到第二句时，第二组就会跟上，但要从头来一遍；接着，第三组、第四组也先后跟上；当第一组唱到尾声时，无论是歌词还是旋律，都乱成了一锅粥。萨瓦季·瓦西里耶维奇被吵醒后便提着满满一桶水冲到阳台上，想以迅雷不及掩耳之势把我们大家伙儿都浇成落汤鸡，但我们毫不迟疑地立马躲开了。

洛特曼曾经待过的师范专科学校，也是我们非去不可的地方：想当年，那里可是卑鄙的法杰伊·布尔加林的庄园。19世纪上半叶的德意志学生社团成员都知道这个作家劣迹斑斑，他曾充当过密探、专制统治者的爪牙，只要庄园主来到杰尔普特，他们就会在夜间给他制造点麻烦。我们感到惋惜的是，无处释放追逐自由的豪情……不过，除了我们，也有别人做出了类似的举动：经常有人把塔尔图城市墓园里布尔加林坟上的大铁碑的帽状顶板掀下去。这恐怕也是我们的学生干的。

如果说有什么苏联"传统"进入了塔尔图生活的话，那就是秋季的"采收土豆"。由于当地劳动者的散漫和懈怠，集体农庄和苏联国营农场的收成有可能葬送在雪地里，全国各个地区的政府都会在9月，有时甚至在10月让大学生和高中生停课，下乡去抢收土豆，当然，会有随队教师的。

集体农庄庄员们却游手好闲，还对我们这些"帮工"冷嘲热讽。那时有一首民间短歌很是流行：

> 从早晨到早晨
>
> 我只管跟心上人把嘴亲，
>
> 莫斯科的大教授们
>
> 放下工作来把土豆收。

塔尔图的教授们也要轮流和学生们一起收上两周甚或四周的粮食。

博士学位论文的准备工作

在研究拉季舍夫和卡拉姆津的同时,洛特曼也逐渐朝着 19 世纪转向;卡拉姆津毕竟有 26 年是在这一世纪度过的,所以对其创作遗产的这一部分的研究,不仅要求考察拿破仑战争时代,还要求检视十二月党人运动的发端。洛特曼渐次转向了对这一时期,也即对 19 世纪头二十五年的社会运动与文学的研究。由此,他的博士学位论文题目也确立了下来——《前十二月党时期俄国文学的发展道路》。洛特曼对这一论题所提出的解决方案,是仅限于对 19 世纪头十五年的资料(该时期的所有杂志,所有单行本文学作品,全国十家档案馆所存手稿)的整体研究,但他当然也时常跨越这 15 年的区间。

在整个 20 世纪 50 年代和 60 年代初,洛特曼就所研究阶段撰写并发表了一系列总括性论文:《俄国现实主义发展的几个主要阶段》(载《塔大学术论丛》,第 98 卷,1960。此文系与鲍·费·叶戈罗夫及扎·格·明茨合撰;洛特曼撰写了 19 世纪上半叶那一部分),《人民性与前十二月党时期文学的发展道路之问题》(载论文集《论 19 世纪俄国现实主义与文学的人民性问题》,莫斯科—列宁格勒,1960),《19 世纪初的俄国诗歌》(洛特曼所编《19 世纪初的诗人们》〈列宁格勒,1961,小型文库"诗人丛书"〉一书的序文),《1800—1810 年代俄国散文的发展道路》(载《塔大学术论丛》,第 104 卷,1961),以及关于 19 世纪初期文学运动具体参与者——彼·安·维亚泽姆斯基、瓦·格·阿纳斯塔谢维奇、马·亚·德米特里耶夫—马莫诺夫等——的诸多论著。尤其值得一提的是基于大量档案资料而写就的两本书:一本是收录于大型文库"诗人丛书"的阿·费·梅尔兹利亚科夫《诗集》(列宁格勒,1958),此书的编订工作全部由洛特曼承担;另一本则是洛特曼本人的专著《安德烈·谢尔盖耶维奇·凯萨罗夫及其时代的文学—社会斗争》(塔尔图,1958),其献词为"深切怀念尼古拉·伊万诺维奇·莫尔多夫琴科"。

　　在第二本书中,洛特曼为祖国文化史揭开了一位连专家都对其知之甚少的杰出人物的身份之谜:19世纪初期"友善文学社"活动的参与者(其社长是凯萨罗夫的朋友、天才少年安德烈·屠格涅夫),文学家,语言学、历史学的研究者,以反农奴制为题的学位论文《论在俄罗斯解放奴隶的必要性》的作者,杰尔普特大学的俄语与俄国史教授(1811—1812),经同事们民主推选出的系主任,米·库图佐夫为抗击拿破仑入侵所设指挥部下辖的流动印刷厂的创办者,各种传单和布告的制作人,其少将弟弟①所领导的那支游击队的成员(1813),以及在追击败退的法军时战死在德国的英烈——凯萨罗夫的人生历程大抵如此,洛特曼对他的生平与创作作了缜密的考察。就论及凯萨罗夫的此书而言,应当指出洛特曼创作的一个重要方面:他作为塔尔图的客居者认真探究了俄罗斯与波罗的海三国的文化—历史联系——后者曾经一度是波罗的海德意志贵族的"世袭领地",因为有不少爱沙尼亚居民都曾参与彼得堡的行政和文化生活,而包括未来的十二月党人在内的一批19世纪初期的俄罗斯作家和社会活动家也都在生活经历和创作等方面与爱沙尼亚有过关联。从发现有关塔尔图的杰出教授安·谢·凯萨罗夫的新资料开始,此后洛特曼也多次涉及了俄国文化史中的爱沙尼亚专题。

　　经过对所搜集材料的梳理和归纳,洛特曼完成了上面提到的篇幅很大的博士学位论文,在1960年年末将其提交至列宁格勒大学俄国文学教研室,并于次年初顺利通过答辩。其评阅人是维·马·日尔蒙斯基、阿·瓦·普列捷琴斯基和格·潘·马科戈年科。

　　该论文是19世纪初俄国文学与文学批评研究中的全新话语。大量的具体作家及其作品被纳入到具有社会—政治和哲学性质的复杂体系,被置于19世纪初期那紧张的思想斗争中加以考察——这是一种有意识的取向。深受黑格尔—早期马克思方法论熏陶的洛特曼,当时尤为关注社会思想运动对文学的制约性。对于前十二月党时期和普希金以前的时期,此研究路径是有其理据的:俄国文学才刚刚踏上独立之路,它仍依附于某些群体的社会—政治和哲学观念,这种关系

———————————

　　① 安·谢·凯萨罗夫之弟派西·谢尔盖耶维奇·凯萨罗夫(1783—1844)系俄国步兵少将。——译注

是直接的,显而易见的。但正如这位学者所指出的那样,思想意识与个人艺术创作之间的复杂关系其时便已显现,最终在具有杰出天才的卡拉姆津、茹科夫斯基、克雷洛夫的推波助澜下而生发出一些独特的文学现象。

该论文作者的主导思想择要如下。18 世纪出现的一套庞大的启蒙思想体系对前十二月党时期的俄国贵族文化产生了实实在在的影响,并为革命倾向的形成创造了前提。但这场思想运动并未持续多久就发生了分化,十二月党人运动也因此而显得非常矛盾和复杂:在贵族文化的领域出现了未来的自由主义的诸元素,而一旦民主特征得以强化,那么与贵族思想体系的决绝也就为期不远了。因同受 18 世纪民主传统的影响而抱成一团的那批作家(克雷洛夫,格涅季奇,纳列日内,伊兹梅洛夫),之所以团结在一起,是因为他们首先都遵循"否定"的原则,都基于对乡绅、贵族、农奴制度报以厌恶的态度,但在为自己找寻依据时却又显得相当传统而保守,甚至都滑向了君主主义。从积极方面来说,克雷洛夫的创作尤显珍贵:他突破 18 世纪的规范性和刻板化的藩篱,描绘出有血有肉的俄国人形象。

诸多业已成为共识的概念在该论文中从根本上得到了重新审视。有一个例子特别典型。希什科夫的"座谈会"[1]仿效古典主义,而"阿尔扎马斯"小组[2]则主张浪漫主义,这是尽人皆知的老生常谈。洛特曼却令人信服地指出,一切都并非如此:"座谈会"的诗人们主要还是立足于前浪漫主义文学,从希什科夫对教会斯拉夫语的兴趣中也不难发现其对民族诗歌传统、对"传说",而非对理性的向往,这恰恰迥异于古典主义。另一方面,"阿尔扎马斯"的领军诗人们(普希金叔侄,维亚泽姆斯基,巴丘什科夫)却时常依托于正统古典主义者布瓦洛和拉辛的权威。

在撰写博士学位论文的那两年,洛特曼作为非全日制研究生,仍需承担教学

---

① 希什科夫(1754—1841),全名为亚历山大·谢苗诺维奇·希什科夫,俄国作家、国务活动家、海军上将,曾任俄罗斯研究院院长(1813 年起)和教育大臣(1824—1828)。他领导的文学团体"俄罗斯语文爱好者座谈会"在语文观上倾向于复古、保守。——译注

② "阿尔扎马斯"是 1815—1818 年间活动于彼得堡的一个文学小组,其主张与"俄罗斯语文爱好者座谈会"针锋相对。——译注

工作,且工作量极大,周课时数不少于 14—16 小时。而在完成论文的同时,还从事相近领域的学术创作,其劳动强度是难以想象的:先要大量研读新出的、"生疏的"书籍和文章,再写出自己的一得之见。1958 年问世的成果有:洛特曼研究凯萨罗夫的专著,其篇幅达 12 个印张(即 192 页);他编撰的、附有丰富引证资料和注释的阿·费·梅尔兹利亚科夫《诗集》(共计 20 个印张)——这是大型文库"诗人丛书"中的一卷;还发表了八篇文章,其中有几篇是洋洋洒洒的长文。1959 年他又发表了八篇文章;1960 年又是八篇;1961 年不仅完成了博士学位论文的内容提要(2 个印张),还编就了附有引证资料和注释的小型文库"诗人丛书"中的一卷——诗歌汇编《19 世纪初的诗人们》(共计 21 个印张),并发有文章 12 篇。此后,所发学术作品的数量持续增长,但其质量并未降低。

　　除了学校的教学和行政工作,洛特曼还要忙于家务劳动(毕竟得照顾三个年幼的儿子,而妻子扎·格·明茨也绝未放下教学和科研,无论在课时数还是发表量上,她都在跟丈夫"较劲")。只能挤出夜里的时间来做科研了。这样的生活若是持续数年,那身体就吃不消了。我在 1963 年 11 月 17 日致尤·格·奥克斯曼的信中写道:"尤里·米哈伊洛维奇身体不大好,不过,感到身上不对劲儿时,他便不再熬夜工作了(之前他写东西、看书,一直要干到凌晨 3—4 点,7 点就起床了!!),甚至有时白天也休息。"然而,这种"疗养院的"作息洛特曼没过几天就腻味了,后来他又恢复了那种疯狂的节奏。他的健康显然过早地受到了损耗,但洛特曼也无法以其他方式生活。

　　洛特曼成了教研室的第一位博士(后来又成了第一位教授)。教研室的其他几位同事顺利通过了副博士学位论文答辩:帕·谢·赖夫曼(1953),扎·格·明茨(1955),谢·根·伊萨科夫(1962)。这样,到了 60 年代初,整个教研室都"获得了学位"①,如果不算新进职员弗·彼·基尔克(1957)和瓦·伊·别祖博夫(1960)的话。相较于当时其他高校的教研室,这一现象实属罕见。

　　上述两位同事与谢·根·伊萨科夫一样,都是俄罗斯语言文学专业的毕业生(分别为 1953 届和 1955 届),也都是本校生。他们两人没能像伊萨科夫那样

---

　　① 苏联实施两级学位制,即只设副博士和博士两级学位,不设学士和硕士学位。——译注

直接留校工作，不过，他们大学毕业后也没过几年就进了编制——自然是得到了费·德·克列缅特的帮助。

弗拉基米尔·彼得罗维奇·基尔克（1921—1997）被录用为一级助理，他在这个位子上干了12年，1963—1973年担任教研室讲师的职务[①]。遗憾的是，他辜负了我们的期望：他既不从事科研工作，又不撰写学位论文，因此长期都未获得讲师的职称；其实就连助理的工作他也是敷衍塞责——这是多年来我们唯一看走眼的人。

瓦列里·伊万诺维奇·别祖博夫（1929—1991）则与之相反，远远超乎我们的期待。他于1968年通过了关于列·安德烈耶夫的副博士学位论文答辩，并在1977—1980年担任教研室主任。一场重病（癌症）过早地夺去了他的生命。洛特曼在校报《母校》（1992年4月，第2/7期）上发表了一篇悼念这位晚辈的抒情赞文《他具有思想和勇气的定力》，文中对别祖博夫的个性作了鲜明的描绘："他因兼有两种特质而在大学生中显得十分突出：才情和过度敏感。在他身上有着多种自然元素。首先，他称自己为农民之子。这一点与他的基本生活准则确实是吻合的。但与此同时，瓦列里又是我这一生中遇到过的最具知识分子气质的人之一。他的知识分子气质体现在其才华的艺术性和对他人非同寻常的关怀之中。〈……〉我敢说，瓦列里是个感受过剥肤之痛的人。也难怪他所喜爱的作家都是些心灵破碎的作家。〈……〉瓦列里认为，自己需要待在受苦受难的地方。〈……〉要我说：他怀有一颗爱沙尼亚之心，并有与之共苦的情怀。"

洛特曼触及了一个重要问题——教研室工作所具有的爱沙尼亚特色。俄罗斯语言文学专业开设于爱沙尼亚高校，我们不仅教俄罗斯族学生，还教爱沙尼亚人学习俄罗斯文化——既有本专业的，也有其他专业的。因此我们认为，文化对话，也即我们自身对爱沙尼亚语言、习俗、传统和民族性格的了解，是非常重要的。我们每个人都在各自的领域对俄—爱文学和社会交流作了研究，上文也已

---

① 苏联高校对专业技术人员的水平评价与聘任岗位是相分离的。聘任的岗位称之为"专业技术职务"，简称职务；专业技术人员的水平则以"专业技术职务任职资格"来标识，简称职称。——译注

言及洛特曼在这一方面所做出的贡献。如果一个教研室拥有掌握两种语言、具有两种文化背景的同事，那真是万幸，而这样的人在我们单位只有瓦·亚当斯（可伊·费尔德巴赫并未就两种异质文化的牵线搭桥做多少事情；而我们在这方面可谓尽心尽力，因为多数爱沙尼亚人在心理上压根儿就不想参与其中）。所以，在为教研室团队引进新成员时，一定要考虑到这一点。令人欣慰的是，后来教研室聘用的三位 50 年代的毕业生都与爱沙尼亚有着紧密的关联。

谢·根·伊萨科夫在爱沙尼亚的纳尔瓦长大，通晓爱沙尼亚语，并将俄—爱文化和文学交流（以及爱沙尼亚与乌克兰、格鲁吉亚、拉脱维亚等国的交流）作为其学术研究的主要对象。

弗·彼·基尔克和瓦·伊·别祖博夫本来就是在爱沙尼亚家庭中长大的（别祖博夫的母亲是爱沙尼亚人），他们出生于阿布哈兹的"爱沙尼亚"村（19 世纪末，失去土地的爱沙尼亚农民迁至高加索，在那里他们领到了不错的份地），因此都能用爱沙尼亚语讲授俄国文学课——授课对象既包括俄语还不怎么好的俄罗斯语言文学专业的学生，也包括爱沙尼亚的语文系学生。瓦·伊·别祖博夫因创作缘由而与爱沙尼亚的剧团、戏剧学者和批评家，与爱沙尼亚的作家交往密切，他深入到了这个共和国的文化生活当中。

在成员们高强度的工作之下，教研室产出的学术成果数量连年增加。在 20 世纪 50 年代后半期，因有大量文章尚未完成，我们已感到快要窒息了。

我们每人每年的科研创作成果约有 10—12 个印张（也即约 250 页打字稿）——这相当于完全没有教学任务的科学院科研所成员两年的平均量。有时也在爱沙尼亚语的大众月刊《创作》和塔尔图、塔林的报纸上发表作品，但那自然都是些科普文章。纯学术的作品跻身莫斯科和彼得堡这两座京城的出版机构，见之于文集和《学术论丛》的机会并不多；在境外发表的成果也是零零星星的。而塔尔图大学的《学术论丛》专辑出得极少；通常，这是系编论文汇刊，下达给各教研室的配额在一般情况下为一篇不超过三页的文章；作为例外，也可刊发两篇文章——而像这样的论文汇刊系里出得很少，两三年才出一期。

需要注意的是，在苏军即将再度进驻爱沙尼亚之时，塔尔图大学几乎所有的一流学者未等到第二次世界大战结束，便纷纷移民西方：有的跟随败退的德军离去,有的则直接渡海去了瑞典;留下未走并又被招用的大多数教师,也就是中小学教师的水平,根本就无法从事创作、学术研究。后来当然也出现了一些有才华的青年人,但他们很难崭露头角:"老人们"嫉贤妒能,死活不肯让路,甚至还拼命打压,因此而发生过几起自杀的惨剧——这是个令人痛心的沉重话题。

由于许多教师缺乏创造性,学校的学术成果在总体上十分单薄,数量极少。历史—语文学系 1954 年的论文汇编是作为第 35 卷《塔大学术论丛》出版的,而下一辑,1956 年的那辑则是作为其第 43 卷出版的。换言之,全校所有科系加在一起,每年推出的论著也不超过四卷。

机遇和费·德·克列缅特的支持使我们摆脱了困境。1957 年,我们得知,第四届国际斯拉夫学者代表大会将于次年 9 月在莫斯科召开。机会来了! 印刷品的篇幅和所有出版物的付印批准权都由系编委会掌握,我越过它直接去找了校长,请他允许在系里原有定额的基础上,从全校的总量中为我们专业的两个教研室单独追加一卷专辑:大伙都说,要是能为国际大会献上一卷塔尔图大学的特辑,那该有多好啊。校长应允了,并下派到了系里。但其稿件需经系编委会审核,担任编委会主席的是研究爱沙尼亚民间创作的副教授爱·劳加斯特。此人的创造力不够强,且内心对我们教研室存有芥蒂,对收录汇编本的每篇文章都恶意相向,故意把审读时间拖得很长,且吹毛求疵,屡退作者修改。不过,他对取得丰硕学术成果的同胞其实也毫不手软。当他得知分给我们的是整整一大卷(!!)时,其惊讶和愤怒的程度便可想而知。为了出口恶气,他决定在审稿环节采取严厉措施。他把我们晾了很久,已经编就的集子又数次被他退回:"这几页被你们涂改得都看不清了,得重新打印。"我们就重打了一份。他却又说:"对这篇文章的评语写得太敷衍了,不够认真。"只好另换一篇内容足够充实的。就是在那时,我想出了一个法子,足以写出一份洋洋洒洒的假评语,我将其命名为"反透视法":依据文章终稿中的全部、所有修改处来写出评语。比方说,有一段文字是补上去的,其中含有在档案馆新发现的一份资料,那评语里就可以这么写:"如果此处能将保存于某处的某份重要文献也考虑进来,则更好。"若是作者修改了某个句子,那么评语中就会引用原先的字句,并称那句表述在修辞上有瑕疵,最好如何如何说,并给出作者定稿中的说法。如此这般,至少能弄出 10 条、15 条的意见,自然也就拉长了评语的篇幅——满满当当的两三页,而作者则在评语末尾处大笔一挥:"所有意见均已采纳,文章已修改。"劳加斯特拿我们毫无办法,只好批准付印。

于是,1958 年夏,《俄罗斯和斯拉夫语文学论丛》第一卷问世了,上面写有"献给第四届国际斯拉夫学者代表大会"的字样。共 14 个印张。收有亚当斯、洛特曼、叶戈罗夫、伊萨科夫、明茨(与彼得堡的捷克学者奥·马列维奇合著)、阿·阿姆布斯的文章及两篇语言学文章。集子里谈不上有多少新发现,但对我们来说,这卷文集的推出是一个里程碑,自此开始有大量的出版物问世。

尤·米·洛特曼绘。由维·亚和奥·米·马列维奇夫妇提供。

我们得寸进尺,壮起胆子又向克列缅特要到了一卷的额度:洛特曼早已完成了一部安德烈·凯萨罗夫研究专著,书稿在塔林的爱沙尼亚出版社一动不动地躺了两年。若能将这本书献给斯拉夫学者代表大会也很不错,因为 19 世纪初期的这位杰尔普特大学教授就已认真研究过斯拉夫学问题,还策划了一个宏大的项目——一部所有斯拉夫语言的对照词典。校长又一次批准了。假如劳加斯特一意孤行,再次从中作梗,他就会栽倒在第二卷上,但可能是因为看到刁难不起作用吧,他就收手了。于是,洛特曼的那一卷比多人合集本出得还快:关于凯萨罗夫的书稿是作为第 63 卷《塔大学术论丛》出版的,《语文学论丛》则为第 65 卷。

我们的定期出版物便这样诞生了。或许,克列缅特所确定的学术方针和我们成功的范例共同促进了全校的科研复兴。

如果说 1958 年出版的《学术论丛》是第六十几卷,那么现如今——21 世纪前夕,这一数字已接近于一千,亦即在 40 年内出版了 900 卷!我们俄国文学教研室完全可以引以为豪:在这一数字中,我们为学校的学术文库贡献了 100 卷左右,也即全校总量的九分之一。

在组建第四届斯拉夫学者代表大会的爱沙尼亚代表团时(自然是由塔尔图大学的教研人员组成的),我们在克列缅特的关照下拿到了五个名额中的三席:除洛特曼和我外,瓦·亚当斯也在其列。剩下的两席则分给了阿里斯特院士(他是芬兰—乌戈尔学专家,与斯拉夫学根本就不沾边,但似乎到处都有这个多种语言通晓者的身影)和教师威廉·埃尔尼茨。后者是一位传奇的语言学者,同样也通晓多种语言;这位博学专家的日常行为和思维古怪到了难以置信的程度,因而未能写出任何学术论著,但他在一些专题会议上所做的发言却中肯而生动。

1958 年 9 月初,我们携带几十本《语文学论丛》第一卷前往莫斯科。校长为我们免费提供了 25 册,用于赠送有名望的文学研究者和作家;我们还要了 25 本用来出售,并自费买了一些。我们这些售货员当得很差劲儿——把这摞书交给了莫斯科大学小卖部的女店员(会议在该校的高层主楼里举行),她答应代为售书,以便从中获取适当的抽成;但大会闭幕时,她却无缘无故地消失了,我们找不到她的踪影,只好自认倒霉。好在我们的会计要么是忘了此事,要么就是原谅了我们,反正没向我们讨要那弄丢了的 25 本的书钱。不过,赠书一事我们做得很漂亮——送出了近百册书:除国内外有名的文艺学界同行外,还寄给了爱伦堡、楚科夫斯基、列昂诺夫、费定(他当时还是自由派!)等一些自由派作家,并得到了他们肯定、赞许的评价。我们尤为感谢科尔涅伊·楚科夫斯基,他此后也一直支持着我们,多次写来充满溢美之词的书信。我带着一沓类似这样的反馈意见书去了校长那里,他非常满意——并允许我们来年继续出版教研室文集。

此事就这样启动了。劳加斯特气得吹胡子瞪眼,频频给我们下绊子,但无论他怎么折腾,也阻挡不了我们前进的步伐!《俄罗斯和斯拉夫语文学论丛》的第二、三、四卷也陆续推出,每年都出。一卷比一卷厚实,内容也更有意思、更加深刻。出到 20 卷之后(这已是 20 世纪 70 年代了),每卷已接近 30 个印张。诚然,也有过不顺的时候:其中的几卷遭到封禁,出版事宜被故意拖延,每卷的篇幅也被规定了上限——10 个印张,等等。但我们已声名鹊起,这套出版物也已蜚声世界。势不可挡! 永远感谢克列缅特!

在莫斯科,我们主要不是推销自己的书,而是积极参与第四届斯拉夫学者代表大会。与国外文艺学者建立了创作上的联系——因为在当时的"铁幕"笼罩下,我们几乎被严禁出国,外国学者来到我国也颇受限制。更何况,塔尔图还是一座"禁城",不对外国人开放。为什么会出现这种情形,着实令人费解:城里没有任何涉密工业。唯一有疑点的地方可能是军用机场,它径直建在塔尔图郊区,从城里的山顶上几乎可以将其尽收眼底;再笨的奸细凭肉眼也能获得详尽的情报。

我们这些籍籍无名的外省人没有得到在斯拉夫学者代表大会上做报告的机会,但多次参加了讨论交流。洛特曼在 9 月 5 日就美国学者格·杜威的报告《尼·米·卡拉姆津历史作品中的感伤主义》作了发言。他积极评价了报告人的看法——将《俄罗斯国家的历史》视为一部文学作品;但这位评论者决不同意用"感伤主义"一词来概括卡拉姆津的整体创作,而无视作家艺术手法的变化。洛特曼根据其前期成果,阐述了我们所熟悉的关于卡拉姆津创作演变阶段的观点。而在 9 月 6 日,洛特曼又参加了关于巴洛克的辩论,并说明了自己的主张(后来他在发表的论著中也多次重申了这一点):在西欧,具有非理性主义色彩的巴洛克与文艺复兴时期的理性崇拜形成了对立,而后来的理性主义(以及作为艺术手法的古典主义)同样也与巴洛克的原则相对立;但在未经历过文艺复兴的俄国,巴洛克则是针对理性主义、针对彼得一世及其追随者的官方理性主义意识形态的一种反抗。就此而言,俄罗斯教会文化也利用巴洛克来捍卫自身的地位。所以,费奥凡·普罗科波维奇①和罗蒙诺索夫都不是巴洛克的支持者。

在后一篇发言提纲中反映出一个特点,这一特点后来在他对一些难题所作

① 费奥凡·普罗科波维奇(1681—1746),俄国国务和教会活动家、作家,彼得一世的战友。主要作品有《悲喜剧》《弗拉基米尔》《谈政权和沙皇的荣誉》。——译注

的极为细致而复杂的探究中仍时有显现：为了观点体系的完整性，洛特曼会忽略"不合己意的"某个方面——其实在罗蒙诺索夫的创作中毕竟还是有巴洛克元素的。

　　对洛特曼大学毕业后头十年的成年生活作总结时，应当提及的是，他家在1952—1960 年间喜得三子：扎・格・明茨生了米哈伊尔、格里戈里和阿列克谢。三个孩子都是在当地小朋友们中间长大的，从小就讲得一口流利的爱沙尼亚语，后来还娶了爱沙尼亚姑娘，组建了各自的爱沙尼亚家庭，并为洛特曼的大家庭添了成群的孙子孙女：米哈伊尔生有五个孩子，阿列克谢则有四个。继承父母衣钵的只有米哈伊尔，他集语文学者、语言学者和文学研究者于一身；格里戈里是画家，而阿列克谢则是生物学者。

新的道路：复杂的视角

洛特曼那富于创造性的心灵并不满足于事实与知识的数量积累，它需要新的方法论路径与思想观念。例如，早在博士学位论文中，文学现象的阶级斗争和阶级制约性的刻板模式就已开始淡化：作家的个体特性是无法被限定在精确的社会范围中的，更遑论古典主义、巴洛克、浪漫主义之类的艺术手法了（洛特曼在使用表示艺术手法的术语时，越到后来便越谨慎；后来他在考察作家的个人特征及其演变时，就尽量避免使用"感伤主义""浪漫主义""现实主义"等一般性概念）。不过，博士学位论文总体上仍属于洛特曼学术创作的第一阶段——可称之为黑格尔—青年马克思主义阶段。这并不意味着黑格尔的方法后来就被摒弃，其历史主义和辩证法还将不断被这位学者所运用，但洛特曼的方法论此后更趋复杂与深化，他力求将优质人文方法中的严谨性和对大量事实材料的占有与精密科学的方法相结合。相对论并未推翻经典力学，而只是表明，物理世界中确有超出牛顿定律范围的更为复杂的现象，——此处亦然。洛特曼的博士学位论文标志着第一阶段的结束，并开启了通往第二阶段的道路。

值得注意的是，早在博士学位论文撰写工作接近尾声时，洛特曼就已在诸多论著中转而开始研究普希金时代：它在时序上紧接着论文所探讨的那个阶段，不仅如此，较之19世纪初期，这是一个无比复杂、充满矛盾的时期。

在这一方面，被鲍·维·托马舍夫斯基收录于定期出版的文集《普希金·研究与资料》第3卷（莫斯科—列宁格勒，1960，第131—173页）的长文《长篇小说〈叶甫盖尼·奥涅金〉中性格建构的演化》尤显重要。此文的思想后来被吸收进了洛特曼论普希金的几本著作之中——这些著作将在下文言及。

应当指出，如果说处于20世纪五六十年代之交的洛特曼在对18—19世纪上半叶俄国文学的道路作整体考察时，还是以社会—政治决定论为指导，还是遵循"阶级斗争"的方向,那么他对普希金创作的研究,在此背景下则采用了较为复杂的视角。有一个典型的例子,即 20 世纪 50 年代末的那篇纲领性文章《俄国现实主义发展的几个主要阶段》(成稿于 1957 年,发表于 1960 年)——上面在谈到博士学位论文准备阶段的诸多文本时已有所提及。现实主义本身在文章开篇被定义为"一个进步文学流派,它出现于封建制度陷入危机和民主思想体系形成时期",也即"在阶级斗争的特定阶段"(洛特曼:《论文学》,第 530 页)。作者强调,18 世纪的早期现实主义具有规范性、形而上、反历史主义的特点,因为历史主义依据的是历史而非乌托邦理论,可以为暴政和封建制度正名。而在 19 世纪初,在西欧逐步形成资产阶级社会的背景下,在"赤裸裸的阶级斗争"与社会特点(向民主性转化的贵族革命性,为废除农奴制而进行的斗争)相结合的环境中,俄国的现实主义应运而生,它将历史主义、辩证法与形而上学的人本主义熔于一炉。洛特曼在雷列耶夫、丘赫尔别凯和格里鲍耶陀夫的作品中都发现了现实主义元素。

接着,作者转向了普希金。此前那种源自拉季舍夫的论断——人依赖于外部环境,在普希金的方法中变得更具弹性:"文学形象的民族特征并非建立在泛哲学前提的基础之上,而是显现在活生生的现实之中〈……〉民族性格成为一种形成于历史过程之中的现实。"(同上,第 534 页)于是,民族的便与国家的融为一体,而"被赋予民族特色的艺术形象成了一种与'上流社会'的个人主义相对立的道德准则(塔季扬娜——奥涅金)(同上,第 535 页)"。此外,如果说在拉季舍夫笔下,决定民族性格的主要因素是外部物质环境,那么对普希金而言,这一因素则是"形成于历史过程之中的心理特征"(同上)。随后,在发展历史主义的同时,普希金不仅从民族精神,而且也从时代精神中提炼主人公的性格。主人公常常以凝练、浓缩的形式成为某个时代的化身,因此,普希金的创作并未一味追求生活的真实性,他也会诉诸幻想元素(《黑桃皇后》《青铜骑士》《骑士时代的几个场景》)。

接下来的一节谈的是果戈理。洛特曼首先从社会—政治定义着手(果戈理所表现的不仅是时代精神,还有社会环境;果戈理是一位自发的民主派),但随后也转向了更具差异性的特征:作家的人本主义规范性,对现实世界之荒谬性与虚幻性的认识，现实主义的幻想。

对刻板阶级性的进一步淡化处理和对 19 世纪俄国文学史中新特征的揭示——在洛特曼的重要文章《1830 年代俄国文学中的"托尔斯泰流派"探源》（《塔大学术论丛》，第 119 卷，1962）中得到了体现。他在文中令人信服地证明了，除了得以充分研究的、被称为现实主义的这条主线——从普希金、莱蒙托夫到果戈理再到自然派，当时的文学和艺术中还存在着另一种倾向，它在后期的普希金，以及莱蒙托夫、果戈理（在绘画中则是亚·安·伊万诺夫）的创作中都有所体现，姑且称其为"托尔斯泰"路线：拒不接受文明及现代社会—政治体系，对不失公允的宗法制社会体制、对自由劳动者抱有乌托邦式的信念，对理想、和谐的宗法制生活加以艺术的再现。

与此同时，在这篇文章和同期撰写的《〈上尉的女儿〉的思想结构》（1962）一文中，洛特曼也以全新的方式揭示了普希金晚期创作探索的艺术和伦理意义，这一探索在《上尉的女儿》中体现得最为深刻：不同阶层的社会利益和趣味具有对抗性，但凌驾其上的是人性、责任、慈悲等超越阶级范畴的品质之显现。在 19 世纪 30 年代的普希金看来，它们弥足珍贵；无论是普加乔夫还是叶卡捷琳娜二世，他们个人做出的"不合常理的"宽恕行为由此而得以凸显①。并且，洛特曼也追随普希金，在自己的价值标尺上将全人类共有的、善良的、慈悲的品性置于阶级范畴之上。

洛特曼在其文章和著作中一向追求论据的充分性和学术研究的精确性（不过，他有时因过于信赖超群的记忆力而犯错儿，所以我们偶尔会发现其诗歌引文有失准确；而在下文言及的那本精彩的普希金传记的第一版中，洛特曼错把普希金在莫斯科的出生地写成了莫尔恰诺夫卡——其实那是莱蒙托夫故居②所在的

---

① 后来，马·格·阿尔特舒勒发现，审判与宽恕相对立的主题，普希金有可能是从沃尔特·司各特的长篇小说《爱丁堡监狱》中借鉴的，《上尉的女儿》中的一些情节与其中的情境颇为相似。见马·格·阿尔特舒勒：《俄国的沃尔特·司各特时代》，圣彼得堡，1996，第 243—244 页。

② 莱蒙托夫于 1829 年 8 月至 1832 年 7 月居住于此。普希金出生于莫斯科的侨民村。——译注

尤·米·洛特曼 1959 年 2 月 2 日致鲍·费·叶戈罗夫书信手迹。

街道）。他从所研究作家的作品中引用大量的具体例证，从刊物中汲取大量的档案资料和报道，这增加了分析的可信度。其方法的重要哲学基础——黑格尔—马克思主义原理——也加强了历史的可信性和说服力。而在半官方的文学研究界，这一原理早在洛特曼之前——20 世纪 30 年代恰恰就逐渐被淡化，但它并未转化为另一种形式——转向全人类的基督教价值观，而只是偏向了全民族（全俄罗斯）的诸范畴：斯大林自 20 世纪 30 年代中期起便开始强调民族特征，并以此取代阶级特征。诚然，国家政权机关偶尔也会一时兴起，便在《真理报》的社论甚或党的特别决议中申明阶级标准的重要性，但随后便又退向模糊地带。

出现了一支由几代人组成的文学研究者的浩荡大军（主要是在莫斯科），他们按照"敬请吩咐"的原则行事,随时待发,一旦得令,便竭尽强调作家创作的阶级特性之能事;而如果另有所需,便把阶级性抛诸脑后,毫不含糊地宣传起俄罗斯的爱国主义精神。时而有人(如亚·米·叶戈林)为了出风头而过于积极,结果受到党组织的严厉批评:说有人忘记了马克思主义,大肆宣扬"统一流程"理论[①]! 一些不乏才华的文学研究者(如弗·弗·叶尔米洛夫)为了披肝沥胆地完成任务而不讲任何原则;如果需要,就"来一番炮轰",把陀思妥耶夫斯基那闻所未闻的反动性都揭露出来,抑或相反,把契诃夫捧上天去。尤·格·奥克斯曼将这种缺乏理据、全凭"高层"一时兴起的方法称为"社会学的印象主义"(当然,仅限于口头谈话和书信,而绝不会出现在发表的论著中)。

20世纪50年代末的洛特曼显然已超越了过去的自己,开始疏离教条的马克思主义,但他当然也没有滑向印象主义或民族文化中统一的、不分阶级的流程理论。他开始探索一套精确的方法论——在不违背黑格尔—马克思历史主义的前提下,它们能够提供新的创作动力,并成为一种坚实的基础。

对于洛特曼为何着迷精确方法,我曾听说过一种独特的解释:有人说,这种方法可以遏制、约束住那颗洋溢着澎湃激情的心灵。我不认为学术上的精确性能够抑制住激情;但凡一个人几乎全身心投入其中的、高强度的学术创作,都堪称是治疗激情之"药"。但洛特曼简直就是一位全能者,完全能够做到创作与激情并举。

促使他采用精确方法的重要推动力之一是控制论创始人诺·维纳的新学说。在20世纪50年代中期,我们已依稀听说了控制论和结构主义,但相关信息都是从莫斯科的官方文章中获取的——这两门学科被阐释为帝国主义的邪恶之果。突然之间,在赫鲁晓夫"解冻"末期的1958年,诺·维纳的《控制论与社会》一书在莫斯科出版了。此书对我们产生的震撼性影响一如黑格尔学说之于青年赫尔岑。此前,对战后青年的思想产生如此深刻影响的只有一本书,那便是埃·

---

① "统一流程"理论(теория «единого потока»)强调文学(乃至文化)的凝聚力作用,是针对强化阶级斗争这一口号而提出的。——译注

薛定谔的《物理学视角下的生命是什么？》①（俄译本，莫斯科，1947）；但《控制论》的影响要强烈得多。

我最先买了维纳的这本书，并通读了一遍，它着实让我大为震惊②。人们此前已对黑格尔—马克思主义的概念"自由乃是对必然性的认识"之真理性，对必然性的整个主导地位及其自上而下的严格决定论产生了怀疑。维纳把自由与有序性、与反馈，而非与必然性加以关联，这样就消除了先前的疑惑。我立即在我们教研室的哲学座谈会上做了报告，讲了书的内容，并指出了将美国学者的思想应用于我们领域的可能性。最令洛特曼印象深刻的是反馈原则（"这可是国家民主性的主要评判标准！"他惊呼道，"'底层'应当了解上面在做什么，反之亦然。"）和作为控制论基础的、与信息理论相关的所有各种主要问题。

但如果说我当时钻研的是控制论的总体问题，也即它在文学研究中得以应用的可能性③，那么，洛特曼则摄取了控制论中最为重要的结构和系统这两个概念，以作为对索绪尔学说的补充，他很快便转入了另一个新的范围——结构主义与符号学的领域，并投身其中数十载，几乎直到生命结束，尽管他后来也经常直接诉诸信息理论，并将其与这几个领域联系起来。

---

①　此书汉译本书名为《生命是什么？》。——译注

②　知名语言学家伊·约·列夫津 1955 年从苏联机械翻译理论的创始人之一——数学家亚·安·利亚普诺夫的报告中知悉这门新学科后所作出的类似反应十分有趣："他从宽泛的哲学层面讲解了控制论（这个词我还是第一次听说！），一听到富于浪漫色彩的、关于控制论那神奇蓝图的头几段讲述〈……〉我便觉得，这位本来就具有布道者形象的利亚普诺夫已笼罩在开拓者的光环之中。他将〈……〉翻译与关涉人类的、复杂至极的整个问题域（从遗传学、医学到管理任务）联系了起来，这似乎立刻就让我信服了。我当即认定，这是唯一一条可行之路。"（伊·约·列夫津：《回忆录》，载文集《莫斯科符号学界文选》，莫斯科，1997，第 794 页）的确如此，人文科学、精密科学与自然科学实现大融合并获得空前发展——这一前景令人激动和振奋。

③　我着手准备专题课"控制论与文艺学"（1963 年 5 月 23 日在国塔大的教研室做了关于课程结构和大纲的报告）。当时我已在国列大工作，但国列大既不允许我讲这门课，也不允许我出版（也即"封禁"）研究这一论题的书稿——尽管我已提交给了"教育"出版社（列宁格勒）。在当时的条件下，这种选题是不会"通过"的。唯一做成的一件事，就是在列宁格勒学者之家 1964 年 4 月组织召开的艺术的综合研究专题研讨会上做了报告《控制论与文艺学》。

结构主义与符号学

　　20 世纪 60 年代初,洛特曼结识了一批莫斯科语言学研究者,这对他转而开辟全新的学术领域起到了决定性作用,因为他们同样也跨及相邻领域。国内那些未受马尔学说(冒充马克思主义)模式束缚的语言学者,在 20 世纪 50 年代末至 60 年代初经历了一场真正的信息和创作的大爆炸。20 世纪 50 年代中期,赫鲁晓夫的解冻拉开了"铁幕"的一条缝隙,与国外建立学术联系、参加国际会议、获取及交换学术资料的机会已经初现。控制论、信息论、符号学、结构主义和数理语言学的种种成就都成了感兴趣者的一笔财富。对前人的研究成果也兴趣重燃,在任何新道路的强劲开端,大凡皆此。

　　控制论由杰出的美国数学家诺伯特·维纳(1894—1964)创立。还是在第二次世界大战爆发前,他便与其同胞——同样杰出的数学家克劳德·香农(1916年出生)一道提出了信息论的原理。信息论最初产生于解决电话通信中实际问题的需要(香农曾在贝尔①的电话实验室工作),后来则获得了普遍的意义。事实上,维纳在战争期间效法了俄国数学家安·尼·科尔莫戈罗夫(这是他自己在回忆录里说的),着手解决用高射炮攻击飞机的相关问题(预测理论),庶几建立起一门全新的控制科学(反馈、信息处理等)。维纳是以希腊语单词 κυβερνητης(掌舵人,舵手)的词根为其科学命名的。他后来发现,法国著名物理学家安·玛·安培早在 1834 年便已将这门学科列入其分类清单之中;在安培那里,它指

---

　　① 贝尔(1847—1922),全名为亚历山大·贝尔,美国发明家、企业家,电话的发明者。——译注

的是一门对社会进行政治管理的科学①；而在维纳这里，控制论成了一门关于信息及其传递、接收、处理，以及相应输出和运算的科学。维纳最终在《控制论——或动物与机器的控制和通信的科学》一书中阐明了这门新科学的原理。此书于1948 年在纽约和巴黎同时出版。

在那些年代，与控制论和信息论同时取得迅猛发展的还有符号学和结构主义，后两者可以视为两门紧密相连的科学；实际上，结构主义就是符号学的一部分。符号学，也即关于符号和符号系统的科学（源于希腊语单词 σημειον——符号，征候），本质上是一门包罗万象的科学，因为它涵盖了文化的所有领域；只有生理活动不是符号性的，它是原初—自然的，其余的一切则都与符号有关：语言是反映事物和概念的符号之总合，数字是计数与排序的符号，货币是价值的符号，等等。

"符号学"这一术语早已在医学这门关于疾病征候的科学中所使用，但被应用于现代的延伸意义仅一百余年。② 20 世纪末，美国哲学家、实用主义创始人查尔斯·桑·皮尔斯（1839—1914）奠定了符号学的基础，同为美国哲学家的查·莫里斯（1901—1979）则在《符号理论基础》（1938）一文中对该理论作了较为详细的研究。在现代符号学中，符号被纳入了"符号——意义——指称"的三角。其中的"指称"意为符号所指示的事物，而"意义"则表示符号接收者赋予符号的含义。根据该三角中各元素间的联系形成了三门科学，也即符号学的三个分支：研究符号和意义（兼顾指称）之相互关系的**语义学**，研究符号与信息接收者之关联的**语用学**，以及研究符号系统本身之结构的**语形学**。信息论原理连同整个控制论都属于第二个分支，也即语用学；而在符号理论视角下，结构主义可以视为符号学的一部分，也即语形学的一个特定方面。

---

① 俄语词 управление 既有"控制"之意，又有"管理"之意，故术语 наука управления 既可译作"控制科学"，亦可译为"管理科学"。——译注

② 关于该术语的来源，详见下列文章：弗·尼·托波罗夫：《古希腊的 sēm 及其他（符号空间、符号和符号所指的理据；关于该论题的札记）》，载《巴尔干古迹：巴尔干学术报告会》第一辑（研讨会资料汇编，1990 年 3 月），莫斯科，1991，第 3—36 页；维·伊万诺夫：《术语"符号学"的起源、历史和意义》，载《元素》，1993，第 1 期，第 115—143 页。

符号学在全世界广为传播，研究性论著和出版物大量涌现，相关会议也不断召开。于是，在语言学家埃·本维尼斯特、罗·雅各布森和民族学家克·列维—斯特劳斯的倡议下，国际符号学研究协会于 1969 年宣告成立，逾 20 种符号学专业期刊也创刊发行。结构主义广泛传播的势头也大抵如此。

作为一种方法，结构主义起初产生于符号学之外，它是在一些语言学说内部逐渐形成的，而这些学说往往已达到哲学的概括。结构主义思想的萌芽可以上溯至 19 世纪的两位著名语言学家——德国学者威廉·洪堡和俄罗斯—波兰学者伊·亚·博杜安·德·库尔特奈，但公认的第一位结构主义者还是瑞士语言学家费尔迪南·德·索绪尔（1857—1913），他所依据的也包括那些伟大先驱们的研究成果，他们主要为发展历史比较语言学的方法做出了贡献。

索绪尔的主要观点如下：语言具有系统性，它的任何部分都相互联系；语言是一种符号系统（这里索绪尔已接近于符号学问题；无怪乎他提议创建"符号学"这门科学）；在语言中可以发现共时与历时（历史的）这两个侧重点，索绪尔更关注共时；整个语言学的总合可分为语言（"理论性的"规则汇编，全民族的财富）和言语，也即口头或书面印刷的具体文本；语言是形式而非实体，因此，举例而言，对音位的考察就不应着眼于其音响，而应关注其有别于其他音位的全部区别性（差异性）特征。上述观点构成了现代语言学结构主义的基础。

在 20 世纪二三十年代，语言学的结构主义方法又得到了布拉格语言学小组成员最为详尽的研究。该小组的创建者包括捷克语言学理论家威廉·马德修斯（1882—1945）及其一批同胞，还有他们的两位同道——俄侨尼古拉·谢尔盖耶维奇·特鲁别茨科伊公爵（1890—1938）和罗曼·奥西波维奇·雅各布森（1896—1982）。布拉格小组深化了索绪尔的学说，将历时与共时等量齐观，也即强调了语言的发展；他们还建立了理论音位学，拓宽了语言学的功能性，并开始研究诗歌语言，诗学。

结构主义语言学在 20 世纪 30 年代和第二次世界大战期间得以持续发展（在美国，所谓"描写语言学派"十分活跃，著述颇丰；在哥本哈根则出现了以路易·叶尔姆斯列夫为首的丹麦学派，他们把希腊语中的"语言"和"符号"组合起来，将其方法命名为"语符学"）。在战争末期，结构主义研究之所以得以强化，其重要的推动力便是,将文本从一种语言快速翻译为另一种语言的需求愈发迫切,而且还萌生出机械翻译的想法(它由美国语言学者沃·韦弗于 1946 年提出),后来由于电子计算机的发明和长足进步而获得了特殊的现实意义。机械翻译需要精确的范畴和要素,而这恰恰是结构主义语言学的胜场。

20 世纪 50 年代中期,赫鲁晓夫的"解冻"开始了,这为机械翻译和结构主义在苏联的发展创造了条件,提供了助力。莫斯科成了中心。列宁图书馆——国家的主要藏书库——及一些部委图书馆所接收的国外学术文献显著增多;院士和博士们不久也获准从"铁幕"外面的国家订阅学术期刊和书籍(外汇限额少得可怜,每年仅二三十美元;再者,还在实行书报检查制度,但这总算打开了一个缺口)。外国学者开始来苏联访问,于是就同他们有了初步交流,当局也逐渐放开苏联学者的出国许可。1956 年,被迫流亡的罗曼·雅各布森第一次回到了他魂牵梦绕的祖国。

20 世纪 50 年代中期,作为苏联语文学界一颗冉冉升起的新星,莫大青年教师维亚切斯拉夫·弗谢沃洛多维奇·伊万诺夫开始以文章和报告的形式积极宣传结构主义和机械翻译。他应《语言学问题》杂志主编维·弗·维诺格拉多夫院士之邀,担任其副手,并开始力争在这份相当保守的杂志上"开辟通道",发表相关文章。他和同事们一起,花了不少工夫来说服维·弗·维诺格拉多夫应在杂志上展开一场关于现代结构主义的学术讨论。伊万诺夫在其回忆录中对此作过特别生动的讲述:"语言学者塞·康·邵武勉在高层的亲戚关系促成了转变,他出身一个著名布尔什维克的家庭(这并不妨碍他后来移民美国)。他的例子让我看到了'自上而下的革命'在我们这里是如何实现的。在邵武勉的争取下,官方对结构主义语言学的态度发生了改变,此前它一直被认为是资产阶级的伪科学。他动用了在党中央的人脉关系。维诺格拉多夫试图抗争。邵武勉还采取了一些手段:他知道维诺格拉多夫习惯夜间工作,总是很晚才起床,便开始频繁地在早上八点(如果不是更早的话)就给他打电话,催问《语言学问题》对结构主义的讨论究竟何时开始。最终(多半是因为邵武勉在高层的庇护者起了作用,而不是因为主编想让自己早上多睡一会儿)维诺格拉多夫妥协了。我们的杂志对结构主义展开了讨论。"(《星》,1995,第 3 期,第 166 页)这场讨论以 1956 年塞·康·邵武勉的《论结构主义语言学的本质》(第 5 期)一文拉开帷幕,此后又持续了两年时间。当时正常的相关学术文章中都会时常出现政论性声明——宣称结构主义是一种非马克思主义和唯心主义的方法,尽管如此,伊·约·列夫津、亚·亚·列福尔马茨基等人很有价值的论文还是得以发表了。但在 1958 年年底,讨论却被叫停了。总的来说,结构主义的研究性论文在当时很难发表。伊·约和奥·格·列夫津夫妇编纂了《结构语言学术语简明词典》,但结果未能发表在《语言学问题》上,只是刊发在《民族学校俄语教学》杂志上(1966,第 5 期,第 81—86 页)。

维亚切·弗谢·伊万诺夫与年轻的数学家,弗拉基米尔·安德烈耶维奇·乌斯宾斯基教授——安·尼·科尔莫戈罗夫的学生——以及著名老一辈语言学家,彼得·萨维奇·库兹涅佐夫教授一道,于 1956 年依托莫大语文系举办了全莫斯科结构和数理语言学讲习班,但遗憾的是,讲习班时隔一年即宣告解散,因为 1958 年秋,伊万诺夫被学校开除,理由是他为当时遭到迫害的鲍·列·帕斯捷尔纳克辩护,并与"美国间谍"罗·雅各布森有联络。随后,他又被《语言学问题》停职。不幸的是,解冻时期也不断吹来料峭的寒风。不过,在 1957 年,维亚切·弗谢·伊万诺夫却设法随苏联代表团参加了在奥斯陆举行的国际语言学大会,而在 1958 年,他又随其他莫斯科结构主义学者一场不落地出席了第四届国际斯拉夫学者代表大会的所有会议。正是得益于这些初步接触,与国外同行的创作联系也开始建立。

在莫斯科,相较于语言学者,数学研究者们早就对机械翻译问题产生了浓厚兴趣,并在该领域做出了最初的实验结果,撰写了第一批论著(亚·安·利亚普诺夫和奥·谢·库拉金娜);他们也参加了莫大讲习班的工作和那些年间召开的一系列会议。参与那些座谈、辩论和讨论的数学研究者和逻辑学者们分别来自莫斯科(米·康·波利瓦诺夫、罗·利·多布鲁申、亚·谢·叶赛宁—沃尔平、亚·亚·季诺维耶夫、尤·阿·施赖德尔、安·安·马尔科夫)、列宁格勒(格·萨·蔡京)、基辅(列·阿·卡卢日宁),还有心理学者(亚·罗·卢里亚、伊·阿·索科良斯基)。不过,在这一切的语言学创新中,起主导作用的当然还是语言学者们自身的力量。1956 年开年之前,维克托·尤利耶维奇·罗森茨韦格(1911 年出生)和伊萨克·约瑟福维奇·列夫津(1923—1974)在莫外师(莫斯科国立外国语师范学院)成功组建了一个机械翻译实验室,并开设了相关专业。维亚切·弗谢·伊万诺夫作为兼职人员开始讲授符号学课程——这在苏联似乎还是头一次;未来著名的语文学者亚·康·若尔科夫斯基、尤·康·谢格洛夫和尤·谢·马尔捷米亚诺夫也加入了教学队伍。米·康·波利瓦诺夫则讲授数学课。在莫外师还成立了一个公益性的机械翻译协会,它由维·尤·罗森茨韦格领导,并主办了国内第一场机械翻译会议。在列宁格勒成立了规模更大的应用语言学委员会(其发起人为列宁格勒著名语言学家列·拉·辛德尔和两位莫斯科学者——维亚切·弗谢·伊万诺夫与弗·安·乌斯宾斯基)。莫外师的机械翻译协会开始发行一种介于杂志和集刊之间的通报——《机械翻译与应用语言学》(1959—1974 年间共推出 17 期)。而科学院则成立了一个控制论学术委员会(由阿·伊·贝格院士出任主席),其数理语言学分委会负责人则是维亚切·弗谢·伊万诺夫,尽管后者遭受到排斥,并被学校除名,但多名院士为他奔走,并最终相对顺利地为他解决了工作和薪资问题(他已赋闲数月):他们设法为他谋得了科学院精密机械和计算技术研究所机械翻译小组负责人的职位。①

　　弗·尼·托波罗夫在列举"莫斯科"符号学和结构主义史上的头三件大事时指出,继 1956 年罗·奥·雅各布森来访之后,就是一项决议——"科学院主席团 1960 年 5 月决定在一批科学院研究所设立结构语言学研究室(当时也通过了在一些综合性大学组建结构语言学和应用语言学专业的决定),因而正是这一年,也即 1960 年,应当被视为结构主义被合法化并得以承认的一年,尽管这种承认基本只是形式上的,是出于无奈;这一年也应被视为符号学研究在官方组织机构内部已具备现实前提的一年。"②(第三件大事指的是下文中将要谈及的 1962 年符号学研讨会。)

---

① 苏联结构和数理语言学的形成阶段颇具戏剧性。关于最初这几年的情况,详见上文已提及的伊·约·列夫津和维亚切·弗谢·伊万诺夫的回忆录,以及弗·安·乌斯宾斯基记叙翔实的文章《苏联的结构、应用和数理语言学的白银时代》和维·尤·罗森茨韦格的《这是怎样开始的(目击者札记)》,载《维克托·尤利耶维奇·罗森茨韦格 80 寿辰纪念》(《维也纳斯拉夫学集刊》,33(专辑),维也纳,1992,第 119—162 页)。

② 弗·尼·托波罗夫:《代回忆录》,载《新文评》(3),第 73 页。

　　据维亚切·弗谢·伊万诺夫回忆,控制论学术委员会主席阿·伊·贝格院士为该决议贡献良多,而伊万诺夫作为数理语言学分委会主任,甚至与贝格一道,亲自起草了决议的文本①。主席团决议的第一个成果似乎就是科学院斯拉夫学研究所斯拉夫诸语言结构类型学研究室的成立(该机构现名为斯拉夫学和巴尔干学研究所斯拉夫及巴尔干诸语言类型学和比较语言学研究部)。以伊·伊·乌达利佐夫为首的研究所领导们很想在赫鲁晓夫的解冻期展现出自身在学术上的进步立场,他们赶紧落实主席团的决议,火速组建了该研究室,仿佛一时间忘记了战后斯大林建立的身份调查机制(当时要求必须是"优秀的"民族和党员身份,其亲戚中无人受到过镇压,等等)——并吸纳了一批富有学术创造力的新同事。

　　援引塔·米·尼古拉耶娃的回忆录中的一段话:"……研究室的早期成员〈……〉齐心协力、同心同德,尽管他们中一些人来自机械翻译和数理语言学领域(伊·约·列夫津、塔·尼·莫洛什娜娅、塔·米·尼古拉耶娃、卓·米·沃洛茨卡娅),而另一些人则是与之相距甚远的'印欧语言学者'(维·弗·伊万诺夫本人、弗·尼·托波罗夫、安·阿·扎利兹尼亚克、玛·伊·布尔拉科娃〈列科姆采娃〉)。研究室的第一位研究生,在教育经历上属于'古典派'的塔·弗·齐韦扬,也和谐地融入了这个圈子。"②不妨在这个名单上再添上几位语言学者的名字:刚从莫外师毕业的德·米·谢加尔,以及1961年来自莫大的塔·米·苏德尼克和斯·米·舒尔(托尔斯塔娅)。

　　第一年,研究室主任是由弗·尼·托波罗夫担任的。伊·约·列夫津的回忆录中有这样一段话:"……正是弗拉基米尔·尼古拉耶维奇确定了研究室的符号学方向,这既使我们迥异于其他组别,也是与所领导失和已有五年多的〈……〉根本原因。我觉得,弗拉基米尔·尼古拉耶维奇显然不屑于做所领导的红人——这在某种程度上成了他选择这一方向的原因。不过,这只是其一,更重要的原因还是他那宽广的人文兴趣和对价值问题那深刻的哲学见地。也正是弗拉

---

　　① 《星》,1995,第3期,第168页。
　　② 塔·米·尼古拉耶娃:《新文评》(3),第 XIX 页。

基米尔·尼古拉耶维奇提议做手语研究的,季马(即谢加尔——*鲍·叶*)、塔尼娅·尼古拉耶娃,好像还有谁曾一度加入了某个三流研究小组(我去过一次——一次就够了!)。正是弗拉基米尔·尼古拉耶维奇建议塔尼娅·齐韦扬研究礼仪。看来,塔尼娅·尼古拉耶娃之所以对非语言交际产生了兴趣,也正是受了弗拉基米尔·尼古拉耶维奇的影响。"(伊·约·列夫津:《回忆录》,载文集《莫斯科符号学界文选》,莫斯科,1997,第826页)。一年多后,维亚切·弗谢·伊万诺夫加入研究室,弗·尼·托波罗夫便将领导权移交给他。研究室就变得像智力俱乐部似的,先前在莫大语文系和莫外师研讨会上的见面活动便被取而代之。据伊·约·列夫津回忆,研究室的常客还包括其在莫外师的青年同事——亚·康·若尔科夫斯基和尤·康·谢格洛夫,当时(1960)刚从莫大语文系毕业的小乌斯宾斯基(即鲍里斯·安德烈耶维奇①),哲学和东方学研究者亚·莫·皮亚季戈尔斯基,以及数学研究者尤·约·莱温。上述所有人员后来都参加了在塔尔图举办的"暑期学校"。

多年间,研究室(后来的研究部)一直是我国结构主义与符号学的中心。其科研人员积极参加与他们的研究问题紧密相关的多场全苏研讨会:关于信息处理、机械翻译及文本自动识读的会议(1961年1月,莫大,主办方为苏联科学院全苏科学和信息技术研究所);第四届全苏数学代表大会(1961年7月,列宁格勒)——此次会议对语言问题给予了高度关注,全体会议的首场报告是维亚切·弗谢·伊万诺夫所作的《数理语言学》;关于数学方法应用于文学语言研究的研讨会(1961年9月,高尔基市,发起方为当地大学的俄语教研室——其主任是鲍·尼·戈洛文)②。最后这场研讨会引起了洛特曼的特别关注——当时他已转而对结构主义文艺学领域作进一步深耕,安·尼·科尔莫戈罗夫及其学生(亚·弗·普罗霍罗夫,娜·格·雷奇科娃)的热情参与为此会增色不少。与国外同

---

① 鲍里斯·安德烈耶维奇·乌斯宾斯基系语言学家、文化学家、符号学家。他的哥哥弗拉基米尔·安德烈耶维奇·乌斯宾斯基则是数学家、语言学家。兄弟两人都为苏联结构主义符号学的发展作出了重要贡献。——译注

② 德·米·谢加尔、玛·伊·布尔拉科娃、伊·约·列夫津撰写的相关会议综述见:《结构类型学研究》,莫斯科,1962,第279—283页、第285—296页。

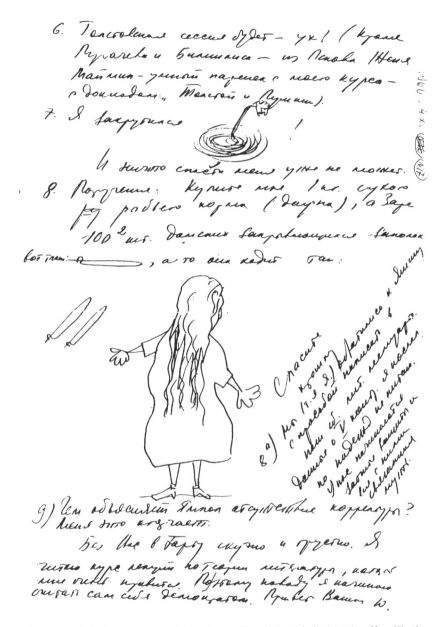

尤·米·洛特曼 1960 年 10 月 4 日致鲍·费·叶戈罗夫书信手迹。第 1 幅：隐喻“我忙晕了”的字面意义化。第 2 幅：未戴发夹的扎·格·明茨；请求给她买 100^2 个发夹。

行建立了新的联系。终于在 1961 年,维亚切·弗谢·伊万诺夫和弗·尼·托波罗夫得以访问波兰,并结识了华沙文化学者、文学理论研究者斯·茹尔科夫斯基和玛·迈耶诺娃,他们对符号学和结构主义在波兰的发展做了大量工作。两名访客——结构类型学研究室的两位骨干成员,还与伊·约·列夫津和德·米·谢加尔一道,为波兰科学院文艺学研究所的文集《诗学》贡献了论文(第 2 卷,华沙,1966)。

研究室筹办了"符号系统的结构研究专题讨论会"(1962 年 12 月),这在当时——无论就会议规模、学术勇气,还是在影响力方面,可谓是一项壮举,它成了研究室成立后最初几年的重要业绩。其时,结构主义已不再被视为洪水猛兽、伪科学,人们似乎已对它司空见惯,但"符号学"仍是一个半禁忌的术语,所以就出现了诸如上述"符号系统"等各类委婉说法,或者对召开会议和出版文集的真实目的根本就三缄其口;主办方打的是"结构类型学"的幌子。但在会场上,与会者们就卸下"伪装",直称其名。在讨论会收到的提纲中,足足有三分之一的报告甚至在标题中就使用了"符号学"一词。在讨论会上,自然语言和人工语言、非语言交际系统、神话学、心理学、艺术和文学径直成为符号学研究的对象。

自苏联实行书报检查制度以来,作者们差不多还是头一次能如此自由地把想写(后来又延展至想说)的话都和盘托出。鲍·安·乌斯宾斯基的报告提纲《论艺术符号学》是这样开篇的:"可以将艺术作品视为一个由诸象征组成的文本,每个文本都将自身的内容代入这些象征之中(就此而言,艺术与占卜、宗教布道等均有相似之处)。并且,在将内容代入其中时,社会制约性的程度远小于语言中的……"①如此坦率的言论不可能不引起正统派的注意。

研究室还与讨论会同期推出了文集《结构类型学研究》(莫斯科,1962;此书实际上是 1963 开年问世的),无论从知识界受欢迎程度上,还是就上级领导的反应而言,此书的出版同样也是一大事件。书中收载了富有新意的结构主义和符号学文章。一如讨论会论文提纲那样,此书的作者们亦是无拘无束,几乎无所顾忌地直抒己见。例如,安·阿·扎利兹尼亚克、维亚切·弗谢·伊万诺夫和弗·

---

① 《符号系统的结构研究专题讨论会:报告提纲》,莫斯科,1962,第 125 页。

尼·托波罗夫的纲领性文章《对某些模拟符号系统进行结构—类型学研究的可能性》，就公然谈到了由身处不同"参照"系的观察者描述同一对象并建立对应规则的合理性。"也可将这些对应规则视为有别于神秘主义观点的科学的语义观，前者只允许选择唯一一种参照系……"①即使是缺乏科学素养的领导也能明白，承载着唯一正确的观念体系的"神秘主义观点"指的是什么。

文集几乎一半的篇幅都由书评和综述构成。弗·尼·托波罗夫编制了一份数量庞大的文献清单——以此前无法获得的外国文献为主，对其不免要进行评介。研究室的几乎所有成员都撰写了书评，托波罗夫本人写得最多：41篇书评中的15篇都出自他的笔下，分别对耶·库里洛维奇、罗·雅各布森、尼·特鲁别茨科伊、伊·列科夫、布·马利诺夫斯基、克·列维—斯特劳斯等人的俄语、英语、法语、德语著作和论文进行了评论。这里引用一段伊·约·列夫津的回忆录："许多标题我都是第一次见到。所辟书评专栏着实令人耳目一新。我记得后来维·弗·维诺格拉多夫对此书的出版大为不满。'这是广告，不是书评，'他不屑地说道。而实际原因是，《语言学问题》的评论栏与此一比便立马相形见绌了。"（同上，第826页）。

但可惜不只是维诺格拉多夫及像他这样的"保守派"感到不满！关键是，讨论会和《结构类型学研究》引起了各级机关的愤怒。研究所的领导们惴惴不安，对这个成立不久的研究室开始提心吊胆，并冷眼相待。研究室成员明显受到书报检查机关禁止再度举行会议和出版符号学研究论著的威胁。但就在此时，出现了一次历史性的"偶遇"（这在俄罗斯往往又是一种完全合乎规律的现象）：1963年，莫斯科的结构主义和符号学研究者们结识了洛特曼，后者向这些同行介绍了塔尔图的读者乃至塔尔图的《学术论丛》等情况；他还代表塔尔图大学校长邀请弗·尼·托波罗夫做系列讲座，同时对《结构类型学研究》予以高度评价。他的这一好评对研究所所长们来说，自然无法抗衡党内高层的负面评价，但既然在塔尔图出现了希望，那么结构类型学研究室的同仁们也就可以暂时对莫斯科的禁令和限制置之不理了。

---

① 《结构类型学研究》，莫斯科，1962，第140页。

当莫斯科学界出现了一个新的研究方向时,洛特曼对此尚一无所知。其最初的结构主义观念他是从扎·格·明茨那里了解到的,她十分关注语言学的新发展,还对《语言学问题》上的结构主义大讨论作过仔细研究。我们也不要忘记,早在大学一年级时,洛特曼就钻研过费·德·索绪尔的学术思想,而现在,他又开始研读尼·特鲁别茨科伊和罗·雅各布森的论著。在洛特曼的意识中,语言学的新思想与信息论的诸发现已产生融合,后者他是通过诺·维纳和威·罗·艾什比的控制论著作俄译本(1958;1959)而得以了解的。从少年就耳濡目染的黑格尔—马克思主义方法逐渐弱化后,上述理论便成为他探索新颖的、更加严谨和精确之方法的基础。我们重申,洛特曼并未放弃历史主义,也根本没有放弃研究被置于某个背景中的对象——而这一背景已得到极为充分的考察和阐释,但这些都还是不够的;他想对诸种对象——作家的整个遗产,尤其是其单部作品——的内在本质进行更为充分和深刻的分析。最重要的是,洛特曼想让自己的研究方法接近于自然科学。毕竟,物理学、化学、生物学中的实验在当时被认为是"纯粹的":重复的实验能带来同样的结果。洛特曼想要验证所获取的资料信息,无论采用何种方式,——即使不进行重复实验,但总归也要有所验证。他在 1969 年 6 月 22 日致玛·韦·尤金娜的信件中如此表达了这些想法:"我们这个研究方向的主要意趣,依我之见,就是给出原则上可验证的结果。事实是,在对其无关紧要的问题,如数学难题的解决上,人类至今不接受将未经验证、未能从方法角度得到解释的东西视为真理;而在最重要的——人文——问题上,我们想获得真理,却又不想知道(或不太关注)这真理如何得来。如此看来,笛卡尔或许和我们最为接近;我们不会说:'赐予我们真理吧',而会说:'赐予我们寻找真理的方法,通向它的途径吧。'"

数学在人类社会中的作用在洛特曼那里受到了某种不合情理的低估,就此而言这位学者肯定是不对的,但这种对精确性与或然客观性的"笛卡尔式"追求却很有代表性。在符号学者当中,包括那些与洛特曼和塔尔图学者们观点相近的人,像亚·莫·皮亚季戈尔斯基这样的"靡菲斯特"①大有人在,皮氏对于学术方法中的主、客观性问题态度复杂,精神紧张;他在尊重方法的本体性和"本质"原理的同时,不断诉诸认识论上的构建,力图确定研究者—观察者的位置;他努力区分符号学中的历史哲学途径(弗·尼·托波罗夫)和文化学途径(尤·洛特曼),而现象学者(似乎正是皮亚季戈尔斯基本人?)的元立场则完全被排除在符号学之外②。事实上,洛特曼并未将历史排除出符号学研究;他仅在其符号学研究的最初阶段做过"共时性"分析,但很快便再度回到了历时性和历史上来。

在那篇为结构主义加以辩护与阐释的纲领性论战文章——《文艺学应当成为一门科学》中,洛特曼对两方面的重要性都作了强调:"……当我们与复杂结构(而艺术就属于此列)打交道时,由于其因素众多,进行共时态描述一般说来还是有一定难度的;成功实现模拟的一个必要条件便是对此前状态的了解。因此,结构主义不是历史主义的敌人;不仅如此,将单个的艺术结构(作品)作为更为复杂的统一体——'文化''历史'——之要素来加以理解,更是一个十分迫切的任务。"③

至于说到元层次,洛特曼更是无论如何也无法将其排除出符号学范围的:元层次也具有符号性,它是次一级(二阶或三阶)的符号系统,这取决于从何算起——是始于自然生活,还是始于人类社会的上层建筑系统。而对观察者置入的复杂性,洛特曼却不怎么关心:对他而言,只需确认接受者的语用立场就足够了(这是符号学的一个分支)。诚然,这一立场以及将功能性远置于内在客观性之上的做法(下文将要谈及这一点)削弱了本体论主义,并在一个新时期(与黑格尔时代相比)恢复了方法的认识论原理,但洛特曼仍将始终追求最大化地引证客

---

① 靡菲斯特是欧洲民间故事中恶魔的形象;作为歌德《浮士德》中的重要人物,他是魔鬼的化身,在他身上体现出这部悲剧的辩证艺术思想:他主观上作恶,客观上造善,对浮士德形象作了很好的补充。——译注

② 见亚·莫·皮亚季戈尔斯基:《关于 60 年代符号学的 90 年代札记》,载《新文评》(3),第 79—80 页。

③ 《文学问题》,1967,第 1 期,第 94 页。

观事实,以便强化历史主义,并减轻主体对所研究材料的影响。

认为认识论优于本体论——这是大多数(如果不是所有)符号学者和结构主义者的显著特点;他们与形式主义者和马克思主义者的相似之处就在于此,尽管后者与他们在大多数其他维度上都截然不同。不过,即使从共同的认识论这一维度来看,马克思主义者们也是小心翼翼、留有余地的——从弗·伊·列宁的重要著作《唯物主义和经验批判主义》(1909)到苏联哲学家的论著莫不如此:他们生怕夸大观察者的作用,继而落入主观主义,因此情愿否认主体与客体间的辩证而复杂的关系,更倾向于强调外在现实的"赤裸裸"的客观性。笔者在读大学期间曾试图从实际出发来看待观察者在颜色感知过程中的作用,结果弄得马列主义理论课教师大发雷霆:在我看来,客观存在的不是颜色,仅仅是可以被物理仪器准确记录的特定波长,而颜色则是我的肉眼对此的反应;在色盲患者或某些只能看到黑白两色世界的此类动物那里,其反应可能会有所不同;在离开房间时,我们也不能说,房间里保存了物体的颜色。那位教师坚决不同意我的观点,并称我为唯心主义者。结构主义者们并不惧怕被人称为唯心主义者,他们认真研究读者与观众的作用及"视点"等问题。然而,作为文艺学家和历史学家的洛特曼却始终沉浸在具体事实的海洋中,他接触的都是客观化了的现象;即使他将观察者—研究者的个性也列为分析对象,即使他也上升了一两个元层次,那只是为了对材料加以概括和体系化,对其进行更为立体的观察,仅此而已;至关重要的还是材料。况且,除了文学、历史乃至整个文化学的具体材料,洛特曼对玩弄术语和方法的抽象游戏这套路数向来就毫无兴趣——可抽象世界,遗憾的是,却日益成为一些对结构主义和符号学产生兴趣的西方和我国理论家笔下的一大特色。

在耕耘"旧"领域和撰写博士学位论文的同时,洛特曼也开始深入了解语言学结构主义,并认真思考起其方法在文学研究中的应用——以及这种应用的独特性。《结构视角观照下的艺术与生活共通性问题》一文——准确地说,这是会议论文提纲——成了第一篇焕发出其新思想之光的作品,尽管发表在很不起眼的小集子《第一届地区性学术会议报告提纲》(高尔基市,1962,第92—102页)。此会由"伏尔加—维亚特卡人文组科研工作协调规划委员会"筹办。这个奇怪的委员会是赫鲁晓夫时期最后一波行政改革的产物,很快就解散了,但却批准了几部人文科学文集的出版:载有洛特曼那篇文字的提纲集由高尔基市的格·瓦·克拉斯诺夫和弗·弗·普加乔夫两位教授编辑出版,正是他们向这位塔尔图同事约的稿。

此文几乎完全建立在结构对立法之上(洛特曼以尼·谢·特鲁别茨科伊的《音位学原理》为依据,并引用了此书的内容):两个事物只有在具备共通之处时,其不同点才有可能得以发现;只有这样才可以进行比较。反之,在相似的事物中,重要的则是找到彼此之间的差异。艺术对象似乎与其生活原型颇为相像,亦可找到其中的共同点,但差异也是同样重要的。接着,洛特曼依托雅各布森的相关理论——即把隐喻(以相似性设喻作比)和换喻(以相关性设喻作比)纳入诗性功能,转而对审美接受进行了分析(我要提请注意的是这种分析的认识论层面和认知层面)。

洛特曼指出,审美接受中有三种心理行为:1)"隐喻",即根据已描述的事物和所描述的事物之相似性进行认知;2)"换喻"——在所描述事物中突显出其特有的部分和属性,同时剔除一切不重要的东西;3)将已描述的事物与其原型进行对比,同时考虑到所有未被描述的事物。于是便得出这样一个严格意义上的"结构主义"结论:"共同点无需加以描述,所需描写的只是差异。但差别是一种关系,而不是对象。关系是尢法被描绘出来的,它只有在所描述事物和未被描述事物的比照下才能得以领悟。"(《提纲》第 97 页)。

这一结论似乎只是针对旧石器时代晚期的女性雕像所作的具体分析,不过,如果做点儿修正,把第一句中的前半句"剔除"掉,也可以将该表述视为洛特曼的基本信条。

论文提纲中尚有不少公式化的提法,一些用语还未被转化为"自己的"术语(例如,"模式"被理解为一种模板,一种对现实的机械复制),但总的来说,此文表明,洛特曼已进入了新方法论的世界。文章经修订后收入了洛特曼的第一本结构主义著作《结构诗学讲义》(1964)。

这篇文章因发表在外省的、部门内部的一份籍籍无名的出版物上,至今仍几乎不为洛特曼创作的研究者所知,但它对于理解这位学者跨入新领域的起步阶段(甚至可说是迈出的第一步)却十分重要。而第二步则是洛特曼的一篇很有分量的文章《论语言学和文艺学的结构概念之区别》(《语言学问题》,1963,第 3 期,第 44—52 页)。作者本想在文中涉猎更为宽泛一些的问题,将艺术也涵括进来(原篇名为《语言结构和语言手段所表达的非语言结构之相互关系》——洛特曼在一封写给维·马·日尔蒙斯基而未标明日期的信中提到了这一点,他在信中呈请大学者对此文进行初审),但杂志编辑部缩小了论题的范围,并自行取了这个篇名。洛特曼对此未提出异议。

文章探讨的主题确实是两种结构主义的区分——已取得诸多进展的语言学结构主义和洛特曼所创立的一种新结构主义。以路易·叶尔姆斯列夫为首的丹麦结构主义学派明确地将其研究对象——表达层面(即纯语法层次:句法、词法、语音)——与内容层面区分开来,后者在本质上是"非己的"、无需加以研究的;语言学应当仅研究表达层面。稍晚些的结构主义者,特别是俄罗斯学者,则将表达层面上的各层次与诗节、节律和韵律、诗行的音响组织等诗律学诸层次加以勾连;遵循丹麦学者们的原则,也可以将后者与内容分开而单独加以考察。但从罗·雅各布森开始,我国的结构主义语言学者又不断超越表达层面,继而"上升"到了内容层面的诸层次(世界观、思想体系、情节与布局、形象体系、词汇语义)。洛特曼首次明确提出了对二者加以区分的问题:语言学者"按照丹麦学派的方式"来研究表达层面,而文学研究者则对两个层面都感兴趣,且尤为重视二者之间的联系和相互关系。其实,即使是性、体、式等纯形式的语法范畴也可以承载意涵。可以举一个广为人知的例子:海·海涅为北国之"松"(该词在德语中亦为阴性)造出了一个阳性复合词"ein Fichtenbaum"——"杉松树",以此表达这一形象对远方女友——"棕榈树"的浪漫相思之苦;莱蒙托夫却在译文中放弃了"爱情的"

愁苦(其他俄国诗人则引入了橡树或雪松的形象),只是表现人的孤独,仅此而已。①

再举一个不太有名的例子——伊·安·克雷洛夫的寓言《蜻蜓和蚂蚁》。在让·德·拉·封丹的原作中,表示主人公的名词的语法性属,就像莱蒙托夫笔下那样,也无关紧要:"蚂蚁"在法语中属阴性词(la fourmi),也意味着蚂蚁并非男主角,而是女主角——"蚂蚁姑娘";而她的对立面——蝉,同样为女性形象(la cigale)。也许,在此处运用"性别"的对比会造成更为强烈的效果:例如,可以利用"勤俭持家的女子"与"轻浮败家的公子"这一常见的心理表象,将"蝈蝈"塑造成与"蚂蚁姑娘"相对的"爱跳爱蹦者";但拉·封丹想必对此类对比并不感冒。而克雷洛夫恰恰使用了这种对比,但与通行的观点相反,他将勤俭的"蚂蚁"与轻浮的"蜻蜓"对立起来,这使得一些研究者对寓言作家产生了一些不怀好意的想法,认为他厌恶女性。②

为充分揭示内容与表达这两个结构层面,特别是这两者的相互联系对于文学研究者的重要性,洛特曼在完成上述两篇文章的同时,也即在1961—1962年间,已着手撰写结构主义文艺学的第一部奠基性著作。此书于1964年出版,它标志着人文结构主义的新分支——文艺学结构主义的诞生,因为该领域此前的所有论著似乎都是这一完整学科的先声和过渡。

在撰写这部开山之作期间,洛特曼对莫斯科结构主义者和符号学者的活跃创作,对斯拉夫学研究所召开的那场引起轰动的讨论会自然是有所了解的,不仅

---

① 德国诗人海因里希·海涅1822年创作了一首诗《一棵松树在北方》:"一棵松树在北方/孤单单生长在枯山上。/冰雪的白被把它包围,/它沉沉入睡。//它梦见一棵棕榈树,/远远地在东方的国土,/孤单单在火热的岩石上,/它默默悲伤。"需要说明的是,"松树"和"棕榈树"二词在德语和俄语中均为阴性(die Föhre/ сосна;die Palme/ пальма)。海涅在诗中别出心裁地用阳性词Fichtenbaum(杉松树)替代阴性词Föhre,故而婉曲地表达出男性抒情主人公对女性抒情主人公的思念之情。莱蒙托夫在将此诗意译为俄语时,将该词译作俄语阴性名词 сосна(松树),遂使诗歌的主题由"爱情"转变为"孤独"。而丘特切夫、费特等其他俄国诗人在各自的译文中用来替换"松树"一词的"橡树(дуб)""雪松(кедр)"等词皆为阳性。——译注

② 俄语词 муравей(蚂蚁)和 кузнечик(蝈蝈)均为阳性名词, стрекоза(蜻蜓)则为阴性名词。——译注

如此,他还萌生了团结这批学术力量的想法——这再自然不过了。当时被寄予厚望的大二学生伊戈尔·阿波洛尼耶维奇·切尔诺夫被派往莫斯科"执行侦察任务",他后来也的确成了最知名的塔尔图符号学者之一。20世纪90年代,在独立后的爱沙尼亚,他做了好几年符号学教研室主任,它是在洛特曼去世前刚成立的。

这里引述弗·尼·托波罗夫回忆录中的一段话:"1963年春,莫斯科来了第一位塔尔图使者——伊戈尔·阿波洛尼耶维奇·切尔诺夫,他去了斯拉夫学研究所。在了解到去年末举行的符号学讨论会的相关消息后,他提议以共同兴趣和意愿为基础,在塔尔图和莫斯科之间建立业务联系。这几次谈话(而我好像就是最早与切尔诺夫谈论这些话题的人之一)显示出尤里·米哈伊洛维奇的兴趣范围有了新拓展——尽管其详情还不得而知,此前我们只知道他是一位文学研究者。此访后不久,尤里·米哈伊洛维奇本人也来了趟莫斯科,跟维亚切斯拉夫·弗谢沃洛多维奇·伊万诺夫、伊萨克·约瑟福维奇·列夫津和亚历山大·莫伊谢耶维奇·皮亚季戈尔斯基见了面,向他们介绍了明年(1964)拟举办第一期塔尔图'暑期学校'的计划。我们一下子就有了共同语言。我清楚地记得,这次见面让我的莫斯科同事们深有好感。在这一初步印象中,'学术'和'人性'两者似乎融合成了一个整体,起主导作用的是正面—综合性的原则,而不是中立—分析性的原则。因此,未来的'塔尔图—莫斯科'学派中的两支队伍之所以此后能走到一起,其基础就是彼此信任,并且我相信从一开始双方就已互生好感。"(《新文评》〈3〉,第74页)。

维亚切·弗谢·伊万诺夫则如此描述他与洛特曼的结识经过:"别列捷尔金诺①晴朗的一天,已近日落时分。我们的别墅突然来了(未经预约,对此我们当时似乎都习惯了——只是在国外小住一段时日之后,我才意识到这属于异常之举)一个还算年轻、身姿矫健、乐呵呵的小胡子男人,他提着一只旧得不成样子的(即使对我们当时那种粗茶淡饭的生活而言也是羞于示人的),甚至可以说是破

---

① 别列捷尔金诺是莫斯科郊区的一座小村庄,一些苏联作家聚集居住于此,故亦称"作家村"。——译注

烂不堪的公文包〈……〉原来,这个小胡子就是洛特曼。他有事来找科尔涅伊·伊万诺维奇·楚科夫斯基〈……〉尔后便顺带拜访了我。我听说过不少关于洛特曼的事。我的那些师范学院机械翻译实验室的朋友们都曾拜读并讨论过他的一部诗学手稿——出书后很快便获得广泛好评。我们一见如故。我把自己刚出版的赫梯语结构概论送给了洛特曼,他说他对语言学很感兴趣,并答应要好好读一读。我送他去车站,当时有一条捷径横穿刚抽穗的燕麦田。关于我们共同的符号学计划的谈话、斜阳、麦穗、田野,还有与生活中的许多事情息息相关的谈话内容,我都统统记得。洛特曼给我留下了一种充满活力、朝气蓬勃、乐观向上的感觉。无论在当时还是后来,我在他身上首先看见的都是那个能与我在内心深处产生共鸣的人。"①

从这段文字可以看出,洛特曼在抵达莫斯科前已与当地学者建立了一些联系,并向他们寄去了将要成书的部分章节。然而,洛特曼与莫斯科学者结识的具体时间仍不甚明晰。1963 年 3 月 12 日他写给弗·尼·托波罗夫的书信已经说明他们是见过面的(向"您可爱的夫人"问好,还问起其女儿的健康情况)——由此可见,洛特曼在该日期之前便已去过莫斯科。在 4 月 2 日的一封信中,他还提到了在结构主义领域的创作联系,并表示可能还会寄去一部分书稿。

不过,可以肯定的是,1963 年临夏,双方的联系已然建立,洛特曼也开始为翌年(1964)的"暑期学校"做准备。"暑期学校"后来成了洛特曼在 20 世纪 60 年代前半期最为引人注目的社会"作品",一如莫斯科人心目中 1962 年召开的那场符号学讨论会。

---

① 《星》,1995,第 3 期,第 173—174 页。

担任教研室主任(20 世纪 60 年代)

1960 年洛特曼成为国塔大俄国文学教研室主任之后,继续拓展团队的科研计划,并在教学和科研工作中承担了更多的责任。他积极帮助同事们发表论著,并促成他们尽快进行学位论文答辩。例如,谢·格·伊萨科夫的副博士学位论文《1820—1860 年代俄国文学中的波罗的海沿岸地区》(1962)答辩就遇到了很大的麻烦。当时,塔尔图还没有学术委员会有资格组织俄罗斯语文学学位论文的答辩工作,于是,作者便将自己的论文提交给了国列大学俄国文学教研室。我们请教研室主任伊·彼·叶廖明跟帕·瑙·别尔科夫教授就评阅论文一事进行协商,但教授很忙,对这个题目大概也不太感兴趣,于是就想推辞。在这种情况下,洛特曼便给这位大学本科时的导师及副博士学位论文的评阅人写了一封长长的抒情信(1962 年 3 月 2 日),他在信中动情地解释道:伊萨科夫作为其开门弟子,是一位很不错的学者,为人也非常正派,因此,他才一再恳请导师评阅他学生——从某种意义上来说,就是别尔科夫的“门孙”——的学位论文。后者回信表示同意。不过,也算是好事多磨:别尔科夫一看到这篇学位论文篇幅巨大,长达 1 000 页,便大光其火,险些再次拒绝。又是洛特曼说服了他,一如他求得了历史学者阿·瓦·普列捷琴斯基教授的同意,后者曾是他学位论文的第二位评阅人。于是,这两位教授再次参加了伊萨科夫的论文答辩;普列捷琴斯基甚至提议将博士学位授予这位答辩人,但未果。

后来,1968 年 11 月 6 日,洛特曼又请维·马·日尔蒙斯基院士帮忙参加青年教师彼得·亚历山德罗维奇·鲁德涅夫(1925—1996)副博士学位论文的二次答辩,后者在莫斯科弗·伊·列宁师范学院①因“形式主义和结构主义”而未能

① 即今莫斯科国立师范大学。——译注

通过答辩(鲁德涅夫提交答辩的论文写的是亚·勃洛克诗歌)。日尔蒙斯基帮了大忙:二次答辩在塔尔图顺利通过。有这样一位评阅人参与其中,最高学位评定委员会也就批准授予副博士学位了(至于第二位评阅人,和莫斯科的那场答辩一样,也是米·列·加斯帕罗夫)。

20 世纪 60 年代,在费·德·克列缅特的支持下,教研室的人员力量得到充实。1963 年,洛特曼将塔季扬娜·菲拉列托夫娜·穆尔尼科娃副教授(1913—1989)置于教研室的保护之下。她由于笃信宗教(她是旧礼仪派①成员),在苏联时期不断遭受迫害,并面临着被校方开除的危险。她作为一位出色的方言学者和俄语教学法专家,其关系直到 1965 年一直挂在俄语教研室的名下,而在那里她感到很不自在。洛特曼将她调至本教研室,这为俄语专业留住了一位好老师。

1966 年,留在教研室工作的是俄语专业毕业生伊·阿·切尔诺夫;1967 年则是叶连娜·弗拉基米罗夫娜·杜舍奇金娜,她后来被录取为教研室的副博士研究生,在德·谢·利哈乔夫院士的指导下撰写古代俄罗斯文学方向的学位论文;20 世纪 70 年代,她迁居塔林;现在是彼得堡大学的教授。

1967 年又添了一名得力干将——同为本专业毕业生的安·马尔茨。她在教研室做助理,一干就是七年,直到 1974 年才成为教师。其实助理也是因人而异的,安·马尔茨属于最优秀的那一类,他们能够营造出教研室良好的工作环境,让它像家一样舒适。安的那间小屋多年来一直是青年教师、研究生和本科生们的俱乐部和聚集地,且直到她升任教师后依然如此。他们在那里讨论学术和生活话题,为召开学术会议做准备工作——其间烟雾缭绕,精心煮制的咖啡香气四溢。

洛特曼认为,教研室的主要任务之一就是通过组织富于创造性且别具特色的会议来团结国内的青年学术力量,并尽可能印制报告提纲——然后再出版论文集。首场活动便是 1962 年 5 月举办的勃洛克专题会议。其发起人是扎·格·明茨及其列大导师德·叶·马克西莫夫,而洛特曼则承担了行政管理的工

① "旧礼仪派"系俄国拒绝接受 17 世纪教会改革的宗教团体和教会之统称,属官方正教会的反对派。旧礼仪派在历史上曾长期受到俄国统治者的残酷镇压。——译注

作：与校长和出版集团进行商谈，安排宾馆、会场等。对校长不仅要解释技术问题，还需做通思想工作：勃洛克尽管不是被禁作家，却也有一定嫌疑。

尤·米·洛特曼致鲍·费·叶戈罗夫书信手迹（1961 年秋）。他把自己画成了一头超负重的骆驼。

两座首都城市的知识界尚未忘记党中央的决议和安·阿·日丹诺夫于1946 年所作的关于《星》和《列宁格勒》两杂志，关于与颓废主义作坚决斗争的报告；而勃洛克似乎与"颓废派"和象征主义者的阵营还有些瓜葛。诚然，在赫鲁晓夫时期，一些有能力但缺乏原则性的文学研究者——譬如彼得堡的弗·尼·奥尔洛夫，已有所行动：奥氏开始出版勃洛克的文集和关于他的论著，但其代价却是野蛮贬损勃洛克周围的所有诗人（我们塔尔图学者将这招儿称为"找人背锅"：为了给"己方""有疑点的"作者恢复名誉，就要说其同时代其他人的不是，还要把他们说得反动透顶；不过，我们把这招儿只用在像康·列昂季耶夫那样真正的保守派身上，而绝不用于安德烈·别雷和巴尔蒙特这样的人）。德·叶·马克西莫夫和扎·格·明茨都不愿与奥尔洛夫为伍（马克西莫夫完全无法容忍此人）。所幸，德·叶·马克西莫夫在列宁格勒的那几年已认识了克列缅特（他们曾经在列大休养所共度了几周并建立了良好的关系),便当面与他讨论过恢复对白银时代俄国文化,特别是对亚·勃洛克研究的重要性。于是,克列缅特助了一臂之力:他不仅批准举办全苏学术研讨会,还同意出版会议资料。1964 年出版的《勃洛克纪念文集》厚达 575 页,其中收录了颇具学术价值的报告、关于勃洛克的回忆录和国外的勃洛克研究书目。此会的举办和文集的出版开创了塔尔图的另一项传统。会议此后便定期举行,而且规模越来越大,应邀参会的还有莫斯科、列宁格勒和国外的同行。《勃洛克纪念文集》刚已出到了第 14 卷!

在重要纪念日举行大型学术会议的传统也得以延续:安·巴·契诃夫诞辰 100 周年(1960),列·尼·托尔斯泰逝世 50 周年(1960),塔·格·谢甫琴科逝世 100 周年(1961),维·格·别林斯基诞辰 150 周年(1961),米·瓦·罗蒙诺索夫诞辰 250 周年(1961),米·尤·莱蒙托夫诞辰 150 周年(1964),尼·米·卡拉姆津诞辰 200 周年(1966),阿·马·高尔基诞辰 100 周年(1968),费·米·陀思妥耶夫斯基诞辰 150 周年(1971)。洛特曼在这些会议上多次做了报告:《列·托尔斯泰与 1820—1830 年代的文学发展》《罗蒙诺索夫与 18 世纪的文学—社会发展》《论莱蒙托夫现实主义的几点结构特色》《卡拉姆津在俄国社会思想发展中的地位》《陀思妥耶夫斯基的情节结构》。

还需要指出另一场具有代表性的全共和国①的学术会议(1963 年 12 月)——其主题为俄罗斯—爱沙尼亚的文学交流,洛特曼做了《18 世纪俄国文学对芬兰—乌戈尔学予以关注的初期阶段》和《作为民族特色基础的诗行之语音—语法结构》两场报告;以及经洛特曼倡议而组织召开的纪念俄罗斯第一本印刷书籍诞生 400 周年的学术研讨会(1964 年 3 月)——他做了《印刷术在俄国文化史上的意义》的报告。

洛特曼还策划了本科生学术作品的出版。1963 年,谢·格·伊萨科夫主编的本科生文集《俄罗斯语文学》第一卷问世,之后,该文集在 20 世纪六七十年代间很有规律地持续推出(1977 年出版了第 5 卷)。与此同时,自 1966 年起,《本科生学术会议资料》也开始出版(1966 年召开了第二十一届会议)。本科生文集

---

① "共和国"指爱沙尼亚苏维埃社会主义共和国。——译注

尽管后来有了不同的名称,但其传统一直保留至今。

1954 年,国塔大历史—语文系《学术论丛》上刊登了由本科生谢·格·伊萨科夫和瓦·伊·别祖博夫编发的亚·谢·格里鲍耶陀夫的一封书信,这在当时是一件大事。1957 年,《法律系和历史—语文系本科生作品集》(作为《塔大学术论丛》第 47 卷)历经周折才得以出版,其中收有我指导的我们教研室的应届毕业生琳·斯坦贝格《伊·谢·屠格涅夫〈猎人笔记〉中的形象与布局》一文。而十年后,我们的本科生开始每年发表数十篇学术作品。这对于提升教研室和本科生群体的学术活力非常重要。定期召开的本科生学术会议(应邀前来参会的还有来自莫斯科、列宁格勒、基辅、明斯克及伏尔加河沿岸城市的客人),也使得年轻学子们的科研工作充满活力,并有利于建立新的人脉和创作联系。

参会人员的“间距”(不仅是“地理”概念,还指其学术水平)相差很大,对此洛特曼在 1962 年 4 月给我的来信中说得非常之好:“会议进展顺利——普斯科夫、高尔基和明斯克都有人前来参会。普斯科夫来了个聪明的男孩儿,是叶尼亚·迈明的学生;高尔基市的那位,一看便知就是普加乔夫的弟子,并已被他的思想武装到了牙齿——大谈 1830 年代尼古拉一世的进步性,以及贵族自由主义与贵族革命性的融合,等等。明斯克来的学生倒是有点像古托罗夫,很是愚昧,真让人受不了。有一份报告谈的是美国文学(黑人及其处境)。显然,作者连一个英文单词都不懂。英明的系办公室居然把这份报告安排在了俄国文学分会场!!!”(《书信集》,第 139—140 页)。弗·弗·普加乔夫时任高尔基大学俄国史教研室主任;伊·瓦·古托罗夫则是明斯克大学俄国文学教研室的负责人,他因发表了一份伪作——《叶甫盖尼·奥涅金》的第十章①而颜面扫地。

俄国文学教研室的成员们对结构主义和符号学这两个新领域的探索也引起了国塔大本科生的兴趣,有的还加入了研究行列。伊·阿·切尔诺夫二年级时就已开始在洛特曼 1962 年组织的教研室研讨会上和“长辈们”展开合作,对方法论方面的新问题进行专题研究。洛特曼在 1963 年 4 月 2 日致弗·尼·托波罗夫的信中写道:“伊戈尔·切尔诺夫想在研讨会上展示《教堂合唱队里有位姑娘

---

① 《叶甫盖尼·奥涅金》第十章手稿被普希金烧毁,只留下一些片段。——译注

尤·米·洛特曼致鲍·费·叶戈罗夫书信手迹(1961 年 4 月 10 日之前)。
调侃说,有朝一日会通过出售《学术论丛》来获得盈利。

在歌唱……》(勃洛克)一诗的模式。这应该能吸引您前来塔尔图吧?我给高高在上的领导寄去了您的邀请函,不过,'蜗牛虽慢,定达终点'。"(《书信集》,第 673—674 页)

再援引一段洛特曼 1963 年 4 月 26 日给笔者的来信:"您昨天没来真是太可惜了:我们开了一场关于结构的研讨会,以此纪念科尔马戈罗夫 60 寿辰。我们不仅举办了庆祝活动,还给他发去了电报。数学系的也没掉链子。我做了关于艺术中生成模式的原则性条件问题的报告。

"在我看来,这是我此生所做的最有意思的一场报告。但这还不是重点——很多设想都豁然清晰了,而且像以往那样,当你产生一个着实宏伟的理念时,许多往往意想不到的层面上的诸多问题也都会一下子清晰起来。很想把这一切都跟您讲一讲。那本小书我还会写下去的。写到一半了，尽管已三易其稿，现在看来还是要大改大动，得重新写过。现在就想从头写起，想论述得更为严谨，像数学那样精确。总的来说，其难处在于，拿不准哪一类读者才靠得住。（即便是）合格的语文学专家，也不见得就能读懂，这不仅是因为我拾来了数学家们的牙慧，还因为文学研究者们对结构语言学方法普遍缺乏了解。而数学研究者从中看到的只是我对有关数学问题的一知半解，他们由于不熟悉文学材料①，也就无从懂得，这种方法有多大的阐释力。就是这么回事！"（《书信集》，第 155 页）

再引用一段洛特曼 1963 年 4 月 2 日致弗·尼·托波罗夫的书信："我们的结构—符号学研讨会，就像 18 世纪时有人说的那样，仍还'健存'。最近一场讨论了'艺术作品是现实的一种模式'的问题，以及模式与符号诸问题在这一层面的相互关系。

"下一场的议题为'艺术作品的文艺学模式'。依我之见，在此应当区分两类模式：1) 研究者对给定的文学作品加以模式化，以便深入探究其结构；2) 研究者对作品加以模式化，以便创作出新的作品（例如，对诗文的讽拟，对文本中佚失部分的还原，甚或对《别尔金小说集》②的全然翻新）。在第一种情况下，我想，模式化在原则上总是可能的。第二种情况则复杂得多。如果说在特定的类型（民间口头创作、中世纪文学、讽拟体）中，我们可以为新的艺术作品（例如，就还原佚失的情节或部分文本而言）创建算法，那么，对于现代艺术作品，我认为这在原则上是不可能的。其原因在于，如果说在民间口头创作中，艺术结构的规则是事先给定的（就像下象棋时那样），审美效果实现于'规则游戏'之中，那么在现代艺术中，这些规则本身就是传达给读者的主要信息。艺术效果大致是这样形成的：受众预设，作品是根据其已知的'甲''乙'或'丙'规则而加以建构的，并直接尝试应

---

① "文学材料"即指文学作品。——译注
② 普希金的《别尔金小说集》(1831) 由五个短篇组成，最初是匿名发表的。普希金假托"伊万·彼得罗维奇·别尔金"为作者。这位"作者"自称，小说中的故事都是从几位讲述人那里听来的。此外，普希金还特意附上一篇《出版人的话》，对别尔金作了一番介绍。出版人还在每篇故事前加上题记。因此，小说集的叙述由讲述人、别尔金和出版人共同完成。——译注

用这些规则。如果他成功了,那么呈现在我们面前的就是一部其一切皆可预知的艺术质量不高的作品(或所谓'轻松读物')。在大型艺术作品中,作者惯用的结构设置规则会遭到破坏、崩解,而在该作品中首次得以实施的新规则被强行赋予了他。这是一种独白,其建构方式如下:一个人起初并不理解其语言,最后却能掌握这一语言。因此,如果说民间口头创作的、中世纪的思维方式(或讽拟体、轻松读物的作者的思维方式)建立在规则的实现之上,其主要信息可以用问句'我们要玩哪种花样'来表达,那么,近代的高级艺术则建立在破坏规则的基础之上,它回答的问题是'这个新游戏有哪些规则?'。这就是我将在近期召开的研讨会上的发言提纲。"(《书信集》,第 673—674 页)。

可见,无论是在洛特曼的创造性思维中,还是在与莫斯科同行的结识和交往中,抑或在教研室召开的结构—符号学研讨会的活跃气氛中,筹办"暑期学校"——似乎就是水到渠成的想法。

第一期符号学"暑期学校"

当时还没有持续举办这种学术活动的想法:最初,暑校也未冠以"第一期"的说法,就叫"暑期学校"。洛特曼同莫斯科学者头几次接触时所提出的这个想法,于一年后的 1964 年终得实现——靠的还是费·德·克列缅特的支持。洛特曼于 1963 年年末致弗·尼·托波罗夫的信中有这样一句话:"亚·莫·皮亚季戈尔斯基会转告您,关于在塔尔图(塔尔图郊外的湖边森林里)举办为期 10 天的符号学者研讨会一事,我和他已与我们校长谈妥,可召集 20 人前来参会(我想,无需再多),在'我们内部'作深入交谈。"(《书信集》,第 675—676 页;实际上,"暑期学校"的参加者远远多于这个人数,达六七十人。)就塔尔图当时的条件而言,那句"说得出做得到"的民间俗话也只有仰仗校长才能兑现。他挑选了一处相当不错的建筑综合体——位于距塔尔图 40 公里处的本校凯里库体育基地作为其开办场地。这正合洛特曼心意:开办地最好远离那些不受欢迎的暗探(根据这一想法拟定了一份参会人员的准确名单,请帖一人一份,相当于基地入场券和进入会场的凭证;每份都写明,凭本人请帖方可进入报告厅。不过,对于有关机构而言,此类预防措施根本就不是什么不可逾越的障碍:体育基地并未用栅栏围上,也无保安把守,更何况报告厅门口也没人查验入场者的身份。于是,有几个身着便衣的陌生人——人数也很有限,也就是那么两三个,会时不时地出现在会场上)。

"宾馆"服务、一日三餐和所有报告厅场馆等费用全部由学校承担(从第三期开始,伙食费就需要自理了)。"宾馆"二字之所以加了引号,是因为住宿安排在学生宿舍那狭窄的双人"包间";仅有几个房间稍大些,可摆放 4—6 张床位。到处充满了青年人特有的民主化生活气息:"方便设施"位于走廊尽头,盥洗池则在室外,伙食简简单单,在食堂吃自助餐。四周则是爱沙尼亚的南方美景——正所谓"爱沙尼亚的瑞士":丘陵、森林、湖泊。我们常在基地旁的那片清澈的大湖里游泳,尽管湖水清冷。远离了"城市的喧嚣",这就营造出一种——用形式主义者的术语来说——"陌生化"的氛围,一种对所处地点和时间的非同寻常的感受。关于这一点,弗·尼·托波罗夫所言极是:"整个气氛完全变了一个样,无谓忙碌、日常琐事、倾轧之风、'张扬作风'和'讽刺小品文似的腔调'在此一扫而空。空间也完全变了——我们邻邦东南〈部〉那迷人的自然景色:丘陵,森林,湖泊,湮没于淡蓝的、有时近乎纯蓝的雾霭之中的地平线,——那是大自然的祝福,它使我们不再感到自己破坏了此地的幽静。生活条件也完全变了:粗茶淡饭,朴实无华,但却符合理性且富有尊严,因而也令人愉快:由于我们周到而客气的主人的照顾,'日常生活'的开销几乎都不用我们操心。最后,我们的状态也完全变了一个样——似乎有一种从纷扰的尘世中脱俗的轻松感,一种自由天地近在咫尺、触手可及的感觉,一种精神上的愉悦。"(《新文评》〈3〉,第 70 页)。

再引用一下格·亚·列斯基斯的回忆片段:

"我们是清晨到的塔尔图。我们受到了温馨周到的接待。一辆大客车把我们送往某处,沿途都是起伏的冈峦,间有暗林交错,还经过了几座神奇的湖泊和两座干净宜人的小城埃尔瓦、奥泰佩——后者是乌斯宾斯基夫妇与我们的会合处。举办地位于大学生夏令营,据说,那是为迎接芬兰总统吉科宁的到来而修建的。主体建筑物在一座山冈上,山脚下有一泓小湖,湖畔矗立着一座塔楼,一间芬兰浴室和一些住宿棚。周遭都是北方的森林,我们驱车过来的那条路蜿蜒其间;在不少地方都可以见到苔迹斑斑的漂石,就差上面没有刻写铭文了,否则就跟俄罗斯民间故事所描绘的画面一模一样。

"尽管这是一片营地,但一切都呈现出原始的景象,——野兽都不怕人,林子里更不会有人随处丢弃垃圾。时而有一头母野猪带着几只小猪崽穿过马路,有一次我和弗拉基米尔·尼古拉耶维奇·托波罗夫还看见一只棕红色狐狸沿路跑进了山里,我们目送了它很久,直到它消失在转弯处。第二次再来时(1966),我们在紧挨着教学楼的一个地方发现了一大片蘑菇,不到半小时的工夫,我们就采得一堆挺实的牛肝菌,用季马·谢加尔的衬衫装得满满的。晚上,我穿上一身厨师的行头,为大伙儿(30 来人!)做了一顿蘑菇大餐。后来在罗·奥·雅各布森到来之际,又把这场蘑菇宴上演了一遍……但这童话般的绝佳所在又如一片魔域:方圆数公里内既没有住宅,也不见人影。"(《新文评》〈3〉,第 48 页)。

　　首期"暑期学校"就是在这样的环境中开办的。洛特曼在开营前赶制了一份小册子:《"第二性模拟系统暑期学校"活动安排和报告提纲(1964 年 8 月 19—29日)》。这份计划安排经微调后基本也都得到了实施。我想提请读者注意,标题是有些模糊的:何为第二性模拟系统? 这是出于应付新闻检查的考虑。一个半世纪以前,米·叶·萨尔蒂科夫—谢德林曾机智地说道:"这话能不能说得再含混些?"此处如出一辙。为了不惹事,为了免得大领导们因"符号学"一词受到惊吓和刺激,便想出了这样一种委婉的说法,其发明者为弗·安·乌斯宾斯基:如果可以认为自然语言是模拟生活的第一性符号系统,那么"上层建筑""元语言"、语言模型和作为所有这些符号系统之综合的符号学便是第二性的。而在我们内部,就像莫斯科的那场讨论会那样,"符号学"和"结构主义"二词作者们尽可随便使用。

　　那么,洛特曼为何从一开始就使用"暑期学校"这一概念,而非"学术会议"或"讨论会"呢? 他的设想是,应参照数学界和物理学界举办的某些夏季代表大会的做法,营造出一种比一般的学术会议更为自由的会风,这一点尤为重要。具体而言,针对当天给出的议题,在稍早前就已指定的几位学者进行发言,而感兴趣的现场参与者可以不拘形式地进行插话;接着便是问答、辩驳、进一步阐发与讨论——在此过程中,大家也都在学习,拓展新领域,掌握新方法;争论还会延伸到场外。洛特曼本人在短文《关于暑期学校的冬日札记》中对"暑期学校"的特点做了如下说明:"开办'暑期学校'的原则有别于学术会议或讨论会——学者们聚在一起,共同生活一段时日。整个'暑期学校'就是一场又一场的讨论。讨论的主阵地是会议厅,在此指定议题,并确定各人的观点和阵营。然后,可以在各个场所以各种形式继续讨论。这营造出一种坦率且卓有成效的环境。暑校成员们并不认为自己对相关知识掌握得尽善尽美;而暑校这一概念是以开放性和不断互学互补为前提条件的。"(《新文评》〈3〉,第 40—41 页)

　　"暑期学校"的活动内容与莫斯科的那场讨论会大致相仿,不过前者更偏重于文学艺术各种类型的内容层面:这彰显出洛特曼的"文艺学"兴趣,他还提出了他最为关心的课题以供讨论。因此,连莫斯科学者都提交了不少关涉艺术(绘画—圣像画、音乐、混合性原始艺术)和各种文学类型的内容层面的报告和发言稿①。洛特曼提出的诸议题堪称关于一般符号学及其在各文化领域之应用的理论性集体著作的宏大撰写计划。这些题目在《活动安排》中列示如下(括号里标注的是每个议题下的报告和发言开始讨论的日期):

(1964 年 8 月 20 日)1. 符号学的基本学理问题;符号学及其科学原理;结构语言学与结构文艺学之学术方法的区别;文艺学、社会学、历史学和文化理论中的模拟法;文艺学模式的类型;统计—数学模型之有效应用的边界。

(8 月 21 日)2. 模拟系统;思维类型学及其研究路径;符号系统的内容问题;神话、宗教、民间创作。

(8 月 22 日)2 a. 民间创作文本的模式。

(8 月 23 日)3. 模拟系统与行为的互动;意识形态在人类行为中的作用;日常行为与"符号"(祭祀、仪式和具有道德特征的)行为的区别;礼仪;作为语言外部问题的语言(作为行为的语言,作为仪式的语言,作为风格的语言);游戏行为;游戏及其与日常行为、教育和艺术的关系;教育问题;"艺术行为"。

(8 月 24 日)4. 作为符号问题的风格;重新编码与翻译问题。

(8 月 26 日)5. 艺术与符号学;艺术中的语言特性;表达与内容的相互关系;非言语艺术的诸语言;艺术性的标准与非艺术性的标准;研究低质量文学作品的意义。

(8 月 27 日)6. 诗歌的特性;诗歌与非诗歌;作为符号学问题的重复、同一与排比。

---

① 鲍·安·乌斯宾斯基在《塔尔图—莫斯科符号学派的起源问题》(《符号学》〈20〉,第18—29 页)一文中很好地展现了列宁格勒文艺学传统(因老一辈塔尔图学者的学术素养都传承于列宁格勒学派)与莫斯科语言学传统的结合。此文对于了解"暑期学校"和本国符号学的全貌十分重要。

假如该计划安排得以全面实施,那么这将会成为一个具有重大文化和学术意义的事件。可实际上这是一份"最高纲领"。每项议题都有 3—5 人做了报告和发言,所阐述的问题也都具趣味性、新颖性和前瞻性,但相对而言都是局部性的。最具"总揽性"和概括性的,是洛特曼分别在 8 月 20 日、23 日和 26 日宣读的三份报告(《活动安排》中所列维亚切·弗谢·伊万诺夫在开幕式上的主旨报告《超语言符号系统研究的一般问题》亦可归为此类,但并未在"暑期学校"活动期间得以宣读):《论构建文艺学中生成模式的基本概率》《作为符号学问题的游戏及其与艺术本质的关系》和《艺术中的符号问题》。前者和后者都反映出洛特曼在"暑期学校"开办前不久完成的第一部结构主义著作中一些章节的内容;而关于游戏的报告(提纲)在这位学者的后续作品中只是有一部分得到了进一步阐发(例如,请见《关于"在一系列模拟系统中的艺术"问题的提纲》一文中所包含的游戏内容——《符号学》〈3〉,1967),所以仍是一项极有意思的研究计划,可以将其扩展成一篇长文甚至一本书(洛特曼采用了游戏行为这一概念,它介于原初实践行为与符号行为之间;因此,游戏似乎既与自然生活有关,又和符号学相关联)。

洛特曼不仅在学术上,而且在为人处事方面都是暑校的关键人物。对此弗·尼·托波罗夫所言极是:

"如果说此处,这个别样空间有个守护神,那么尤里·米哈伊洛维奇·洛特曼便是其人格与精神的化身。正是因为他身处这个位置、这一角色,就必然会形成'暑期学校'的那种特殊氛围。尤里·米哈伊洛维奇所扮演的角色不仅仅是一个好客的主人、一系列丰富多彩、紧张有序的暑校活动的组织者,也不仅仅是学术讨论的一种**精神动力**①,这其中的秘诀是什么呢? 我的回答是,秘诀就在于他的人格魅力,在于其中专业素养与人情味的微妙平衡;这魅力源自于他的所言所为,他的外在形象本身和透过这一形象不难发现的内在本质。尤里·米哈伊洛维奇比我们(只有两三人是例外)年长,但除了年龄和'暑校'的主办者、领导者的身份外,他之所以能占据无人能及的地位,还有其他一些缘由:无论在义务感、责

---

①　原文为拉丁语。——译注

任感、分寸感、自制力和举止风度上,还是在对交谈者的关注度和那有些老派却更具魅力的礼貌上,他比我们更强。仅在我们相识的第一周里,一个阅历丰富的父亲形象就深深地刻印在了我的心中:他身处一群并不总是听话的孩子们中间,对他们宽容相待,而且似乎还在掩盖自己的为父身份。这一切都让人感受到那种自足的程度,那种稳健与自然,它们在那些浸淫于'优良'传统——良好的家庭、丰富的家族文化——之中的人们身上并不鲜见。与尤里·米哈伊洛维奇交流起来轻松愉快,其原因还在于,他在任何时间、任何情况下都能表现得特别礼貌周到。有些人倾向于认为,这一'文化'传承是纯'自然的',认为这是一种与生俱来的品质——这些人有时便会陷入尴尬的境地。在某些情况下,尤里·米哈伊洛维奇也可以表现得十分强硬(我想补充一句——但这种强硬也是温和的),他公开而明确地表明自己的不同立场,并力争从'反对者'那里寻得即使不是最理想的,也恐怕是在那一特定时刻对争议问题最合理的解决方案。况且,尤里·米哈伊洛维奇在此类情形下从未做过哪怕最模糊的暗示——这是一场角逐,是一方获胜,另一方失败,他的解决方法因而更容易让人心服口服。相信任何问题都会得到合理的解决——这一点也让他显得有些老派,并使人联想起18世纪的法国。在这条路上,尤里·米哈伊洛维奇总是奋勇当先。只要他预感到有人可能会遇上麻烦事和复杂情况,他便时刻准备伸出援手;尽管要处理大量的事务,履行自己的职责,但他能做到在最大程度上不去强求别人,因此他的同事们不会感到压抑难受,而他们有些人的年龄才相当于他的孩子辈。"(《新文评》〈3〉,第70—71页)

　　汇聚于凯里库的这些人在年龄、心理结构和世界观上都各不相同,但这里的氛围——学术上的互助,创作上的情谊,对他人的友善和宽容——使他们团结一心。没有恶言相向,没有嫉贤妒能(至少未表现出来!),更无人因意见不合而动怒。作为道德标杆,洛特曼在其中着实起到了不小的作用。值得注意的是,有人在回溯时却试图削弱那股自由、幸福和互助的精神,其理由是:在大背景下,成员们"自己就非常不自由,并因这种不自由以及对它的习以为常而严重蜕化";有些成员(列出了三人)后来在政治和道德上也"堕落了"。这一怪异的解读摘自格·亚·列斯基斯的回忆录《忆暑期学校和符号学者》(《新文评》〈3〉,第50页)。或许,类似的道德自剖和忏悔的确反映出苏联人"思维方式"的影响,但如此这般的概括,还将矛头指向暑期会议全体成员的做法——又是否公平呢? 我可以热切而自信地向读者诸君保证,"暑期学校"的绝大多数成员前来参会时在精神上就是自由自在的;即使有人在心灵上尚未得到净化,暑校的环境也能促成人格的升华。至于那三个后来落入道德洼地的人,暑校教给他们的恐怕也全然不是帕夫利克·莫罗佐夫①精神或利用职务之便巧取豪夺的做法,而是相反的东西。或许,暑校反而延缓、推迟了他们的恶行……

当然,既无法做到统一众人各自的印象与总体性结论,又不能否认各位作者的独特立场。例如,"暑期学校"的一位年轻学子,后来移民美国的语言学家鲍·米·加斯帕罗夫教授便将"暑期学校"视为一个完整的事物,一个由志同道合者们组成的强有力的团队:他们为了疏离俄罗斯双都和爱沙尼亚的那些亲官方的同行,便把自己关进了"地下秘室""象牙之塔"②。

而洛特曼及其他许多符号学者则恰恰相反,他们首先看到的是成员们复杂多样的性格与见解,是各种争论乃至交锋。而所谓的"塔"他们并不喜欢,尽管也

---

① 帕夫利克·莫罗佐夫(1918—1932),1932 年向当局告发其父亲,说父亲是苏维埃政权的敌人;死后,被宣布为苏联少年英雄。苏联宣传机构大肆宣传告密小英雄帕夫利克。苏联解体后,有证据表明,他的"传奇故事"是捏造出来的。——译注

② 见鲍·米·加斯帕罗夫:《作为符号现象的 1960 年代的塔尔图学派》,载《维也纳斯拉夫学集刊》,1989,第 23 卷,第 7—21 页;此文稍经删减后重刊于塔尔图《母校》报,1991,第 3 期(5)。该报此后又发表了一系列论战或具有确切说明性质的文章,如尤·米·洛特曼:《关于暑期学校的冬日札记》,1992,第 1 期(6);谢·尤·涅克柳多夫:《一名暑期学校毕业生的思考》,同上;伊·阿·切尔诺夫:《塔尔图学派:外测与内省》,1992,第 2 期(7);鲍·费·叶戈罗夫:《对鲍·米·加斯帕罗夫学术文章的多处修正》,同上;格·格·阿梅林:《在思想上受到摧残的人们》,同上,第 3 期(8);尤·约·莱温:《祝愿女王陛下身体健康!》,同上。这组文章的收篇之作是无意中成为讨论发起者鲍·米·加斯帕罗夫的《为什么我不再是结构主义者了?》,同上,第 3 期(8)。稍后,《新文评》开辟专栏"莫斯科—塔尔图符号学派史实摭拾",刊发了这场讨论的续文(以及其他相关文章),其作者包括德·米·谢加尔、尤·米·洛特曼、尤·约·莱温(他的两篇文章转发自《母校》)、米·列·加斯帕罗夫、格·亚·列斯基斯、谢·德·谢列布里亚内、塔·弗·齐韦扬、弗·尼·托波罗夫、亚·莫·皮亚季戈尔斯基、格·格·阿梅林、伊·亚·皮利希科夫(1993,第 3 期)、鲍·费·叶戈罗夫和列·瑙·斯托洛维奇(1994,第 8 期)。

明白必须把讨厌的探子隔离在外;他们乐于见到青年人参与其中,对有机会广泛传播新思想而感到兴奋,无论以书刊还是口头的形式。

　　无拘无束、热情高涨的氛围还促使多数成员在行事方式上打破常规。既没有发言时间的限制,也没有体裁方面的严格规定。即兴而作的讽刺短诗很是流行,以洛特曼为首的机智风趣者们的笑话和双关语大放异彩。为了解释"第二性模拟系统"的奇思妙想和"符号学"这一术语,弗·安·乌斯宾斯基致开幕辞时在黑板上画了七个东倒西歪的小人儿——一看便知,那是一群醉汉:乌斯宾斯基知道,jootik 一词在爱沙尼亚语中意指"醉汉",所以,他把俄语和爱沙尼亚语混搭起来,通过谐音,把"符号学"一词解释为"七个酒鬼"。[①] 所有成员在追忆时都提到了暑校的欢快气氛。莫斯科学者尤·莱温在其回忆录中就这一话题专门写了一段话:"最后,必须提一下暑校那浓厚而独特的节日氛围。要我说,这是一种'狂欢'气息,如果这个词的'自反—大众性'伴随意义不是过多的话。时时处处都弥漫着这一气氛,不仅在宴会上(总能听到那句祝酒词——'为英国女王伊丽莎白二世陛下的健康干杯!'),或是畅游埃迈厄吉河和楚德湖时,抑或在晚间聚会时——当罗·奥·雅各布森与彼·格·博加特廖夫守着壁炉回忆起莫语组(莫斯科语言学小组——鲍·叶)和赫列布尼科夫,或当列娜·帕杜切娃唱起加利奇[②]的歌曲;而且还在每一场会议上或在修道院长桌的餐会上,以及会场外永不停歇的争论(如'西方派'列斯基斯与'斯拉夫派'皮亚季戈尔斯基的争辩)中,每日沿着没有行人的僻静公路散步时(尤其是当罗·奥·雅各布森加入时,不过这时就不再显得空旷僻静了,因为总有汽车停在一旁,里面坐着看报的克格勃)……"(《新文评》〈3〉,第 45 页)

　　还需补充说一说大量的流传较广的戏谑诗以及报告中的戏谑成分。洛特曼所做的报告都是认真严肃的,他的风趣表现在学术论述之外;而我却无法克制住自己,比方说,我在报告《纸牌算命与情节类型学》中小心谨慎地嵌入了一些具有

---

　　① 俄语词 семиотика(符号学)中的 семи 意为"七",该词中的 отика 与爱沙尼亚语词 jootik(醉汉)构成谐音。——译注

　　② 加利奇(1918—1977),全名为亚历山大·阿尔卡季耶维奇·加利奇,诗人、剧作家、弹唱歌手。——译注

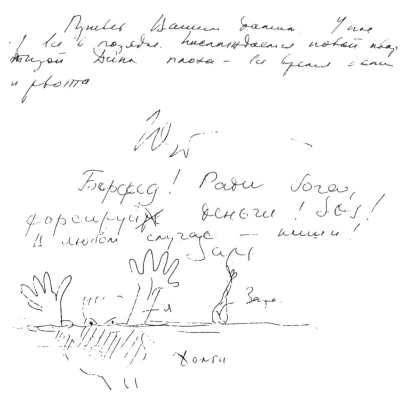

尤·米·洛特曼和扎·格·明茨 1961 年 2 月 1 日致鲍·费·叶戈罗夫书
信手迹。请求尽快汇出"诗人丛书"(尼·米·卡拉姆津诗集的)稿费。

戏谑意味的潜台词(这些潜台词并非为所有人发现;此文后来被译成了英语和意
大利语,其笔调十分之严肃;而俄语文本则发表于《符号学》〈2〉)。我,(据我所
知)还有其他一些同事都很想就某个非常"哲学""抽象"的话题写一篇学术包装
下的报告,给它塞满玄奥的术语,再在暑校期间的某一天宣读出来,并心怀期待:
大家能识破这是一篇戏仿之作,还是会把它当成严肃之作而囫囵吞下? 但我们
没有足够的耐心和时间来写这样一份报告。对符号—结构主义报告已然毫不掩
饰地公然戏仿(《再论福马和叶廖马的对立……》)是后来在 1974 年 2 月的"第五
期"暑校期间由青年学子集体创作的,其作者包括谢·达尼埃尔、尼·布拉金斯
卡娅、奥·谢达科娃、阿·莱温松和尼·普利亚尼什尼科夫(仿拟文本发表于《维
什戈罗德》,1998,第 3 期,第 144—146 页)。再后来,在 1982 年洛特曼 60 寿辰

的庆祝活动前夕,米·别兹罗德内、罗·格里戈里耶夫和伊·涅米罗夫斯基带领一众列宁格勒青年作家和莫斯科来宾,模拟洛特曼的方法写了一篇十分风趣的仿拟文《对一个未曾存在过的构思的重拟(论不存在的文献资料的使用方法)》。他们在塔尔图的晚会上为寿星宣读了这篇仿拟体作品,逗得洛特曼开怀大笑。这篇仿拟文本由叶·格里戈里耶娃发表于《维什戈罗德》(1998,第 3 期,第 95—97 页)。

第一部结构主义著作

在筹办"暑期学校"的同时,洛特曼也加紧撰写其结构主义著作(他在 1963 年 3 月 12 日致弗·尼·托波罗夫的信中这样写道:"我现在正对那部已写了两年之久的结构诗学书稿进行大幅度修改。"——《书信集》,第 672 页,1963 年年底,洛特曼将已完成的书稿寄给弗·尼·托波罗夫和伊·约·列夫津审阅。——同上,第 675 页)。最终稿于 1964 年春完成。此书的出版信息显示"1964 年 6 月 12 日发排,1964 年 8 月 15 日签字付印",也即在"暑期学校"开办之前。但当时的印刷厂工作节奏很慢,洛特曼在"暑期学校"期间只能向同行们展示校样,而装订好的书直到 9 月底才正式发行。印数仅 500 册。

作者为这本书所取的标题是多层级的:《结构诗学讲义(第一辑〈导论,诗论〉)》(遗憾的是,后续几辑并未出版;洛特曼其后推出的几本书似乎包含了其他几册中的诸多问题)。此书的确是一部结构文艺学导论。洛特曼广泛运用了语言学结构主义者和语言符号学家(尼·特鲁别茨科伊、罗·雅各布森、埃·本维尼斯特、尼·任金)的成果,哲学家(查·莫里斯、亚·沙夫、格·克劳斯)和民族学家(克·列维—斯特劳斯)的相关论著,莫斯科学者的第一批理论性著述(如亚·亚·季诺维耶夫和伊·约·列夫津的文章《作为科学研究手段的逻辑学模型》,载《哲学问题》,1960,第 1 期,以及维亚切·弗谢·伊万诺夫和亚·莫·皮亚季戈尔斯基的论著),鲍·托马舍夫斯基、尤·特尼亚诺夫、维·日尔蒙斯基、鲍·艾亨鲍姆、安·科尔莫戈罗夫、鲍·翁贝高恩、米·亚纳基耶夫、约·赫拉巴克等人在诗律研究领域的重要著作,此外还有其他诸多文献。但总的来说,洛特曼的这本书仍是文艺学结构主义领域的第一部具有创新价值的综论性著作;它拓展并深化了作者在此书之前的两篇文章中所表达的观点——对此我们已有过介绍。

此书的主要意旨不仅在于揭示普遍存在的**相互关联**：生活与艺术，诗歌与散文，表达层面内部的各独立层级，表达层面与内容层面，各独立要素与它们的总合；还在于指出普遍存在的**相互对立**：诸事物就在相互关联之中彼此对立，正是共通性强化了相异性；类似性要素的相异性又凸显出不变性基础，而这一基础凌驾于各要素之上，并辩证地将其不变性与各种变体结合起来。洛特曼广泛运用了因列维—斯特劳斯的辩证思想而得以强化的黑格尔辩证法。他后来在《文艺学应当成为一门科学》一文中指出："结构主义的方法论基础就是辩证法。"[①]不过，尽管洛特曼在努力追求精密客观的方法，但在他的观念中，观察者—研究者的主体角色仍起着重大作用——他不仅感受作品，还将其各要素、各层级加以关联或对立。因此占据主导地位的方法，正像马克思主义者和多数结构主义者那样（如前所述），是认识论的，而非本体论的。

在此基础上得以强调的不是符号的物质性，而是其功能性：符号无法孤立存在，而总是与指称（所指）相关，只有与后者产生关系时，它才具有意义；符号、形象、主题、音响既不是本质，也不是实体，而是被观察者所定义的"功能束"（该书第44页）。洛特曼由此发现了"负手法"——对期望的违背，如押韵的诗句中意外插入无韵诗行，或作家在内容方面不愿再使用浪漫主义的俗套（第51、176页）。

依照洛特曼的观点，艺术中的"符号"也可以拓展至整个作品的文本。毕竟，艺术中的指称——所指，也即内容，是通过整部作品加以传达的；因此，作品的文本便可视为一个符号，而文本的各部分也就成为符号的诸要素。这里同样出现了与周围背景的关系问题：在艺术中，由于艺术家所营造世界的复杂的多义性，复杂的"多指称性"，"一个符号或其辨义要素可以同时投射到几种（或多种）背景上，并在每种情况下都成为不同语义的载体"（第44页）。但是，洛特曼并未放弃"艺术作品是对现实的模拟"这一观点；再加上作者所秉持的一项重要原则，即内容层面与表达层面相互关联，这就使他得以将结构主义与形式主义区别开来。模拟所反映的是客体内容，但不是通过完全相同的复制，而是通过对本质的再

---

① 《文学问题》，1967，第1期，第93页。

现;模拟不是同一,而是相似。

书中数次谈到,重要的不仅是对文本本身和作品语言结构的研究(如果这里指的是语言艺术和文学作品),也是对文本外关联的考察:"一部文学作品的实际内容就在于文本(文本内关系的系统)及其对文本外现实——实际情形、文学规范、传统、观念——的态度。脱离文本外的'背景'而理解文本是不可能的。"(第165页)在此基础上,根据某种占主导地位的联系以及作品文本与传统的定型观念、"刻板公式"的通行比照标准(相似或相斥),洛特曼制作出一张艺术创作方法汇总表:

	以文本内联系为主的结构 (被读者认为是艺术上复杂的)	以文本外关联为主的结构 (被读者认为是艺术上简单的)
同一美学	中世纪艺术 民间创作	古典主义
对立美学	巴洛克 浪漫主义	现实主义

此表的巴洛克和浪漫主义那一"格子"还可添上20世纪的现代主义。

洛特曼的这本书含有许多出人意料、与众不同的见解。提升艺术与生活之间的共通性,结果只会加大二者的差异。诗歌的出现并不像通常认为的那样源于散文;相反,最初的文学作品都是诗体的,而散文则作为对诗韵的弃绝,是晚些时候才产生的。但书中主要的奇见异说还是对信息论的全新阐释。如果说,根据通常的(香农和维纳的)观点,部分信息会在传输渠道中逐渐丢失,那么在艺术中,情况却恰恰相反:得益于文本外关联,信息反而会发生增殖!"相较于莎士比亚的同时代人,我们会认为,《哈姆雷特》包含着更多的信息:它与人类此后全部的文化和历史经验都有关联。"(第188页)

洛特曼关于"噪音"的发现尤为令人称奇。不同于其在一般情况下的干扰性负面作用,在艺术信息中,噪音有时反而是十分有益的:"例如,对作者来说,《米洛斯的维纳斯》的断臂是减弱信息的噪音;但对我们来说,却是新信息的来源。"(第191页)

许多问题在书中只是点到为止。诗学的一系列重要领域——布局与情节、词汇与语义——都只得到了提纲挈领的阐述,作者对语义修辞格问题也仅一带而过。所有这一切都有待完善和进一步研究。洛特曼此后也对这些领域做了深耕与拓展研究。然而即便如此,《讲义》仍然成了第一部结构—文艺学著作,它为富有成效的后续研究奠定了基础。

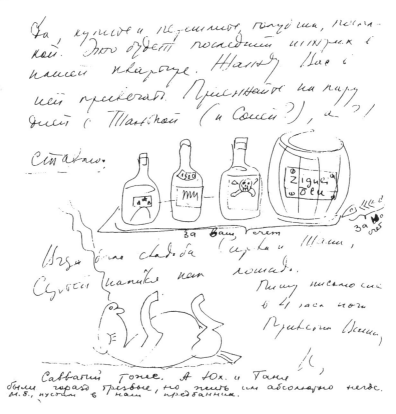

尤·米·洛特曼和扎·格·明茨 1963 年 1 月 24 日致鲍·费·叶戈罗夫书信手迹。他们邀请后者前来庆祝乔迁之喜(他们分到了一套新的住房):尤·米会摆出几瓶葡萄酒和一桶日古利啤酒。第 2 幅是"谢尔盖醉得像一匹马"这句比喻的字面意义化。

值得注意的是,此书的标题是带有序号的:《符号系统论丛(第一卷)》。在克列缅特的支持下,教研室推出了这套新丛书。所有后续卷册(在洛特曼的主持下共出版了 25 卷)都装帧得更加精美:彩色护封(每卷换一种颜色);标题文字不仅有俄语,还有希腊语:Σημειωτική①。页眉保留了《塔大学术论丛》的总称和卷号（洛特曼的那本书被编为第 160 卷,而 1992 年出版的第 25 卷则为总第 936 卷）。

得益于校长的恩待,教研室从 1964 年起又开始出版第三种丛书——《勃洛克纪念文集》。至于学生系列论文集,那就更不用说了。

根据费·德·克里缅特的指示,每卷我们都能免费领取 25—30 册;我们还会集资再买上这么多本,分送给国内外同行,并继续向科·伊·楚科夫斯基、伊·格·爱伦堡、康·格·帕乌斯托夫斯基、韦·亚·卡韦林、康·亚·费定(当时他还不是半官方机构的公职人员)等知名作家赠书。在后一类人中,如上所述,我们与科·伊·楚科夫斯基最为熟识。众所周知,他不仅是作家,还是文学研究者;他为《勃洛克纪念文集》第二卷(1972)提供了一篇有趣的作品——《〈楚科卡拉〉②中的亚·勃洛克》。收到我们出版物的所有人都对其内容给予了非常积极的评价。

无论是对于我们,还是对于看过我们提供的所有报刊评论和书面意见的费·德·克列缅特而言,外国同行的反映都显得极为珍贵。法国斯拉夫学研究者的领袖人物安德烈·马宗教授,在对最受关注著作的年度综述中(这些综述发表于《斯拉夫研究杂志》)经常提到塔尔图的出版物,其中不乏赞语;知名波兰俄罗斯语文学者维多利亚和勒内·斯利沃夫斯基夫妇,在《东斯拉夫》杂志(1965,第 2 期)上发表了一篇关于《俄罗斯和斯拉夫语文学论丛》的专题评论。

塔大在国际上已名声远扬,费·德·克列缅特对此十分珍视,于是他大笔一挥,又给我们教研室签发了出版一大批学术书籍的许可。

由于我们的出版物广受欢迎,洛特曼、我,尤其是扎·格·明茨结识了一批老一辈文学家和出版人(娜·亚·帕夫洛维奇、萨·米·阿利扬斯基、伊·格·波隆斯卡娅、尼·伊·哈根—托恩、米·阿·谢尔盖耶夫、丽·赖特、叶·米·塔

---

①　意为"符号学"。——译注

②　《楚科卡拉》(«Чукоккала»)是楚科夫斯基出版的一部宾客留言本,其中收有勃洛克、阿赫玛托娃、布宁、夏里亚宾、列宾、柯南·道尔、王尔德等诸多 20 世纪初文艺名流的书画题词。其标题由楚科夫斯基(Чуковский)这一姓氏和他当时居住的芬兰村庄名"库奥卡拉(Куоккала)"组合而成。——译注

格尔、莫·谢·阿尔特曼),俄国文化界人士(瓦·彼·韦里金娜、娜·尼·沃洛
霍娃和叶·弗·谢苗诺娃——前二者和后者分别与亚·勃洛克和弗·弗·马雅
科夫斯基过从甚密),以及米·阿·布尔加科夫和谢·米·特列季亚科夫的遗
孀;他们都献出了宝贵的档案资料以供发表。教师、副博士研究生和本科生也对
19世纪—20世纪初那些有趣的档案资料展开了研究,他们发表的文章同样为我
们的学术出版物增添了活力。这些文章近乎将《学术论丛》期刊化或集刊化了,
其读者面也宽多了,而不再是相关课题的专家小圈子。

后续几期"暑期学校"

　　1964 年"暑期学校"的成功促使塔尔图和莫斯科学者们将学术会议继续举办下去。他们决定把暑校办成每两年一次的定期活动。于是,第二期"暑期学校"便于 1966 年 8 月举办;第三期有些特别,安排在了 1968 年 5 月①;第四期(1970)则又回到了 8 月。

　　成员情况基本保持未变,只出现了零星几张新面孔。罗·奥·雅各布森的出席成为第二期暑校的亮点。包括塔尔图市在内的爱沙尼亚对外国人是半开放的,取得一纸前往此地的许可证并非易事。雅各布森在莫斯科的一番奔走无果而终。后来,在列宁格勒参加心理语言学研讨会时,他从当地政府处获得了许可,但有个条件,即必须由一名苏联人陪同他一起前往。这种时候往往就会发生一些稀奇古怪的可笑之事:这位"苏联"陪同人员就是维亚切·弗谢·伊万诺夫,他和雅各布森一样,也参加了列宁格勒的研讨会,并准备前往塔尔图参加"暑期学校";至于历经了哪些困难才到达塔尔图,在塔林出现了哪些新的麻烦,而美国客人们(雅各布森及其妻克·波莫尔斯卡)又是如何抵达凯里库的,伊万诺夫在其回忆录中有过详细记述(《星》,1995,第 3 期,第 173 页)。

　　雅各布森为"暑期学校"的成员们作了关于亚·尼·拉季舍夫的托博尔斯克诗篇②的报告(该报告不久后以论文形式收录于纪念帕·瑙·别尔科夫 70 寿辰

---

　　① 改期的原因为:第 6 届国际斯拉夫学者代表大会定于 8 月召开,不少莫斯科语言学者都需前去参会;他们在那里见证了一起悲剧事件——我国部队入侵捷克斯洛伐克。
　　② 拉季舍夫在流放途中经过托博尔斯克,并写下一首有名的短诗:"你想知道:我是谁?是何人? 去何处? /我就是这样的人,过去和今生也都将如此:/我是人,不是牲畜,不是木头,不是奴仆! /在无人踏足之地铺设道路,/为了散文和诗歌中骁勇的猛士,/我敬畏敏感的心灵和真理,/我要前往伊利姆斯克的监狱。"——译注

的文集——《18世纪》,第7卷,莫斯科—列宁格勒,1966),并十分积极地参与了对同行报告的讨论。迫于无奈,罗曼·奥西波维奇已有多年脱离了这一倍感亲切的氛围、这些长时间的学术争论以及像这样面对面的交流,因此他兴奋得像过节似的,回国的愿望也愈发迫切。

那期"暑期学校"的高潮是雅各布森和彼·格·博加特廖夫关于革命前莫斯科语言学小组的回忆晚会。一间小厅,满堂听众;有枕木粗大的木柴在大壁炉里熊熊燃烧,雅各布森满怀激情地讲述着他大学时期的青葱岁月。他涨红了脸,有人便问他,是不是在壁炉边太热了,要不要稍稍往旁边挪一下。雅各布森却立即回了一句:"不用,是一幕幕回忆让我感到热血沸腾。"

符号学"暑期学校"使塔尔图和莫斯科的东方学研究者萌生了在凯里库开办佛学"学校"的想法。该"学校"于1967年4月成功举办,不少符号学者都前来参加。谢·德·谢列布里亚内的回忆录这样写道:"……对我来说,塔尔图和凯里库绝不仅仅意味着符号学。1967年4月的佛学'学校',与符号学就没有什么关系了。我们听取了关于佛教哲学、佛教史问题的报告;甚至还有阅读梵文、巴利文等具体文本的'课程'。让我记忆尤深的是爱沙尼亚文献学者埃·马辛①,他做了关于龙树菩萨哲学的报告——用的还是德语。学校的成员还有弗·尼·托波罗夫、塔·雅·叶利扎连科娃、林·马尔、亚·莫·皮亚季戈尔斯基、鲍·列·奥吉贝宁(现居法国)、亚·维·格拉西莫夫(现为以色列公民)、加·加·苏佩尔芬(后来,在监禁和流放之后,他去了德国),以及已故的奥克佳布林娜·费奥多罗夫娜·沃尔科娃,她曾教过我(和其他许多人)梵语。"(《新文评》〈3〉,第55页)

对塔尔图"暑期学校"那自由的创造性氛围的种种议论——从叹为观止到深恶痛绝,不一而足——在国内外广为流传。克列缅特校长收到指令,让他停止这种无法无天的行为。1970年的第四期暑校就成了最后一期。洛特曼做了很多努力,想恢复这一已然声名远扬的学术会议形式,但1972年的第五期暑校还是未获批准。1973年时还剩下最后一丝希望,但也破灭了。直到1974年2月才

---

① 此处系谢列布里亚内误记,应为乌库·马辛(1909—1985)——爱沙尼亚哲学、语文学者,塔尔图大学教授。——译注

设法获得了举办会议的许可。可把它称作"暑期学校冬季班"又实在荒唐,尽管这样一则笑话已在塔尔图和莫斯科流传开来,这笑话还有一个版本:"拉丁美洲制式的暑期学校"(指南半球的夏季是在 12 月—2 月)。对会议报告和提纲集的名称做了巧妙处理——《全苏第二性模拟系统研讨会资料汇编Ⅰ〈5〉》,即将"暑期学校"改称为"全苏研讨会",并用罗马数字"Ⅰ"加以标识,但"第二性模拟系统"和数字 5 似乎仍标志着此次会议与前几期"暑期学校"之间的联系。

尤·米·洛特曼 1960 年 1 月 6 日致鲍·费·叶戈罗夫书信手迹。隐喻的字面意义化:画的是"敲打心脏"(俄语词 **сердцебиение** 意为"心悸""心跳加速",其字面意思可理解为"敲打心脏"。——译者)。

呜呼,持续了整整十年之久的精彩纷呈的学术会议就此寿终正寝了。"暑期学校"的停办与大量成员的移民几乎发生在同一时期。70 年代乃是"停滞"和萧条阶段,然而,此时的政治迫害却毫无停滞迹象,反而愈演愈烈。因此,移民现象便有所加重。尽管被"铁幕"所笼罩,但总归还有一些缝隙,由此溢出一股股移民的细流,其中多半是知识分子:犹太人移民以色列(事实上,不少人只是办理了赴"古老家园"的证件,而定居点则在欧洲或美国),还有人选择与外国人通婚。

莫斯科符号学者中去了别国他乡的,有亚·莫·皮亚季戈尔斯基(英国)、德·米·谢加尔(以色列)、鲍·列·奥吉贝宁(法国)、亚·雅·瑟尔金(以色列)、亚·康·若尔科夫斯基和尤·康·谢格洛夫(美国),而塔尔图学者中的移民者则为鲍·米·加斯帕罗夫(美国)。离别是沉重的,由于旅居国外者一概不得入境,而国内的大多数人又被"禁止出境",送别在当时便蒙上了一层葬礼般的色彩——一场诀别!更何况,侨居国外还意味着,按照书刊检查机关的要求,必须把当事人从我国的学术记忆中抹去:凡标有弃国者论著的卡片,一律从图书馆目录中移除,在出版物和参考书目中禁止出现他们的名字,更别谈什么在国内发表作品、出版论著了。在个人著作或多人合著文集问世之前,一旦作者或参写者中有人移民国外,出版社便会摊上一大堆麻烦:出版一事可能会横遭书刊检查机构的腰斩,不然就得赶紧想办法补救——用其他真实存在的某人或某个化名来替换。

在塔尔图,有一卷《学术论丛》已经全数印毕、装订完好,却险些"毁于一旦",只因扉页反面的编委会成员名单中出现了鲍·米·加斯帕罗夫的名字——他刚离开祖国不久。为了使这一卷幸免于难,我们紧急求助于莫斯科的一位同姓者米·列·加斯帕罗夫,想借用一下他的名字。这位同行应允了我们的请求——于是,教研室成员们手工作业数小时,上千次地将名字和父称首字母的缩写"鲍·米"替换为"米·列"。还有过更糟糕的情况,不是整页整页地重印,就是把整篇文章抽掉。

"暑期学校"期间的学术论著

  "暑期学校"(我们把"冬季班"也算入其列)时期,即 1964—1974 这十年,洛特曼取得了累累硕果,尽管限制趋多,同事和友人也纷纷移民。学者一如所有人,无法选择自己所生活的年代;连生活和工作的地方(国家、城市、单位)他往往也无法选择。但一个善于创造性劳动的人会习惯于任何条件。从可敬的帕维尔·弗洛连斯基神父①到当时还很年轻的德米特里·利哈乔夫,即使身陷囹圄,即使在索洛韦茨基群岛②的严酷条件下,我们的许多学者也总能寻找机会来撰写学术作品。

  在古拉格群岛之外的环境中做学问无疑要轻松得多,更何况洛特曼还处于教研室和"暑期学校"的友好氛围之中。仅从数量上即可看出,其创作活跃期是从 20 世纪 60 年代中期开始的。活跃期的第一阶段可追溯到 1958 年,当时我们获得了出版教研室"论丛"的机会:那会儿,洛特曼每年的发文量已不是以往的 2—4 篇,而是达到了 10 篇左右。这会儿,即从 1965 年起,这位学者每年则能发表 15—20 篇。

  洛特曼在"暑期学校"时期也在继续从事"前符号学"活动阶段的课题研究。他为《苏联历史百科全书》撰写了条目"共济会"(第 9 卷,1966);为大型文库"诗人丛书"主编了尼·米·卡拉姆津《诗歌全集》一书(1966),并与马·格·阿尔特舒勒合编了《1790—1810 年代的诗人们》一书(1971);发表了关于格·施托姆

---

  ① 帕维尔·弗洛连斯基(1882—1937),俄罗斯宗教哲学家、科学家,著有《真理的柱石与确立》等。——译注

  ② 索洛韦茨基群岛系白海沿海岛屿,岛上建有索洛韦茨基修道院建筑群。自 16 世纪起该修道院开始成为犯人流放地。岛上的监狱旧址就是古拉格群岛的原型。——译注

《隐秘的拉季舍夫》一书的长篇评论(此文写得鞭辟入里,具有笔锋犀利的小品文特点,在那种"清教徒式"的环境下,此类书评未必会被双都的期刊采用;它发表于《高尔基大学学术论丛》,第 78 卷,1966);还发表了两篇关于俄国与西欧交往的文章:《卢梭与 18—19 世纪初的俄罗斯文化》("文学纪念碑"丛书卢梭《文集》的出版后记,1969)和《普希金抒情诗在德国的接受》(系与尤·达·莱温合写的书评〈其评论对象是哈·拉布 1964 年出版的论普希金抒情诗在德国的一本著作〉,刊载于《俄罗斯文学》,1966,第 2 期)。当然,还有不少关于普希金的论著,关于这一点我们在后文中还会谈到。

但洛特曼那一时期的绝大部分论著仍与新课题、新问题相关。这首先是关于符号学和文化学的一般理论性文章。

早在 1964 年的第一部结构主义著作中,洛特曼就对文本及其功能给予了极大关注,并在其后的几篇文章中详细探讨了这些概念的界定及其适用性,其中也包括功能运作问题。1966 年 8 月 18 日他在凯里库举办的第二期"暑期学校"所宣读的报告《文本类型学问题》中提出了最初的适用定义:"文本指的是任意一条其(区别于'非文本'或'另一文本'的)分离性可以被直观且充分确定地感受到的独立讯息。"①

值得注意的是,"文本"在这里与"讯息"是同义的,因而它也可以被纳入由查·莫里斯提出的信号理论、符号理论之中;稍早之前,亚·莫·皮亚季戈尔斯基在《关于将文本视为一种信号的几点一般性意见》一文中就是这样做的,作者对文本的概念做了如下阐释:

"第一,只有以空间形式(也即通过光学、声学或其他某种方式)被固定下来的讯息方可被认定为文本。

"第二,只有如下讯息方可被认定为文本,即它们以空间形式固定下来,此非偶然现象,而是其作者或其他人有意识地传递这条讯息的必要手段。

"第三,要求文本是可以理解的,即无需解码,不包含对其理解造成阻碍的语

---

① 《第二期"第二性模拟系统暑期学校"报告提纲集》,塔尔图,1966,第 83 页。

言性困难等。"①

　　其后的一篇相关文章《文本与功能》(《第三期"第二性模拟系统暑期学校":报告提纲》,塔尔图,1968)是洛特曼与皮亚季戈尔斯基联合撰写的。文中并未对文本提出新定义,而是征引了上面提及的文章:"笔者是依据亚·莫·皮亚季戈尔斯基的文章对文本进行界定的。"(洛特曼:《一》,第133页)换言之,在信息论的基础上,文本被定义为信号——讯息的类似体,它被人有意识地发送,并且是可以理解的,无需解码。当然,这极大地窄化了文本的概念:未被人们视为有意识的讯息的社会文化现象(譬如说,一座城市、一场战斗、一条铁路)却不在其列,更不用说被人们当成作品来"阅读"的自然生成物了(上帝、艺术等)。后来,洛特曼拓展了文本的概念,将上述对象也纳入其中,但在当时,他和皮亚季戈尔斯基共同采用的还是其狭义解释(尽管我们在其下文中看到,两位作者将药物也视为一种文本——但它无论如何也不符合皮亚季戈尔斯基提出的三种特征;再者,这毕竟只是个例,而非规则)。但此篇合著文章的要点并不在于这种"窄化观",而是相反,在于将文本及其功能纳入文化的总体性视域,而文化本身则被定义为这两个概念的类似体:"如果要兼顾**文本**、**文本功能**和**文化**这三个范畴,那么至少会有两种通用的方法。第一种方法——将文化视为文本的总合〈……〉第二种——则将文化视为一种或数种功能的衍生物。"(洛特曼:《一》,第133页)

　　洛特曼偏爱功能性,并将功能拔高到内容之上,这在他早期的结构主义论著,包括1964年的著作中便已彰明较著;这种偏爱在此文中几乎将功能与其来源——文本——割裂开来。两位作者也并未掩饰这种做法:"将功能与文本分离开的可能性使我们得出结论:将文化描述为文本的某种组合并不总能保证必要的完备性。"(洛特曼:《一》,第140页)

　　接着列举了更多的例子:在特定条件下,科学文本,如天文历,可能会具有宗教功能;药物可能会具有科学——医疗、宗教和魔法功能,也即三种不同的功能。此外还有一个例子,它显然暗含着针对当代苏联意识形态的某种潜台词和暗示:"科学史见证过许多这样的案例:科学思想〈……〉阻碍了科学的发展,因为它们

---

　　①　《结构类型学研究》,莫斯科,1962,第145页。

开始发挥非科学的功能,变成了集体中一部分人的宗教。"(同上)

当然,严格说来,此处考察的并非功能与文本的分离,而是一个文本兼具几种功能的现象;然而,出于提升功能地位并使其成为文化的主要内容的愿望,这种不严谨性并不足为奇。

此文和洛特曼的其他几篇相关文章还有一个鲜明特点,就是对"反转"、互换性、冲突对立和过渡的偏爱。例如,他常常谈到,在文化中并存着两种对立的趋势——符号化和去符号化,文本与非文本相互关系的二元性(在通常情况下,文本优于非文本,文化价值仅体现在文本之中,然而也可能出现倒转情形,即"次生翻转关系":文本表现为伪文本,而真理则产生于先前的非文本)。

此后的其他文章还涉及内容面与表达面、主体与客体、右与左、现实与它在艺术和戏剧及绘画中得以体现的可逆性。"可逆性"在洛特曼的文章中俯拾即是:"在第一种情况下(指在莱蒙托夫的小说中——鲍·叶),解读是符号,现实则是内容;在第二种情况下(指在浪漫主义相对论中——鲍·叶),现实是符号,而解读才是本质和内容。"(《论第二性模拟系统中的意义问题》,载《符号学》〈2〉,1965,第 23 页);"在艺术的意义上,这种(对陈旧方法的——鲍·叶)完全胜利将会是完全的失败"(《论文本结构描写中的几个基本难题》,载《符号学》〈4〉,1969,第 481 页);"在第一种情况下(指在作为文本总合的文化中——鲍·叶),凡是存在的都是合理的;在第二种情况下(指在作为规则总合的文化中——鲍·叶),只有合理的才能够存在"(《作为其类型学特征的"文化教化"问题》,载《符号学》〈5〉,1971,第 167 页),等等。

对"反转"的这种兴趣后来伴随了洛特曼的整个创作生涯。我想,像这样的兴趣人皆有之,尤其是在童年时期,但在富有创造力的人身上其价值更为突出,因而它会贯穿于他们的整个生涯。

显而易见,翻转几乎总是伴随着紧张、冲突与斗争。一如"反转",冲突显然也是这位学者创作意识不可或缺的一部分,甚至有可能也是其无意识之天性中的一部分。洛特曼家庭生活中的一件事儿我记得很清楚。他,这个做父亲的,在陪伴其年幼的孩子们玩耍时,让他们用几盒积木和建筑小方木搭一座精致的大金字塔。岂料他们搭完后,他却大呼道:"我们推倒它吧!"孩子们兴高采烈地听从了这一召唤,没过几秒钟,金字塔就变成了一片废墟(这可是件危险的事儿——助长破坏性本能;洛特曼家的小毛孩子们在一个冬季里把帕·谢·赖夫曼丢弃在他们家外廊上的自行车拆了个七零八落——而且是徒手!)。我当时就想,洛特曼的心灵深处或许有一条破坏虫吧。幸好他在学术著作中还是慎重的,对保存被毁坏的文化遗迹的重要性,对取消元层次上的紧张斗争等,都作了辩证的说明。而在日常行为中,他则是靠文化修养进行自我约束。

不过,我们还是说回来吧,即优先关注文本。将文本阐释为讯息——洛特曼的这一主张便与雅各布森在那篇著名的《语言学与诗学》(1960)一文中所做的图解产生了关联。当时并非所有的人都很快就能读到这篇文章:它发表在美国麻省理工学院出版的一部文集中,后经弗·尼·托波罗夫的摘要介绍(《结构类型学研究》,1962),此文就为众人所知了。图解如下:

塔尔图学者们正是通过弗·尼·托波罗夫的摘要型书评首次了解到这一图示的。

洛特曼对编码问题尤其感兴趣。在其早期文章《论第二性模拟系统中的意义问题》(《符号学》〈2〉,1965)中(此文系 1964 年 8 月 26 日在第一期"暑期学校"所做的报告扩展而成),洛特曼就已将代码和重新编码作为主要论题,且有时也把对内容的解码与重新编码加以关联(这便使皮亚季戈尔斯基对文本所作界定中的第三点显得并不可信:后者排除了解码,认为文本应当是可以理解的)。

在雅各布森的图解中,"讯息"即是文本,也即一个符号串。"受话人"通过"代码"解读文本,并创造其"意义"(雅各布森并未将这一要素纳入图解中。显然,这位作者认为它属于下一个阶段——受话人活动的阶段,该阶段在图示中未予反映;而洛特曼首先关心的恰恰就是这一层级)。在上述文章中,洛特曼根据两种不同情况——以内部的重新编码为主(不需要文本外联系),或者以外部的重新编码为主(文本外联系是多样的,而符号组成了"不同系统间互为等值的元素簇"),对艺术系统进行了详细分类(《符号学》〈2〉,第 25 页)。作为后一种情形的例子,洛特曼分析了莱蒙托夫的作品和方法:"意义的载体并非某一风格层面,而是诸多相对风格(视点)的交集,它形成了某种'客观的'(超风格的)意义。此类构建法的一个精彩例证就是《当代英雄》的风格。莱蒙托夫不断运用重新编码手法,展现一个视角下的被观察对象在另一个视角下所呈现的面貌。现实作为诸角度的叠加而得以展示。例如,毕巧林的性格就是通过作者、马克西姆·马克西梅奇、毕巧林本人及其他主人公等多个视点向我们展示出来的。他们每个人的看法〈……〉都有其局限性;然而,每一种看法也都包含着由它们的交汇所显现出的那一部分真理。"(第 31 页)

洛特曼的几部创新之作很快就在国内外流传开来。他的文章《论语言学和文艺学的结构概念之区别》发表仅一年后,就以法语刊载于国际期刊《语言学》(1964,第 6 期);从 1967 年起,洛特曼论著的译文和译本在西欧和美国也不断问世(在日本则是从 1978 年起),甚至还被转载和重印。自 1972 年起,其他语种的译文和译本数量每年都超过了俄语出版物的数量。1969 年,在罗·奥·雅各布森的提议下,洛特曼入选国际符号学研究协会组委会(遗憾的是,作为一名"不准出境人员",他从未出席过在西欧召开的组委会工作会议,只是以书面形式与之进行交流)。

国内外的青年学人通常都为洛特曼的著作感到欢欣鼓舞,尽管也有反对者。不少老一辈学者都不能接受新方法,其中也不乏对洛特曼的"传统"论著大加赞赏的同行,如尤·格·奥克斯曼。但像奥克斯曼这样的文学研究者只不过回避了讨论,想必他们认为自己在符号学和结构主义领域缺乏发言权。而某些官方学者则摆出一副好战的架势忙不迭地否定新方法(他们说,这是"唯心主义""形式主义",是对资产阶级权威的盲目崇拜,诸如此类)。不过,在老一辈严谨的思想家中,也有人提出了批评意见。在"巴赫金与洛特曼"一章中,我将详细阐述这两位学者在方法论上的相互关系,而这里仅指出一点:巴赫金认为,符号学研究的是静态而非动态的结构;代码则是一种"被夺去生机的语境",一种"现成的"(也即非创造性的)手段,后者所传递的同样也是现成的信息。

另一方面,阿·费·洛谢夫——他完全有理由认为自己是国内最早研究"结构""符号"和"时空"范畴的学者之一——为塔尔图学者们从未提及他在20世纪20年代发表的论著而感到不满。他在1968年3月30日致列·瑙·斯托洛维奇的信中直言不讳地写到了这一点。① 的确如此,对这位杰出哲学家论著的无知是塔尔图—莫斯科符号学派历史上一个令人感到不是滋味的细节。尽管洛谢夫与塔尔图学者们在方法论上大异其趣,然而将先驱者抛诸脑后,这毕竟是一种令人唏嘘的过失;究其原委,苏联官方哲学家们对洛谢夫迫害多年,导致他的"唯心主义"著作几乎完全遭禁,20世纪四五十年代的青年人文学界因而对其思想一无所知。后来,诚如列·瑙·斯托洛维奇所言,洛谢夫的名字获得了重生,在维亚切·弗谢·伊万诺夫的《苏联符号学史纲》(莫斯科,1976)一书中就已提到了这位哲学家的早期论著。

而巴赫金的批评所针对的,显然是洛特曼最早期的论著——其第一部结构主义著作,以及发表在最初几卷《符号学》和"暑期学校"报告提纲中的文章。在诸如《论第二性模拟系统中的意义问题》(《符号学》〈2〉,1965)和《结构类型学问题》(《符号学》〈3〉,1967)这些论文中,的确谈论了非常之多的"代码"和"重新编码",且大多是结构的静态截面。在上述最后一篇文章中,对文化给出的基本定义甚至也可以解读为静态的描述:"由人类社会的各种集体所积累、储存和传递的非遗传性信息的总合。"(第30页)稍后,在洛特曼与鲍·安·乌斯宾斯基合撰的《论文化的符号机制》一文中所提出的定义也大抵相类:"文化是表现于一定的禁令和规定系统之中的非遗传性集体记忆。"(《符号学》〈5〉,1971,第147页)

不过,看来米·米·巴赫金收到的(或读到的?)塔尔图出版物并不全。假如研读过第4卷《符号学》(1969),他就会发现,洛特曼在《论文化类型学描写的元语言》和《论文本结构描写中的几个基本难题》二文中好像是特意似的,专门探讨了结构的动态性和新信息的增殖,仿佛洛特曼已事先预知巴赫金会在其1971—1972年笔记和1974年文章中提出批评意见。

---

① 列·瑙·斯托洛维奇:《阿·费·洛谢夫论塔尔图符号学》,载《新文评》(8),第99—100页。

在《论元语言》一文中,洛特曼将文化文本(文本此时已得到广义的解释,它包括文化的所有生成物,而文化本身在整体上也被解读为一种文本)分为两类。一类是**静止的**,静态的,它包括生活和文学中一些人物(如神奇故事主人公身边的那些人物)的空间结构和价值论体系(也即评价体系、价值体系)。另一类则是**变动的**;首先包括主动积极的、富有创造力的、游走于文化空间的那些人物;他们创造了情节,因为他们回答了"发生了什么? 如何发生的?"以及"他做了什么?"的问题。"奥德修斯、俄耳甫斯、堂吉诃德、吉尔·布拉斯、拉斯蒂涅、乞乞科夫和皮埃尔·别祖霍夫①这些主人公都有着各自的**道路**,他们在能够呈现出各自世界的万象空间内部进行运动。"(第 464 页)"因此,对于处在该世界图景之内的听众而言,情节组总是信息量更大。"(第 465 页)此后,洛特曼还把情节界定为事件的总合,而把事件界定为主人公对边界的跨越。如果在静止的世界图景中,"己方"空间的边界是无法穿透的,那么情节连同处于动态的主人公则能够跨越这种边界。"情节的线路图便表现为同世界建构的斗争。"(第 471 页)于是信息再度发生增殖。

而在第二篇文章《论几个基本难题》中,洛特曼发现了另一个方面——它既可以凸现生活的动态性,也可以彰显对生活所作分析的动态性。这位学者与上文提及的罗·雅各布森都认同一个观点,即作为一种科学手段,对所研究结构作静态截面是完全可行的;但只要以两种及以上的方式进行分析(如研究一首诗的韵律和节奏),那么各静态模式之间的关系就是动态的。动态是由关系生成的。

在与鲍·安·乌斯宾斯基合撰的《论文化的符号机制》一文中,洛特曼将历史时间中的文化道路径直视为一条动态之路:"……人类经历了漫长的**史前**阶段,时间的长短在这一阶段中无关紧要,因为并没有什么发展;直到某一特定时

① 奥德修斯是古希腊神话中的英雄和史诗《奥德赛》的主人公,传说他曾在海上漂泊十年;俄耳甫斯是古希腊神话中的人物,传说他参加过阿耳戈英雄远征;吉尔·布拉斯是法国作家阿兰·列内·勒萨日的同名流浪汉小说的主人公;拉斯蒂涅是巴尔扎克小说《高老头》中的人物,他为了追求个人利益而在上流社会奔走钻营;乞乞科夫是果戈理长篇小说《死魂灵》的主人公,他周游俄国乡间,四处收购死去的农奴;皮埃尔·别祖霍夫是托尔斯泰长篇小说《战争与和平》中的主要人物,曾出入于法俄两国上流社会,在自家庄园中尝试过农业改革,并参加过共济会、1812 年俄法战争和十二月党人运动。——译注

刻才发生了那次孕育出动态结构、开启人类历史的爆发。"(《符号学》〈5〉,第 162 页)此处首次出现了爆发的概念,此后它持续引起洛特曼的极大关注,他将生前撰写的最后一部著作取名为《文化与爆发》。

在《论文化的符号机制》一文中,两位作者强调了人类文化发展那雪崩似的动态特性,并将其与非符号系统的静态性质进行了对比——而非符号系统主要存在于生理学领域,即包括人类和动物世界的领域。在文化中总是存在着选择和替换,因此便形成了动态;而非符号系统中没有替换,所以也就没有运动。

不过,重要的是,非符号领域也被视为一种结构。值得注意的是,在将这一领域与文化加以对立时,洛特曼似乎也希望使其去结构化。例如,在《艺术文本的结构》(莫斯科,1970)一书中,他这样谈到生理学:"……可以将感官愉悦定义为从非系统性材料中获取信息(与智力愉悦不同——后者是从系统性中获取信息)。"(第 76 页)在类似的片段(尽管为数很少)中,他说得未必正确。毕竟,感官愉悦的本源——食物、鲜花、温暖之类——都各有其结构,而性伙伴则更不必说了。

至于代码,我们也不敢苟同巴赫金的看法——他将这一范畴贬称为"被夺去生机的语境"。洛特曼的"代码"根本不是死气沉沉的,而是焕发出生机、流动变化的。在洛特曼"反转"说的基础上,根据描述者的视点,它可以与"讯息"互换位置。上述书中的第 289—290 页列举了这样一个例子:地图上划定的某条路线和船舶的实际航线,在不同的阐释下会完全变样。顺便提及,"语境"是一种对信息系统图起着支配作用的宏大背景,已无法将其纳入与"讯息"间的**互换**"游戏"之中;与此同时,"代码"则是阐释规则集,它既可以成为讯息,也可以将另一条讯息置换到自身的位置上。

需要指出,洛特曼之所以在其一生中有过许多合著者,是因为他为人坦诚,易于共事,能够包容同行的观点(毕竟这方面的偏执者大有人在!),并且,同样重要的是,他也担心自己在所攻领域会有失偏颇。因此,他延请鲍·安·乌斯宾斯基合撰符号学和语言学方面的文章,而 20 世纪俄罗斯文学方面的文章则常与扎·格·明茨合撰,等等。这便保证了所得出结论的客观性、可靠性和可信度。

还应指出,洛特曼从**文本**和关于何为文本的理论思想出发,开启了其创作活

Зара,рассматривающая аттестат свого сына...
Картина известного русского мариниста
Ай-вай-зовского.

尤·米·洛特曼绘。1969 年是米沙中学毕业的年份。由维·亚和奥·米·马列维奇夫
妇提供。(所附文字为:"扎拉仔细打量着儿子毕业证书上的成绩⋯⋯俄国著名海景画家
哎吆歪佐夫斯基绘。"此处俄国著名海景画家的姓氏应为"艾瓦佐夫斯基〈И. К.
Айвазовский,1817—1900〉"。之所以将其中的"艾瓦"写作"哎吆歪",是因为儿子毕业证
书上的成绩都是 3 分,即"及格"。——译者)

动的结构—符号学阶段,随后逐渐转向**文化**,并以后者作为其主要研究对象。促
成这一转向的,是这位学者快速形成的关于文化的认识——亦即将文化视为文
本的集合,甚至视为一个统一的大型文本(诚然,在《作为其类型学特征的"文化
教化"问题》〈载第 5 卷《符号学》〉一文中,洛特曼区分了通过文本的集合来进行
教化的文化和传授文本创建规则的文化,但规则集毕竟也是一种文本,只不过是
元层次上的)。

仅就洛特曼的文本研究,也即文本理论的研究而言,其扛鼎之著、巅峰之作
当属《艺术文本的结构》一书。书中对先前的概念与定义作了进一步阐发(突出
了文本的主要特征——表达性、界限性和结构性;指出了文本外联系、文本的层
次性和文本接受者的作用),并对一些新的方面进行了详细分析;其中有两章尤

为重要,它们分别论述了聚合与组合之"轴"和构成问题。相较于1964年的第一本书,这两章在更高的符号学层次上对结构问题进行了更为详细的研究。

"聚合"一章以先前著作(指1964年那本书)中关于诗歌与散文,关于诗歌的音响、节奏、韵律、词形、词汇—语义等层面以及旋律构造、语义的那几节为基础,新增了几个部分;特别值得一提的是"诗歌的能量"一节。在上文已谈及的《论几个基本难题》一文中,洛特曼首次注意到了这个问题——即关注艺术文本中由"相距稍远的"(罗蒙诺索夫语)要素和概念在冲突碰撞时所产生张力的重要性:这些要素在其通常用法中彼此相距越远,它们的连接就越具有说服力、越有效。上述问题在新书中得到了更为详尽的阐发。它们也渗透到了其他章节,如"构成"。此章研究了两类情节——神话型情节(文本模拟整个世界的全域)和本事型情节(仅选取一段故事);而由于现代艺术往往力求兼用这两种类型,文本也就建立在二者间的结构张力之上。

"构成"一章拓展并深化了洛特曼先前的结构主义观,并注入了新思想。洛特曼正是在此章中详细研究了作为事件之总合的情节,而对事件则从空间—结构层面作出了界定:"文本中的事件就是人物跨越语义场边界的位移。"(第282页)同时,洛特曼又(依据弗·雅·普罗普的观点——神奇故事中有几种基本功能:英雄、帮助者和坏人)将人物界定为"结构功能的交集"(第290页)。

作者不是孤立地,而是在与其他人物的相关特征的功能性联系中,在二元(两两)对立中来研究人物的特性以及他们那变与不变的性格特征。例如,在普希金的《石客》中就可以区分出如下几组对立:第一场中的唐璜—列波雷洛,第二场中的唐卡洛斯—劳拉、唐璜—劳拉、唐璜—唐卡洛斯,等等(第306页)。奇怪的是,在进行这种分解时,洛特曼当时并未考虑三元或曰三三系统,如唐璜—劳拉—唐卡洛斯或唐璜—唐娜·安娜—骑士团长。他当时认为,任何三元结构都可以拆分为几组二元关系。我曾试图对他的绝对性论断提出异议,并举出三角恋——ménage à trois①——的例子,以证明其不可分解性,但洛特曼当即便将它分为三对:丈夫—妻子(家庭组),丈夫—情人(男子组),妻子—情人(恋人组);同

---

① 法语,意为"三角恋"。——译注

时，未列入这些对子的人也与之形成了二元对立：家人—客人，男子—女子，爱人者—不为人所爱者。当然，把三元结构视为一个复合整体要比建构六组对立更为容易，但一切都取决于方法和目的：电子计算机理论家会说，在二进制中，将数字 9 表示为四位数 1001 是非常方便的。洛特曼并不担心划分方法中的某种复杂的机械性以及人为性。后来，正如我们所看到的那样，他对三元结构的态度发生了完全的转变。

洛特曼在这本书中不断运用电影艺术的概念：景框、镜头、视点、景别、蒙太奇。这位研究者对电影理论的兴趣逐渐形成，并很快催生出一系列关于这一专题的论著。

由上可见，洛特曼主要关注的不是作为整体的文本问题，而是文本各部分的结构。正如我国其他符号学者一样，洛特曼学术研究的主攻领域并不是文本理论本身（这一点有别于，譬如说，波兰、捷克斯洛伐克和南斯拉夫的同行）。即便像《符号学与文本结构》(1973)那样重要的文集——此书是波兰（和俄罗斯）语文学者专为第七届国际斯拉夫学研究者大会而编撰的，洛特曼也只是作为两篇文化学文章的作者而参与其中的。

除了文艺学领域，文化学也成了洛特曼主要的学术兴趣所在。无怪乎在多部塔尔图的符号学文集中，洛特曼文章的研究重点就是文化学。似乎是对自己从事新领域研究头十年（即 60 年代）的工作做个总结，洛特曼在塔尔图大学的支持下出版了其两卷本《文化类型学文集》(第 1 卷，1970；第 2 卷，1973)，其中既有旧文，也有新作。

洛特曼继续一如既往地将文化理解为非遗传性信息及其存储、加工手段的总合。他引入了新的文化分类原则，并依据符号学概念，按照当时的方法，构建出一组组二元对立。这位学者选取了符号学的两个部分——语义学和语形学，并暂时将语用学搁置一旁（不过，它一直没有退场，因为洛特曼始终关注着文化文本的接受问题），继而划分出文化的两种类型：以能**替代**其他符号的符号为基础而形成的文化（语义原则），借助于符号的连接而形成的文化（语形原则）。于是便出现了四种样式：

1. 文化代码仅是一种语义组织。

2. 文化代码仅是一种语形组织。

3. 文化代码是一种旨在否定这两种组织，也即否定符号性的定位。

4. 文化代码是这两种组织的综合。①

接着，洛特曼通过历史例证，详细阐述了这四个类型中每一类的存在方式。第一类是富有象征和符号性的中世纪文化。第二类可以与彼得一世的改革联系起来：符号性相对减弱，实用主义兴起，每个人都作为一部分而从属于某一整体，时间的作用得以增强，巴洛克风格、音乐和建筑的节奏在艺术中占主导地位。第三类与启蒙运动有关，它否定了前世文化的多种价值。第四类则是现代欧洲文化中对各种类型的综合。

在两卷本的其他各章中，洛特曼又做了一系列基于文化二元对立的类别区分（也应用了自己的前期成果）：聚合类—组合类，空间类—时间类，以（时序意义上的）结束—起始为导向的类别，封闭类—开放类，以"我—他"体系与自我交际为导向的类别，以自我与他人为导向的类别。

而在《文化类型学文集》第 1 卷最后，作者又回到最一般的概念上来：他说，文化类型学只有在确定对文化进行描述的元语言后才有可能建立起来；接着，他讨论了创建元语言的主要原则。然而，值得注意的是，"元语言"类型学通常会被具体例子所弱化，而后者同样值得注意——如果不是更加值得注意的话。

对拉季舍夫《费奥多尔·瓦西里耶维奇·乌沙科夫行传》与车尔尼雪夫斯基《序言》（《列维茨基日记》），对荷马《伊利亚特》与俄罗斯壮士歌的异同比较，不仅表明新型分析方法论具有诸项优势，而且还基于"相距稍远"的事物所形成的连接关系，揭示出一些历史—文学性质的有趣真相。

总的来看，上述两卷集包含了类型学定义下的大量的具体分析。这种分析表明，洛特曼的研究领域在进一步扩大。此前，历史、宗教生活（就古代与中世纪而言）、社会—政治和哲学问题就已在其论著中发挥了不容小觑的作用。这些方面现在依然吸引着洛特曼，而在此基础上又增加了前人的生活习惯与日常行为。

---

① 尤·洛特曼：《文化类型学文集（第 1 卷）》，塔尔图，1970，第 14 页。本章中以下凡引自此二卷论集的文字，均在正文中以缩略形式标注其卷次及页码（如〈1〉，14）。

不仅如此,无论是上述诸领域还是所有形式的文学艺术,都是在复杂的相互关联之中,在历史的、类型学的视阈中加以考察的。

例如,"戏剧与19世纪初期文化体系中的戏剧性"一章(〈2〉,42—73)就融汇了一系列历史事件、戏剧史、众多国务及社会活动家(包括似乎"并不具有戏剧性的"亚历山大一世)行为方式的戏剧性、俄国贵族日常行为的社会—政治方面、对古希腊罗马的崇拜,呈现出当时俄国生活、俄国文化的鲜活的立体画面。书中的下一章"作为19世纪初叶人的文化行为编码装置的舞台与绘画"(〈2〉,74—89)就内容的多样性而言也大致相仿。

多层面的分析与以下要素密切相关,即语言的"克里奥尔化"①,不同"视点"、所研究材料的不同描述方式的运用——它们已成为洛特曼的基本学术原则。"文化具有一种在一定时期内以最具社会意义的那副面孔转向集体的特性。它能创造出可同时被多种代码所译解的文本。"(〈1〉,105)

而且,此处还强调了文化的灵活性——它为其自由变化提供了空隙、"间隙";同样重要的是,它也会产生一些破坏性倾向,而后者对于某些情况来说则是不可或缺的,譬如"对于富有活力的结构的运作而言,这一点可以通过以下事实加以证实:除了自我组织机制,每一种文化类型也都具有组织的自我瓦解机制。在某种动态平衡的条件下,这两种机制间的相互张力可以保证文化的正常运行。如果是前者占据了优势,则将导致系统的僵化,如果是后者——则会引起系统的崩溃。"(〈1〉,105)

洛特曼的一系列原创性符号学论著在整体上得到了学术界的积极反响,如果不包括上文提到过的米·米·巴赫金和阿·费·洛谢夫的批评意见。但一些具体分析引发了争议。其中,围绕洛特曼《论基辅时期世俗文本中"名望"(честь)与"荣誉"(слава)的对立》(《符号学》〈3〉,1967,第100—112页)一文而展开的创作之争或许是最为引人注目的了。作者在此文中确乎坚定地认为这两个概念互为对立。对于近世的人们而言,二者在某种程度上构成同义,但洛特曼认为,在基辅罗斯时代,二者绝非同一所指:"荣誉"是一种符号性的表征,它为公爵

---

① "克里奥尔化"指两种或更多语言的混合化。——译注

所有;"名望"则更具物质性,它与诸侯卫队所得到的物质奖励(或战利品)有关;《伊戈尔出征记》中"为自己寻求名望,为公爵寻求荣誉"这一表述便由此而来。18 世纪时,这两个概念才有所交集,"名望"甚至获得了更高的价值,不再具有物质属性;这也是《出征记》不可能成书于 18 世纪的又一佐证。

上述观点受到了莫斯科历史学者亚·亚·济明的质疑,众所周知,此人反对将《出征记》断代为 12 世纪(但也并非 18 世纪! 济明力挺的是 15 世纪)。在第 5 卷《符号学》中,洛特曼刊发了这位反对者的批评文章(第 464—468 页),并在其后附上了自己的回应(第 469—474 页)。济明以多种古代俄罗斯文本为依据所提出的异议可以归结为一点:否认对立说。他认为,这两个概念是相同的。洛特曼在回应中引证了新的史实,他列举了西欧中世纪骑士的世界图景的材料,并仍然坚持自己的看法。尽管济明所引用的一些文本也很有分量,但这位反对者终究未能找到任何可与《出征记》中那句重复了两次的表述(即关于为自己寻求名望,为公爵寻求荣誉的表述)相抗衡的证据。

在评述洛特曼"暑期学校"时期的符号学论著时,不能不提及他对前辈所予以的高度重视。

不言而喻,这位学者在其论著中多次征引了前辈们的撰作。教研室的《学术论丛》持续刊载先辈语文学者和文化学者的手稿文本,其中包括帕·亚·弗洛连斯基神父(《符号学》,〈3〉和〈5〉),鲍·伊·亚尔霍(《符号学》〈4〉),鲍·米·艾亨鲍姆、阿·马·谢利谢夫、作为批评家的鲍·列·帕斯捷尔纳克和鲍·维·托马舍夫斯基(《符号学》〈5〉),奥·米·弗赖登贝格和谢·伊·伯恩斯坦(《符号学》〈6〉),以及扬·穆卡尔若夫斯基(《符号学》〈7〉)的论著。

有数卷《符号学》都是谨献给杰出前辈的:第 4 卷——纪念尤·尼·特尼亚诺夫,第 5 卷——纪念弗·雅·普罗普,第 6 卷——庆贺米·米·巴赫金 75 寿辰,第 7 卷——纪念彼·格·博加特廖夫,第 8 卷——庆贺德·谢·利哈乔夫 70 寿辰,等等。

洛特曼那些年间的几乎所有著作也都谨献给了永志不忘的大学恩师:关于安德烈·凯萨罗夫的书(1958),如前所述,纪念的是尼·伊·莫尔多夫琴科;《普希金的诗体长篇小说〈叶甫盖尼·奥涅金〉》(1975)——纪念鲍·维·托马舍夫斯基,《亚·谢·普希金的长篇小说〈叶甫盖尼·奥涅金〉(注释)》(1980)——则纪念格·亚·古科夫斯基。洛特曼喜欢在其文化学论著中重复"文化即记忆"这句公式,他的研究实践也体现了这一原则。

如果说两卷本《文化类型学文集》是这位学者"暑期学校"时期符号学基本思想的集中体现,那么由"教育"出版社列宁格勒分社大量发行的洛特曼《诗歌文本分析:诗章结构》(1972)一书则应称为其结构主义文艺学的巅峰之作。此书的第一部分是这位塔尔图语文学者前两部结构主义著作的增订版,第二部分则分析了从巴丘什科夫到扎博洛茨基的俄国诗人的 12 篇具体作品。并非每篇分析都对内容层面和表达层面的所有层级面面俱到,但总的来说,该部分涉及了所有层级:思想内容,情节与构成,包括作者之"我"在内的人物体系,词汇,句式,词形,语音,诗段,格律,以及诗行的音响组织。

我们以论及亚·勃洛克诗歌《致安娜·阿赫玛托娃》的一节(第 223—234页)为例,来看一下洛特曼结构分析的基本原则。此节开篇是一段预先说明:关于文本外联系的内容——包括对两位诗人交往的传评以及文艺学性质的评述(指勃洛克对阿克梅派的态度),以下从略。然而,因与"西班牙"(卡门)和"意大利"相关的题材于那些年间(此诗写于 1913 年)的勃洛克而言是十分重要的,洛特曼也就无法对此避而不提。诗歌分析本身是从人物的称呼开始的:"我—你"的传统抒情模式在勃洛克笔下发生了变异,更具体的"您"取代了抽象的"你",这似乎将情感抒发与生活描写融合了起来;而"一个笼统的、面目不明的第三人称"则代替"我"而成了文本的载体。前两节含有不定人称的文本("有人对您说"),呈平行结构,但在内容上则呈对立关系:"美是可怕的"——"美是简单的"(女主人公似乎对两种论断都表示同意)。

这两节诗描绘出两幅象征性的画面:第一幅——可怕的美,西班牙披肩,发间的红玫瑰——代表西班牙和卡门;第二幅——简单,彩色披肩,笨拙地用它盖住的婴孩——令人联想起圣母,"集纯洁、淡静和母性于一身的童贞女",也即"意大利和拉斐尔前派①的绘画"。第三、四节则是女主人公的立场与面目不明的"他们"的两句话的比照。"与'他们'的争论并不是摒弃他们的观点,而是以此展现女主人公更多的复杂性,她身上兼容两种不同本质的能力":"我还没有那么可怕,以至于……""我也没有那么简单,以至于……"

对复杂世界的描绘与女主人公在前两节中的"女性气质与青春气息相矛盾"。洛特曼认为,此诗的作者在描摹女主人公的内心独白时,似乎也赋予了自己知晓"人物可能会说什么"的权利,从而将自己对世界、对其矛盾性和复杂性的观点也融入其中。

接下来是对此诗的音位分析,其分析显示出同样的复杂性,并展现出音位特征与内容恰恰是吻合的:第一节中的主音"a"被第二节中更为丰富多彩的带重音元音所取代(这与"彩色"的语义主位一致);第三节"朴实无华",既没有色彩,也没有主音;在第四节中,根据环形结构的原则,主音"a"回归了,但在这些元音所构成的严整行列中却楔入了一个异质的"ы"音("жизнь"②),它将前文中"您"(Вы)一词中的"ы"音与"生活"这一概念精巧地联系起来:"生活"在涵义上与女主人公相对立(可怕的不是"我",而是生活),但在语音上又与之相联。

辅音也被置于复杂的异同关系——"红色"(清音,辅音集中成组)和"彩色"(浊音,辅音中夹杂元音)这两个色彩空间的比照之中而加以考察。两组三元结构被凸显出来:美—可怕—红色和美—简单—彩色,它们的辅音配置亦与含义结构融为一体。

在结尾处得出如下分析结论:

> 卡门和圣母在勃洛克的抒情诗中是女性形象的不同类别,并且总是与抒情之"我"相对立,但无论是多情的尘世的存在还是高尚的天堂的存在,总归都是外部因素。诗人的形象在抒情诗中被认为是属于

---

① 拉斐尔前派,系19世纪英国的艺术团体,主要以中世纪历史和古老故事为创作背景。这一团体所创作的女性形象呈现唯美、忧郁的特点。——译注

② Жизнь(生活)一词中的字母 и 发[ы]音。——译注

"我"的内部世界,因此,"男性"/"女性"的标志对于该形象无关紧要(就像是对于莱蒙托夫的松树和棕榈一样)。这一形象非常复杂,已接近于勃洛克的抒情之"我"。

在我们所提及的链条中,女性独有的特征(在前两个环节中是被明显强调的)发生了弱化,同时也发生了女主人公从"我"之外部世界向内部世界的转移。

但环形结构所造成的情况是,对前两个环节的反驳并不意味着对它们的废除。女性的魅力和女主人公同作者的分离状态并未消失,只是与最后一节的综合性形象形成了结构上的一种张力。

文本构建的特殊性使勃洛克得以向读者传达出比单个词意义之和远为复杂的思想。

(第 233—234 页)

对艺术结构其余环节的关注则体现在其他部分中。例如,对康·巴丘什科夫、费·丘特切夫和马·茨维塔耶娃诗歌作品的分析侧重于节奏组织,对弗·马雅科夫斯基诗作——偏重韵脚,对亚·普希金——注重修辞格,而对尼·扎博洛茨基——特别注意具有"上—下"对立特征的空间结构(关于亚·勃洛克的那一节对此论题也略有涉及:那朵"红玫瑰"在第一节中簪在发间——似乎非常得意而又神气十足,在第二节中则蒙羞落在了地上)。

在关于尼·扎博罗茨基诗歌《过客》的那一节中,对一种手法进行了粗略解析,它接近于洛特曼后来提出并经常加以阐发的"负手法"。这里指的是省默,即对事件或地点的"隐瞒",不过其实在善于思考的读者的脑海中,它们会从背景和散见于作品的种种暗示中浮现出来的。在《过客》中,别列捷尔金诺这座以其"创作宫"和作家别墅而闻名的莫斯科近郊村庄就是被如此加密的:扎博洛茨基只是暗示性地提到,主人公从一列开往"纳拉站"的晚班火车上下来;过客穿过一片松树环绕的墓地,最边上有一座引人注目的飞行员墓穴,其"纪念碑"的顶上是一个螺旋桨。(在 1972 年那会儿,洛特曼对另一个"省默—暗示"也无法明言:扎博洛茨基的这首诗写于 1948 年,而在 1946 年,即经过了八年劳改和流放,这位饱受折磨的诗人才得以回到莫斯科。因此,这位一身朴素的"士兵"着装的过客,在"历经磨难"与"痛苦"之后,"惴惴不安地"徒步走向作家村——这些抒情性叙述都是自传性的。)

对这种"省默—暗示"手法最为精彩的分析要算是洛特曼后期探讨鲍·帕斯捷尔纳克《鸫》一诗的那篇文章了。该文发表在维也纳的一本文集中,后者出版于捷克杰出的俄罗斯语文学者米罗斯拉夫·德罗兹达教授 60 寿辰前夕(《维也纳斯拉夫学集刊》,第 14 卷,1984,第 13—16 页)。此人命途多舛,他于 1968 年被逐出布拉格查理大学。德罗兹达与塔尔图学者们保持着亲密的友谊,因此,洛特曼才选取帕斯捷尔纳克的诗歌《鸫》作为分析对象,来实现诙谐有趣的双关效果①。但分析是十分严肃的。在探讨其他方面的同时,洛特曼也阐述了省默这一论题。此诗同样写到了别列捷尔金诺,其形象在诗行间得到了准确的描绘。而对鸫鸟歌声那充满热情的描绘之后还附加了一句"土丘上是它们的村庄",这就指向了另一座,"人类居住"的村庄;与鸫鸟的居所恰恰相反的是,它被解释为外省的蕞尔小村:

> 偏僻的小车站上
> 一片午休时的静默。
> 路基旁的灌木丛中
> 黄鹂无精打采地唱着歌儿……

如此一来,这位作家——似乎是苏维埃作家——的世界,便与午休、静默和无精打采的歌声发生了关联……

洛特曼每一篇不长的分析都是一次学术发现。遗憾的是,这位学者未能就更为重要的作品写成更具规模的结构主义专著。他的所有此类文章都仅仅是为某些佳构所做的准备,只可惜,最终未能成书。但新路径分析的方法论和方法对洛特曼后续的创造性工作起到了很大的推进作用。

———————————

① 德罗兹达(Дрозда)这一姓氏与俄语词 дрозд(鸫)构成谐音。——译注

担任教研室主任(20 世纪 70 年代)

洛特曼一如既往地扑在教学工作上。他每周要讲 12—14 课时的大课,还要上实践课,指导学年论文、本科毕业论文以及越来越多的副博士学位论文。柳·尼·基谢廖娃经考据为我们留下了几份洛特曼的课程清单:"在塔尔图大学工作之初,尤·米·洛特曼曾讲授过多门不同类型的课程:俄国文学史发展历程,俄国新闻与批评史,中小学文学教学法,文艺学导论,文学理论。在 20 世纪 60 年代至 70 年代初,他常年开设 19 世纪中期以前的俄国文学通史(古俄罗斯文学,18 世纪文学,19 世纪初文学),文学理论,艺术文本分析。此外,尤·米·洛特曼每年还主持研讨课,并讲授专题课。他的个人档案显示,在 1962 年以前,他开设过以下专题课:拉季舍夫的创作;普希金创作的类型学;《叶甫盖尼·奥涅金》;普希金 19 世纪 30 年代的创作;十二月党人文学;文艺学分析的教学法与方法论。自 1968 年起他为俄罗斯语文学专业学生所开设的专题课,我们可以列出一份完整的清单:1968—1969 至 1969—1970 学年:果戈理的创作;1970—1971 学年:卡拉姆津的创作;1971—1972 学年:亚历山大一世时代的文化与生活习惯;1972—1973 学年:情节的结构;1973—1974 至 1974—1975 学年:十二月党人与俄国文学及文化;1973—1974 学年,四年级课程:普希金的创作;1975—1976 学年:诗体长篇小说《叶甫盖尼·奥涅金》;1976—1977 学年:创作型人格与自我意识的问题(普希金);1977—1978 学年:普希金时代俄国的生活方式与文化(日常生活风貌);1978—1979 学年:俄罗斯文化的模式;1979—1980 学年:卡拉姆津的创作,以及三年级课程:文本分析(莱蒙托夫的创作)。"①

---

① 柳·基谢廖娃:《尤·米·洛特曼在塔尔图大学的学术活动》,载《特格斯特斯拉夫研究》,第 4 期,的里雅斯特,1996,第 10 页。

洛特曼还像往常那样,高强度组织开展教研室的科研与教学活动。费·德·克列缅特离职(1971)后,扩充教师队伍就变得难多了,但在 20 世纪 70 年代,我们还是设法为安·爱·马尔茨与柳·尼·基谢廖娃(1974)、彼·赫·托罗普(1976)、伊·弗·杜舍奇金娜(1977)和伊·亚·阿夫拉梅茨(1979)争取到了名额。

1968 年,最高学位评定委员会批准系学术委员会有权组织文艺学学位论文答辩,这成了提升教研室学术地位的一项重大成就。教研室成员们此后就不必再向双都的学术委员会申请答辩,可以由本系自主进行。值得注意的是,进行答辩的前四位正是教研室的成员:瓦·伊·别祖博夫(1968,副博士学位论文,题目是关于列·安德烈耶夫的),彼·亚·鲁德涅夫(1969,副博士学位论文,题目是关于亚·勃洛克的),扎·格·明茨(1972,博士学位论文,也是关于亚·勃洛克的),以及帕·谢·赖夫曼(1972,博士学位论文,写的是 19 世纪 60 年代的期刊)。之后陆续有副博士研究生和教师通过论文答辩,这使得洛特曼学术圈中获得学位的人数不断增加:拉·阿·帕帕扬(1973,题为"俄国和亚美尼亚抒情诗"的副博士学位论文,导师为洛特曼),叶·弗·杜舍奇金娜(1973,题为"基辅编年史"的副博士学位论文,导师为德·谢·利哈乔夫),黑·达·莱梅茨(1974,题为"1830 年代俄国散文中的隐喻"的博士学位论文,导师为洛特曼),谢·根·伊萨科夫(1974,博士学位论文《俄国文学在 19 世纪的爱沙尼亚》),伊·阿·切尔诺夫(1975,题为"俄式巴洛克风格"的副博士学位论文,导师为洛特曼),亚·费·别洛乌索夫(1980,题为"波罗的海诸国俄族旧礼仪派民间创作"的副博士学位论文,导师为洛特曼)。

因为教研室已获得许可——每年(有时也会隔年)出版一般性的"学术论丛"(《俄罗斯和斯拉夫语文学论丛》)和《符号系统论丛》(《符号学》)各一卷,且该举措已成为一项优良传统,所以享有世界性声誉的两种出版物这会儿已很难封禁。更何况,后者还为爱沙尼亚带来了外汇收入:尽管不少外国大学通过交换学术产品的方式获取我们的出版物,但也有不少卷册是销售出去的。上级唯一可做的就是,根据莫斯科的什么指示,不准扩展版面,而这种扩充在此前的实践中是不可想象的:第 6 卷《符号学》(1973)足有 43 个统计出版印张(多篇文章我们都用小号字体排印,这样就节省了纸张:这一卷的"用纸量"为 35 页),第 7 卷(1975)则压缩到了 29 个印张("用纸量"为 19 页),后来只允许刊行篇幅不超过 10 个印张的卷册。《俄罗斯和斯拉夫语文学论丛》也是如此。但出版物总算还在出!诚然,书报检查上的困难也是有的——关于这一点下面还会谈及。

本科生学术会议和教研室座谈会(有时则以哲学研讨会的形式)照常定期举办,每次会议都有同事做学术报告。在 70 年代的此类会议上,洛特曼做过 18 次报告:

《研究方法与现代科学》(与塔·菲·穆尔尼科娃合作)——1971 年 12 月;

《戏剧与 19 世纪文化问题》——1972 年 1 月 10 日;

《从苏共中央关于文学批评任务的决议看现代文学理论问题》——1973 年 5 月;

《马列主义方法论与弗洛伊德主义问题》——1973 年 5 月 30 日;

《文化系统中个性的结构必要性问题》——1974 年 1 月 9 日;

《文本语用学》——1974 年 3 月 28 日;

《意识的不同类型》——1974 年 5 月 30 日;

《18 世纪民间文化的研究路径与方法》——1975 年 3 月 5 日;

《18 世纪俄罗斯文化中的"旧"与"新"》——1975 年 11 月 27 日;

《谈谈文本语用学》——1976 年 4 月 8 日;

《口语符号学问题》(与鲍·米·加斯帕罗夫合作)——1976 年 9 月 10 日;

《〈俄国佩勒姆〉与〈科佩金上尉的故事〉》①——1976 年 11 月 2 日;

《文化机制中离散性和非离散性的语言》——1977 年 1 月 8 日;

《苏联电影的理论基础》——1977 年 12 月;

《让·雅克·卢梭与民族学》——1978 年 12 月 2 日;

《现代文本诗学的若干问题》——1979 年 3 月 16 日;

---

① 《俄国佩勒姆》系普希金未完成的一部长篇小说,作为小说主人公名字的"佩勒姆"取自英国政治家、诗人、小说家和文学批评家爱德华·布威—利顿(1803—1873)的代表作《佩勒姆》(1828)。《科佩金上尉的故事》是果戈理小说《死魂灵》中的一个片段。——译注

《尤利西斯的地狱之旅》——1979 年 6 月 9 日；

《对普希金一个未付诸实施之创作构思的还原》——1980 年 10 月 14 日。

教研室召开名人纪念日座谈会的传统也得以赓续传承。这些座谈会往往会开成学术报告会，而且一开就是一两天。其中包括纪念费·米·陀思妥耶夫斯基诞辰 150 周年(1971 年 11 月 20—21 日)、尼·阿·涅克拉索夫诞辰 150 周年(1971 年 12 月 11—12 日)和亚·亚·勃洛克诞辰百年(1980 年 11 月 30 日)的会议。在上述第一场和最后一场会议上，洛特曼分别做了题为《陀思妥耶夫斯基与俄罗斯传奇故事》和《象征主义者眼中的词语》的报告。

系部和教研室的会议也继续举办。其最初几届会议可追溯至前几十年，即20 世纪五六十年代的教研室年度(总结性)学术座谈会、勃洛克专题会议、符号学研讨会和哲学研讨会。

洛特曼参加塔尔图以外学术会议的情况是一个特别的话题。遗憾的是，他既不写日记，也不留相关列表；而今已很难列出一份他所做报告和发言的完整清单。洛特曼的同学、友人法·谢·松金娜的日记帮了我一个大忙。她自 20 世纪50 年代起定居莫斯科，从 1968 年起，她几乎把洛特曼每次到访莫斯科及其公共演讲的相关事宜都一一记在了日记里(遗憾的是，并非所有记录都标有确切日期，也有多处未写明演讲题目)。法·谢·松金娜还补充了她所知道的洛特曼在其他城市的演讲。应我的请求，她编制了一份年表。对于洛特曼人物生平如此珍贵的这份资料能够得以保存，我深感庆幸。谨志于此，并致谢忱。

尤·米·洛特曼在莫斯科所做的报告

1968 年

1 月 25 日与 27 日之间。在谢·爱森斯坦周年纪念会上做报告。

1971 年

2 月 23 日。在苏联科学院历史研究所为历史材料研究者做关于史料学与符号学之联系的报告。

扎·格·明茨,1972 年。

2月24日。在莫·多列士外国语学院①为小范围的语言学者做专题介绍。

3月24日。与塔甘卡剧院导演尤·柳比莫夫讨论后者关于普希金的电影剧本。为剧本拟定了一个演绎普希金诗句"殷切期待着光荣和仁爱……"②的场景。

6月1日与3日之间。在艺术史研究所做报告。

1973年

4月25日。在国立普希金造型艺术博物馆纪念维佩尔③的学术报告会上做关于18世纪文化的报告。

4月27日。在列宁图书馆为全苏书刊出版登记局的图书学专家做《18世纪文化体系中的图书》专题介绍。

10月24日。在"学者之家"做题为"符号学与文化"的讲座。

1974年

4月12日。在彼得罗夫卡街的文学博物馆做报告《1830年代普希金创作的若干问题》(历史观、生与死、艺术、家庭生活及其他)。

4月19日。在同一地点为博物馆馆员做第二场报告,题为"文献内容的真实性与正确性"。

10月21日。在全苏科学技术情报研究所为语言学者做报告(题目与此前为列宁格勒航空仪表学院的控制论学者所做报告相同。他想在另一类听众中检验其想法)。

1975年

2月18日。在国立普希金造型艺术博物馆纪念德·亚·罗温斯基的会议上做报告《克雷洛夫的〈特鲁姆弗〉④与粗俗文学问题》。

---

① 莫·多列士外国语学院即今莫斯科国立语言大学。——译注
② 这是普希金《斯坦司》(1826)一诗的首句。——译注
③ 维佩尔(1888—1967),全名为鲍里斯·罗伯托维奇·维佩尔,苏联艺术史家、教育家、苏联美术研究院通讯院士。——译注
④ 《特鲁姆弗》是克雷洛夫1800年创作的滑稽悲剧。——译注

4 月 3 日或 7 日。参加莫大教研室主任研讨会(并做专题介绍)。

4 月 10 日。在莫斯科国立列宁师范学院为进修系的听众做关于文化学和符号学的讲座。

8 月 29 日。在苏联科学院阿·伊·贝格院士的控制论学术委员会做报告。

1976 年

1 月 27 日。在全苏科学技术情报研究所做报告。

3 月 25 日或 26 日。在斯拉夫学研究所纪念列夫津的学术报告会上做报告。

3 月。在国立普希金造型艺术博物馆做报告。

3 月。在彼得罗夫卡街的文学博物馆做关于俄罗斯中世纪的报告(用尤·米本人的话说,"利用巴赫金的思想作为出发点")。

5 月 13 日。参加由《文学问题》和《哲学问题》杂志编辑部联合举办的讨论会("圆桌会议")。主题为"文艺学与科技革命"。

1977 年

10 月 24—28 日。在苏联科学院斯拉夫学研究所的符号学会议上做报告。

1978 年

1 月 25 日。在"学者之家"做报告。

1 月 23 日。在国立普希金造型艺术博物馆纪念维佩尔的学术报告会上做报告《18—19 世纪初的行为戏剧性》。

1 月 27 日。在斯拉夫学研究所纪念列夫津的学术报告会上做关于卡拉姆津海外旅行的报告(论《一位俄国旅行者的书信》)。

7 月 24 日与 30 日之间。在普希金(纪念)博物馆做题为《普希金时代的生活习惯及其在文学中的反映》的报告。

1979 年

1 月 12 日。在莫大纪念维诺格拉多夫的学术报告会上做报告《〈叶甫盖尼·奥涅金〉的言语结构》。

维亚切·弗谢·伊万诺夫,谢·根·伊萨科夫,尤·米·洛特曼和瓦·索·巴耶夫斯基在瓦·索·巴耶夫斯基在国塔大的博士论文答辩会上,**1974** 年。由维亚切·弗谢·伊万诺夫提供。

　　10 月 1 日与 16 日之间。在《戏剧》杂志编辑部做报告《戏剧符号学》。

　　同上述日子。在文学博物馆做报告《传记与文化》(以普希金创作为素材)。

1980 年

11 月 19 日。在苏联科学院文化委员会做报告。

　　作为对这份清单的补充,我再引用一下法·谢·松金娜依据其日记编成的另一份附录:

　　1970 年 8 月。在莫斯科与风俗习惯问题研讨课的学生一同前往历史博物馆展品储藏室调研。参观 19 世纪初的时装和器具。

1971 年 8 月。与其研讨课学生一同在莫斯科调研。参观苏兹达利和弗拉基米尔、谢尔吉圣三一修道院及"库斯科沃"宫殿博物馆。在莫斯科诸档案馆调研。与彼·安·扎伊翁奇科夫斯基教授一同前往博罗季诺①。

1973 年 6 月 2 日。在此之前曾赴普斯科夫,并在普希金纪念活动上做报告。

1979 年 11 月 22 日。在斯摩棱斯克的学术会议上做报告。

10 月 31 日与 11 月 5 日之间。在格鲁吉亚的泰拉维参加符号学研讨会,与会者还有一些莫斯科学者,以数学研究者为主。12 月 15 日,莫斯科电视台播放了他谈论普希金的第一期节目。

遗憾的是,我未对洛特曼在列宁格勒所作的发言进行过汇总,只能列出其中的一小部分:

1969 年 3 月。为列宁格勒亚·伊·赫尔岑国立师范学院进修系的听众讲授亚·谢·普希金创作专题课。

1973 年 10 月。同上。

1975 年 11 月 18 日。在列宁格勒航空仪表学院控制论教研室做报告《人工智能与动态符号系统》。

1975 年 11 月 19 日。在普希金故居博物馆做报告《作为创作事实的普希金生平经历》。

1977 年 4 月 28 日。在俄罗斯文学研究所 18 世纪俄罗斯文学研

---

① 苏兹达利和弗拉基米尔是位于莫斯科东北方的两座古城。莫斯科州谢尔吉耶夫镇的谢尔吉圣三一修道院是俄国最著名的修道院之一。"库斯科沃"坐落于莫斯科东南部,曾是 18 世纪极为显赫的舍列梅捷夫家族的夏日行宫,苏联时期辟为公园和博物馆。博罗季诺系莫斯科州的一个村庄,1812 年,俄军与拿破仑率领的法军在此地发生了著名的博罗季诺会战。——译注

究小组做报告《卡拉姆津与法国大革命》。

　　1979 年 11 月 12—14 日。为亚·伊·赫尔岑国立师范学院进修系的听众讲授"19 世纪初俄罗斯文化中的'文本'与'读者'"专题课。

　　1980 年 5 月 30 日。做报告《〈叶甫盖尼·奥涅金〉中的作者叙述结构》(普希金故居博物馆)。

　　事实上,他在列宁格勒所作的发言几乎和在莫斯科的一样多。

　　如此丰富的论题、问题、新颖的解决方案和新方法使人们对洛特曼的报告和讲座产生了极大兴趣。年轻人通常会把教室和大厅挤得满满当当,同行们也都认真友善地倾听,但免不了会有人仇视创新,嫉妒别人的成就。这种嫉恨往往还会掺上一些政治底色,毕竟洛特曼的思想观念着实有些离经叛道。有关部门不仅对他,而且对塔尔图这个教研室的全体成员都警觉起来。

　　从 60 年代末起,无休无止的检查便开始了:管辖塔尔图大学的所有部委一个接一个地派来了委员会。以下是洛特曼 1972 年 4 月 28 日写给法·谢·松金娜信中的一段话:"我们这儿一切正常。整整半年内,各委员会纷至沓来,一个比一个更具权威性。他们的检查结果似乎十分令人满意,要是不把我的心脏病严重发作也算在内的话。不过,现在我已完全缓了过来。"(《书信集》,第 368 页)。

　　再引用洛特曼(1975 年 5 月)写给鲍·安·乌斯宾斯基的信中的一段话:"勃洛克专题会议刚刚闭幕,会上进行了充分而有趣的研讨,但也不是一帆风顺的。现在马上就要对我们教研室进行大检查了,估计要把我们弄得彻底不得安生。所以,我想闲一闲的希望看来又要落空了。"(《书信集》,第 561 页)。

　　国内的紧张形势和校领导对教研室令人不快的"关照"自然使大家的心灵和行动受到束缚,但青春的力量是不可战胜的,大伙儿都埋头于科研和教学工作,也尽量争取在晚上多聚一聚,像从前那样开玩笑,说些一语双关的俏皮话,进行有趣的猜字和谐音游戏表演。

　　"有关部门"对教研室(具体来说,就是对洛特曼一家)的压制态度以 1970 年 1 月克格勃的一次搜查为最甚。在此之前发生了这样一件事情:女诗人娜塔利娅·戈尔巴涅夫斯卡娅——走上红场抗议苏联 1968 年入侵捷克斯洛伐克的那批勇者之一——常来塔尔图拜访洛特曼一家,有一次甚至还留下了一大摞私自复制的打字稿。当然,有关部门都监视到了这一切;终于等来了揭发这两个难以对付的教授反苏行径的大好时机;于是便对洛特曼住宅开始了长达数小时的搜查。拉·伊·沃尔佩特的回忆录中这样写道:

"所以,这天我需要洛特曼收藏的一本什么书(他家当时住在卡斯塔尼街)。我在上午 11 点左右按响了门铃,是尤拉本人开的门,我惊讶地发现,满屋子都是陌生男子。'搜查!'这个词从我脑海里一闪而过。我们是'见过场面'的人,碰上这种直至搜查结束才放人出门的情况,我们理论上知道该怎么做。'我来给格里沙①上法语课。'我试图察看一下场景。'赶紧离开这里!'——尤拉压低嗓音说道。我这才明白过来,今时已不同往日:不仅准许他为访客开门,还能放我'一走了之'。我奔到教研室提醒安·马尔茨(如果有什么违禁品,赶紧处理掉),然后又飞速往家里赶(以销毁'私货')。我心情糟透了,一直提心吊胆:万一给他们找到了,那他们夫妇俩可怎么办,我们首先又该做些什么? 快到两点钟时,我实在受不了了:'我再去一趟吧?'帕维尔②点了点头。于是又重复了一遍,尤拉再次打开了门,门里还是同样的画面,只是他的眼睛完全发蓝了,声音也变得凶狠之极:'走开!'我只好再次撤退。我和帕维尔坐立不安,好不容易捱到了晚上六点。不一会儿,我们意识到——再也不能等下去了。帕维尔说:'走吧!'我们刚转过街角,就看见尤拉和扎拉匆匆向我们家赶来,他俩欢笑着,简直乐开了花儿:'他们什么也没找到! 详细情况等会儿再说;先吃点东西!'我们几乎撒腿跑了起来——也不知是哪来的力气。到了家里,我忙不迭地从冰箱里取出沙拉,但尤拉断然拒绝:'来点热乎的!'顷刻间就把热菜做好了,喝了些伏特加,就……打开了话匣子!

"原来,搜查是在两处住宅同时进行的(另一处位于海德曼尼街,那是不久前去世的'玛尼娅姑妈'的住宅,扎拉的双亲去世后姑妈简直成了她的母亲);他们找遍了所有角落,但什么也没找到。在搜查过程中,有一个时刻使得尤拉的紧张程度达到了顶点,简直吓得他魂飞魄散,就像在一篇精心编写的侦探故事中,情

---

① 格里沙即洛特曼的次子格里戈里。——译注
② 帕维尔即帕维尔·赖夫曼,沃尔佩特之夫。——译注

节达到了高潮。屋里是有禁书的！它就藏在起居室高高的火炉顶上的一个凹槽里（尤拉为自己的机灵——选中这么一个'隐匿处'——而扬扬得意，可我们后来才得知，在那个地方藏东西的大有人在）。他们从底层的搁架上开始翻检出版物（这样更方便些），起初每本书都检查得很仔细。他们往上逐层检查，越爬越高。可以想象尤拉怀着怎样的心情注视着他们的不断爬升。眼看他们就要对火炉的'全景'一览无遗了。这一时刻越来越近，似乎注定就要降临。就差那么一点点儿的时候，看来是因为失去了信心，再加上十分疲惫（一大早就开始'干活儿'），末了他们竟'马虎起来'，没去查看最上面的搁架。就是这么走运！鉴于此，其他任何令人不快的小事都不足为道。他们还是抄走了一些看似可疑的书，好像'无意中'碰翻了打字机，并以'修理'为由把它拿走了（显然是为了核验字型）。结局也颇有戏剧性：'带队的'（检察院的侦查员）忽然从书桌抽屉里取出一只可疑的布包，解开一看，里面是一大堆卫国战争期间的战斗勋章和奖章。'您这是哪儿来的？'他冷冷地问道。'我偷来的。'尤拉答道。随着爆料出越来越多的新细节，我们为此生第一次遇到的'盘查'而开怀大笑，尽管一切都有可能急转直下。

"搜查之后，卡斯塔尼街住宅的窗下就一直停有一辆内务部的汽车看守着。我们猜想：可能是为了监听，也可能是为了跟踪，还有可能是为了让我们大家不要失去敬畏上帝之心。每晚我们四人出门散步时，它就像一辆庄严的护卫车似的跟着我们。尽管我们对此并不感到怎么高兴，但我们尽力打起精神，故意高声说笑，并竭力表现出一副放达不羁的样子。但我们在家里的言谈举止还是有所变化：两处住宅里的'叛逆性'对话只在'纸上'进行（阅后即焚），家里的电话用枕头压住了，我房间里炉子通风口的小洞也仔细察看过了，我们已变得加倍小心。也就是说，他们至少达到了一个目的：让我们对上帝产生了某种敬畏。但我们坚持不懈地继续搜罗煽动性文献。"（《维什戈罗德》，1998，第3期，第180—182页）

说来有趣，就在这次搜查之前发生过一则可笑的小插曲，被列·瑙·斯托洛维奇称为"一个预言性的笑话"。我们不妨从他的回忆录中引用一下相关片段。此处列昂尼德·瑙莫维奇讲述的是，为了提醒洛特曼不要忘记给一位同事回复稿件，他便登门拜访："他当时住在卡斯塔尼街。我在那儿碰到了鲍里斯·安德烈耶维奇·乌斯宾斯基和亚历山大·莫伊谢耶维奇·皮亚季戈尔斯基。我们四人一道出了屋子,走在卡斯塔尼街上,我问道:'尤里·米哈伊洛维奇,您读完克留科夫斯基的论文提纲了吗?''您知道吗,那篇东西我找不到。'这时,鲍里斯·安德烈耶维奇帮解了围:'我回家找找看。尤里·米哈伊洛维奇在给我寄信时,通常会随手把什么都塞进去。'尤里·米哈伊洛维奇则略带歉意地说:'杂乱无章,真是杂乱无章,什么东西都找不着。要不,请人来搜查一遍。'于是大家——皮亚季戈尔斯基,乌斯宾斯基,还有我都笑了。的确是这样,不把家里翻个底朝天就甭想找到东西。谁承想,没过多久果真被搜查了。就是这么个令人伤感的笑话。

"尤里·米哈伊洛维奇并未参与异见者运动,但他为人特别善良,且富有同情心;在瓦尔格梅察①,娜塔利娅·戈尔巴涅夫斯卡娅的儿子整个夏天都在洛特曼家里,与他的孩子们住在一起。娜塔利娅·戈尔巴涅夫斯卡娅本人也来过塔尔图。尤里·米哈伊洛维奇看到别人有难时,就会同情并帮助他们。当然,并不是所有人都乐于见到这一点。其实,戈尔巴涅夫斯卡娅正是这次遭到搜查的原因。形势越来越紧张,但他的勇气——我甚至可以说是像军人一样的勇气,却在这种情形下凸显出来。他未作任何妥协!"(《维什戈罗德》,1998,第 3 期,第 160—162 页)

当然,经过这场无果的搜查,再对教研室的政治面貌进行挑刺,就很难了;而要对授课质量和教研室成员们出色的学术活动挑刺找碴,那就更难了。检查委员会给出的结论还算比较体面;不过,还是找出了与文档保存相关的一些毛病(确实,无论是洛特曼还是助理们,当时在奉行官僚秩序方面——譬如将举办活动记录在案,整理归拢教研室收到的公文、函件,等——都不太注意)。更重要的是,他们对专题课和学生论文——学年论文和毕业论文的选题指指点点,说其中几乎未见经过核准的苏联作家和派别的名字及相关论题,相反,过多出现了"颓废派"的名字。以洛特曼为首的教研室成员有时还会打打擦边球。布拉格查理大学俄国文学教研室主任米罗斯拉夫·德罗兹达遭到开除后,洛特曼在《早期帕斯捷尔纳克的诗歌与文本结构研究的几个问题》(《符号学》〈4〉,1969)一文中特地做了一个附注:"米·德罗兹达教授在一系列论著中指出了语义单元并列原则

---

① 瓦尔格梅察村位于爱沙尼亚东南部,常有文艺界人士在此度假。——译注

在俄国未来主义诗学中的特殊作用。"(第 232 页)扎·格·明茨在同年——1969
年出版了四卷本专著《亚历山大·勃洛克的抒情诗》(塔大出版社)中的第二卷,
她将此卷献给了"我的捷克友人"(这行手写体捷克语印在扉二上的爱沙尼亚语
书名下方)。

　　冰冻三尺非一日之寒。教研室在人事问题上受到了越来越大的压力(如前
所述,失去了克列缅特的支持,想要争取到新的教职岗位、保住原有的数量都变
得非常困难),《学术论丛》也遭到了书报检查机构的种种限制。

　　新任校长阿·科普显然并非愚钝之人,他明白,已获得世界声誉的教研室学
术活动实非等闲之事,且它还能给学校带来荣耀;于是,只要举办的活动他认为
是安全的,他也会为教研室提供帮助。但让他大为光火的是,教研室成员们不断
生事,这更加引起了克格勃的注意,他因而越来越恼火,便对洛特曼大加斥责,还
爆粗口。洛特曼也实在忍无可忍。以下是他 1977 年 1 月 26 日写给我信中的一
个片段:"我们这儿的情况如下:两周前我提交了免除我教研室主任的申请——
根本就无法和我们的新任校领导共事(对于赤裸裸的无礼言行,我已不想再忍受
了;费奥多尔·德米特里耶维奇在任时的那种风格如今已荡然无存)。我想,他
们反正也已经想好并决定要开除我了,而对我来说,和他们接触得越少就越好。"
(《书信集》,第 267 页)。

　　洛特曼正式担任 17 年的主任一职就这样以悲剧结束了,尽管直至去世前,
他还实际主持着教研室的工作。还发生过一起事故。1980 年,进行例行检查的
某个委员会得出结论,认定教研室里"裙带关系"太多。

　　最容易被人抓住把柄的是,居然有两对夫妇:洛特曼和扎·格·明茨,帕·
谢·赖夫曼和拉·伊·沃尔佩特。尤其是第一对:可不,洛特曼也在教研室"管
着"他的妻子,而且一管就是好多年! 好在洛特曼已从主任位子上退了下来。于
是,有人建议学校杜绝裙带关系,具体而言,要从这两对夫妇中各调一人至其他
部门。也就是在那一年——1980 年,爱沙尼亚语文学专业成立了一个单独的外
国文学教研室,文学理论课程也交由其承担;洛特曼和拉·伊·沃尔佩特就被调
了过去。"在法律上",他们的专业方向完全属于教研室的课题范围:洛特曼的理
论兴趣当然是适宜的,而拉里莎·伊利英尼奇娜教的正是外国文学课程。但加

入那个教研室仅仅是形式而已,两位教师在俄罗斯语文学专业承担的工作量已
处于饱和状态,他们一如既往地觉得自己就是俄国文学教研室的人。但针对某
些潜在的不怀好意者,这倒成了强调自己已置身事外的绝佳理由⋯⋯

因此,洛特曼辞去教研室主任一职并调职爱沙尼亚语文学专业,这只是例行
公事,实际上洛特曼仍是这个教研室的人,且是掌门人。但也得考虑推谁出来正
式担任主任的职务。在教研室受到打压的严峻条件下,没人愿意自讨苦吃。好
不容易说服了瓦列里·伊万诺维奇·别祖博夫,于是他勇敢地挑起了这副重担。

但压制并未得到缓解,各种检查委员会一直弄得教研室成员们不堪其扰。
洛特曼在给我的信中(1979 年 11 月)写道:

"我们这儿是一大'热点'。莫斯科的一个部属委员会正在行使职能,他们名
义上是来调研俄语情况的,但实际上却对我们教研室的思想罪展开了深挖。

"情况非常紧张,目前尚不清楚将如何收场。"(《书信集》,第 285 页)

以下是 1979 年 12 月 3 日的来信:"起初一切都相当不愉快,恶意和偏见甚
至都不加掩饰,但双方最终相互妥协了,家里似乎也恢复了平静。但是,就像《黑
桃皇后》里唱的那样,'付出了多大的代价! 啊,三张牌,三张牌,三张牌⋯⋯'①
我们大家都被折磨得够呛。我们家的朋友瓦列里看起来好吓人——他独自承受
了多次争吵与和解的全部重负,而扎拉也因莫名其妙地发病而倒下了。但这会
儿大家又都已缓了过来,并且相对比较健康。"(《书信集》,第 285 页)

骄横的恶语相向和霸凌行为使教研室的科教人员付出了高昂的代价:洛特
曼和扎·格·明茨的心脏病发作并非孤例,在最后一个委员会来此调查期间,
帕·谢·赖夫曼也因重度心肌梗死而卧床不起。而心思细腻的瓦·伊·别祖博
夫的神经系统在担任主任的头几个月里就严重受损,以至于他一直处于巨大的
心理压力之下。三年后的 1980 年,他不得不辞去了主任一职。于是又开始了新
一轮说服工作,这次轮到了谢尔盖·根纳季耶维奇·伊萨科夫。他当时已是博
士和教授了,实在不好推脱,也就答应了下来。

---

① 这里引用的是柴可夫斯基歌剧《黑桃皇后》中的歌词。此歌剧改编自普希金的同名
小说。——译注

关于普希金的论著

  国内的普希金学是我们语文学中最突出的基础性和创新性方向之一。

  谢·阿·温格罗夫、尤·尼·特尼亚诺夫、帕·叶·晓戈列夫、鲍·利·莫扎列夫斯基、姆·亚·和塔·格·齐亚洛夫斯基夫妇、尤·格·奥克斯曼、谢·米·邦季、鲍·维·托马舍夫斯基、格·亚·古科夫斯基和其他众多普希金研究者的名字并不仅仅为文艺学者们所知。1966年,俄罗斯文学研究所("普希金之家")的研究员们推出了一部颇具分量的著作《普希金:研究总结与问题》,书中列出了几百位普希金创作研究者的名字。洛特曼步入的可不是一个空荡荡的房间,而是一所人满为患的住宅,这里新人似乎已无缘获得重要位子;他们在前辈林立的这片空间里,似乎只能缩在墙角里小打小闹。但这位青年学者却勇于跻身普希金学核心区域,在这里提出了不少新见解;不过,他同时也占据了几处引人注目的"角落"。他成年后的整个人生都与普希金联系在一起。

  洛特曼很早就开始研究普希金的创作——还是在20世纪50年代末,当时他还在钻研拉季舍夫和卡拉姆津。洛特曼发表于1960年的文章《长篇小说〈叶甫盖尼·奥涅金〉中性格建构的演化》(关于此文我们在前面已经谈及)成了他对普希金学所作的第一份贡献,也就是被鲍·维·托马舍夫斯基收录于其主编的文集《普希金·研究与资料》(第3卷)中的那篇文章,这位杰出的普希金研究者本来打算就此文的观点发表反驳意见,可惜却未能等到那一天:文集问世时,他已去世,此书便成了他的纪念文集。

  洛特曼根据自己当时采用的那套方法论,详细而历史地考察了普希金的艺术原则在构建小说人物性格时的发展变化——从前十二月党思想对诗人的影响,到米哈伊洛夫斯克①流放后普希金的观念:其时,他塑造了"时代之子"的形象,即在时代精神中成长起来的主人公。这类主人公与另一类更为重要的形象(后期的塔季扬娜)相对立:后者建立在源自民间生活的"道德—心理"特征之上(洛特曼当时既未谈及巴赫金的"长远时间",也未直接提及永恒的道德基础)。

在洛特曼之前,格·亚·古科夫斯基不仅在列大所授课程中,而且在生前未能见到其面世的《普希金与现实主义风格问题》(莫斯科,1957)一书中都对艺术形象受制于社会—政治条件(环境决定人之本质)这一方法论作了详细阐述。古科夫斯基对叶甫盖尼·奥涅金受到的社会制约作了生搬硬套的解释(尽管他也提出了一些补充说明),并本着这一精神对塔季扬娜·拉林娜的形象同样作了生硬的解读,不过,他将"社会性"拓展到了俄罗斯乡村、民间诗歌和奶娘的影响。洛特曼当时就已开始领悟到此类阐释的偏狭,但他尚未彻底抛弃"环境—人"的刻板模式,更不敢同敬爱的导师唱反调。因此,他的批评听起来有礼有节。开篇是对古科夫斯基的溢美之词,他称后者"非常精辟地分析了……""正如他所精辟指出的那样……",此后才过渡到对观点的修正:"通过材料分析,可以得出几点略为不同的结论:构成小说第一章形象基础的,并不是环境的社会特征,而是对主人公的智力—政治⟨……⟩评价。""将社会环境理解为决定一个人性格的因素——普希金在这些年间还完全没有这种观念。冲突的基础并不在于诸形象的社会对立,而在于其心理对立。"②洛特曼后来在关于果戈理的几篇文章中(见下一章)与古科夫斯基继续进行争论。

在文章结尾处,洛特曼在论及这部诗体小说之后(即普希金19世纪30年代)的创作时,指出了作家的转向——将两个不同时代的代表(《黑桃皇后》中的格尔曼—伯爵夫人),或两个不同社会群体的代表(《上尉的女儿》中的格里尼奥夫—普加乔夫)加以对立,并再度或多或少地暗示出其边界的"模糊"。

这篇关于《叶甫盖尼·奥涅金》的早期论文和业已提及的那两篇1962年的

---

① 米哈伊洛夫斯克村位于普斯科夫省,是普希金母亲名下的庄园。1824年8月至1826年9月,普希金曾流放至此。——译注

② 《普希金·研究与资料》,莫斯科—列宁格勒,1960,第3卷,第140、150页。

文章(严格的社会—政治等级在其中已开始"模糊")——关于"托尔斯泰流派"和
《上尉的女儿》的文章——都含有一些新颖的想法,但它们在方法论上仍然属于
洛特曼创作的前符号学时期。其新阶段则是从《〈叶甫盖尼·奥涅金〉的艺术结
构》一文(《塔大学术论丛》,第 184 卷,1966)开始的。

　　此文似乎践行了洛特曼 60 年代中期提出的文艺学结构主义的理论原理。
文中考察了普希金所发现的"艺术视点"的多样性"扩散"——它被普希金广泛运
用于小说中,以作为对古典主义和浪漫主义作品中严格限定于单一中心"视点"
的反拨;多样性"扩散"营造出一种现实世界似的幻觉,它带有后者的某些混乱
性、断裂性,且可以破坏先前的结构,继而创造出新的结构。洛特曼也无法忘怀
他所钟爱的"反转":塔季扬娜通过她所熟知的西欧小说的棱镜来认识奥涅金的
性格,因此,她那"浪漫主义的"世界模式被构建为一个"颠倒的体系":所采用的
原则并非"艺术再现生活",而是"生活再现艺术"。

　　这位研究者还广泛运用了二元对立,如在展现普希金小说创作过程中的思
想—艺术原则的演变时——而在这一过程中,作家对文学性格之本质的认识发
生了变化。洛特曼将《性格建构的演化》(1960)一文中的思想加以系统化、结构
化,构建起清晰的图式——他划分出构建奥涅金基本特征体系的五个阶段。由
于小说中存在着对立的主人公及品质,这五个阶段便体现得尤为明显:

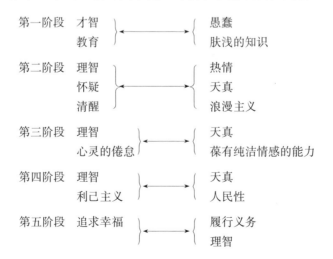

第一阶段　才智　　　　　　　愚蠢
　　　　　教育　　　　　　　肤浅的知识

第二阶段　理智　　　　　　　热情
　　　　　怀疑　　　　　　　天真
　　　　　清醒　　　　　　　浪漫主义

第三阶段　理智　　　　　　　天真
　　　　　心灵的倦怠　　　　葆有纯洁情感的能力

第四阶段　理智　　　　　　　天真
　　　　　利己主义　　　　　人民性

第五阶段　追求幸福　　　　　履行义务
　　　　　　　　　　　　　　理智

洛特曼寄希望于读者的理解力,而未对图式作出解释,其实也的确不难理解,奥涅金在每个阶段都有不同的"对立者":

第一阶段:"接近十二月党人的"典范人物—奥涅金;

第二阶段:奥涅金—连斯基;

第三、四阶段:奥涅金—塔季扬娜(前七章);

第五阶段:奥涅金—塔季扬娜(第八章)。

在所有这些定性描述中,具有主导作用的皆为人物的**关系和功能**。可以看出,它们实则是动态的,不仅有各阶段的动态性,还有对立者被更换的动态性。洛特曼强调,他仅举出了主要的几组对立,实际上其数量远不止于此;这种无穷性,创建新的对应及对立关系的潜在可能,则可转化为小说的整体开放性和情节层面总体上的未完成性。

与《叶甫盖尼·奥涅金》作者的创作相关的一些观点,在洛特曼关于普希金的三部主要著作中得到了进一步阐发:《普希金的诗体长篇小说〈叶甫盖尼·奥涅金〉(专题课程·文本研究导论讲义)》(1975),《亚·谢·普希金的长篇小说〈叶甫盖尼·奥涅金〉(注释·教师用书)》(1980;1983 年第二版),《亚历山大·谢尔盖耶维奇·普希金:作家传记(学生用书)》(1981;1982 年第二次印刷,1983 年第二版)。第一本书由塔尔图大学出版,只印了 500 册;列宁格勒"教育"出版社发行的后两本书则印数空前:《传记》——100 万册,《注释》——55 万册。

上述三本书中的第一本是对已经提及的《〈叶甫盖尼·奥涅金〉的艺术结构》一文的扩充和增补。人物的对立在此得到了更为详尽的探讨:"各章是根据两两对立的体系而构建的:

奥涅金—彼得堡社会

奥涅金—作者

奥涅金—连斯基

奥涅金—地主们

奥涅金—塔季扬娜(第三—四章)

奥涅金—塔季扬娜(在塔季扬娜梦中)

奥涅金—扎列茨基

奥涅金的书房—塔季扬娜

奥涅金—塔季扬娜(在彼得堡)。〈……〉塔季扬娜也拥有不逊于奥涅金的对立体系:

塔季扬娜—奥莉加

塔季扬娜—拉林一家

塔季扬娜—女伴们

塔季扬娜—奶娘

塔季扬娜—奥涅金(第三—四章)

塔季扬娜—奥涅金(在塔季扬娜梦中)

塔季扬娜—奥涅金的书房

塔季扬娜—作者

塔季扬娜—莫斯科社会

塔季扬娜—'一群在档案处供职的青年'

塔季扬娜—维亚泽姆斯基

塔季扬娜—彼得堡上流社会

塔季扬娜—尼娜·沃龙斯卡娅①

塔季扬娜—奥涅金(在彼得堡)。

值得注意的是,塔季扬娜的丈夫从未作为一个与她相比照的人物而出现——他只不过是一种人格化了的情节环境因素。

这种构建法(尼·伊·莫尔多夫琴科称之为'侧面法')将每种性格都归结为诸种差异性特征的组合。小说中对主人公的直接评价和描写少之又少(仅有的那些基本集于次要人物:扎列茨基被描写得比奥涅金更为详细,奥莉加与塔季扬娜相比也是如此;对奥莉加的肖像作了细致入微的刻画,而奥涅金的肖像描写则告阙如)。"(第77—78页)

尼·伊·莫尔多夫琴科所提出的"侧面法",即人物时而面临这个"对立者",时而又面临那个"对立者",被洛特曼发展为一种结构主义方法的差异性特征组

---

① 尼娜·沃龙斯卡娅是诗体小说中的彼得堡贵妇。——译注

合。所谓差异性特征,就是其中的任何一个都有与之对立的相反特征,但与此同时,对立本身又能在更高的(元)层次上将两个相反要素结合起来;例如,"奥涅金—连斯基"这组对立就被"朋友—贵族青年"的概念结为一体。

较之于单篇论文,关于"视点"和语调这两节的内容得到了扩充。作者详细分析了各个层面上根本性的突出矛盾——从生活细节(例如,第三章中提到,塔季扬娜的书信保存在小说作者处,第八章中则又说,信件在奥涅金处)到最重要的结构特征:小说既是完整的,同时又是片段式的,既是完成的,又是未完成的;小说中的简化通过繁化而实现,典型性与偶发性互为关联。不仅如此,洛特曼还力图经常不断地展示情节、人物、艺术原则的演进和发展,因此,他才对运动、脉动和各种元素的"闪烁"谈得如此之多——仿佛摆在我们眼前的不是一部凝固于历史之中的作品,而是一个生命体;事实正是如此,真正的艺术永远不会死去,真正的艺术会成为生活本身,并对社会生活产生影响。值得注意的是,结构主义分析并不会"杀死"艺术,不会如解剖尸体一般肢解它;相反,它有助于将艺术理解为一种活的生命,一种审美的起因。

第二本书——关于《叶甫盖尼·奥涅金》的注解,对于理解普希金的这部小说极为重要。毕竟每一代人都生活在特定的时代、民族、社会和区域的文化世界中,他们都面临如何接受和创造的问题,其对象包括精神价值、行为准则和家庭用品,这其中远非全部都长久为后世所传;况且,发生变化的文化语境还会对它们作出全然不同的解读并加以运用,更何况某个时代的人总是倾向于认为,他们的精神和物质文化也是前辈们所拥有的。因此,在描绘过去的生活,甚至是不久前的生活的艺术作品中,才会出现如此之多的时代错误。(可以举一个我亲历的例子:我曾收到过一个儿时伙伴的来信,在法西斯1942年占领库尔斯克州期间,年少的他就不得不在铁路上做活儿。他在一部好片子——阿·格尔曼的《途中考验》所表现的沦陷期间的火车画面中发现了十余处严重错误,尽管格尔曼极力追求历史的真相,甚至是种种细节)。

另一方面,诸多精神和物质文化产品因其平淡无奇、刻板乏味通常不会被同时代人记载于书面和印刷文本,便有可能因此而永远湮没在历史记忆之中。例如,研究古罗斯历史的学者便无从得知,我们的先人是否腌制黄瓜。

在这种背景下,现实主义作品在本质上就充盈着具有精神性和物质性的文化实在。确实是"充盈着",但首先,在新的历史语境下,许多文化实在都被遗忘或被误解;其次,现实主义作家基于其同时代读者对周围环境十分熟悉,便对非常之多的普通现象都"忽略不计",抑或仅止于暗示,而能够看懂这些暗示的,同样也只有一部分同时代人。后辈读者则会陷入困难的境地。在被移入另一种历史环境或民族环境时,"丢失"情况最严重的恰恰是现实主义作品。例如,在西欧文化中(其行政结构中亦是如此)并不存在具有俄国特色的"官级(чин)"概念——其独特含义是在彼得一世之后,尤其是在尼古拉一世时代获得的。这使得外国读者难以理解果戈理创作的特性,以及《鼻子》中的幻象性等问题。还可以再举一例:从未去过克里米亚或摩尔多维亚的读者可以恰当地、没有障碍地理解《巴赫奇萨拉伊的喷泉》或《茨冈人》①,但从未去过彼得堡的人却不可能真正理解《青铜骑士》和陀思妥耶夫斯基的《白夜》《罪与罚》。

因此,正是现实主义作品才需要作专门注释——不仅是词汇方面的,还包括文本背后的生活特征。这种注释无法附着于某一诗行,而需扩展为完整性概述。迄今唯一已知的此类尝试,是"学园"出版社于1934年以单行本形式(第3卷)出版的古·施佩特对《匹克威克外传》的精彩注释。然而,这种尝试后来就销声匿迹了,逐行注释实际上就成了此类出版物的唯一选项。比如,尼·列·布罗茨基的《〈叶甫盖尼·奥涅金〉:亚·谢·普希金的长篇小说(中学教师用书)》一书就是这样写成的;此书产生了积极影响,出了五版(1932—1964),但以目前的多种尺度来衡量,它已经过时。

洛特曼提出的解决办法是,在进行逐行注释和词义注解之前,首先勾勒出奥涅金那个时代生活的总体画卷。这一方案所依据的便是可靠的历史先例。但是,两部著作之间也有一定的差异。这既是由于《叶甫盖尼·奥涅金》与《匹克威克外传》的不同,也是缘于两部注释在目标上的差别。施佩特的注释主要是历史—风俗方面的;洛特曼的注释虽然也包含了关于时代习俗的信息,但仍以建立

---

① 《巴赫奇萨拉伊的喷泉》和《茨冈人》均为普希金写于南方流放时期的叙事诗。——译注

一种宏阔的历史—文化视角为主要目的。

"奥涅金时代的贵族日常生活概述"在书中约占 100 页。这一部分以大量的、照例是新鲜的、以往未被用于此目的的材料为基础,阐述了贵族的经济、教育、公务、女子教育、庄园住宅的布局与内部装饰、首都与外省的日常生活、娱乐、邮政服务等问题。然而,上述全部材料都与精神世界和思想道德观念密切相关。例如,书中详述了俄式决斗的规范与规则。作者充分地证明了,如若不了解这一问题中诸多具体而相当细微的方面,也就无法理解小说中的整个决斗情节,或者更糟糕的是,还可能做出错误的理解。

对决斗规则的介绍则被作者纳入了更为宽泛的话题——奥涅金所处环境中人们的行为规范,荣誉概念的复杂性。不了解这一切,读者便无从理解决斗的过程和意义(当下的读者往往倾向于将决斗视作单纯的杀人行为,这倒与从彼得一世直到尼古拉·帕夫洛维奇①时代的政府立场不谋而合)。作者也同样向我们介绍了舞会的日常面貌,并同时揭示出舞会作为一种特殊文化仪式的本质——对那一时代的贵族生活具有组织性功能。书中这一概述部分的目的在于将读者引入普希金笔下主人公的世界,并从内部来展现这一世界。(顺便指出,上述这部分内容为洛特曼去世前不久完成的书稿《漫谈俄罗斯文化:俄国贵族的日常生活与传统习俗(18—19 世纪初)》奠定了基础,这部力著 1994 年由"艺术—圣彼得堡"出版社出版)。

在构成注释本的两大板块中,第二板块——直接进行的逐行注释和词义注解——所占篇幅远大于第一板块,是后者的三倍。正如洛特曼所指出的那样,普希金在小说叙述中写入了大量的实际事物,这表明它们的作用非常重要;因此,如果对其缺乏了解,也就不可能理解文本。所以,书中对实际事物的注释在篇幅上远超于迄今为止所出版的所有注释本。

另一方面,《叶甫盖尼·奥涅金》又是一部具有复杂文本结构的作品:暗示,用典,或明或暗的引用,从抒情、激越到讽刺、挖苦的所有意味——这些都构成了普希金诗体长篇小说的底色。作者与读者的不间断"游戏",即对随意"闲谈"(普

---

① 尼古拉·帕夫洛维奇即沙皇尼古拉一世。——译注

希金语)的模仿,实际上却是作者的精妙高明之笔,它令不愿对文本浅尝辄止的用心读者认真思索小说的诗句。普希金诗句的轻快活泼和看似"易懂"的特色本身,加之我们对其自幼便已熟记这一事实,都有可能成为误读误解的根源。

　　因此,洛特曼对各种复杂交错的因素——贯穿于整部小说的联想和暗示,论战性的引文和典故,讽刺性的借用,以及将《叶甫盖尼·奥涅金》的内容和形式纳入世界文化的大语境的一切——远比所有前人都揭示得更为详细。

尤·米·洛特曼绘。兔子是扎拉,刺猬是尤尔米赫。1973(?)年 8 月至 9 月。

　　最后,让我们来看看洛特曼关于普希金的第三部著作,即传记。作者用十分紧凑的篇幅(12 个印张)表现了丰富的内容。书中引用了这位天才生活及其时代生活中的不少事实,其度的把握恰到好处;在叙述过程中,作者顺笔简要评述了普希金身边的人物(双亲,皇村中学的几位创立者,年长的朋友们——尼古拉·屠格涅夫、恰达耶夫等,名字多达数十个!),并描绘了城市与建筑、文学与生活的时尚、经济活动、复杂的社会心理活动……所有这一切本身就已足够有趣,因为它们体现了作者的渊博学识:他写在纸上的,在他所掌握的知识中只占一小部分(而这一点总是显而易见的)。但在我们这个时代,仅凭博学是难以让人深感敬佩的。洛特曼的普希金传记,正如他对《叶甫盖尼·奥涅金》所作的注释,其主要价值在于对于事实的理解,在于使其形成体系。

  首先,这本书充满了历史主义精神。洛特曼遵循18世纪的优良传统,爱用大写字母来表示尤为重要的关键概念,如"文化(Культура)""历史(История)""家园(Дом)""自由(Свобода)""权力(Власть)"等。照此效法,我们可以说,"历史主义(Историзм)"在书中占有主导地位:普希金的生平经历被纳入了俄国和欧洲的大"历史"之中,而"历史"本身也是决定哲学、道德、艺术等具体原则进一步发展的一大因素,并对事件、命运和性格产生了影响。值得留意的是,此书导言所涉及的内容既不是研究者所采用的方法(方法论性质的说明散见于各章之中),也不是与前人的争论以及对普希金先祖的追述,而是对19世纪头二十五年的俄国和欧洲的历史概述,对那一时代(尤其是1812年卫国战争和十二月党人思想)主要特征的扼要说明。此书的整个文本中也都渗透着历史主义精神:这在对人物、事件、浪漫主义方法、现实主义革新手法等方方面面的描述中都是可感可知的。

  对于方法加以符合历史主义精神的理解,这有助于对普希金行为的特点及其生活和创作中某些神秘领域的特点作出合理的解释。例如,文学研究者们对诗人在南方流放期间的诗歌和信件中都曾提及的"暗中"和"单方面"爱恋的对象早就争议不断,洛特曼则十分睿智地解决了这个问题。书中令人信服地证明,普希金按照浪漫主义准则,在生活和文学上都故弄玄虚:诗人就应当在不幸的爱情中备受煎熬;无论在创作还是生活中,他都应当用暗示的方式提到有一位可望而不可即的美女……

  但是,当一位杰出人物投身"历史"时,二者却远非总能和谐共处;我们不妨回想一下普希金那震撼人心的诗句:"在这残酷的时代我歌颂过自由。"①在此书中得到精彩阐释的论题之一便是普希金生活和创作中的"家园":幼年时对家缺乏真切的感受,它被皇村中学的兄弟情谊所取代,成年后又为建造自身的"家园"而付出了巨大努力。由于普希金建成这一"家园"时已是生命的晚期,充满了历史主义精神的他便特意让"家园"与"历史"也产生关联。然而,"残酷的时代"并未停留在普希金在其理想中为它所预设的那个角色上,——它在"家园"的门槛

---

 ① 此句出自《"我为自己竖起了一座非人工的纪念碑……"》一诗。——译注

上尚未站稳,便鲁莽地闯了进去,将"家园"摧毁殆尽,并夺走了诗人的生命,尽管后者曾试图孤身一人捍卫自己的"家园"(几年以前,为了捍卫——同样是孤身一人——个人和国家的尊严,格里鲍耶陀夫也是在与一群狂热分子的搏斗中壮烈牺牲的①)。

与此同时,不能不回想起洛特曼另一个贯穿全书始终的主导思想,即关于普希金的自觉的"生活建构"说:"在澎湃不止的激情中生活——这并不是普希金性情使然,而是一种有意识、有规划的生活目标"(第一版,1981,第43页);普希金所创造的"不仅仅是全然独特的生活艺术"(第55页);在给弟弟列夫的书信中,普希金谈到了"对自身性格的自觉建构"(第88页);"普希金总是在建构自己的个人生活……"(第117页)

这一观点已成为众人讨论的对象,就此撰文的所有评论者中,赞同者有之(安·尤·阿里耶夫,米·纳·佐洛托诺索夫,尤·尼·丘马科夫),反对者有之(纳·雅·埃德尔曼,雅·阿·戈尔金),有条件的接受者亦有之(瓦·艾·瓦楚罗,捷·格·布拉热,叶·格·列昂季耶娃)②。

笔者就属于上述观点的反对者。倘若洛特曼仅指普希金生活和创作的浪漫主义时期,则无可争议:各种行为面具的变换,将生活浪漫化的倾向,诗人1822年致弟弟列夫的书信中所作出的天真而严厉的道德"训诫"——所有这一切都完全可以归结为"自觉的生活建构",尽管其中可能也存在例外。

就其他时期乃至普希金性格和行为的本质而言,尤·米所言则显得过于绝对了。诚然,他也作了相关说明:"把'人格建构'理解为一种纯理性的过程是不正确的:正如在艺术中那样,设想的计划与凭直觉而得到的领会,与有助于找到解决方案的顿悟在这里也是并存不悖的。这就造就出为一切创作所特有的那种自觉与本能相混合的产物。"(第86页)不过,洛特曼即使在这里也并不否认"设

---

① 格里鲍耶陀夫(1795—1829),全名为亚历山大·谢尔盖耶维奇·格里鲍耶陀夫,俄国著名剧作家、诗人,曾任俄国驻波斯全权大使。1829年,波斯狂热宗教信徒袭击俄国驻德黑兰大使馆,格里鲍耶陀夫在此次事件中罹难。——译注
② 对洛特曼普希金研究书系的评论详情见鲍·费·叶戈罗夫:《作为普希金研究者的尤·米·洛特曼》,载《俄罗斯文学》,1994,第1期,第227—233页。

想的计划"、对生活的"建构"和创造"。然而,每个人(包括天才人物)的生平经历,都是由大量的偶然性所构成的,以至于它们远非总能为"创造"生活留有余地。在这里,人格的社会—自然内核往往会作为行为基准,在自觉或本能的意图之外发挥作用。不仅如此,更不应将普希金的性情排斥在外,不应使其激情受役于制定的行动纲领。

尤为不敢苟同的是与普希金生命最后几个月相关的"生活建构"说。首先让我产生异议的是总结性评价。作者在花了几页的篇幅精彩展现了"历史"对诗人"家园"的侵入,以及诗人的悲剧性斗争和死亡之后,将笔锋一转断言道,在这些灾难性的日子里,"绝不能忽视普希金行为的周密策略及其完成既定计划的坚定意志";不仅如此,作者进而强调,"普希金不是作为失败者,而是作为胜利者走向死亡的"(第245页)。绝不能将一个受害之人的悲剧性命运——他的"家园"被毁并遭到玷污,连亲密的朋友都舍他而去——理解为一种"周密策略",更不必说是一种胜利了。历史总是强于个人的,"残酷时代"的历史则更是如此。在此背景下,即当盗匪猖獗于世之时,更能够相安无事的,或曰得以生存下来的,便是那些完全置身社会之外的人,或者至少是不受生活、亲情羁绊的人,更不用说"家园"建设者们了。普希金却"背道而驰",决意打破这一规则,这样就让自己极易受到伤害,因为"家园"最能使人在"历史"面前变得孤立无助。这是一场可怕的悲剧,只有历史性净化——参与净化过程的要素有诗人的卓越人格、天才创作和关于他的精彩论著——才能使我们的灵魂变得纯净、高尚,也才能使我们同意20世纪的天才诗人亚·勃洛克的观点:尽管这是一场悲剧,但普希金不失为一个"欢乐的名字"。

附带说明一句:洛特曼的这本著作绝未以一副轻松的笔墨来书写严峻的"历史",字里行间满溢着对困难、悲剧、鲜明对比和阴险卑鄙的描写。我们仅引述一个插入的情节:卡·索班斯卡娅,"出身于一个有教养的贵族家庭,受过出色的教育。她曾受到疯狂迷恋她的密茨凯维奇的颂扬,普希金也对她颂扬有加〈……〉

她成了南部军屯长官①伊·奥·维特将军的情妇和政治代理人。维特是个地地道道的卑鄙无耻之徒,且功名心很重。知悉有秘密社团存在时〈……〉他便反复掂量,出卖哪一方会更为有利:是把十二月党人出卖给政府,还是相反——在他们获胜的情况下(他并未排除这种可能性)把政府出卖给十二月党人。他自己对亚·尼和尼·尼·拉耶夫斯基兄弟、米·奥尔洛夫和瓦·利·达维多夫②进行跟踪,并在关键时刻将他们全部出卖。"(第103—104页)但是,所有的矛盾和悲剧似乎都从普希金的内心感受中剥离了出去,尤其是在19世纪30年代阶段。当时,无论是普希金的生活,还是其艰辛的创作道路,其实都充满着荆棘。在生命的最后阶段,诗人正处于对新思想和新形式的艰难探索之中,1836年的诗作、更早一些的那篇充满神秘色彩的小说《杜勃罗夫斯基》、几篇构思成熟并已形成草稿的作品都能证明这一点。洛特曼在谈及1830年时睿智地指出:"普希金远远领先于他的时代,以至于其同时代人开始觉得他落伍了。"(第172页)这加剧了诗人内心的凄楚。遗憾的是,对"新颖"普希金的此类误解即便在诗人去世后仍未消除。就连伟大的别林斯基,在十年后仍对普希金的晚期创作持冷淡态度。因此,阿·格里戈里耶夫的相关新论就显得很有必要,它使得《上尉的女儿》在19世纪50年代得到了应有的评价③。

我在1986年为《俄罗斯文学》杂志撰写的一篇针对洛特曼普希金研究书系的评论中表达了对诗人自觉的"生活建构"说的异议(当然,总体上是十分肯定的)。不过我事先将它寄给了洛特曼,他很快就回复了我,此信特别值得关注,写于1966年10月20—21日:

"感谢评论。书评内容有趣、热情洋溢而又十分尖锐。务请不要改动其中任

---

① 军屯是俄国在1810—1857年为减少军费开支而设立的特殊军队组织,使服兵役与农业耕作相结合。军屯制按军事编制组织和管理农民,农奴亦农亦兵,实为军事农奴制;1816年得到大力推广后,发生多起军屯户起义事件。军屯制及其引发的农民起义对十二月党人革命思想的形成也起到了推动作用。——译注

② 此四人均为十二月党人。——译注

③ 阿·格里戈里耶夫(1822—1864),全名为阿波罗·亚历山德罗维奇·格里戈里耶夫,俄国诗人、批评家。他在《普希金逝世以来的俄国文学一瞥》一文中高度赞扬普希金的《上尉的女儿》等作品,并指出:"普希金就是我们的一切。"——译注

何一个字眼。我写此信的目的,是为了您不要把我以下的辩白理解为我有纠正您评价的意图。比起读者的意见,我更重视我与您之间的约定——'为家园辩护'①。所以,这是写给您个人的私信。

"我不能认同您对普希金'生活建构'(我似乎并未使用过这个词?)的评价。并且,由于书中的此项内容对您我似乎都很重要,因此就有必要解释清楚。当然,如果需要解释书的内容,那是很糟糕的,——这意味着,书里没说清楚。我已准备好承担这一责任了。但在我看来,您所理解并加以驳斥的也并非我的本意,问题出在您的(不完全恰当的)理解。首先,您把关于生活目标的自觉性的概念和按部就班地加以落实的纯理性计划这二者等同了起来。而我所说的完全是另一回事——是一种自觉而强有力的冲动,其非理性程度可能会很高,就像任何一种心理取向那样。

"我写作本书的用意之一就在于,不要把传记写成外在事实的总和(何事、何时之类),而要呈现出内心世界的统一性,后者则取决于人格的统一性,其要素包括意志力、智力与自知力。我想说明的是,就像神话中的阿德拉斯王②将他所接触到的一切都变成了黄金那样,普希金也把所接触到的一切都化成了创作和艺术的内容(悲剧也正在于此——阿德拉斯惨遭饿死,因为食物都变成了黄金)。普希金——我坚信,并且我在这本传记和其他论著中都力图表明——在生活中看见了艺术的特点(试比较巴拉丁斯基的诗句:

啊,竖琴,我也想把你的

和谐之音赠予生活……——

同一首诗里还有:'我看到了诗歌世界的广阔面貌'——可见,生活诗歌的概念并非杜撰,而是普希金和巴拉丁斯基共有的真实的处世态度)。而任何艺术创作都

---

① 原文为拉丁语 pro domo sua。——译注
② 此处系笔误。希腊神话中掌握点金术的国王并非阿德拉斯(Адрас),而是弥达斯(Мидас)。——译注

是构思与行文、逻辑思维与非逻辑思维之间的争斗。参与艺术作品创作的,是从极具自觉性的公式到自发性冲动的构思活动,您不会否认这一点吧? 往往还会有外力干预进来,并产生'扰动'作用(有时则会对构思活动本身所包孕的演化进程产生推动作用)。比方说,米开朗琪罗从公府处获取一块大理石,却发现,出乎他意料的是,人像只能雕成坐姿。那块坚硬的花岗岩材料是一个生命体,它仍想做一块毛石,对雕塑家甚为抗拒,还很有可能塌下来把他压死。而普希金则是一位能够降伏材料,使之臣服于己的雕塑家。请您自己看看:他似乎一辈子总能'交到好运'——屡遭流放、受到迫害、手头拮据、多次被禁……而我们对大学生们是怎么说的呢? '普希金被流放到南方。这正逢其时——可以促使由他内心自发而不断成熟的浪漫主义最终得以形成。'普希金被流放到了米哈伊洛夫斯克村(他很绝望:所有计划和联系都被迫中断;维亚泽姆斯基郑重其事地写道,冬天的俄罗斯农村景况与要塞别无二致,普希金准会沦为酒徒)。而我们说的是(并且说得没错):'在米哈伊洛夫斯克的生活对于普希金历史主义和民族性的形成是一个难得的环境,他在这里发现了民间创作的宝库。'

"请设身处地想象一下'波尔金诺之秋'①的情形吧:在婚礼前夕,他陷入了隔离的困境,由于莫斯科爆发了瘟疫,他既不知道未婚妻是否安然无恙,更不知道婚礼是否还能正常举办(既没有钱,还与未来的岳母多次发生口角),加之自己身处霍乱一线。而这一切却似乎又一次让他交上了好运。

"不愿向环境低头是普希金的持久动力之一。他卧病在床,肠道破裂,骨盆损坏。显然,这是极度的痛苦,但他对达利那句'不要为痛苦而羞耻,哼出来,你就会好受些'所作出的回应令人甚为惊叹:'这点小事就能压垮我?! 真是笑话,我可不想……'——这可是在他几乎疼得说不出话的时候。阿伦德说,自己参加

---

　　① 　1830 年 8 月 31 日,普希金为筹备婚礼离开莫斯科,前往位于下诺夫哥罗德省的波尔金诺村,却因霍乱流行而被迫滞留当地。在 3 个月的隔离期间,他完成了《叶甫盖尼·奥涅金》的最后两章,并创作了 5 篇短篇小说(《别尔金小说集》)、4 部戏剧("小悲剧"系列)、1 首叙事长诗(《科洛姆纳的小屋》)、1 首童话诗(《神父和他的长工巴尔达的故事》)和近 30 首抒情诗。这一成果丰硕的短暂时期被称为"波尔金诺之秋"。——译注

过三十场战役,却从未见过类似的事情。①

"您是这样理解此事的:似乎,与环境作斗争并在斗争中取胜便可消弭悲剧性。您写到,普希金的生平是悲剧性的。谁会质疑这一点(即生平的悲剧性)呢?但是,也有强劲有力的悲剧和软弱无能的悲剧之分。

"晓戈列夫②及其同道造了不少孽:他们沿袭世纪之初自由主义的陈词滥调,炮制出'诗人与沙皇'的神话,将普希金塑造成一位饱受折磨的知识分子。此类观念根深蒂固,众人(除了写有那本精彩之作的阿布拉莫维奇③)都踏上了这条讨巧之路。也难怪敝著的结尾引起了强烈的争议。您以此来证明,提出异议的那些人是正确的,而在我看来,对普希金理解得最为透彻的不是研究者,而是一位诗人——布拉特·奥库扎瓦。相较于许多学院派著作,他的诗歌《亚历山大·谢尔盖耶维奇活得有滋有味,他心满意足……》④中对普希金的个性有着更为深刻的理解。我对其最后两行的悲伤情调也完全感同身受:

> 他倒在了黑溪⑤岸边,
>
> 死得其所……

"以我的立场,还有一种学术之外的悲伤情调:多年来,我不断听到各色人等对环境的种种抱怨。多少青年作家纷纷表示,要不是过审有困难、出版有障碍,他们早就大显身手了。可即便清除了这些困难,却又发现,其实他们也不过如

---

① 俄历 1937 年 1 月 27 日(公历 2 月 8 日),普希金与丹特士决斗,不幸腹部中弹,46 小时后不治身亡。达利(1801—1872),俄国作家、民族学家、词汇学家、军医,普希金之友;阿伦德(系洛特曼笔误,应为阿伦特〈Арендт〉,1786—1859),俄国御医;两人都参加了普希金的救治工作。——译注

② 晓戈列夫(1877—1931),全名为帕维尔·叶利谢耶维奇·晓戈列夫,俄国文学史家、普希金研究专家。——译注

③ 阿布拉莫维奇(1927—1996),全名为施特拉·拉扎列夫娜·阿布拉莫维奇,文学研究者。——译注

④ 这首诗的篇名应为《幸运儿》。"亚历山大·谢尔盖耶维奇活得有滋有味,/他心满意足……"是其中的两行。亚历山大·谢尔盖耶维奇系普希金的名和父称。——译注

⑤ "黑溪"位于彼得堡近郊,是普希金与丹特士的决斗地点。——译注

此。我始终认为,不应推卸给环境。环境可以折损、毁灭一个大器之人,但它并不能成为他生活中的**决定性逻辑**。至关重要的终究还是**内在**的悲剧,而不是从一种'环境'被动转向另一种'环境'。年轻的舒伯特因染上梅毒(纯属偶然!)而离世。但成为他内在生平事实的不是梅毒,而是《未完成交响曲》——灵魂对'环境'的悲剧性回应。我想做的正是那样一种实验,我敢说,针对普希金而言,这样的事情还从未有人做过,——那就是展现他人生道路的内在逻辑。而'浪漫主义的生活建构'在这里完全是一个次要的术语,它仅会掩盖事情的本质。看来,我的意图未能很好地得以实现。

　　"但我想,当勃洛克谈到'普希金这个轻快活泼的名字'并将它与沉郁的摧残者和受难者相对比时,他所指的也正是这个意思。

　　"我眼中的普希金是位胜利者、幸运儿,而非受难者。

　　"好了,该打住了,现在来谈谈别的吧。

　　"请再读一下他谈及格里鲍耶陀夫时所写的话吧:'他来到了格鲁吉亚,娶了心爱的女子①……我不知道,还有什么比他动荡生命的最后几年更令人羡慕的了。在那场英勇的、力量悬殊的战斗中降临到他身上的死亡本身,对于格里鲍耶陀夫而言,没什么可怕和痛苦的。它是瞬间的、美妙的。'这可是他的自我规划,是他理想中的计划。而您却说,他没什么计划。沙皇和所有的环境都逼迫他**不去战斗**,可他却踏上了战场——独自一人,就像大卫冲向歌利亚②那样,——并且**赢了**!

　　"茨维塔耶娃和阿赫玛托娃都沉迷于晓戈列夫的学说,她们不理解这一点(即与一切的一切正相反的是,他——普希金在决斗时刻所获得的胜利!)。阿赫玛托娃——主啊,原谅我的罪过吧!——完全不理解普希金,但帕斯捷尔纳克是懂他的。他曾写道,依照普希金研究者们的说法,普希金理应与晓戈列夫结婚,并一直活到90岁。可他选择的却是与'心爱的女子'结婚,并'在一场英勇的、力

---

　　① 格里鲍耶陀夫之妻尼娜(尼诺)·亚历山德罗夫娜·恰夫恰瓦泽(1813—1857)是格鲁吉亚人。——译注
　　② 据《圣经》记载,牧童大卫用弹弓击败巨人歌利亚。——译注

量悬殊的战斗中'死去（这已不是帕斯捷尔纳克的话了，而是我的感言）。下面这几行帕斯捷尔纳克的诗句尽管写的不是普希金，但却很好地阐释了他（普希金）最后的悲剧：

> 让我摆脱耻辱的死亡，
>
> 夜里给我穿上河柳和冰的衣装，
>
> 早晨把我从湖的湿地放飞，
>
> 瞄准吧，都结束了！趁我飞翔时开枪！
>
> （《'魁梧的枪手，谨慎的猎人……'》）"
>
> （《书信集》，第 346—349 页）

这篇书评我既未改动，也未增补，就投给了《俄罗斯文学》。编辑部将此文送给杂志编委格·米·弗里德兰德审阅，他认为其中马克思主义理论色彩不够，并主动表示愿意成为其合著者，甚至已着手在我的打字稿上进行修改和增补。我果断拒绝了合作，并撤回了我的书评。洛特曼去世后，"普希金之家"的所长兼《俄罗斯文学》主编尼·尼·斯卡托夫建议我为该杂志提供一些关于逝者的资料，我便拿出了这篇一度"被毙掉"的书评和洛特曼的相关信件。编辑部通过了我提交的文本，它们刊载于《俄罗斯文学》1994 年第 1 期。

洛特曼的辩驳信并未改变我的想法。我觉得，洛特曼这里所谈的与其说是"生活建构"，不如说是普希金的果敢、勇气和坚强。谁会反驳这一点呢？可是，当不愿被诟病为"理性主义"的洛特曼谈及"自觉而强有力的冲动，其非理性程度可能会很高，就像任何一种心理取向那样"时，我却无法理解这种表述，"自觉的非理性"这个词明显是自相矛盾的。

普希金对大有可为的环境乃至险境的向往（"战斗是一种欢乐……"[1]），在洛特曼书中得到了翔实研究。这种向往与其说是与自觉的"生活建构"的一种结合，倒不如说是一种对立："……在个人行为中，普希金〈……〉感受到一种难以抑

---

[1] 这是普希金小悲剧《瘟疫流行时的宴会》中的一句歌词。——译注

制的渴望——想拿性命当儿戏,闯入必然王国的领地,而变得肆无忌惮。'与现实和解'的哲学似乎要让人们在面对客观规律时克制其个人行为,安分守己,俯首听命。然而,在普希金身上,它却导致了相反的情形——剧烈爆发出桀骜不驯的反抗精神。普希金是一位勇士。"(第151页)的确如此!

洛特曼向来对"生活建构"抱有兴趣。这应该也是他从学生时代起就被拉季舍夫和卡拉姆津的生平与创作所吸引的原因。在拉季舍夫的人生总目标中——直至其自杀身亡,在卡拉姆津为争取独立而进行的自觉、艰苦的斗争中,这位学者看到了可供效仿的榜样;他对普希金的解读在很大程度上受到了拉季舍夫和卡拉姆津这两个例子的启发;至于自己的人生道路,他也力图按照高尚的道德理想来建构。他对普希金尝试创建自身"家园"这一点的密切关注尤具自传性。在其关于激情的"剧烈爆发"的补充说明中也夹杂着不少个人私货。

我和更早的几位书评人对洛特曼自觉的"生活建构"这一观念提出争议,不是要让读者回避这一问题:首先,对任何问题都可能出现相反的意见;其次,即便你对新奇的想法并不认同,也可以在已有知识的框架下对此加以理解,从而便会形成一幅内容丰富的立体画面——它有助于厘清一些新的问题。

关于洛特曼这本书的几大亮点已经谈得够多了。不妨再指出一点:作者在分析某个专题时分寸感把握得非常精准;鉴于此书的主要受众(中学生),普希金生命中的女性这一话题极为难写。关于安·彼·凯恩[①](第129—131页)和娜·尼·冈察洛娃—普希金娜[②](第192、第197—203页)的那几页,洛特曼写得尤为成功。

总之,种种精确的评价和观察散落在全书的字里行间,这一点也已为评论者们所注意。不妨再强调一下贯穿全书的关于"普希金择友三阶段"的观点:从皇

---

① 安·彼·凯恩(1800—1879),全称为安娜·彼得罗夫娜·凯恩,普希金在彼得堡和她结识;后幽居米哈伊洛夫斯克村时与她再次相遇,临别时,普希金以《我记得那美妙的一瞬……》一诗相赠。——译注

② 娜·尼·冈察洛娃—普希金娜(1812—1863),全称为娜塔莉娅·尼古拉耶夫娜·冈察洛娃—普希金娜,普希金之妻。——译注

村中学到包括敖德萨时期在内的阶段,其友人以年长者为主;在米哈伊洛夫斯克,更喜结交同龄人;19世纪30年代则出现了年轻些的伙伴。我们还要强调此书的一个惊人特点,它同时为两位评论家所指出:安·尤·阿里耶夫(《在书籍的世界里》,1983,第1期)和尤·尼·丘马科夫(《吉尔吉斯中小学俄罗斯语言文学教学》,1983,第5期);此书的体例使他们联想起了《叶甫盖尼·奥涅金》的结构(有着固定发展进程的九章;尤·尼·丘马科夫还指出了一系列内在的共通之处,如作者和主人公之间相互关系的原则)。

这些有价值的见解使我们有理由认为,洛特曼的这本书还具有一个特点——学术性和艺术感染力的独特结合:无论是人物刻画还是事件素描都形象生动,作者的语言纯粹透明、精辟深刻。警句在书中俯拾即是:"普希金在他们的圈子内,俨然一个孜孜探求者身处一群得其所者当中"(第35页);"行为剥夺了选择的自由"(第131页);"'历史'从人类'家园'贯穿而过"(第177页);"……他喜欢像一条大河那样流淌,但同时也要有许多支流〈……〉他足以去做任何事,而一切似乎还不够他做的"(第199页)。

洛特曼的普希金书系风格明晰通俗,因此那种广为流传的不经之说,即他的语言对于大众读者而言艰涩难懂,也就不攻自破。当然,他有一些文章和著作,尤其是符号学和结构主义方面的论著,以专业的读者为对象,其中的术语有时专业性很强,其思想表达也时常深奥难解。其实即便是符号学和结构主义领域,与一般的人文学科之间原本也并未横亘着一条难以逾越的鸿沟。顺便说一句,洛特曼一直致力于扩大受众面,让更多的人对人文科学的新方面产生兴趣并加以钻研;不要忘记,他为高校师生编写了几本文艺学结构主义方面的教材,其中尤以前文分析过的《诗歌文本分析:诗章结构》一书为著。

无论是在撰写有关普希金的那几本主要著作期间,还是在后来,洛特曼对一些某种程度上属于局部性的问题也一直在持续关注。他的整个创作生涯都致力于普希金研究,不断有相关论文发表:诗人遗产中的西欧主题(《猴子与老虎的混合体》,1976——所论对象为伏尔泰;《关于普希金文本的札记三则》,1977——所论对象为塞·理查逊、劳·斯特恩和热·德·斯塔尔夫人;《"但丁与普希金"问题》,1980;关于"普希金与法国文化"问题的札记五则,1983、1988),诗与散文在同一部作品中的结构关系(《普希金长诗中对话文本的结构〈作者对文本的按语问题〉》,1970),以及对同仁著述的评论(《不"神秘莫测"和"故弄玄虚"地谈普希金的决斗:研究,而非侦探》,——此文积极评价了施·拉·阿布拉莫维奇《普希金在 1836 年〈最后一次决斗的来龙去脉〉》一书〈列宁格勒,1984〉;《科学院新版普希金作品集问题》,1987)。

普希金专题研究已拓展至文化学和哲学的总括性认识:《〈黑桃皇后〉与 19 世纪初期俄国文学中的纸牌及纸牌游戏题材》(1975),《俄国文学中的自然力诸形象》(1983)。

在上列以及未被我们提及的一些文章中,洛特曼运用了其百科全书式的知识、"古典的"历史—文化方法和符号学、结构主义的研究成果。在一些论著中多用某一种方法,而在另一些论著中,如在《普希金长诗中对话文本的结构》一文中,则兼用了两种方法。

不仅有"古典的"和符号学—结构主义的视角,还有统计学(包括格律分析)和修辞—语言学方法——各种手法的综合运用体现在与其子米·尤·洛特曼①合撰的《关于〈叶甫盖尼·奥涅金〉第十章》(《普希金·研究与资料》,第 12 卷,列宁格勒,1986)一文中。文章从多方面对这一伪作进行了揭露;令人敬重的莫斯科文艺学家列·伊·季莫费耶夫却未识破这一伪作,他在集刊《普罗米修斯》中(第 13 卷,莫斯科,1983)与维亚切·切尔卡斯基共同发表了普希金这部小说的所谓最后一章的开头部分。采用综合性方法进行揭露,这成了其后同类研究的

---

① 米哈伊尔·洛特曼,不仅是其父,而且是著名诗律理论家彼·亚·鲁德涅夫的学生。他以诗律学作为其学术研究的主要领域之一;尤·米·洛特曼则相反,对诗律问题的研究只是顺带而为,不过,自 1970 年代末起,他也开始时常力主其子在该领域进行合作研究(甚或个人独立研究)。洛特曼为科学院丛书"文学纪念碑"设计了配有极为详尽的学术资料、具有重大价值的《叶甫盖尼·奥涅金》版本,并指定儿子就普希金这部长篇小说的诗体问题写了一篇文章。

优秀范例。①

在采用"混合"法的文章中,有几篇建立在"负手法"和"省默"的展示上,所以应当特别提出来加以强调。其中最具特色的恐怕要算是《普希金长诗〈安哲鲁〉的思想结构》(《普希金纪念文集》,普斯科夫,1973)。文章的很大一部分内容是对莎士比亚喜剧《一报还一报》某些段落的分析②;而这些段落基本上都被普希金略去了,即没有翻译,更准确地说——未予转述。它们实在太容易让人联想到1825年发生的事件了③:暂时弃位出宫的公爵未让年长的爱斯卡勒斯代理其责任,而是让年轻的安哲鲁摄理政务(俄国人会将此事直接与尼古拉取代其兄长康斯坦丁·帕夫洛维奇大公加以关联);还有对法律问题的讨论:是否可以依据意图而非行动去审判一个人(这又与对策划弑君的十二月党人的指控产生关联)?

但洛特曼并未就此止步。他在分析中还援引了一则有历史记载的传闻:所谓驾崩的亚历山大一世是其替身,而沙皇本人则隐居了起来。不仅如此,这位研究者还引用了一则世界上广为流传的神话:神明或领袖死去或离开后,其对立者篡权获得统治地位,孰料真正的君王再度归来(复活),便展开报复并整顿法纪。鉴于神秘老人费奥多尔·库兹米奇——刚巧也是在19世纪30年代,就在长诗《安哲鲁》发表之时(1834年行世)——现身于西伯利亚,而此人在民间传说中又与亚历山大一世联系在一起④,普希金对莎士比亚喜剧的改写和洛特曼的神话

---

① 尽管洛特曼父子作了极为详尽的揭露性分析,但还是有一位物理—数学博士就他们观点的"不合理性"作出辩驳,并想出高招儿,但其结论的含混性可笑之极:这可能是"天才的"伪作,也可能是对普希金真实文本的歪曲;见米·德·阿尔塔莫诺夫:《再论〈叶甫盖尼·奥涅金〉的第十章(数学分析的尝试)》,载《莫斯科普希金研究者》,第二辑,莫斯科,1996,第292—304页;另见对这起事件的综述:马·阿尔特舒勒:《普希金研究者所掌握的奥涅金生平》,载《新杂志》(纽约),1998,第211期,第187—190页。

② 普希金原想把莎士比亚的喜剧《一报还一报》直接翻译成俄语,后决定将其改写为长诗并取名为《安哲鲁》。——译注

③ 1825年11月19日(公历12月1日),沙皇亚历山大一世突然病逝。因亚历山大一世无子,第一顺位继承人、沙皇的二弟康斯坦丁·帕夫洛维奇大公又宣布放弃皇位,皇位最终传给了幼弟尼古拉(也即后来的尼古拉一世)。在尼古拉宣誓继位的12月14日(公历12月26日)当天,十二月党人发动了起义。——译注

④ 种种传说似乎都意在说明,费奥多尔·库兹米奇老人就是亚历山大一世。——译注

学构拟便显得格外精彩。

与此同时,洛特曼还构建了"结构主义的"趋同和对立:普希金看到了西方资产阶级民主社会的弊端,便以乌托邦式情怀寄希望于能有一位贤德仁慈的君主出现——在这一点上,他(正如此后不久的果戈理)与民众的理想颇为接近;莎士比亚的观点也与他十分近似。但是,如果说英国剧作家的整部喜剧(从标题开始)贯穿着一种思想——法律具有重要意义,不仅如此,各人都会为所做行为遭到报应,而这又与民众的心态相近,他们期待着新上位的公正君王对恶人进行审判和惩治,——那么,普希金的整首长诗便建立在对宽恕的称颂上。洛特曼直接比照了他论述《上尉的女儿》那篇文章的主要观点:"……宽恕的思想首先针对的是暴君的专制和法律的无情。但它还有另一层含义——它反映出普希金想努力减弱社会冲突的残酷性。民众的末世论意识的自发革命性对他而言是不可接受的(参见我们论《上尉的女儿》的上述文章)。'对死者的宽恕'①首先是对被压迫者及其被战胜的捍卫者(普希金此语指的是十二月党人,这一点早已被人指出)的宽恕。但这也指获胜或起义的人民对败者的宽恕。总之,这是对所有败者的宽恕。普希金的慈悲观与人民的报应思想是相抵触的,后者是关于摧毁旧世界、重建新世界的所有末世论神话的基础。在这里,给喜剧取名为《一报还一报》的莎士比亚与民间的神话主义融为一体,而普希金则与之相左。"(洛特曼:《二》,第443页)

类似的论述尽管有些许模糊,但还是足以清晰地表明,纯粹的二元对立开始淡化,更为复杂的三元结构已初见端倪。当然,对举还是明显存在的:普希金—莎士比亚,普希金—民众,莎士比亚—民众;但是,如在最后一段引文中,这些对立无疑又汇聚为三元结构:普希金—民众—莎士比亚。到20世纪70年代末,洛特曼已开始愈加清晰地体悟到要对三元结构予以重视,将这种结构分为两两对立的做法并不可取(除非在分析具体的部分时),而应作为三角关系来加以审视。

就此而言,在普希金研究论著中最有代表性的是上面提到过的《自然力诸形

① "对死者的宽恕"源自普希金的诗歌《我为自己竖起了一座非人工的纪念碑……》。——译注

象》一文(《塔大学术论丛》,第 620 卷,1983)和《关于庞贝城末日①一诗的设想》(论文集《普希金与俄国文学》,里加,1986)。后者已直接谈到了三元结构:"如果对普希金的三元式加以总结,我们便会得到:自然力的骚动—雕像进入运动状态—作为受灾者的人民(世人)。"(洛特曼:《二》,第 446 页)。接下来,在与《青铜骑士》进行对比后,这些思想获得了更具概括性的评述:

"普希金关于历史进程的观点在 19 世纪 30 年代突出表现为三元范式。其中的第一、第二和第三项均被复杂多面的象征性形象所占据,只有当范式在某个文本中得以实施时,这些形象的具体内容才会在它们的相互关系中显现出来。范式的第一项可以是诗人意识中能够在某一时刻与自然的灾难性爆发相关联的所有事物。第二项与第一项的区别在于其'人为性'特征和文明世界的属性特征。它与范式第一项的区别,如同有意识之物与无意识之物的区别。第三项与第一项所不同的是,突出了人格性特征(相对于非人格性),与第二项所不同的是,包含了有生命者与无生命者、人与人像雕塑的对立。根据其具体的历史性和主题性阐释,其余特征可以通过各种方式在三元结构内部得到重新配置。"(洛特曼:《二》,第 447 页)

基于这种三元结构,洛特曼还梳理了《青铜骑士》之外的普希金后期的其他作品——诗歌、《上尉的女儿》、《骑士时代的几个场景》、《石客》、《杜勃罗夫斯基》,——继而创建出三元范式的巨大组合,而普希金所应用的只是其中的一部分:

"因此,维持住自然力的骚动、雕像和人所形成的三角关系,就显得十分重要。接下来,当这些形象被投射到不同的概念域时,便可能会有不同的解读。可以是纯粹神话传说的投射:水(=火)—经过加工处理的金属或石头—人。譬如,第二项就可以被阐释为文化、理性②、权力、城市、历史规律等。此时,第一个要素便会转化为'自然''无意识的自然力'等概念。但这也可以是'蛮荒的自由状

---

① 《庞贝城的末日》是卡尔·勃留洛夫的绘画作品(参见本书第一章)。普希金为这幅画创作了一首诗《维苏威张开了大嘴……》。——译注

② 原文为拉丁语。——译注

态'与'木僵的受奴役状态'的对立。范式的第一、第二个要素与第三个要素之间的关系也会变得如此之复杂。在这里,果戈理那所谓普通人的'贫穷的财富'将会获得现实意义,他们的生命权和幸福权既与肆虐着的自然力的凶暴相反,又与'百无聊赖''寒冷和花岗岩''钢铁意志'及残忍理性相对。但自私也会由此而闪现出来,它使得《黑桃皇后》中的丽莎最终变成了一具重蹈他人覆辙的发条木偶。然而,在普希金那里,这些可能性中的任何一种都从来不是唯一的。范式体现于其所有潜在可能的表现形式之中。正是这些表现形式的互不相容使形象具有了一种未完成的深度,使之获得了这样一种可能性,即它们不仅可以回答普希金同时代人的问题,还可以回答后人将来提出的问题。"(洛特曼:《二》,第 450 页)。

因此,有感于卡·勃留洛夫画作而写下的诗歌构思片段便进入了极具普希金特色的题材和哲学—文化学三元结构的范畴。普希金的作品具有一种特别明显而又至关重要的未完成性,这一点从其原则性的艺术方法层面来看,似乎提升了该片段的层次:其未完成性本身也是典型的普希金风格。

洛特曼的"还原性"文章——《普希金与〈科佩金大尉的故事〉(试论〈死魂灵〉的构思和设计过程)》(《塔大学术论丛》,第 467 卷,1979)也很值得注意。洛特曼极为详尽地考察了普希金创作中有关"绅士—强盗"这一(或曰这一对)复杂形象的所有艺术体现和隐语方式,其中既包括俄国生活的现实,也涉及西欧文学,并大胆提出了一种奇妙的假设:普希金可能会把奥涅金在伏尔加河流域的数月逗留(这对于京城的花花公子而言是相当不可思议的:按照当时的通常情形,他只知道一条通往高加索或敖德萨的"直通"路线)设想为与强盗团伙有关! 如果说这一假设仅建立在非常间接的事实基础上(毕竟连一条直接的"罪证"都没有!),那么从普希金的构思、"绅士—强盗"主题的实现到果戈理的《科佩金大尉的故事》的路径则是十分明晰、毫无疑问的。而在文章的结尾处,一如另外的一些情况,洛特曼又一次高屋建瓴地对论题做了宽泛的,乃至神话学意义上的概括:

"格尔曼(拿破仑+杀人犯,强盗的一个类型)和拉斯柯尔尼科夫(同样的特征组合——在此基础上最终形成了此人的形象:他与财富世界展开斗争,并试图征服这一世界)之间的相似已经引起了人们的注意。这些形象与乞乞科夫之间的联系则不太引人注目。然而,在塑造拉斯柯尔尼科夫这一形象时,陀思妥耶夫斯基无疑(或许是潜意识地)想到了《死魂灵》的主人公。

"'花花公子—强盗'的对立对于陀思妥耶夫斯基而言相当重要。它有时会毫不掩饰地表现出来(如在斯塔夫罗金—费季卡这对形象中;一般说来,正是由于斯塔夫罗金被描绘成一位'俄罗斯绅士',其形象才与那些具有双重生存方式的人物的传统产生了关联:他们时而身处上流社会,时而现身于贫民窟和社会渣滓中间),有时则以一种复杂的变换形式呈现出来。

"此类形象的安排包蕴于一种更为广泛的传统之中:'绅士—强盗'是巴尔扎克(拉斯蒂涅—伏脱冷)、雨果和狄更斯笔下具有组织作用的关系之一。归根结底,它发源于神话中的狼人形象——他们在白昼和黑夜过着两种截然不同的生活,或是神话中的双子神。这一原型具有一种倾向——时而分化为两个相互敌对的不同人物,时而融合为一个既矛盾又统一的形象,因而拥有巨大的潜在意义,其容量可在不同的文化语境中被不同的内容所填充,同时又能保持一定的意义恒量。"(洛特曼:《三》,第48页)。

在洛特曼的"还原性"文章中,最为精彩的一篇要算是《一次再现普希金耶稣情节的尝试》(《普希金委员会会刊(1979)》,列宁格勒,1982)。在普希金的多种构思方案中,标题一栏都写的是同一个词"耶稣"。洛特曼根据普希金后期的基督教观念,基于对其古罗马生活题材作品中现存片段的详细分析,再现了这一离完稿尚远的文本中可能设定的情节:主人公的受难,对死亡的自愿接受,"英雄与权力"的主题。这位研究者作出了合乎情理的推断:由于作家确信作品无法通过严格的宗教审查,他才搁置了这一构想。

洛特曼为科学院九卷本《世界文学史》执笔撰写的"普希金"一章(第6卷,莫斯科,1989)乃是其普希金研究的收官之作。此文类似于这位学者对此前所有普希金研究论著所做的总论纲要。它之所以备受瞩目,自然不在于纲要的全面性,而是因为其中强调、突出了对晚年洛特曼而言至关重要的两点。其一是1823年的社会—政治危机——当时,普希金思考的核心问题是"缺乏民众基础的浪漫主义暴动的悲剧"和"顺民"的"盲从"①;其二是普希金对"环境决定人"这一闭环的

---

① 引自尤·米·洛特曼《普希金》一书,圣彼得堡,1995,第194页。

突破："对外部环境的依赖只是人类所必经的低级阶段；为了精神自由而与环境作斗争，并拒绝将其严酷性作为准则而加以接受——这才是高尚之人的命运〈……〉。在《瘟疫流行时的宴会》中，主席和神父都处于一种悲剧性的地位：他们双方都是瘟疫的敌人和受害者，两人都不甘心俯首听命于环境的摆布。主席自由奔放、无拘无束地与瘟疫展开斗争，而神父则呼吁人们负起道德责任。但自由与责任乃是不可分割的一体两面，可以说，《瘟疫流行时的宴会》是系列剧本①中唯一一部这样的剧目，即敌对主角之间的斗争并不以其中一方的死亡而告终，而是以他们道德上的和解而圆满结束。"②

在这篇总结性的文章中，洛特曼关于"自然力—偶像（权力）—世人（人民）"的三元结构，关于慈悲主题的精彩阐发具有重要意义。一些论点也在文中得到了更为深刻、更加透彻的重新论述：塔季扬娜的形象首次被巍立于时代之上，被置于"长远时间"之中："……女主人公似乎成了永恒的，或至少是长期的价值之化身——包括道德规范，民族和宗教的传统，自我牺牲的英雄精神，爱和忠诚的永恒能力。"③普希金创作中的死亡主题也首次得到了详细研究——从对墓地双重作用的分析（圣地、祖先安息之地和一堆毫无生机的雕像的主题）直到普遍性的对立：

"在普希金的意识中，生命以多样、丰盈、运动和欢乐作为其特征；死亡则意味着单调、欠缺、静止和忧愁。生命倾向于扩张，它不断充填一切新的空间；死亡则倾向于得到并据为己有，封闭，隐藏〈……〉。

"在普希金的抒情诗中，生命始终意味着参与其中，死亡则意味着分隔在外。参与到他人情感、友谊、爱之中，介入到人群、诗歌、风景、自然、历史和文化之中。死亡则是遁隐，下行，'走向阴冷的地下居所'〈……〉。

"生与死之间的斗争反映在运动和停滞的诸意象之中，反映在流动和静止的

---

① 指普希金的"小悲剧"系列，其中共包含四部短剧：《莫扎特与萨列里》《石客》《瘟疫流行时的宴会》和《吝啬的骑士》。——译注

② 同上，第 202 页。

③ 同上，第 196 页。

冲突中。与此同时也出现了矛盾的意象：显得死气沉沉的运动（'灰马①的蹄声'）和生命的持久性（'不，我绝不会死去'）。这些意象可以在意义的复杂交织中产生变体。例如，坟墓（'父辈的坟茔''墓口'）一旦被纳入生活和历史循环的连续性之中，便可被理解为一种生命的意象；创造性的思想是流动的、鲜活的——国家官僚机构的'空话，空话，空话'（《译自宾德蒙蒂》）则了无生气。死亡向生命空间渗透的悲剧性冲突，以爱、创作及激情之力从死亡手中夺回其牺牲品的英勇尝试——这些都深深吸引着普希金（《招魂》《我多幸福，当我可以离开……》）。这引起了他对交织着爱与死亡的边界区的兴趣。长期以来，在普希金心目中，'爱'与'自由'总是等量齐观的，这就使得'自由—奴役'和所有从属于这一意象的整个语义场都被纳入了'生命—死亡'的意义空间。

"生与死的主题引出了位于其外但又与之密不可分的'不朽'主题。生命与不朽相对立，如同持续时间有限的事物与永恒事物的对立；死亡与不朽相对立，如同不存在与存在的对立。死亡就是不再存活，不朽则是永恒的存在。蕴含着内在冲突的不朽具有诸种矛盾属性：一方面是个人生存的鲜明性、奇妙性，个性的充分发展和与之相关的'首要本领'——'自尊自爱'；另一方面，又预示着个人的存在终将消融于'冷漠的大自然'中，消融于民众的历史生命的不朽、艺术和世代记忆之中。"接下来便是这些论述及整篇文章的最终结论："……普希金诗歌的主要情致就是对生命的追求。"②

作为书中一个章节的这篇论文的思想在洛特曼晚年的其他论著中也有所反映，一如普希金的作品与其他作家的创作总会发生勾连。

---

① 灰马在《圣经·启示录》中是死神的坐骑，因此代表死亡。——译注
② 同上，第209—210页。

关于俄国文学的其他论著

关于普希金，洛特曼有一句话说得非常之好：他足以去做任何事，而一切似乎还不够他做的。此话也适用于他自己。尽管普希金是这位学者创作生涯最后二十年间主要的、最为重要的研究对象，但他总想不断拓展新视野，他对其他课题——既有与普希金时代相近的作家，甚至也有与其相距甚远的作家——也充满了强烈的渴望。例如，他对莱蒙托夫、陀思妥耶夫斯基、托尔斯泰、丘特切夫、勃洛克一直抱有兴趣。当然，还有果戈理。继普希金、卡拉姆津和拉季舍夫之后，这位学者对果戈理用力最勤。

引起他强烈关注的主导诱因想必是大量的"反转"：从日常生活到童话世界（反之亦然）的幻觉式过渡，善与恶、真与假等诸多对立范畴之间的模糊界限——实际上这些都是果戈理的创作特点——对洛特曼有一种无法抗拒的吸引力。令人惊奇的是，这位学者找到了分析果戈理遗产的独有方法；在这些别树一帜的论著中很少引述前人的成果，尽管洛特曼也借鉴了安德烈·别雷、瓦·瓦·吉皮乌斯和格·亚·古科夫斯基的优秀论著。但他不单单是借鉴。对古科夫斯基关于俄国经典现实主义之本质的主导思想——人受制于环境，其性格也是在环境的影响下形成的——洛特曼作了非常合乎情理的重大修正，特别是在涉及果戈理时。

如前所述，在较早的论著中，相对年轻的洛特曼还不太"敢于"冒犯其杰出导师的思想。这位学者关于普希金的几篇文章就是如此，论果戈理的那几篇同样如此。在纲领性的《果戈理散文中的艺术空间》（1968；其最初版本的文章标题为《果戈理散文中的艺术空间问题》，即多了一个词。后续再版时采用了"简化的"标题）一文的开头，洛特曼几乎对古氏全盘接受："关于人受制于环境的启蒙思想——环境之于果戈理（乃至整个俄国经典文学）的意义已得到了格·亚·古科夫斯基如此出色的展现……"但接下来,他却又指出,古科夫斯基的思想仅描述了一种个别现象,而人物对空间的符号性范畴的依赖才更具一般性(洛特曼:《论文学》,第 645 页)。

在后面几页,作者作了进一步阐发。"这位研究者的深刻思想"——关于"环境决定人"这一命题的思想再次得到了强调,但它并不是作家想表达的唯一思想:"然而,除此之外,人的瞬间转换和缺乏过渡的急剧变化也使果戈理感兴趣。"(洛特曼:《论文学》,第 648 页)。再往下,作者便对"环境—人"这一公式中的教条主义坚决提出强烈异议,尽管他委婉地将责任从古科夫斯基的论著转嫁到了近期某些阐释者对它们的解读上:"格·亚·古科夫斯基对现实主义艺术中环境与性格之联系的深刻观照常常被错误地加以绝对化,这使得一些历史上的具体艺术形式被说成是永恒的绝对。更有甚者,成为规范的甚至不是普希金或果戈理的作品,而是使得这两位作家的作品同自然派的随笔相近似的那些东西。这就导致对 19 世纪俄国文学的艺术思维的认识过分狭隘化。"(洛特曼:《论文学》,第 656 页)

只是在更后一个阶段发表的文章《19 世纪俄国长篇小说中的情节空间》(1987)中,洛特曼才直言不讳地指出:"与格·亚·古科夫斯基的观点相反,环境无条件地支配个人意志和行为(因此也包括个人在道德上无责任的行为)的观念并不是 19 世纪现实主义本身所固有的。它只是在激烈论战的某些时刻才得以产生的,而且是在无情节的随笔中才能得到其最为充分的艺术表达。"(洛特曼:《论文学》,第 717 页)。而洛特曼最感兴趣的问题恰恰在于,对"受制约"的主人公的卑鄙和不负责任("每个人都成了废物和破烂")深感不满的果戈理,是如何尝试找到其解救方法的——将个人从环境的束缚中解放出来的种种方法。正因如此,果戈理的创作中才充满了爆发、瞬间的变形和"反转",而洛特曼所着力研究的也正是这些方面。

洛特曼的最后一篇文章——《论果戈理的"现实主义"》既是对果戈理作出这番解读的一份总结,也是其相关思想和分析手法的一种"爆发"。此文写于学者去世前几周,也即 1993 年 8 月至 9 月间;洛特曼当时重病缠身,其本人已无力执笔,不能写字,文章是向两名女学生口授而成的,他去世后才编定刊发,其整理编订者为柳·尼·基谢廖娃和塔·德·库佐夫金娜(首刊于新系列《俄罗斯和斯拉夫语文学论丛(文学研究)》,第二卷,塔尔图,1996)。

　　文中所浓缩的世界——或许这是作者为了刻意避免对果戈理的人格及其笔下的情节与形象释以溢美之词——充满了爆发和"反转"。文章开篇就很离奇,与大家熟知的传统引言差别之大,已到了令读者咋舌的地步:"果戈理是个说谎者。"稍后,即第一段末尾又写道:"真是一件咄咄怪事:尽管这位作家在俄国文学中已成为真实描绘生活的一面旗帜,但无论在创作还是生活中却总爱说谎。"(洛特曼:《论文学》,第 695 页)接下来便对果戈理笔下那近乎爱因斯坦式的世界——即诸种现象和阐释的相对性无处不在——做了详述:现实在作家眼中只不过是诸多可能性中的一种,而在整体上,世界对他而言则"蕴含着生活的无限可能性"(同上,第 696 页)。在洛特曼看来,果戈理自视甚高,敢于与至高无上的神平起平坐;作为创造者的作家一如宇宙的造物主,创建了一个由其作品组成的世界。

　　于是,"说谎"的主题在文中也就得到了阐释和辩护:"现实主义潮流默认,生活中只有唯一一个真理,而所有不能称之为真理的东西都应当被称作谎言。可在果戈理那里,说谎的习性与艺术创作同等重要。在所谓的现实主义者中,他或许是唯一一个不再以'真理'为主导标准的人。"(同上,第 698 页)

　　洛特曼接下来更是强化了"相对性"原则——毕竟在果戈理笔下,几乎所有的基本伦理范畴都变得模糊不清,甚至"被翻新"(此文简直满篇都是"翻转"和"被颠倒"的字眼):"果戈理并未提出区分谎言与真实的标准〈……〉。诚实就是一种多层次的欺骗。"(同上,第 705 页)

　　洛特曼力图将果戈理的"反转"世界与通常意义上的欺骗区分开来:"传统的说谎者都是破坏者:他们毁坏了现实,因此和小偷、强盗、造反者等文学人物同属于一类。果戈理笔下与此相反的说谎者形象则不是解构性的,而是建构性的:他们并不毁坏已有的世界,而是通过其说谎行为来创造新世界。这种谎言就是一种创造行为,所以它从未被作为一种预先计划好的欺骗行为来实施,而始终是一种创造性的即兴表演。"(同上,第 708 页)。不过,在这位学者的文章中,摇摆不定的相对性仍然占据着主导地位:作家建构的是旧世界还是新世界——这并不

重要;重要的是,他没有提出区分谎言与真相的标准。但标准事实上是有的:果
戈理始终奉基督教的戒律为圭臬,这些戒律不仅贯彻在其政论文中,也渗透在其
艺术文本中。数年以前(1987),在《19世纪俄国小说中的情节空间》一文中,洛
特曼本人也曾针对果戈理的作品做出过一番反相对主义的慷慨陈词,并指出,对
于后者而言,"重要的是对俄罗斯心灵之民族特性的完美潜能,以及对基督教布
道之力量的信念:即使面对着最冷酷无情的灵魂,这种潜能和力量也能创造出复
活的奇迹。"(洛特曼:《论文学》,第723页)。想来,匆忙的口述(洛特曼看来是真
的很想赶完这篇文章!)导致在其论断中出现了些许片面的、"相对主义"的偏颇;
倘若文章是在平静的氛围中写成的,那么学者想必会对"相对性"做出相应的平
衡。但与此同时,"反转"大量涌现这一事实本身就证明了洛特曼对它坚定不移
的兴趣。

　　这位学者对"环境决定人"此项原则的普遍性所提出的异议并不意味着他放
弃了历史主义,放弃了对研究对象的背景和环境的分析。然而,背景和环境往往
并非造成现象之广泛性与普遍性的原因,而应该是其范例。这种方法最为直观
的样例就是《论赫列斯塔科夫》(1975)一文。此文以19世纪头三十几年间三个
确有其人的骗子——扎瓦利申兄弟(德米特里和伊波利特)以及罗曼·梅多克
斯①,他们的诈骗情节特别严重(两案皆上达尼古拉一世和第三厅②)——为例,
展现出俄国真正的赫列斯塔科夫习气,它已引发了一系列后果:造假、命案和苦
役。因此,洛特曼指出,果戈理并未选用那些人物的故事,即可以将他们姑且称
为赫列斯塔科夫的原型;仅凭当时建立在诸如"两重世界"、两面性、谎言和恐惧
等基础之上的俄国现实生活,就可揭开最"有才能"的赫列斯塔科夫们的生活层
面了。

---

　　① 　德米特里·扎瓦利申(1804—1892)和伊波利特·扎瓦利申(1808—1883之后)两兄
弟均为十二月党人运动的参与者。洛特曼在《论赫列斯塔科夫》一文中用较多的篇幅评述了
德米特里·扎瓦利申的生平,指出此人沉迷幻想,其晚年所著的回忆录也多以想象来美化生
平经历。罗曼·梅多克斯(1795—1859)是传奇的俄国投机分子。他本是一介逃兵,却通过伪
造身份的方式骗取政府大量资金,甚至在高加索地区组建起一支民兵部队,骗局败露后被
捕。——译注
　　② 　"第三厅"系俄国政治侦查机构(1826—1880)。——译注

　　以果戈理为例,洛特曼对自己的艺术空间观进行了广泛的阐发。学者的第一篇相关文章《俄罗斯中世纪文本中的地理空间概念》发表于 1965 年(《符号学》〈2〉)。此文将空间范畴纳入了对尘世世界和天国世界(以及包括地狱在内的冥界)的道德和价值描述之中。文章的重要之处还在于,作者提出了两点看法(尽管未加详述,只是一笔带过):一是关于主人公的空间位移;二是关于主人公的路径——越过界线转向另一个区域的路径。因此,跨越边界就成了构成情节的一种要素。

　　这些思想在谢·尤·涅克柳多夫的《俄罗斯壮士歌中时空关系与情节结构的联系问题》一文中得到了进一步阐发(《第二期"第二性模拟系统暑期学校"报告提纲集(1966 年 8 月 16 日至 26 日)》,塔尔图,1966,第 41—45 页)。此文已明确提出:"……壮士歌的情节可以被理解为主人公的空间位移轨迹。"(第 42 页)不妨指出,在谢·尤·涅克柳多夫这篇文章的标题和正文中,考察对象除了空间范畴,还包括时间范畴——既有其本身,也有其与空间范畴的相互关系。

塔尔图,1978 年 4 月。

　　然而,从《巴赫金与洛特曼》一文所用的材料中可以看出,洛特曼在生前发表的最后几篇文章中主要关注的是空间,时间处于次要地位,实际上他将时间视为一种似乎由空间派生出来的范畴。在那篇无疑具有纲领性的、探讨果戈理艺术空间的文章中,洛特曼直言,谢·尤·涅克柳多夫的思想对他具有重要意义,但他并未在任何地方对时间层面加以阐发,甚至有时还有意将其直接忽略掉:在谈及"草原"主人公和"道路"主人公的区别时,这位学者认为,前者在空间中具有一种特殊的运动,一种"并不具备时间特征"的运动(洛特曼:《论文学》,第627页)。稍后又出现一处转折:"……在日常空间中,运动本身就表现为静止的一种变体:它被分解为一系列静态的姿势——常常呈跳跃式地(在艺术时间之外)从一个姿势转变为另一个姿势。"(同上,第632页)。在文章的最后几行得出了理论性的结论:"空间关系的语言〈……〉属于第一性的、基本的语言。甚至时间模式往往也是建立在空间语言之上的第二性的上层建筑。"(同上,第658页)只是到了暮年,洛特曼才开始对艺术时间产生更为切实的兴趣。在他的晚期著述中,时间尽管并未获得与空间同等的地位,但也不再被冷落。

　　不过,在关于果戈理的那篇纲领性文章中,洛特曼还是详细而广泛地考察了空间诸层面。文中既谈到了幻想空间的特殊拓扑结构及其与日常空间的关联,又指出,在果戈理的作品中,平面被"拧成"一个凹盆:身处这个诡异世界中心的读者能看到的不仅有喀尔巴阡山脉和克里米亚,甚至还有由垂直腹板支撑的黑海。耐人寻味的是,在1968年,洛特曼尚未将果戈理的幻想世界拓展到宏大的规模,他谈论的还是在作家的中短篇小说中以复杂方式交织在一起的双重世界。然而——在《鼻子》里哪有什么日常生活世界可言?!《魔地》不也一样?!洛特曼想把后一篇小说中的"爷爷"也纳入这双重世界,如果从日常空间到童话空间的过渡有迹可循的话。但实际上,小说中通篇全是幻想:如果"爷爷"在一片房屋的范围内,也即在方圆几百米之内,无论如何也不能同时看见鸽棚和粮仓,那么这就说明,他生活在一个魔幻的空间里。正如洛特曼所正确指出的那样:"童话世界似乎将自身假装成了日常世界,并戴上了后者的面具。"(洛特曼:《论文学》,第628页)

　　充斥在作家创作中的那些魔幻形象和情节,那些伪装和谎言,后来在学者晚年的总结性文章《论果戈理的"现实主义"》中得到了展现。洛特曼通常不会为某位作家的全部遗产撰写整体性的研究论著(关于卡拉姆津和普希金的书除外),而是仅限于研究对文艺学者而言最为重要的那些方面。果戈理的要点看来就在于其"伪装"、幻想和反转;莱蒙托夫的重点则在于,这位艺术家和思想家力图通过其对整体性的独特追求来克服世界的破碎性:既有大范围的,如对俄国之政治地理的界定,也有更狭义的,如在《我独自一人走到大路上……》这首诗的篇幅内,对各种不同范畴的综合(《〈宿命论者〉与莱蒙托夫作品中的东西方问题》一文,1985)。屠格涅夫的重要性在于其故事情节的特色(《屠格涅夫的散文与 19世纪俄国长篇小说的情节空间》,1986;《论 19 世纪俄国长篇小说中的情节空间》,1987);勃洛克的亮点是,注重与城市民俗、与"茨冈性格"的联系(《19 世纪俄国文学中的"自然之人"与勃洛克的"茨冈主题"》,1964——此文系与扎·格·明茨合撰;《勃洛克与城市平民文化》,1981);米·布尔加科夫的要点则在于其对"家""住宅""无家可归"所作的哲学—空间阐释(《〈大师与玛格丽特〉中的"家"》,1983),等等。

　　洛特曼的一些系列著述——首先是其关于丘特切夫创作的文集(其中有两篇最为重要:《丘特切夫的诗歌世界》〈1990〉;《丘特切夫诗学简论》〈1982〉)——已近似于关于某位作家(诗人)的整体性论著,它们相当于一本专著或专册。此外,洛特曼在其创作生涯晚期所撰写的丘特切夫系列论著也体现出这位学者在方法论上的新探索。在《诗歌世界》一文中,他首次将存在问题,也即本体论问题,作为其对丘特切夫创作的全部分析的核心和重点,并且还详细研究了存在的两种位格——空间和时间。在以往的文章中虽然也有不少与之相关的零散评论,但正是在 1990 年发表的这篇文章中,洛特曼对艺术时间作了与空间并重的分析。他选择丘特切夫的创作作为研究实例,是极为恰当的;也或许,正因为学者着手分析的是丘特切夫的诗歌,而其中的时间范畴又极为重要,他已无法再像以前那样大谈自己所偏爱的空间——于是就提出,存在的两种范畴是平等的。丘特切夫的创作也同样有力地促进了泛哲学性质的本体论分析——原先,在1990 年的这篇文章以前,洛特曼从未如此广泛和集中地研究过创作的存在问题。关于丘特切夫的这篇文章标志着学者在方法论道路上已进入一个新阶段:

本体论问题首次得到了详细分析，艺术时间也首次获得了与空间相等的地位。

洛特曼关于俄国文学(体裁和内容)的繁多论著几乎从来都不曾脱离、独立于符号—结构主义和文化学的研究。尤其是后者。我们已经以《论赫列斯塔科夫》一文为例，谈论了他对赫列斯塔科夫习气泛滥于俄国的情景展现。更为典型的一篇文章是《19世纪初期俄国文学中的纸牌和纸牌游戏题材》(1975)。此文以标题为切入点对俄国文学作品所作的分析(当然，这里谈得最多的还是普希金的《黑桃皇后》)同纸牌在俄国人生活中的作用产生了关联，作者还描述了纸牌赌博游戏("偶然性"在其中占据首位)的本质，并将纸牌游戏上升为生活的一种文化模式……

不过，《论罗蒙诺索夫〈选摘于"约伯记"的颂诗〉》(1983)一文或许才是在文学研究论著中融合文化学视角的最精彩的范例。与此前的注解者那些模模糊糊的解释相反，洛特曼出人意料地将罗蒙诺索夫的颂诗置于11—17世纪全欧洲生活的语境之下：当时，对魔鬼的恐惧日渐滋长，对巫师和女巫的审判也开始了(恐惧和歇斯底里的"流行病"在16—17世纪的西欧达到了顶峰)①。而在18世纪初，这一"流行病"的余波也传到了俄国(对异教徒和旧礼仪派信徒的审判盛行，此外还有分裂派信徒的自焚现象)。追随西欧理性主义者的罗蒙诺索夫，正如洛特曼所指出的那样，则在诗中创出一个属于理性上帝—造物主的世界——魔鬼的黑暗力量在此绝无立足之地。在西欧传统中已然成为撒旦之化身的贝希摩斯和利维坦②的恐怖形象(顺便指出——这是洛特曼的发现！——斯拉夫文和希腊文《圣经》中并无这些形象，取而代之的是"野兽"和"蛇怪"；罗蒙诺索夫特意

---

① 洛特曼的趣文《猎巫：恐惧符号学》是对这些研究的延续。此文撰于学者去世前不久，由米·尤·洛特曼发表于新版《符号学》(第26卷，1998)。耐人寻味的是，在为爱沙尼亚电视台所做的《文化与知识分子》系列讲座(1989)中，洛特曼对其早已提出的二元对立"羞耻—恐惧"作了如此区分：羞耻是知识者的道德调节器，恐惧则是乌合之众和奴性思维的道德调节器。《猎巫》一文所探讨的正是群体性恐惧。

② 贝希摩斯和利维坦是《圣经·约伯记》中的两种怪兽，后被视为邪恶的象征。——译注

采用了源于拉丁文武加大译本①的西欧圣经文本)在《颂诗》中也失去了一切神秘的光环,它们只是被描写为异兽和上帝创造的奇物。罗蒙诺索夫的《颂诗》因此而得到了多方位的文化学阐释,并与《髯须颂》②等看似在题材上风马牛不相及的讽刺诗有了共同点:颂诗和讽刺诗所针对的都是宗教狂热主义的种种危害。

　　洛特曼在晚年创作了数篇关于俄国文学的综论性文章,它们似乎是在总结这位学者对于文学创作发展的内在趋势及其外部联系的看法。与 18 世纪文学相关的一些章节被收入了学者去世后才公开发表的长篇文字《18—19 世纪初俄罗斯文化史概论》。此篇收录于《俄罗斯文化史钩沉》丛书中卷帙浩繁的第四卷(1996),该丛书由莫斯科"'俄罗斯文化语言'学校"出版社推出。而关于 19 世纪俄国文学的几篇重要总结性文章在学者生前就已见之于其学术文集,后被收录于丛书的下一卷,也即关于 19 世纪文化的第五卷(1996)。下面我们还会谈到这些文章。

---

　　① "武加大译本"(又称"拉丁通俗译本")指 5 世纪时圣热罗尼莫(又译圣哲罗姆)由希伯来文(《旧约》)和希腊文(《新约》)译为拉丁文的《圣经》译本。1546 年,特伦托大公会议(又译"特兰托公会议")将该译本批准为权威译本。现代天主教主要的《圣经》版本都源自这一拉丁文版本。——译注

　　② 《髯须颂》系罗蒙诺索夫讽刺宗教保守派的一首诗歌。——译注

关于艺术的论著

洛特曼对艺术作品的接受问题和符号语用学一向很感兴趣。这一点也时常体现在其论及文学文本的著述中,特别是当接受者在民族层面或社会文化层面与作者想通过所写作品而对其产生审美影响的受众面差异较大时。这位学者对接受与阐释的可变性,对作者(文本)与观众—听众—读者之间独特游戏的形成缘由很感兴趣。诸种变式也出现在看似被相当严格地固定下来的文本之中,包括语言、造型和音乐文本。

新的可变性和复杂性产生于对艺术与生活相互关系的考察之中。洛特曼早已注意到生活对艺术和艺术对生活的双向影响;在急剧变化、冲突四起的历史时代,这种双向影响会变得格外明显。洛特曼的《文化类型学文集》第二卷(塔尔图,1973)共包含三篇文章,其中只有第一篇(谈的是情节类型学)属于文艺学方面,后两篇文章则融合了文化学与艺术学:《戏剧与19世纪初期文化体系中的戏剧性》和《作为19世纪初叶人的文化行为编码装置的舞台与绘画》。学者选取的恰好是俄国历史上发展最为迅猛的一个时期,它反映了从法国大革命到包括拿破仑战争在内的西欧时局所发生的类似变化(拿破仑就是一位大戏迷,他编制的皇室宫廷新礼仪并未仿效法国王室宫廷的样本,而是以源自古希腊罗马生活的古典主义传统为取向)。

在上述第二篇文章中,洛特曼在"戏剧—生活"这组内涵丰富的对立中引入了第三种要件——"绘画",它既可用作布景,又可用于对舞台的一种泛体裁影响(当对正常的连续性具有破坏作用的离散性特征进入戏剧时,或当演员姿势的静态性有所增强时),并同样影响了那个时代的文化生活。洛特曼后来在《戏剧语言与绘画(图像修辞问题)》(1979)一文中对这种"三角关系"作了更具普遍性的理论探讨。

洛特曼有一篇新颖别致的探讨木版画的文章《俄罗斯民间绘画的艺术特性》(1976),它提出了以"戏剧与绘画"为题的一项值得注意的研究方案。如果说在上述的前一篇文章中,作者主要探析了绘画对戏剧的影响(至于特殊的相反情形——将系列布景作为景观而进行展示,则算是一种例外),那么,此文讨论的则是相反的趋向。洛特曼依据的是与木版画戏剧性问题相关的重要文献。有时,在画面中,情节本身就会被描绘得宛如发生在舞台上一般:画上了舞台前沿的栏杆,顺着画面下沿绘有油灯,有时甚至还会画上观众的脑袋。

同样,洛特曼早已对文化中,首先是艺术中的"二重反映"——也即"反映的反映""图像的图像"——抱有兴趣。这种兴趣后来在学者晚年便体现为他以"镜子"为总标题而编纂的专辑《符号学》(〈22〉,1988)。卷首语标题为《镜子符号学与镜中世界》,此文没有署名(据悉,实为洛特曼本人所写)。

洛特曼写过一篇有关木版画的文章,在此文中他恐怕是首次对"二重反映"作了详细解释:画家在画作上描绘的并非真实的生活,而是对后者的一种戏剧表演式的解读,因此才形成了"图像的图像":符号获得了两重性(符号的符号)。但即使在直接的剧场式画框之外,木版画也可以获得动态性,因为它们还要有对画面的洋片词解说:这种语词文本有时直接印在画面上,有时则通过拉洋片者说俏皮话的天赋而传达出来(顺便指出,如果展示地点是集市—民间演艺场,而非家庭居所,那么木版画便会更接近于剧场表演:入场收费,为观众摆放着长椅,主持人解说剧情,等等)。

位于民间演艺场的观众与所展示的画片之间似乎隐含着某种分离性,而这种分离性在家居环境中则会消失殆尽。洛特曼强调,不少木版画都是专供触摸、把玩、翻转乃至倒置而设计的:其背面绘有相应的训诫性图画。例如,画片正面画着花花公子和他的女伴,背面则是两具骷髅。木版画需要观赏者和听众的积极参与,并要求他们融入作品的生命。

在《勃洛克与城市平民文化》(1981)一文中,洛特曼精彩地展示了"民间的"观众、听众与发挥着类似功能的"文明的"受众之间的区别:在滑稽戏或电影中,平民会通过呼喊、吹口哨、跺脚等方式积极介入剧情,他们消除了约定俗成的边界,也成了剧情的参与者。对木版画的欣赏和触摸同样使观众摆脱了被动状态;

边界在这一过程中也被抹去了,观众进入了作品的生命之中。

关于勃洛克的这篇文章中,洛特曼还对玩偶和雕像作了一番有趣的区分:"雕塑适于静观:它是一种应当被听到,但不需要回应的独白;它是受话人应该收到的讯息。玩具和玩偶则不会被放在底座上——它应当被拿在手中摆弄、触摸、平放或竖放;应当与之交谈并代它回答。简而言之,雕像用以观赏,玩偶则用以玩耍。游戏并不要求必须有观众和独白性的发话人——它所重视的是积极加入互动的参与者。游戏者就是文本的共同作者。而文本本身也不是原初就给定且应当被接受的某种东西:文本是被'玩出来'的,也即产生于游戏过程之中。"①同样,木版画也应当与画家绘制的、挂在墙上的画作区分开来:对后者应当静观,而不要触碰(当发现有潜在危险时,即看到观众离画作或雕像太近时,博物馆的工作人员便会神经紧绷起来!);木版画则不仅可以,而且也需要被人触摸。

关于勃洛克的这篇文章发表前不久,洛特曼还专门写了《木偶在文化系统中》一文(1978)。他在文中简要概述了其对木偶存在方式的纷繁层面的认识,其中也包括木偶的一些特点,如木偶的世界因被纳入了机械文明而失去了鲜活的面貌——这一点截然不同于关于勃洛克的上述文章中所探讨的那些手法——惹人喜爱的"民间创作的"和"孩童般幼稚的"手法。接着,洛特曼再次探讨了他所钟爱的"重叠法"命题——木偶在木偶戏中的角色,因为木偶在戏中所表现的与其说是"活生生"的人物,不如说是扮演这一角色的演员。

洛特曼的另外两篇艺术学文章也以"重叠法"为论题。和谈木偶的那篇文章一样,对于不熟悉这位拥有渊博学识的学者的那些人来说,这两篇文章的体裁有些出乎意料:《静物画的符号学透视》(1986)和《肖像画》(1997)。表面上看,如果构成静物画基础的只不过是"纯粹的"物体和物品,那对这种体裁进行分析时又哪里谈得上"重叠"呢?而被具体化了的物品似乎就获得了非符号的、原生自然的性质……但洛特曼在考察文化世界和符号世界时也将原生事物纳入其中;结果,物品的非符号性在符号学世界中因此也会成为一种独特的符号——缺失符号的符号。在洛特曼看来,重叠在零符号和负符号中也有可能存在;重要的是,

---

① 《勃洛克纪念文集》,第四卷,塔尔图,1981,第 11 页。

"排除在外"在符号学领域中也是符号性的。不过,他在文中也研究了"字面意义上"的重叠,也即静物画不仅描绘"物品",而且表现图画;如此一来便形成了对反映的直接反映。尔后,学者还对他所撷取的以静物画为核心的其他概念——图形标志、象征性雕塑物、语词、20世纪静物画中的分析和综合趋向等(立体派绘画将整体分解为部分,这类似于未来派对待词语的态度;塞尚静物画中的综合则类似于惯用语:我们明白其语法关联,却不了解语词的整体意义)——按照距之远近进行了分类。

此类已出乎所有人意料的层递和比拟在文章结尾处也十分不同寻常:"……情节画中的物品表现得就如同戏剧中的物品一般;静物画中的物品则好比电影中的物品。在前一种情况下,它受人摆弄;在第二种情况下,它自行表演。在前一种情况下,物品不具有独立的意义,而是从剧情中获得含义,它只是一个代词。在第二种情况下,物品则是专有名词,它被赋予了专属的意义,且似乎被纳入了观赏者的私密世界。静物画通常被认为是最缺乏'文学性'的绘画门类;可以说,它是最具'语言性质'的一类绘画。难怪对静物画的兴趣通常与这样的一些时期相吻合,即艺术对其自身语言的研究这一问题成了一种自觉的课题。"[①]这表明,文章的作者不仅是艺术学家,更是语文学家。

在《肖像画》中,洛特曼也将语文学(更狭义地说,是文学)引入了绘画,并同样构建了独特的综合性结构:"正是在肖像画技法中必须实现某种从绘画到诗歌或从诗歌到音乐的跳跃,这源于肖像画的艺术复调本质本身。无怪乎肖像画是最具'隐喻性'的绘画体裁。"[②]接下来,学者似乎又回到了他最初的结构主义原理和分析方法——多中见一,同中见异,单一中见繁复;而此类"双生现象"随后又转而进入了这位研究者喜爱之至的新领域:肖像画中通过既相似又对立的人物而形成的重叠,文艺复兴时期的圣像画与肖像画关系的辩证复杂性,将心理特征引入肖像画这一过程所出现的同样的复杂性,等等。——洛特曼简要考察了肖像画在20世纪以前的发展历程。文章末尾将肖像画与戏剧、电影作了比较。

①　转引自尤·米·洛特曼:《论艺术》,圣彼得堡,1998,第499—500页。
②　同上,第504页。

无怪乎洛特曼在艺术学文章中如此频繁地涉及电影。顺便指出，不仅在艺术学文章中——他在文艺学文章中也是如此。理论文艺学著作《艺术文本的结构》(1970)中就含有"剪辑""情节""景别""视点"等"电影"概念，而在"语词艺术作品的结构"一章中则有一节专门的"电影概念'景别'与文学文本"。洛特曼自幼喜爱电影，他崇拜查理·卓别林，而当他开始以理论家和历史学者的身份研究各类艺术时，他自然也绕不开电影艺术。这种兴趣与学者的符号学研究原则也是相吻合的——于是，别具特色的《电影符号学和电影美学问题》一书便问世了。在当时的莫斯科或列宁格勒的政治气候下（更不用说我们的外省了！），这本书是无论如何也不可能通过审查而得以出版的；但在爱沙尼亚，则气候稍有不同，此书遂于1973年在塔林问世。

电影可算是所有艺术形式中最具综合性的一种。它首先建立在展示运动这一基础之上，它不是静态的（只有在必要时才会展现凝滞不动的世界）；在这一基础性的动态之上，再渐次叠加上戏剧表演、画面从黑白向彩色的转变、声音，甚至立体、三维的错觉。与此同时，电影也能清晰地反映出我们文化的符号学本质：它如今已能大量呈现出两类符号——图像性符号（也即造型符号）和表现人类语言的假定性符号（当代电影可以用两种方式呈现语词——除了老式的字幕显示，还有声音这一选项。一些译制片中的综合方法颇为有趣：电影原片中的音响元素保持不变，演员们说着母语，而译文——当然，是经过缩简的——则以字幕形式标注在相应画面的底部）。符号系统，其彼此间的关系，观众对它们的接受——凡此种种都为这位符号学理论家提供了丰富的素材。

电影对于这位结构主义者而言也同样很有价值：影片在情节—布局上的构造特点和剪辑特征，及其画面"景别"和摄像师视点的变化，都使人们几乎总能对电影文本进行明确的"分段"，也即把时间上的整体流切分为独立的"片段"和"镜头"，而后二者在该结构体系中便转变为能够在彼此间的互动中构成复杂构型的基本要素。

上述所有方面（及其他诸多方面）都在洛特曼的书中得到了研究。对于符号学—结构主义研究而言，电影是一种理想的对象。洛特曼依据前人在此类研究中所取得的重要成果，特别是谢·爱森斯坦的开拓性论著，作出了自己的贡献——主要是在情节学领域。例如,作者在"电影中的情节"一章中划分了基本要素间句段关系的四个等级、四个层次。最底端的第一层次是单帧镜头的组接层。第二层次是电影语句层(类似于语言学中的句子或取代了句子的有意义的单词),它标志着意义的出现。第三层次将语句连接为超句统一体,它类似于语言学中的段落。第四层次是情节层。这一梯级结构自然也可以应用于对电影之外的纯语词文本的结构主义研究。"与时间的斗争"和"与空间的斗争"这两章在其意义上也已超越了电影学范畴。

　　洛特曼的这本书取得了很大的成功,三千册迅速销售一空,此书随即就被译为西欧的主要语言。而在二十年后的 1994 年,同样在塔林,又一本新书问世了——尤里·洛特曼,尤里·齐韦扬:《与银幕的对话》。此书并非前一本的再版,而是一部全新的著作,只不过对前一本有所参考。前言和结语中都并未谈到两位作者各自在新书撰写过程中的参与度,但由于洛特曼在 20 世纪 90 年代时已然重病缠身,此书又是在他去世后才出版的,读者便不难推断出,主要工作应该系由合著者完成。此书颇为实用,它类似于一本普及性的简明电影指南:向读者传授电影艺术的基本概念和术语,简述其发展史。

人工智能与仿艺学

在关于电影的著作于 1973 年出版后,洛特曼就已撰写了《电影艺术在文化机制中的位置》一文(载《符号学》〈8〉,1977)。文章的意义在于,它将电影上升到了文化元语言——也即第二级语言,描述语言的语言——的高度。文章也涉及了元艺术的直接事实(在电影中放映电影),还谈到了一些时代,在这些时代中,一种艺术形式成为主导并侵入所有文化领域,继而成为某种描述文化的语言。洛特曼认为,近几十年来,电影艺术就占据着这一主导地位,并完全可以被视为当代文化的一种元语言(笔者还要补充一点个人的看法:自 80 年代以来,电影艺术的地位便受到了电视的强力挤占;后者看似是前者的亲兄弟,但实际上自有其特点,并已远远超出了艺术的范畴。洛特曼还只是处于这一新时期的最初阶段,他察觉到了新时代的来临①,但未及认真了解其新特性)。

在洛特曼符号—结构主义研究的早期阶段,元语言的不同层面就已引起了他的兴趣,而在 70 年代,它们则占据主导地位。他与鲍·安·乌斯宾斯基共同撰写的纲领性文章《神话—姓名—文化》(《符号学》〈6〉,1973)一开篇便分析了两类元描写方式:第一类是**元语言**——它产生于"摹状"型的逻辑语言生成之时;第二类是**元文本**——它能够强化其语言和描写语言之间的同构性,这是诸种神话文本和元文本的领域。洛特曼本人也不仅明确了元语言的定义,还对元语言加以广泛运用。

洛特曼对文化(特别是艺术创作领域)元语言问题的研究在 70 年代用力更

---

① "而如今还要再加上一组对立:电影/电视。"——尤·米·洛特曼:《在思维世界的深处》,莫斯科,1996,第 165 页。此书写于 1980 年代末,最初出的是英文版(尤·米·洛特曼:《思维的宇宙:文化符号学理论》,伦敦—纽约,1990)。

勤。他踊跃加入了对元语言甚感兴趣的学者们所结成的团体,其核心力量是列宁格勒航空仪表学院控制论和计算技术教研室。该教研室的"创办"历史如下。

1971 年 2 月 24 日,我在位于宫廷滨河街的列宁格勒"学者之家"做了题为《控制论与文艺学》的公众讲座,所讲内容是我撰写的同名著作中的基本观点(我原本打算在当时由鲍·索·迈拉赫教授创建的科学院艺术创作综合研究委员会的支持下出版此书,但他担心来自正统派的攻击,便要我对多处进行增补和说明,我拒绝了这种玷污文本的做法,撤回了书稿——它就这样一直被我束之高阁。最近一次想尝试在"教育"出版社推出更具普及性质的版本,但也无果而终)。我在做讲座时注意到,第一排听众中有一位陌生的年轻人听得很认真,而且还在笔记本上写着什么。讲座结束后,提问最多的也是他,所提问题很在行也很有趣。

我们自然就认识了。这位同仁原来是米哈伊尔·鲍里索维奇·伊格纳季耶夫教授,当时他已是控制论和计算技术教研室主任——他迄今仍是这个教研室的负责人,尽管学院如今已升格为大学(准确的全称为"国立圣彼得堡航空航天仪表制造大学",教研室现名为"计算系统教研室")。

米哈伊尔·鲍里索维奇当场就邀请我到他们教研室做报告——于是,1971年 3 月 5 日,我第一次来到了学院的这个教研室,该学院对我来说一点也不陌生,甚至堪称母校:1947 年,为了追寻终生酷爱的语文学,我从该学院的五年级退了学。

我与一群热情而有才华的青年人结下了学术友谊。我发现,米·鲍·伊格纳季耶夫和他教研室的伙伴们不仅对控制论思想在文学研究中的别致运用满怀好奇,还对他们所从事这项研究的未来发展前景深感担忧。现代计算机的信息处理量和速度都在不断增加,这就使专家们不得不考虑为其提供多样化的"食粮",以及复杂化的任务。米·鲍·伊格纳季耶夫早已凭直觉领悟到,人文科学领域,尤其是艺术创作,可以为控制论技术提供新颖而丰富的材料。正所谓"得来全不费工夫"——我们的相识相知对双方都有益处。

还有一个更为专业的实践性领域也令米·鲍·伊格纳季耶夫很感兴趣,它对教研室的学术研究十分重要。当时,教研室成员们获得了一项极为有趣的任务：研究月球探测机器人的构造。美国宇航员乘坐"阿波罗"飞船登上了月球，这一壮举震撼了全世界；苏联和美国的遥控月球车所激发的已不是幻想家的迷思，而是科技工作者的智慧。研究所和军工设计局纷纷开始规划未来的月球定居点——最初的建造工作想来应由机器人作业队来完成。而若是涉及机器人团体，就必须制定出通讯原则和方式，编写系列命令和应答，甚至要创建机器人团队（包括其中的"领导人"和"普通人"）交互行为的完整情节体系，等等，不一而足；这时，控制论者就只好向文学研究者请教了。他们既需要掌握情节建构的一般规律，又要了解构建情节"言语"的结构—符号学方法；这需要划分出一套可以比较的"言语"基本元素并确定其分段方法，也即把总的语流切分为某些单独片段的方法。因此，控制论者和文学研究者走到了一起，这是顺理成章的事情，而且恰逢其时。

伊格纳季耶夫拥有一笔数目不小的资金，用来支付所委托工作的费用。他所在的教研室与不少军事组织有联系，这些组织对需要运用计算技术的各种研究都有兴趣，教研室也因此而不断收到所谓的"经济合同"：享受财政拨款的相关组织向教研室订购一年甚或几年期的系列著作，教研室则成立工作组（往往可以邀请编外人员参与完成经济合同的任务）。合同中的一部分资金自然被用于支付工资，而大头则进入了学校的钱袋子：教研室可以用来支付差旅费、购买与该课题相关的设备和资料。如果所获资金达到数百万，那么教研室主任从这笔巨款中分拨出几万卢布再签一份分包合同，并不是什么难事，也就是说，教研室本身也可以向另一个组织订购整套相应的任务。

我当时担任列宁格勒亚·伊·赫尔岑师范学院的俄国文学教研室主任。在接到伊格纳季耶夫的请求和任务——研究未来的月球机器人所需的情节—结构原则，并签订正式的经济合同后，我在教研室内就选拔出了一个由领计时工资的教师及研究生组成的优秀团队，他们满怀热情地展开了工作。我们的经济合同的正式名称是《结构方法基础上的机械手型复杂系统之外部行为的算法化》。自然，我向伊格纳季耶夫讲述了洛特曼的学术活动，并在洛特曼第一次来列宁格勒时就介绍他们两人相识。伊格纳季耶夫的教研室也提出与塔尔图教研室建立经济合同关系。于是，洛特曼也在其教研室内组织起一支年轻队伍。与我们列宁格勒的这支相比,塔尔图团队研究的问题更具理论性质:团队关注的焦点是文化学的一般问题和不同文化学领域的描写语言问题,也即元语言问题。

　　塔尔图经济合同的正式名称起初与我们的大致相同:《机器人与复杂行为形式的符号建模》。但在1975年(经济合同的最后一年),其名称就与实际的研究内容更加贴近了:《机器人与符号建模(行为符号学与文化类型学)》。

　　姑且列出洛特曼及其团队的两份年度报告的目录——也可算作一份工作纪要吧:

1974 年

绪论

1. 机器的个体行为问题

2. 机器的理性行为问题

3. 将文化作为整体而进行研究的问题与人工智能

4. 文化研究的两个方面与技术进步

第一编:文化与极复杂系统的行为问题·对复杂行为的动态建模

作为语言的行为(作为符号系统的行为)

第二编:作为自我调节装置的文化元机制

符号系统的动态模式

文化元机制的结构与功能

多样性增长的趋势

同一性增长的趋势

电影与文化的元语言机制诸问题

电影与神话语言

1975 年

第一章:人工智能问题与文化的符号类型学

引言

"智能"的定义

智能系统的多重性

创造性智能的结构

最佳语言的选择与翻译问题

"智人"的概念——智慧人

文化的元机制与人工智能诸问题

电子计算机与当代文化的元语言构型·集体智能与人工智能的
对接

联想型翻译组件的结构与联想型意识的诸机制

关于上述模式结构的几点意见

第二章:文化类型学诸问题与智能原型的同构性

文化的符号性要件与集体心理诸问题

论符号系统的退化与展开("弗洛伊德主义与符号文化学"问题)

小结

第三章:文化类型学观照下的行为模式与行为程序

行为模式与文化类型学

18 世纪俄罗斯文化的符号类型学

作为符号范畴的行为·18 世纪俄罗斯文化中的日常行为编程

作为十二月党人时代人物的日常行为程序的文学文本

小结

可以看出,不少章节(如《符号系统的动态模式》《论符号系统的退化与展开……》,以及关于 18—19 世纪初日常行为的那几节)要么同时发表于塔尔图大学的学术出版物中,要么也被收稿待发;另一些章节,如关于联想型意识的诸机制那一节,并未完整见诸文字。这些论著中有不少想法仅仅是被提了出来,不少内容只是初露端倪。

最先为我们的"近控制论"科学命名的是洛特曼,这份荣誉属于他;事实上,该名称在这门科学真正诞生之前就已出现了。

在符号学研究初期,洛特曼曾收到官方报纸《苏维埃爱沙尼亚》的请求函:请他对某位柴油机车副司机伊·谢梅尼科夫的来信作出回复。报纸的这位读者

（是确有此人还是虚拟的，这已无关紧要）想要了解，符号学是一门什么样的科学。洛特曼立即撰写了一篇普及性的文章《人与符号》作为回复（《苏维埃爱沙尼亚》，1969，第 27 期；此文不久前重刊于《维什哥罗德》，塔林，1998，第 3 期，第133—138 页）。文章结尾处提出了一个有趣的预测性问题："为了将艺术构造的某些特性'嫁接'到信息的传输和存储系统，将来会不会出现'拟艺学'①——一门研究相应艺术构造规律的科学？"

　　两年以后，当我们已着手开展经济合同上规定的工作时，我们的团队将这门科学称为"仿艺学"——该称名接近于"仿生学"：仿生学是研究许多世纪的进化过程中已十分完备，并可被应用于机械学和工程学的那些生物系统的科学；我们的这门科学则得名于拉丁语中的词根"艺术"，它着眼于艺术领域（从文学到绘画、音乐）中某些可被应用于控制论和信息论的结构—系统构造。

　　遗憾的是，在启动三年半后的 1976 年，我们的业务合同研究被一位官员下令终止了。航空仪表学院的科研副院长维·瓦·赫鲁晓夫有一次在检查各教研室的业务合同执行报告时意外发现了控制论教研室的材料。他一发现该教研室向几个人文学者订购了些莫名其妙的课题，便大为震惊，并凭一己长官意志让伊格纳季耶夫立即停止把国家的钱花在什么人文科学上，听不进任何正当辩解。然而，尽管官方联系被禁止了，所有参与者却依然在新领域耕耘不止。

　　那一阶段富有特色的总结性成果便是我们——鲍·费·叶戈罗夫，米·鲍·伊格纳季耶夫，尤·米·洛特曼共同撰写的文章《作为文化元机制的人工智能》。此文当时未能发表，它在我的所存文献里躺了二十多年，直到不久前才从那里被调取出来，并刊载于《俄罗斯研究》（圣彼得堡，1995，第 4 期，第 277—287页）。三人的分工有所不同：洛特曼——"元语言"性质的基本内容（其中不少观点散见于上述经济合同规定工作的总结报告），伊格纳季耶夫——技术工程和工艺学的问题，第三位合著者——历史回顾和自然趋向。

　　人工智能在此文中并未被视作一种人工建构而成的机制（尽管诸如此类的方面在现代文明中也是存在的），而是被视为一种自然而然、有机发展着的现

---

　　①　此词的俄文为 артистика，是洛特曼自创的一个术语。——译注

象——从自然的个体智能到超个体智能系统(也即人类文化)的创建。由于越发复杂的生成物在这一文化中不断积聚,因此便出现了一些也可以被解释为人工智能的元系统。这样就形成了一种复杂的辩证平衡,其中尤显重要的是各部分之间的相互关联和相互制衡:"作为整体之文化的动态性和稳定性意味着,随着元系统能效的增强,各子系统的多样性及其相对独立性也在增加。子系统对元系统的'胜利'便是作为一种统一人格的文化走向瓦解的根源(文化的'精神分裂症')。元系统对部分子系统的多样性和相对无序性(也即个体性)的'胜利'则意味着系统的僵化和衰亡。"(第281页)

瓦·索·巴耶夫斯基,抱着孩子的凯·洛特曼(阿列克谢之妻),扎·格·明茨,格·米·洛特曼,尤·米·洛特曼。1980年10月。

三位作者还强调了文化和技术进步过程中的戏剧性:"文字(更不用说印刷术)的出现是一种巨大的社会进步,因为它克服了科学发现和艺术作品的瞬时性,使任何识字的人在任何时刻都有可能复现被遗忘的文本。但与此同时,独自阅读又使人们失去了与老师或作者交流的乐趣和效率。电视机、录音机、留声机(同样以其巨大的进步性和普遍性)使得这一独处的趋势日益突出。(可与程序教学①中类似的两重性加以比较。)全民性的电话通信起到了些许补偿作用,它具有一种演变为视频通话的趋势;但这也治标不治本:它无法完全恢复人与人之间直接的、无媒介的交往。

"另一方面,文化的符号性有所增加,位于生活的初级层次之上的元文化的次级、三级等更高层次则发生增殖,这进一步将包括人与人、人与自然环境的交流在内的符号外交际形式从日常生活中排挤了出去。

"这两种趋势都会引起人们的某种情感,可以称之为'浪子情结'——回归社会交往、自然等等的迫切而鲜明的感受。"(第284—285页)

由此可见,人类一方面力图进一步扩大"人工智能"的领域和整个符号域,另一方面又愈发频繁地转向与大自然的符号外交际。艺术在此则令人难以置信地扮演着双重角色:它既强化了元语言层面(从而也就强化了"人工智能"),同时又通过与符号外初级结构的接触而将人类引向自然、天然的领域。因此,"人工智能"永远不会将文化整个儿给吞噬掉,当然也永远不会把"自然"给吞噬掉。它就好比一道横跨了很多领域的"弧":这道"弧"在人类社会中得以巩固并不断增大,但却无法变成一个囊括人类全部活动的完整的圆。

洛特曼及其合作者后来对这些思想进行了或重点或连带的论述。但在70年代中期的当时,它们还是首次被如此集中地表述于这篇提纲性论文之中。遗憾的是,文本未能发表。

---

① 程序教学由美国心理学家伯尔赫斯·弗雷德里克·斯金纳(1904—1990)提出,通常分为五个步骤(或原则):1. 小步子原则(即把教材分解为许多片段知识,编成一个逐渐增加难度的、有次序的序列,一步一步地呈现给学生);2. 积极反应原则;3. 即时反馈原则;4. 自定步调原则;5. 低错误率原则。——译注

洛特曼在 20 世纪 80 年代至 90 年代初

　　洛特曼离任俄国文学教研室主任一职(1977)并被调至爱沙尼亚语文学专业下属的文学理论教研室(1980)——此事是彻头彻尾的形式主义官僚行为;事实上,这位学者照旧在俄罗斯语文学专业任教,并仍为原教研室的实际领导者。

　　据柳·尼·基谢廖娃称,在 20 世纪 80 年代,教授的教学工作量只是略有减少:从 20 世纪 80 年代中期开始,每周课时量减到了 6—8 课时;直到 20 世纪 90 年代,已然疾病缠身的洛特曼每周仍要讲授 4 课时,临终去世前则为每周 2 课时。根据柳·尼·基谢廖娃提供的资料,我们可以列出洛特曼在俄国文学教研室所开设专题课程的清单:

　　1980—1981 学年:俄国哲理抒情诗(巴拉丁斯基的创作;丘特切夫的创作);

　　1981—1982:18—19 世纪初的文学生活(文学的现实功能);

　　1982—1983:散文理论;

　　1983—1984:《一位俄国旅行者的书信》;

　　1984—1985:果戈理的创作;

　　1985—1986:世界文化语境下的俄国文学(18—19 世纪上半叶):"俄国与西方"问题;

　　1986—1987:普希金的长诗;

　　1987—1988:文化符号学导论;

　　1988—1989,第一学期:十二月党人时代(1814—1826);

　　1989—1990,第二学期:普希金 19 世纪 30 年代的创作;

　　1991—1992,第一学期:文化中的爆发性过程;

　　第二学期:普希金未完成的设想;

　　1992—1993:《叶甫盖尼·奥涅金》。

洛特曼一生中讲的最后一堂课就属于这门专题课程的内容——1993 年 5 月 12 日①。

令人惊叹的是,尽管受到种种压制,教研室竟然还能从新校长阿·科普那里连续搞到新的教职名额——不仅有教学岗,还有研究员们的科研岗。前文已说过教研室 20 世纪 70 年代扩编一事,这里我就从柳·尼·基谢廖娃材料翔实的文章《教研室属于文化史》中引用一段相关文字:"在 1980—1990 年代,玛·鲍·普柳汉诺娃(1980—1994)、奥·格·科斯坦季(1980—1988)、尤·卡·皮亚尔利(1983—1997)、列·连·皮尔德、罗·格·列伊博夫、叶·阿·波戈相(自 1988 年起)、亚·亚·丹尼列夫斯基(自 1990 年起)、米·尤·洛特曼(1991—1992)和彼·格·托罗佩金(1993—1995)陆续入职教研室。加·米·波诺马廖娃自 1980 年起先后在好几个行政部门工作(自 1993 年起晋升为教研室高级研究员);自 1990 年起,塔·德·库佐夫金娜任职于其他行政部门(自 1997 年起担任教研室研究员)。彼·亚·鲁德涅夫(1968—1972)、叶·瓦·彼得罗夫斯卡娅(1980—1981)和安·马·施泰因戈尔德(1983—1985)作为临时工作人员在教研室历史上发挥过重大作用,合同制工作人员亚·费·别洛乌索夫(1970—1977)亦是如此。"(《维什戈罗德》,1998,第 3 期,第 13 页)

教研室的学术活动十分活跃(洛特曼喜欢用图画来表现"隐喻变现"的手法。以这句话为例:他画了一把巨大的门钥匙,某人正用它来敲打画家本人的脑袋②……)。俄国文学教研室在塔尔图主办过的,或至少派人参与过的学术会议和研讨会有一份拉得长长的清单,我们从中摘录出列有洛特曼发言的那些会议(清单载于同一期《维什戈罗德》杂志)。报告和发言的确切日期和标题并不全,不过,有些题目已在现存的会议议程和报告提纲中找到。

1981 年 3 月 13—15 日:参加符号学研讨会"(大脑)两半球功能的不对称与作为集体意识机制的文化的符号不对称之间的功能性对应";

---

① 柳·基谢廖娃:《尤·米·洛特曼在塔尔图大学的学术活动》,载《特格斯特斯拉夫研究》,第 4 卷,的里雅斯特,1996,第 10—11 页。

② 俄语熟语 бить ключом(十分活跃)的字面意思为"用钥匙敲打"。——译注

1982 年 3 月 2 日：在符号学研讨会上做报告《对称性问题与对话》；

1982 年 12 月 13 日：在符号学研讨会上做报告《群体意识的符号层面》；

1982 年 12 月 15 日：在"语文科学在塔大"学术会议上做报告《现代符号学思想前史》；

1983 年 2 月 11—13 日：在彼得堡文化的符号学与类型学专题研讨会上致开幕辞；

1983 年 2 月：在纪念瓦·安·茹科夫斯基诞辰 200 周年的学术报告会上做报告；

1983 年 12 月 21—23 日：在纪念列·雅·巴洛诺夫(1917—1983)的"智能系统的功能性不对称"研讨会上做报告；

1984 年 4 月 9 日：在教研室会议上做报告《谈谈普希金所收谤书的作者身份》；

1984 年 12 月 1 日：在教研室会议上做报告《作为文化客体的书籍》；

1985 年 2 月 16—17 日：在"1905 年与俄国象征主义"学术会议上做报告《象征问题》；

1986 年 6 月 24—26 日：在凯里库开办的"第二性模拟系统暑期学校"做报告；

1986 年 11 月 28—30 日：在纪念罗蒙诺索夫诞辰 275 周年的"米·瓦·罗蒙诺索夫与俄罗斯文化"会议上做报告《罗蒙诺索夫和关于 18 世纪俄罗斯文化特性的若干问题》；

1987 年 3 月：在"电影语言"研讨会上做报告；

1987 年 4 月 1 日：参加纪念鲍·瓦·普拉夫金诞辰 100 周年的晚会；

1987 年 11 月 13—15 日：在纪念普希金的学术报告会上做报告；

1989 年 12 月 15—17 日：在"法国大革命与俄国解放运动的道路"学术会议上做报告《在法国大革命的视角下》；

1991 年 3 月 22—24 日：在"亚·亚·勃洛克与俄国后象征主义"学术会议上做报告；

1992 年 1 月 24—25 日：在"作为文化发展潮流的古典主义"学术会议上做

报告《帝俄时期的文化基础》；

1993 年 6 月 10—13 日：在"文学和文化中的'自我'与'他者'"国际研讨会上做讲座（这是洛特曼在学术会议上的最后一次发言）。

作为对塔尔图清单的补充，我将莫斯科清单的结尾部分也列于此处（清单是法·谢·松金娜应我的请求而编制的）：

1981 年 1 月 20 日：在苏联科学院斯拉夫学研究所做报告《对普希金关于基督之构思的再现》；

1982 年 1 月 21 日：于斯拉夫学研究所在首届符号学讨论会召开 20 周年的纪念大会上做报告《论大脑半球的不对称》；

1982 年 11 月 27 日：在"学者之家"举办的祝贺德·谢·利哈乔夫 75 寿辰学术报告会上做报告；

1983 年 2 月 1 日和 6 日：在国立普希金造型艺术博物馆关于艺术空间（实为纪念帕·弗洛连斯基）的学术大会上发言；

1984 年 5 月 21 日：在国立普希金造型艺术博物馆纪念维佩尔的学术报告会上做报告《静物画与小世界》；

1984 年 12 月 3 日：在艺术史研究所做报告《作为符号学范畴的文化的连续性》；

1984 年 12 月 16 日之前：在国立普希金造型艺术博物馆举办的普希金《黑桃皇后》成稿 150 周年纪念大会——"《黑桃皇后》的世界"上做关于俄国长篇小说的报告；

1985 年 6 月 3 日与 6 日之间：与日本学者进行闭门座谈；

1985 年 6 月 7 日：在斯拉夫学研究所举办的伊·约·列夫津纪念会上做报告；

1987 年 2 月 5 日：在世界文学研究所做关于普希金的报告。

在洛特曼来列宁格勒多次发表的演讲中，我就稍微提一下他在"作家之家"所做的关于其论著及撰写方法的报告（1992 年 4 月 12 日），地点安排在花毡街上当时尚未被烧毁的舍列梅季耶夫宫，现场听众爆满（大厅容纳不下所有听众；好在报告厅外围的几间装有无线电的休息厅也可以听到洛特曼的演说）。这是学者最后一次来彼捷尔。

教研室努力推动其丰富的学术产品的面世。此事做起来很难，而且每年都变得越来越难——不仅因为塔尔图大学资金不足，以及其他专业、教研室某些同事从中作梗，还因为勃列日涅夫时代末期来自莫斯科方面的意识形态压力与日俱增。全国上下的所有高校都承受着这种压力，但有几所格外"危险"，其中塔尔图大学位居第一。谢·根·伊萨科夫在为 1991 年版书目索引指南所作的序文《俄国文学教研室出版物概要》中，对当时的情形做了如此描述：

> ……和其他高等教育机构一样，多数大学在此前便已被禁止出版专著。《学术论丛》的版面数被缩减到 10 个字数印张①，单篇文章的篇幅则压缩到 1 个字数印张；此后，基于档案史料一类的新材料又被禁止在《学术论丛》上刊发。纯形式上的要求也愈发严格，有的要求毫无意义，有的甚至极为荒谬：禁止系列出版物采用连续编号，每一卷《学术论丛》都要取专门的标题，并最好构成独立的专题文集，等等。所有这一切都沉重打击了塔尔图的出版活动。专著已不再出版。单卷《学术论丛》的版面数锐减；从第三十一卷(1979)起，《俄罗斯和斯拉夫语文学论丛》中的公告栏目就已停办取消。不久，自 1982 年起，应上级要求，该论丛的卷号也取消了，这给论丛的编目工作带来很大麻烦，要在图书馆索引中找到此套出版物更是难上加难。
>
> 人们在这些情况下寻求着变通的办法。专著是以教学参考书——首先是本科生专题课程教学参考书的形式出版的。读者从扎·格·明茨的"函授课程讲义"《亚历山大·勃洛克的抒情诗》(第 1—4 辑，1965—1975)或谢·根·伊萨科夫的专题课程教学参考书《俄罗斯语言文学在 18—19 世纪的爱沙尼亚教育机构中》(第 1—2 辑，1973—1974)中不难看出，这都不是教学参考书，而是专著。新材料则是披上学术文

---

① "字数印张"是苏联采用的一种计算作家稿酬的单位，一个字数印张合 40 000 字符。——译注

章的外衣加以发表的,或者干脆就作为其中的一部分。例如,将季·吉皮乌斯和德·梅列日科夫斯基致亚·勃洛克的书信公开发表出来是一件极有意义的事情,而这些书信就收在扎·明茨的《与梅列日科夫斯基论战中的亚·勃洛克》一文中(见《勃洛克纪念文集》第四卷)!

书报检查方面的困扰在 1970 年代急剧加重,1980 年代前半期尤甚。几乎没有一卷《俄罗斯和斯拉夫语文学论丛(文学研究)》和《勃洛克纪念文集》侥幸逃过审查,个别卷次的出版还被长期搁置。有一卷《俄罗斯和斯拉夫语文学论丛(文学研究)》(《俄国文学的类型学问题》,《塔尔图大学学术论丛》第 645 卷)被尽数销毁,而导致下发那条指示的原因则是某人的举报(论丛编委会和该卷的责任编辑至今仍不了解此次事件的"幕后"细节)。以该标题重新印刷的那一卷与原先的内容已大不相同(从中删除了彼·托罗普和尤·洛特曼的两篇文章,其余文章也遭受书报检查人员的粗暴修改),它直到 1985 年才得以面世。①

教研室仍在忙碌着! 尽管存在着书报检查上的重重障碍,教研室论著的出版基本上仍在有条不紊地进行着。正像谢·根·伊萨科夫已经言及的那样,《俄罗斯和斯拉夫语文学论丛》的连续编号在 20 世纪 80 年代初被取消了——这是极为愚蠢的决定,其文献标引和查找也因此而变得非常困难:每出一卷就要单取一个标题。好在《塔尔图大学学术论丛》的总期号尚未被取消,教研室论丛的总标题《俄罗斯和斯拉夫语文学论丛(文学研究)》也得以保全(尽管失去了卷号),但各卷的标题却是"拍脑袋"想出来的:《文学类型学与历史连续性问题》(1982;这是教研室《论丛》的最后一卷,其序号为三十二),《历史—文学进程的统一性与可变性》(1983),《文学互动的类型学》(1984),等等。主要是得想出尽可能宽泛一些的、能够涵盖所有拟发文章题目的书名。

教研室文集得以连年出版;为了弥补 1984 年未出(被毙)的那一卷,在 1987

① 《塔尔图大学俄国文学教研室俄国文学与符号学研究论著(1958—1990):目录索引》,塔尔图,1991,第 9—10 页。

年出版了两卷。虽然 1989 年的那卷又告阙如,但在 1990 年,与教研室的《俄国文学的发展道路》那卷一道出版了《文学进程:内部规律与外部影响》,此卷除了正标题,还配有一个小标题(在常规书名《俄罗斯和斯拉夫语文学论丛(文学研究)》之后):《赫尔辛基和塔尔图俄罗斯研究(第二卷)》。实际上,教研室自 20 世纪 80 年代起便与赫尔辛基大学俄国语文学教研室建立了学术友谊,双方每两年举办一次联合研讨会(其第一届研讨会于 1987 年在赫尔辛基举办),并相互聘请教师——这一切所形成的最终成果是定期联合出版学术论丛。双方轮流负责出版论丛:新系列的第一卷于 1989 年在赫尔辛基出版,主编为丽·比克林和佩·佩索宁,其标题为《20 世纪初俄国文学史问题》(其中也收有 1987 年第一届研讨会的资料);第二卷,如上所述,1990 年出版于塔尔图,收有 1989 年在塔尔图举行的第二届研讨会资料。此后,该研讨会在赫尔辛基和塔尔图每两年轮流举办一次,并且双方轮流出版《赫尔辛基和塔尔图俄罗斯研究》文集。不久前(1998),在塔尔图出版了文集的第六卷。

得益于洛特曼的国际声誉,在 20 世纪 80 年代至 90 年代初,塔大教研室与外国同行的学术联系和协作关系总体来说非常紧密。1991 年,与斯德哥尔摩大学斯拉夫和波罗的海语言学院的合作得到了加强:在斯德哥尔摩举行了一次研讨会,由洛特曼率领的塔尔图学者两人组参加了会议(米·尤·洛特曼和柳·尼·基谢廖娃)。1992 年,在塔尔图又举办了一次研讨会。在这两场研讨会的基础上,由斯德哥尔摩大学出资,于 1994 年出版了文集《古典主义与现代主义》(塔尔图,1994)。

1990 年,塔大教研室与英国基尔大学俄罗斯语文学教研室组建了学术联盟。1992 年,对方(英国)召开了庆贺洛特曼 70 寿辰国际学术会议(遗憾的是,他本人因健康状况不佳未能出席)。会议成果后见于四卷本报告集。

自 20 世纪 80 年代末起,与意大利贝加莫大学比较语文学系的学术联系也建立起来。其合作成果亦体现为举办了一系列学术会议,互办了专题课程和讲座;在该校的参与下,在的里雅斯特还出版了相应的"学术论丛"(《特格斯特斯拉夫研究》文集)。其中的绝大多数文集都载有洛特曼的新文章。《维什戈罗德》的洛特曼纪念专辑(1998,第 3 期)上刊载了一组关于塔尔图教研室与外国同行之间相互联系的精彩特写,其作者都是我们的同行(佩·佩索宁,尼·考赫奇什维利,乔·安德鲁,瓦·波卢欣娜)。

令人惊讶的是,《符号学》的期刊编号居然还在。与《俄罗斯和斯拉夫语文学论丛》所不同的是,《符号系统论丛》出版时仍保留其连续编号。在 20 世纪 70 年代末,稍事耽搁后,《符号学》自 1981 年起开始密集出版(当年就出版了第 12—14 卷),尔后,到 20 世纪 80 年代末之前又推出九卷。后来,由于政治改革和爱沙尼亚的独立,出版有所延误,但 1992 年还是出了第 24 和 25 卷。洛特曼的去世导致其暂时休刊,但符号学教研室近期(1998)又恢复了这套高质量丛刊的发行——推出了篇幅很长的第 26 卷。应当指出,塔大教研室在 1992 年被一分为二:原先的俄国文学教研室仍是主体部分,而符号学教研室则从中独立了出去,其时已由洛特曼正式领导(他去世后,符号学教研室主任由伊·阿·切尔诺夫担任,自 1998 年起则由彼·赫·托罗普担任)。

由柳·尼·基谢廖娃自 1992 年起开始领导的俄国文学教研室也恢复了《俄罗斯和斯拉夫语文学论丛(文学研究)》的出版(自 1994 年起)。该丛刊如今加了一个小标题"新系列",所以采用的是从第一卷算起的新编号(目前,第三卷正准备付印)。

《勃洛克纪念文集》的连续编号也给保住了。得益于扎·格·明茨的学术热情和洛特曼及教研室其他成员的大力相助,尽管在意识形态和组织方面困难重重,但还是成功召开了多届勃洛克专题会议;和教研室的其他活动一样,它们也很快获得了世界声誉。《勃洛克纪念文集》的出版则更为困难:在 1963—1979 年之间总共只出了三卷。但是,在 20 世纪 80 年代,扎·格·明茨却设法组织了后续七卷的出版;第 10 卷《勃洛克纪念文集》(1990)是扎·格·明茨去世前编纂完成的最后一卷。但文集的出版并未就此终止;俄国文学教研室至今仍在继续推出《勃洛克纪念文集》(纪念扎·格·明茨诞辰 70 周年的第 14 卷于 1998 年问世)。

可见,无论是教研室还是洛特曼个人,其创作强度都越来越高,发文量和出版量也在快速增长。洛特曼在爱沙尼亚境外——莫斯科,列宁格勒,西欧——也发表了许多文章。书亦是如此。洛特曼 1980 年代的著作主要出版于列宁格勒:

《亚·谢·普希金的长篇小说〈叶甫盖尼·奥涅金〉(注释·教师用书)》("教育"
出版社,1980;1983 年再版)和《亚历山大·谢尔盖耶维奇·普希金:作家传记
(学生用书)》("教育"出版社,1981;1983 年再版)。

　　20 世纪 80 年代末,在莫斯科也出版了两本书:《卡拉姆津的创作》("图书"
出版社,1987)和《在诗语的滋养中:普希金、莱蒙托夫、果戈理》("教育"出版社,
1988)。与此同时,学者还收到了英国出版社 I. B. 陶里斯有限公司的荣誉订单,
后者约请他撰写一部符号学著作。经安·舒克曼翻译后,此书于 1990 年问世,
并配有翁·艾柯所作的序言——尤里·米·洛特曼:《思维的宇宙:文化符号学
理论》,伦敦—纽约。几年后,当洛特曼已经去世,此书才以初始面貌示人——
尤·米·洛特曼:《在思维世界的深处:人—文本—符号域—历史》(莫斯科,"俄
罗斯文化语言"出版社,1996;塔尔图大学参与了此书的出版工作)。最后一本书
是已经身患重病的洛特曼向其女学生口授而成。他看到了这本书的问世,——
它便是《文化与爆发》(莫斯科,"格诺吉斯"出版社,1992)。我们将在下一章中来
谈这两本书。洛特曼也赶上了其三卷本《选集》的面世(1992—1993),此书由他
的两名学生——塔林"亚历山德拉"出版社创办人(伊·扎和维·伊·别洛布罗
采夫夫妇)推出……

　　还有一点必须指出,洛特曼在生命的最后几年中还撰写了几部颇有价值的,
直到他去世后才得以面世的著作:《漫谈俄罗斯文化:俄国贵族的日常生活与传
统习俗(18—19 世纪初)》(圣彼得堡,"艺术—圣彼得堡"出版社,1994);《18—19
世纪初俄罗斯文化史概论》(此书与作者的其他文章一起被收入《俄罗斯文化史
钩沉》丛书的第四卷,莫斯科,"俄罗斯文化语言"出版社,1996);《上流社会的宴
会》(与叶·阿·波戈相合著,圣彼得堡,"普希金基金会"出版社,1996)。我们也
已在"关于艺术的论著"一章中提到了他与尤·齐韦扬合著的《与银幕的对话》一
书(塔林,1994)。

　　鉴于其世界性声望,洛特曼当选为多家权威学术刊物的编委、英国皇家科学
院通讯院士和挪威科学院院士。但这是墙内开花墙外香。就连领导层也意识
到,不给洛特曼一个学术头衔是一种耻辱。他们甚至在科学院院报新设了栏目
"文化符号学",为此还专门给他留了一个位置。哀哉!"在全世界人文学界看

来,1987 年洛特曼落选爱沙尼亚科学院院士一事都是可耻的。但此事并不能怪罪于党的机关或科学院管理层——他们都认为,这位全世界最具声望的爱沙尼亚学者一定会当选,这是板上钉钉的事儿。未让洛特曼通过的是科学院社会科学部,他们终究无法理解,文化符号学为何物,它真的是一门科学吗?俄国文学研究在爱沙尼亚又被认为是毫无必要的。科学院大会并未通过他们所推荐的爱沙尼亚籍语言学家的提名,许多院士都表示抗议,国际知名化学家维克托·帕尔姆虽在当选之列,但拒绝接受与此相关的祝贺。然而,木已成舟。三年后的'修正'也并未使任何人感到满意。"①

马·萨卢佩勒所说的"修正"指的是洛特曼在 1990 年的当选。那也只好这样了。洛特曼次年亦未能入选"大"科学院,也即全苏的、莫斯科的科学院:其反对方提出的主要理由是,洛特曼如今已是"外国人",他生活在另一个国家,在俄罗斯境外。当然,洛特曼对待所有这些事件都是一笑了之;真正的学者并不需要外在的勋章和头衔。

对个人而言难以想象的高强度学术工作(再加上满负荷的教学工作量!)给这位学者的身体所带来的伤害也越来越大。心脏开始不堪重负,尤其是心律不齐让他很是痛苦。虚弱的机体也难以抵御传染性疾病——流感和重度黄疸。

他获得的 1989 年度亚历山大·冯·洪堡研究奖本应为他带来一次可喜的休整:即使无法从过度劳动中彻底解脱,也至少能暂时放下教学工作。更让洛特曼感到高兴的是,扎·格·明茨的病在德国有治好的可能:关节退化——股关节疾病——越来越严重,她走路也日渐困难。1989 年 2 月,洛特曼夫妇来到慕尼黑,开始了他们在图书馆的紧张工作;洛特曼还准备在德国几所大学做讲座,实际上已经开始做了。谁料 5 月里却发生了一次"反转"——不是在这位学者的论著中,而是在他的命运中:住进医院的不是他的妻子,而是他自己——他中风了。但健康检查的结果却更糟糕:他被诊断出肾癌。洛特曼切除了病变的肾脏,他得到一句安慰性的承诺——至少还可以活五年(结果也大差不离,只少活了一年),

---

① 马·萨鲁佩勒:《难怪他如此喜爱普希金》,载《维什戈罗德》,1998,第 3 期,第 111 页。

并接受了几个月的脑卒中治疗。

德国同行、友人及定居德国的昔日的学生都为他提供了诸多帮助。当然，扎·格·明茨也发挥了重大作用：她不仅帮助病人进行语言康复训练，为他朗读学术书籍和期刊文章（洛特曼的视力也因中风而严重受损），而且还像一名职业考察师那样，时不时地详细询问病人内在的心理状态，并把这些资料记录下来。作为一位真正的学者，洛特曼本人也不断进行自我检测和自我分析。这是一种极为罕见的情况：大脑两半球不对称现象的研究者竟以自己脑部的病变状态为例，研究起了大脑运转中的不平衡和差异。最引人好奇的是，这位学者对空间的明显偏爱和对时间的某种疏离竟在其生病时的心理活动中也表现为空间对时间的征服与排斥。在 1989 年 9 月 3 日给我的来信中（此信由他向扎·格·明茨口授而成），洛特曼首次详细描述了自己在医院的状况："……我正跟着一位可爱的德国女教师用德语进行阅读练习，以此来训练左脑。而主要障碍似乎在右脑：遇到专有名词时，会出现障碍（总的来说，阻碍的产生极具选择性，它们为自我观察提供了有趣的资料）。尤为令人好奇的是头几天：左右半脑当时想必是以不同的方式运作的。例如，当我意识到，这是我思维的特殊性，甚至当我将其与半脑运作的特殊性联系起来时，我仍在以空间代替时间的思维领域内度过了一段时日。在实际生活中，我完全理解什么是时间，但与此同时，我又生活在这样一个世界里，即我自己和所有曾经与我的生活发生过交集的人在其中（我只读到过或听说过的人则并不在这个世界之列）都同时存在且存在于**时间之外**，就好像被映照在了同一空间中的不同部分一样。比方说，我的父亲同时是各个年龄的样子，并且现在也健在。其他所有人也都是如此。如果再下点功夫，我大概还可以找回并看到那些我似乎已完全忘记的事件。在这个世界里，任何事物都没有消失，它们只是去了某个看不清的地方，接着又从里面出来了。"（《书信集》，第 355 页）扎拉·格里戈里耶夫娜在此处插入了自己的一段话："这非常有意思，但也非常可怕。这**不是**胡话：尤拉确实把这一切都置于意识的控制下并宣之于口。但对他而言，那个世界也确实是**感官上**可以触知的现实（他看到了）。"（同上，第 356 页）

1989 年 12 月，洛特曼夫妇回到了塔尔图。这位学者艰辛而漫长的身体恢复期开始了（可惜的是，他的视力和右手的灵活度都未能彻底恢复到正常水平；

他写字仍很困难)。洛特曼也依旧担心着妻子的命运:毕竟在德国时已顾不上对她的治疗! 于是,洛特曼与友好学校——贝加莫大学及其他几所意大利大学谈妥了他去做系列讲座的事情,他想用所得讲课费为妻子做手术。1990 年秋,洛特曼夫妇启程前往意大利。贝加莫一家很好的医院成功地为扎·格·明茨做了手术。病变的股关节被换成了金属替代物,一切似乎都按计划顺利进行。但一个血凝块,一块在手术位置形成的血栓,却流入了脑部,并在一瞬间就使扎拉·格里戈里耶夫娜失去了生命。这是 10 月 25 日的事情,就发生在洛特曼眼前(他被允许住在患者的病房里);无法用任何词语来形容他在那些时刻、那些日子的状态。

　　也许有必要体察一下他的内心,那我们就从他 1990 年 11 月 21 日致法·谢·松金娜的书信中摘录这样一个片段:"为我哭泣和祈祷吧:扎拉在一次相当成功的手术 5 天后去世了。死因无法确定,只是说与血栓有关。我们把她的遗体从意大利运了回来,葬在了塔尔图。

　　"心情沉痛。

　　"我还一直相信,我才会是先走的那一个……"(《书信集》,第 408 页)

　　在朋友们的帮助下,灵柩被运到了塔尔图。扎·格·明茨就在溘然而逝的几个月前接受了洗礼(她认为,只有真正虔信的基督徒才能严肃地研究俄罗斯文化的白银时代),因此,葬礼是按东正教仪式举行的,坟前立有一个美丽的大十字架。洛特曼面色凝重,浑身僵硬,没有流下一滴眼泪。但他并不是对身边的尘事不管不顾的:在墓地葬礼仪式将尽时,他走到我身边,请我关照一下累了一整天的三个姐姐,把她们送到过夜处。他挂念的依然是亲友们,而不仅仅是逝者。

　　扎·格·明茨的去世严重影响了洛特曼的身体健康和精神状态,可他却更加依赖于学者们惯用的"毒品"——科研工作。弱者在沉重的精神压力下会用酒精麻醉自己,强者则不屈不挠、坚不可摧。我国著名的生物学家亚·亚·柳比谢夫在收到儿子阵亡的消息后,当天就全身心投入科研工作。

　　洛特曼也继续耕耘着。在生命的最后几年里,他满脑子全是新想法——在最后一章中还将言及此事,——他在 20 世纪 90 年代初撰写了多种精彩的文章和著作。这位学者为爱沙尼亚的独立而欢欣鼓舞,尽管他也为出入境的不便而犯愁——故乡彼捷尔竟成了境外之地,穿越这条国境还需要护照和签证方面的手续。他高兴的是,自己被"禁止出境"的时代已告结束。如今,有了邀请,出国就是一桩相当简单的事情——只要健康状况允许! 在最后几年里,洛特曼如愿参加了境外举办的会议、讲座等学术活动,去了德国、法国、芬兰、瑞典、挪威、意大利——甚至还有委内瑞拉的加拉加斯!

而他的健康状况越来越糟糕:持续心痛;泌尿系统中再次检出了癌细胞转移;脑部断层扫描检查显示,这位学者的大脑中血管轻微爆裂的现象十分严重,也即轻微中风。医生们大吃一惊:脑子都成了这样,人怎么还能活着! 可他不仅活着,甚至还在工作:他仍在创作,即使躺在医院的病床上,他也继续口授论著。但凡事都有限度。1993 年 10 月 28 日,洛特曼逝世。

11 月 3 日,他的葬礼成了全爱沙尼亚的大事。为前往塔尔图的莫斯科和彼得堡市民团体无限制发放了签证。共和国总统伦纳特·梅里和三位部长一同来到了葬礼现场(他中断了对德国的访问)。葬礼由政府承办。如同政府或外交礼仪那样,每一步程序都精确到分钟,就整个流程专门印制了一份《尤里·米哈伊洛维奇·洛特曼葬礼时间表》,此表像传单那样被分发给了在场的人。其文本如下:

10 时 30 分——灵柩抬入学校主楼。

11 时 15 分——礼堂大门打开,供众人进行遗体告别。播放乐曲。

12 时 00 分——第一批仪仗队入场。

12 时 02 分——学校男声合唱团演唱歌曲《让我们欢乐吧》①。

12 时 03 分——校长宣布告别仪式开始。

12 时 05 分——男声合唱团演唱。仪仗队换岗。播放乐曲。

12 时 55 分——俄国文学教研室和符号学教研室仪仗队入场(立于灵柩枕侧)。

---

① 《让我们欢乐吧(Gaudeamus)》,也被称为《学生歌》,是一首在欧洲广为流传的拉丁语歌曲。这首歌表现出了对于生与死的哲学性思考。——译注

13 时 00 分——符号学教研室主任伊·阿·切尔诺夫教授宣布:学生向尤·米·洛特曼告别(手持蜡烛入场)。

13 时 05 分——学生离场。伊·切尔诺夫教授请众人向尤·米·洛特曼告别。众人从礼堂一号门离场,在主楼前等待出殡,各人应注意自己所站位置,不致影响将灵柩抬往外语楼。请送花圈者敬献花圈,并与众人一起立于主楼和外语楼之间。

13 时 30 分——将灵柩从主楼抬往外语楼大门,然后装车。

13 时 45 分——大巴车从学校主楼出发,驶向公墓。

14 时 00 分——学生仪仗队手持蜡烛,在入口处列队。

14 时 15 分——安葬仪式开始。小提琴奏乐。灵柩入土。伊·阿·切尔诺夫教授请每位来宾抛下三把土。灵柩覆土。向坟墓敬献花圈和鲜花。学生点燃蜡烛。

15 时 00 分——大巴车驶离墓园。

遵照尤·米·洛特曼的意愿,在礼堂和公墓都不安排致词环节。

在葬后宴上可致告别词。

面容疲倦而和善的尤·米·洛特曼,
20 世纪 90 年代初。

在晚间的葬后宴上,伦纳特·梅里总统发表了精彩的讲话,其全文照录如下(译自爱沙尼亚语):

亲爱的各位来宾!

我现在很难决定,应当用哪种语言来发表讲话。但当我站在尤里·洛特曼墓旁,深感悲伤时(今天我们所有人都沉浸在这一情绪中),我又想到:在举办葬礼的日子里,也会有孩子出生。世间万事总是平衡的。

今天,我们安葬了尤里·洛特曼。我不知道,在今天出生的婴儿中,有谁会在多年后成为新的尤里·洛特曼。我只希望,在我们正在建设的这个爱沙尼亚共和国,未来的尤里·洛特曼们在实现自我抱负时,能比今天的这一位更轻松些。

爱沙尼亚的科学、文化界,整个世界和爱沙尼亚对尤里·洛特曼的感激之情,今天已无需置评了。

我只想向各位讲述三件小事情。第一件是很私人的事儿。就在那一刻,我明白了,来到塔尔图的这位是一个什么样的人。我十分清楚地记得,一个秋日的午后,在当时的"火花"咖啡馆附近(我不知道这家咖啡馆如今是否还在),有人拍了拍我的肩膀:"听我说,年轻人,如果我没记错的话,您正在写的毕业论文是关于十二月党人的吧。"我回答道:"是的。怎么了?"于是,这个还十分年轻的、留着小胡子的人便从他的衣兜里取出了一叠小卡片,说道:"瞧,这是我在列宁格勒的'普希金之家'抄下的,这些内容就是涉及那一时期的。我留着也没用,而您肯定是用得着的。"

这种友善的口吻使我深受感动——教师竟将自己劳动成果的一部分交给了学生,而且是非常重要的一部分! 蒂莫特乌斯·冯·博克①

---

① 蒂莫特乌斯·冯·博克(1787—1836),男爵,上校,曾向沙皇亚历山大一世提出旨在消除爱沙尼亚地区封建制度的宪法草案,并因此被捕。——译注

就这样走进了我的生活,最终我的论文就是写的他。

这种质朴也是使我们今天如此悲痛难忍的诸多原因之一。我还记得爱沙尼亚作家协会接受尤里·洛特曼成为其会员时的情景(而我们的科学院却没有这样做)。我也有一个与此相关的动人故事。所有手续都办完后,新成员应当作表态发言。尤里·洛特曼站起身来,用爱沙尼亚语向作协理事会致意,这就让我们尊敬的保罗·库斯贝格①陷入了尴尬的境地(保罗·库斯贝格从未说过俄语——这只是因为他不懂俄语;再者说,他也不愿在爱沙尼亚作协说俄语)。但后者也从桌旁站起身来,并用俄语回应了他。这就是文化高于政治倾向性的一个例子。

尤里·洛特曼去世的消息,我是在慕尼黑获悉的。德国媒体当天为爱沙尼亚文化日发了大量报道。爱沙尼亚交响乐团成了德国人眼中真正的新发现。但德国报纸仍将更多的版面用于报道尤里·洛特曼离世的消息。对德国人而言,他是一个属于全世界的人,一个代表着塔尔图大学的人。因此,不少报纸也注意到了塔尔图大学——这里有着足够的平静和安宁,正因如此,尤里·洛特曼才有可能创建自己的学派,而该学派最重要的价值就是自由思想。

我想,在今后的某个时候,我们还可以谈谈洛特曼在保护爱沙尼亚的精神财富,在恢复爱沙尼亚独立等方面的作用。②

整所大学、整座城市、整个爱沙尼亚——和几乎整个人文世界——都在为洛特曼送葬。人的生命虽已结束,但其学说思想和论著的生命却仍在延续。他的著作集在不断出版,其专题会议持续举办,会议资料汇编也相继问世,保存下来的手稿和书信也陆续公开发表;塔尔图大学科学图书馆的工作人员正在整理这位学者丰富的档案资料……他的遗产拥有久远的生命力。

---

① 保罗·库斯贝格(1916—2003),1976—1983 年期间担任爱沙尼亚苏维埃社会主义共和国作家协会理事会主席,曾获"爱沙尼亚人民作家"称号(1972)、爱沙尼亚苏维埃社会主义共和国国家奖(1965)。——译注
② 《塔林》,1996,第 2 期,第 86—87 页。

晚年的学术论著

　　洛特曼晚年学术研究的选题和所涉问题极为丰富，它们连年翻新，不断拓宽，犹如喇叭口的形状向外延伸。这位学者明白并能感觉到，自己已时日无多，所以，他抢时间要落实这些不断从他的创造性思维中产生的想法。他晚年的论著涉及了人文科学的各个领域：文学研究（从传记到文本学和方法论层面，从微型专题著作到综论性著述）、艺术研究（绘画、雕塑、建筑、戏剧、电影）和历史研究（从法国大革命到多个世纪的俄国历史）。不过，洛特曼论著的核心和主要问题仍是符号学—文化学方面的，其范围也同样非常广泛：从关于18—19世纪的具体的文化学研究到总括性的理论研究，不一而足。

　　上一章中已提到过的两部总结性著作在这一系列占据核心位置：《思维的宇宙》（1990；俄语原版为《在思维世界的深处》，1996）和《文化与爆发》（1992）。第一本书的中篇标题为"符号域"，这是洛特曼晚年全部学说的理论巅峰。这位学者在《符号域》一文中首次采用了该术语（《符号学》〈17〉，1984），它在这本书中得到了更为详细的解释，并与文化学的其他层面联系在了一起。总的来说，洛特曼在其最后的两本书中收入了不少前期——20世纪80年代（甚至70年代）——的文章，但这两本书的相对完整性和对早期文章的频繁修改使得作者没有必要每次都标明其出处来源。

　　这位学者仿照天才的弗·伊·韦尔纳茨基所提出和阐明的著名的"生物圈"概念（不知何故，洛特曼并未使用韦氏晚期的术语"智慧圈"），将人类文化的整个基本区域称为符号域①。的确如此，文化作为一种符号性文本的系统是与原始

---

　　①　俄语术语 семиосфера（符号域）与 биосфера（生物圈）、ноосфера（智慧圈）构词相仿，亦可译作"符号圈""符号场"。——译注

的自然相对立的；在符号学范围之外，文化中只有一小块生理学领域是可以被符号化的——但也需要与符号不断保持接触。因此，"符号域"这一概念完全合理，它就是人类社会之文化域、文化场的同义词。

洛特曼及其符号学同仁针对更具局部性的文化领域（文本、语言、艺术的各类型和各门类、体裁等）而提出的诸概念也完全适用于整个符号域，如洛特曼所指出的二元性（即存在着多种，或至少两种有效的语言系统）和不对称性（即各部分的不均匀性和非同一性、中心与边缘的复杂关系等）；再如，他又指出，在另一方面——更准确地说，是在另一层级上——则存在着将系统的多样性统一起来，并通过统一的元语言来对其进行描述的可能性；而边缘则辩证地摆动于阻隔（将"自己的"和"他人的"分离开来）与开放（在符号过程各种不同类别的部分之间进行对话）之间。

作为理论家的洛特曼毕竟是文艺学"出身"，这一点几乎时时处处体现在他对艺术文本（特别是文学和绘画文本）的持续关注上；此外，他还把文艺学范畴纳入了普通文化学的研究之中。例如，此书中篇幅较长的、总标题为"符号域"的那一部分列有"符号域与情节问题"一章，其中的情节问题似乎就在两者之间搏动、摆动：一方面是关于组合体系、事件链和行为链的普通文化学和普通符号学观念，另一方面是关于艺术情节的纯文艺学概念。

洛特曼在对时间范畴的考察中提出了情节的概念，因为任何事件链都是按时间顺序排列的，而时间层面便可使人们将所有情节划分为循环情节（其起源非常古老，具有神话性质）和更晚近一些的线性情节。尽管洛特曼的晚期著述，与前期相比，更多地旁及了时序领域，但这并不意味着他转向了康德的"空间—时间"综合体或巴赫金的时空体；对于这位学者而言，空间仍是首要的、主导性的。

有趣的是，此书的第三篇"文化的记忆：历史学与符号学"似乎要再度回到时序上去，但事实上，与它关联得更加紧密的是符号学，而非历史学；历史主要是在理论符号学（科学语言和自然语言、翻译问题、象征的拓扑学等）的视角下得到审视的。不过，我们还是回到循环和线性的情节上来吧：它们也具有一种"流往"空间结构的倾向。

由于其重复性和边界（"始"与"终"）的模糊性，循环时间很容易转化为拓扑空间。在拓扑空间中，所有变体都是同构的，它们彼此相似。而线性时间，在洛特曼看来，与其说是和循环时间相对立的，不如说它是后者的"边缘"：它所描绘的不是必然的重复，而是偶然性事件。不过，这位学者接下来又肯定了上述两种对立情节类型的近乎平等的地位，并研究了此二者在艺术作品中的对话性冲突。然而，此书中在关于情节的章节之后，则是"象征空间"一章——又恢复了洛特曼的空间优先。这一章含有对俄罗斯中世纪文本、但丁的《神曲》（及其独具特色的空间观；在帕·弗洛连斯基看来，这种空间观接近于 19—20 世纪的非欧几里得几何学）、米·布尔加科夫的《大师与玛格丽特》和彼得堡这一复杂象征中的"地名"的精彩解读。

顺带说一下，象征在书中占有相当重要的位置。在"符号域"之前的第一篇中（这一篇题为"作为意义生成器的文本"）就有两个精彩章节是来阐述象征的。作者认为，一方面，在与普通符号发生关联时，象征浓缩了各种符号学原则；另一方面，除了符号的任意性，它又始终具有一些"图像性"、造型性的要素，从而在某种程度上超出了符号现实的范围。

无怪乎以象征为题的第一章叫做"象征——'情节的基因'"：作者认为，象征往往是创作过程的一种浓缩程序，而这一过程接下来则可以向任意方向发展。也难怪波兰文化学者博古斯拉夫·日尔科建议将洛特曼对象征的认识与体裁研究加以联系（见附录 1：《巴赫金与洛特曼》）。

对话主义的广泛应用与洛特曼多年养成的趣味有关，即他喜欢分析对立因素的冲突、碰撞及其斗争（"斗争与斗争进行斗争"）。这一点在第一部分探讨修辞学的各章节中表现得尤为明显。洛特曼显然突破了关于修辞学的传统观念——一门研究演说术规则及相应的风格表达手法的科学。这位学者并未将风格学①和修辞学混为一谈，而是将二者区分开来，他认为，风格学是研究在同一语法—符号系统框架内部诸种手法的科学，而修辞学则是研究分属不同系统、不同寄存器的诸符号相互**碰撞**的科学。因此，浪漫主义的嘲讽、《叶甫盖尼·奥涅金》中的风格对比、洛可可和先锋派的手法都属于修辞学的领域。

当然，这种术语上的自作主张可能会引起怀疑和争议，但它本身并不那么危险，因为诸如此类的自作主张在这位学者的论著中只是偶尔为之；潜藏于此后的归纳扩展法（如果可以这样说的话）在方法论上可能才更为危险；这在晚年洛特曼的论著中相当典型，即把局部的特征和属性上升为总体性范畴。在此例中，个别的修辞手段——各种不同风格的碰撞——便被奉为一门完整科学。书中还有另一个这种扩展的例子，它也出现在第一部分中。在研究信息传递的不同类型时，洛特曼区分了自我交际（即从"我"到"我"的传递）和从"我"到"别人"的传递（即"我—他"型交际）。由于某种原因，洛特曼认为，在"我—他"型交际中，信息会在传递过程中保持其初始量不变，而在"我—我"型交际中，信息量会有所增加，并发生创造性的扩展。人们对此难以苟同：如此分类固然是可能的，但在第一种情况下，信息也有可能发生创造性的增长；相反，在第二种情况下，信息同样有可能保持其初始量不变。但在洛特曼看来，"我—我"和"我—他"在原则上恰恰是对立的。在此书的第 60 页，这位学者征引了著名数学家格·康托尔的定理：若一条线段内包含无穷多的点，则该线段的任何部分也包含相同数量的点；因此，部分等于整体。于是，集合论的悖论便与洛特曼的人文科学方法论产生了关联：部分的结构竟被学者推升至近似于整体的结构！想来，晚年的洛特曼因思想更加自由奔放，完全能够提出类似的符号学悖论。

----

① 俄语中 риторика 和 стилистика 二词均有"修辞学"之意，但侧重点不同。Риторика 的词根 ритор 在希腊语中意为"演说家"，此词所指的修辞学源于古希腊罗马语文学者对演说术的研究，故有时也译作"古典修辞学"；стилистика 一般则指以提高语言表达效果的规律和方法为研究对象的现代修辞学，其词根 стиль 有"风格""文体"之意。洛特曼严格区分了 риторика 和 стилистика 的概念。此处权将 риторика 译作"修辞学"，而将 стилистика 译作"风格学"，以示区别。——译注

在《在思维世界的深处》一书中，洛特曼多次援引了伊·普里戈任的学说思想①；这些思想成了《文化与爆发》一书的基调，尽管——令人难以置信——在这本书中，作者并未提到普里戈任的名字：想必他认为，这位研究者此前自己已多次提到过，其观点也被反复引用过。当然，洛特曼的"爆发"类似于普里戈任的"分岔"。前者对爆发过程的兴趣由来已久；他大约在1971年的第5卷《符号学》上与亚·亚·济明的论战中就已首次谈到了爆发（见第474页）。因此，对这位杰出生物学者思想的了解只会强化洛特曼的信心，并促使他拓展其研究领域。

洛特曼长期以来对"反转"、重叠和镜像的兴趣已非常接近于"爆发性的"领域；它们汇集起来，构成了本书的主要内容。其中甚至有一大章就叫"颠倒的形象"。洛特曼明白，相较于精密科学和自然科学的代表们，人文科学研究者无疑更容易把自己的主体"掺入"客观的研究之中。在《文化与爆发》一书的第214—216页，作者清楚地揭示了维·马·日尔蒙斯基与格·亚·古科夫斯基之间的根本区别：前者将文学运动描绘为渐进、平稳的进程，后者则偏爱"爆发"，钟情于"突然"的概念。准确地说，洛特曼本人也更倾向于第二种类型，但是，他在历史和生活中见过太多的此类"爆发"，它们让整个国家和人民都陷入战争和镇压的腥风血雨之中，故而他有意识地克制了自己的偏爱，并明确表明，对爆发性事件的平衡对冲是极为重要的。这位学者的另一个思想同样值得注意，即"爆发"的时代会促使人们对传统主义与和谐产生浓厚的兴趣："当宗法制社会或对不变性加以理想化的某个其他形式成为艺术的主题时，与普遍看法所不同的是，创作这种艺术的推动力其实不是静止而稳定的社会，而是正在经历灾难性进程的社会。柏拉图正是在古典世界不可挽回地滑向灾难之际宣扬起了不变的艺术。"（第235页）

除了引入用来调和灾难和爆发的砝码之外，洛特曼的书中还含有关于信息

---

① 洛特曼在此书和80年代末的几篇文章中都援引了伊·普里戈任和伊·斯唐热的著作《从混沌到有序：人与自然的新对话》的俄译本（莫斯科，1986）。两位作者依据他们在生物和化学领域所取得的研究成果，将一些结论拓展到了一般文化学：动态过程会在非平衡系统中失去其平衡性和可预测性；在无法明确预测后续过程时，就会出现分岔（一分为二）点。而当随机性元素进入系统时，就需要从几种可能的路径中进行选择。洛特曼在研究历史进程时，对这种动态特性作了修正，因为他发现由于有善于创造的人物参与其中，选择就会获得一定的自觉性，随机性也就随之减少。

具有无限普遍性的重要思想①。根据控制论的原理,这一普遍性创造了对立于混沌和解构的秩序、生命结构、对选择所负责任的自由(无怪乎后结构主义者盲目解构的"自由"引起了晚年洛特曼越来越强烈的愤怒)。

在《文化与爆发》一书中占据重要地位的二元和三元结构理论也焕发出新的光彩。如前所述,洛特曼已从其早期结构主义论著中刻板的二元对立逐渐走向了对三元构造的通融。在最后这本书中,"傻瓜与疯子"一章就建立在"纯粹"的三元关系之上。和此前一样,由于对意识和行为的非常规转变抱有兴趣,洛特曼在这一章中考察了此类转变的两种极端变体,但与此同时,他又在上述两种类型之外增补了第三种类型——"聪明人"。如此便形成了一种复杂的三元结构,其中的每个元件都与其他的两个相关相对。

扎·格·明茨,尤·米·洛特曼;米·尤·洛特曼,其女玛丽亚、亚历山德拉、瑞贝卡。1981 年。

① 见尤·洛特曼:《谈谈扬·马·迈耶的书评〈作为信息的文学〉》,载《俄罗斯文学》,1975,第九卷,第 111—118 页。亦可参考米·洛特曼新发的《结构与自由(关于塔尔图符号学派哲学基础的札记片段)》一文,载《特格斯特斯拉夫研究》,第 4 卷,的里雅斯特,1996,第 81—100 页。

但重点还不在于此。重点在于,洛特曼延续并发展了在(与鲍·安·乌斯宾斯基合写的)先前几篇文章中所提出的关于俄罗斯东正教世界图景的二元性质和西方基督教的三元(包括炼狱)图景的思想。他得出的看法是:二元系统素来建立在爆发之上,因为在分岔的时刻,二中选一的抉择往往导致一种要素获胜和与之相反的要素灭亡。因此,洛特曼认为,俄罗斯的历史就建立在爆发之上;"俄罗斯文化在爆发的范畴中认识到了自身"(第 269 页)。而在三元结构中,爆发仅能破坏系统的一部分,系统本身则在整体上得以保全,因此从历史角度来看,三元系统更具生命力。

值得注意的是,洛特曼在写作《文化与爆发》一书的同期还撰写了《论古典时期的俄国文学(引论)》一文(此文载于学者生前最后一期《符号学》——第 25 卷,1992)。文章通篇讨论的都是俄国文学的二元和三元结构。在此洛特曼认为,对于像普希金、托尔斯泰、契诃夫这样的巅峰级作家而言,三元世界模式是较为显著的。

这位学者在病中口授的《文化与爆发》一书无意中获得了口头授课的特点——也算是一种因祸得福吧!书中有不少随笔体的表达方式和与读者的自由对话。学者所拥有的天才记忆,所掌握的丰富得难以置信的大量信息化身为历史和哲学闲话的五彩散珠:"反转"——西方和俄国的变装;对 18 世纪末—19 世纪初几位女中豪杰的生活和心理的特写(安·阿·奥尔洛娃—切斯缅斯卡娅、索·德·波诺马廖娃、季·亚·沃尔孔斯卡娅、阿·费·扎克列夫斯卡娅);对梦境的出人意料的频繁谈及(作为"文本中的文本"的梦——第 118—119 页;狗的梦境——第 203 页;最后还有一整章"梦——符号的窗口",其中还提出了一个大胆的公式:"梦是符号过程之父。"——第 224 页);等等。

人文学者的口头言语因具有更为主观的性质(与非人文学者相比),往往追求言语在艺术上的独特性。这一点在洛特曼身上尤为典型。他喜欢在学术性极强的文本中插入形象性的神句——请看一例,他竟然将神话与卷心菜作起了比较:"神话型叙事不是按照文学文本中典型的链式原则建立的,而是像卷心菜叶一样包在一起的;每片菜叶都是对其他所有叶子的重复——每片都会有一定的变异,对同一个深层情节核的无尽重复则包卷为一个可生长的开放性整体。"

（《符号学》〈13〉，1981，第 38 页；《文学与神话》一文，与扎·格·明茨合撰）这位
学者叙述的艺术性在其后期的随笔中体现得更为鲜明。《文化与爆发》一书在这
一方面很有代表性。

　　文体的口语性质也有其另一面：其中潜伏着危险性，因为无法对相关内容的
精确度一一进行检验。这种疏漏虽不常有，却也总会显现出来。在第 106 页，洛
特曼引用了《叶甫盖尼·奥涅金》第三章中对塔季扬娜的一段描写：

　　　　表达思想时用祖国语言
　　　　对于她还有一定的困难。

但在下一页，经过删减的同一句引文却是有误的：

　　　　表白心意时用祖国语言
　　　　对于她还有一定的困难。

　　还是这个错误在第 231 页上又出现了一次。这是感染错合的结果：那一诗
节的下文是：

　　　　直到如今女士们的爱情
　　　　还都不能够用俄语表白。

洛特曼说的是"表白"，并把这个词用到了"表达"的位置上。

　　令人叹息的是，在生命的最后几年里，洛特曼那超强的记忆力有时也开始出
问题了，而编辑们百密总有一疏。在上面提到的《论果戈理的"现实主义"》一文
中——此文与《文化与爆发》一书一样，也是在病榻上口授而成的——有这样一

段谈论天才骗子那精妙计划的文字："伊里夫和彼得罗夫①小说中的著名情节也是对这一思路的反映，其中的'伟大谋士'能够预见一切，却没料到，就在他即将实施其英明计划时，他汽车的四个轮子却全部被人偷走了。机关算尽，到头来却适应不了简单朴素的现实状况。〈……〉在伊里夫和彼得罗夫小说的结尾处，一列由闪闪发亮的崭新轿车组成的车队正在驶来——这一理想化的画面是一种几乎就是直接粘贴过来的十分忠诚的象征……"（洛特曼：《论文学》，第704页）

这里出现了多处混淆：洛特曼把意大利电影中从银行抢劫犯手中窃取车轮的侦探故事情节移植到了伊里夫和彼得罗夫那并无类似情节的小说《金牛犊》里；一闪而过的轿车长龙的画面也并不在小说结尾处，而在开头，其实，这一画面对小说情节也几乎并无影响。

当然，大学者的此类偶然失误（我们不妨再提一下：他把普希金的出生地误记成莱蒙托夫的出生地——莫斯科的莫尔恰诺夫卡街）被海量的准确事实所湮没，这些林林总总的事实频繁出现在作者论著的字里行间。尽管如此，出现此类失误仍是一件憾事。

让我们再回到《文化与爆发》一书的思想内容上来吧。此书的倒数第二章尽管以莱蒙托夫的诗句"终结！这个字眼是多么地响亮啊……"为题，但它实际上探讨的是死亡论题。这一论题在洛特曼晚年的学术研究中占据主要地位。对它的研究是以专题文章《作为情节问题的死亡》的形式而得以落实的；该论题乃是《（普希金与巴拉丁斯基的）两首〈秋〉》一文的核心问题之一，也堪称洛特曼生命最后两年中几乎所有未完成文章和片段的核心问题。我想向读者推介塔·德·库佐夫金娜一篇内容丰富的文章《尤·米·洛特曼生前最后几篇文章中的死亡主题》，文中详细论析了这些手稿材料。

这些材料稍稍披露出洛特曼对"神秘"话题的隐秘的、常常属于避讳的思考和体认。1989年9月3日他给我写过一封信（信中透露了他中风后的某些病

①　伊里夫和彼得罗夫是苏联时期著名的讽刺作家二人组，其代表作《十二把椅子》《金牛犊》等被多次改编为影视剧。这两部小说的主人公是被称为"伟大谋士"的奥斯塔普·本杰尔。——译注

情），就如实说出了一些奇怪的"禁忌"："……一种很有意思的受禁止的感觉困住了我。不是因为理智（也就是说，不是因为什么外部影响），而是因为某种说不出来的东西，我常常有一种受禁的感觉。"（《书信集》，第 355 页）这里指的就是禁谈其心底的古怪感受。

不过，需要指出的是，部分得以披露的对死亡的不断思索，也拓展了对这位学者来说此前就并不陌生的"零"和"虚空"的问题（该问题尤其在洛特曼的晚期著述中更是不断出现）。此类问题还可以和这位学者早年间的结构主义情致加以关联，当时他认为，功能性和关系是高于"物质"的；洛特曼晚年对莱布尼茨的非实体、非物质的"单子"表现出了兴趣，这与此类问题也有关联。由此可见，洛特曼走上通往上帝的道路是一种必然。毕竟，这位学者关于死亡的所有或几乎所有论断在泛哲学、符号学、历史—文学甚至生理学意义上都与关于上帝的思想有关。与许多亲友不同的是，洛特曼并不信仰宗教，也并未成为基督徒；家庭和社会的教育以及后来一直对启蒙运动和启蒙派的倚重，都使这位学者保持了无神论立场。但是，这位研究 18—20 世纪俄罗斯乃至世界文化的学者却无法不经常接触关于上帝的思想。把他引向这条道路的，还有他在学术论著中所讨论的问题，以及他在自身的生活道路上与"死亡""不朽"等宏大主题的接触：妻子的过世，自身机体的不断衰弱和对其结局的无畏等待。

在晚年的论著中，这位学者对宇宙创造力的认识，对文化、历史、文学等研究对象的大量且多面涉及造物主作用的认识，已表现为他自身的信念：如果宇宙是被创造出来的，如果它正经历着复杂化和发展的进程，如果大量思想家和作家所仰赖的都是神力，那么就应该承认上帝的泛文化意义。但洛特曼作为一个拥有创作才华的人，并不愿承认上帝就是全知全能的宇宙主宰——按其事先掌握的计划对生命在时空上作出安排。洛特曼更为喜欢的上帝形象乃是学者和艺术家。这个想法"……可以用造物主—实验者的形象来加以说明：他做了一场伟大的实验，其结果对他自己而言也是出乎意料、不可预见的。这种观点把宇宙变成了信息的无尽源泉"（《文化与爆发》，第 247 页）。

洛特曼并未将上帝的理念同物理现实及自身的符号学—控制论研究分离开来。在这一点上，如果将他的立场与安·德·萨哈罗夫院士的观点进行比较，则会十分有趣。维亚切·弗谢·伊万诺夫曾回忆过这样一件事情:在苏呼米度假时,那位杰出的理论家为其友人做了一次关于"大爆炸"和宇宙起源的普及性讲座。叶·格·博奈尔①问他,这一切与上帝有什么关系。萨哈罗夫的回答则令人吃惊:"要知道,上帝是如此伟大,以至于诸如空间和时间这样的琐事与他并没有直接关系。"②而洛特曼却无法将"实验""信息"与上帝分开!

这位学者还着重研究了最诱人、最神秘的问题——死后的生命。总体而言,他始终是一位不信宗教的怀疑论者。当我的妻子在1992年问他(那是洛特曼最后一次来彼得堡),他是否希望在"那边"见到扎拉时,他谨慎地回答道,他不确定"那边"是否存在。但他依然不断接近那片神秘之地。在《两首〈秋〉》一文中,洛特曼谈到了巴拉丁斯基诗歌结尾处的"死亡之冬"主题,文章末尾是一段惊人之语:"就像《圣经》中的摩西那样,普希金和巴拉丁斯基带领其民众来到了应许之地的边界处,但他们注定无法跨越这条边界,我们也同样不曾越过它。我们仍将完成这一从虚空向新世界之地的飞跃。让我们保持乐观,并始终相信这一飞跃定将实现。"③是的,洛特曼并不是巴拉丁斯基那样的悲观主义者,无论是在生前的最后几篇文章中,还是在生命的最后一段时光,他都抱有明确的希望。依据三元性(三元性他是逐渐产生的),依据三德——"信、冀、爱",我们可以说,信仰之火在这位学者的心中已开始燃烧,他已接近于古典基督教三德的和谐圆满。

而且——就像我们生活中的许多事情一样难以置信!——在一些悲剧性的时刻,洛特曼已然超越了怀疑论,他已临近接受古典三德的状态。法·谢·松金娜回忆道,在等待可怕结果的焦急时刻(她的丈夫重度心肌梗死发作),笃信宗教的她去了教堂,跪在地上祈祷、哭泣。陪她一起进入教堂的洛特曼也流下了眼泪,并……画了十字。此情此景意味深长。

---

① 叶·格·博奈尔(1923—2011),全称为叶莲娜·格奥尔吉耶夫娜·博奈尔,萨哈罗夫之妻。——译注
② 维亚切·弗谢·伊万诺夫:《玛鲁夏阿姨和其他天才》,载《共同报》,1999,2月18—24日号,第7期,第16版。
③ 《尤·米·洛特曼与塔尔图—莫斯科符号学派》,莫斯科,1994,第406页。

代　跋

一个人去世后，如果说其生命在物理意义上的存续是可猜可疑的，那么，一位大学者的学术遗产的稳固存在则是毫无争议的。洛特曼的论著出版得越来越频繁，可以说，几乎他的全部作品都已散见于各种不同的出版物①。国内外也都计划着进一步出版他的作品。和先前一样，洛特曼仍是最常被引用、被提及的人文学者之一。在高校本科教学大纲中，洛特曼的论著是必不可少的。在纷繁的各类体裁（从学术专著到电视评论）中都不乏对这位塔尔图教授的活动与人格的赞语和敬意。

不过，越是大学者，也越有可能招致相反的批评意见，即便只是零星一丁点。正如洛特曼常说的那样，凡无个性之处，凡大量"普通"名词汇聚之处，往往是一片中性的沉默；然而，凡出现专有名词之处，即凡有个性之处，就总有一股火药

---

① 最早出版的洛特曼文集是塔林的三卷本。这套文集所收录的学者遗产当然只是其中的一部分。尔后，"艺术—圣彼得堡"出版社则采取了重大举措。在洛特曼的《漫谈俄罗斯文化：俄国贵族的日常生活与传统习俗（18—19世纪初）》一书获得好评后（1994，仅"旧版"印数就高达25 000册！1998年推出第二版，印数5 000册），出版社开始一卷接一卷地按主题推出洛特曼论著的大部头合卷本：《普希金：作家传记·文章与札记（1960—1990）·〈叶甫盖尼·奥涅金〉（注释）》（1995）；《论诗人与诗歌：诗歌文本分析·文章和学术论文·札记·书评·演讲》（1996）；《卡拉姆津：卡拉姆津的创作（文章和学术论文〈1957—1990〉·札记和书评）》（1997）；《论俄国文学：文章和学术论文（1958—1993）·俄国散文史·文学理论》（1997）；《论艺术：艺术文本的结构·电影符号学和电影美学问题·文章·札记·演讲（1962—1993）》（1998）。"艺术—圣彼得堡"出版社目前正在准备出版第六卷（未标总卷次）——符号学和文化学论集。可以说，这几乎就是一套完整的洛特曼论著。就目前的图书市场而言，这套书的印数是从未有过的——每卷10 000册（只有最近出的《论艺术》卷——5 000册）。莫斯科的"联合人文"出版社也开始组织编纂洛特曼文集，1998年已推出第一卷《俄国文学与启蒙时代的文化》。

味。当然,若在私人争论中发生爆炸,那是难以想象的。只消提及两点即可,譬如,我对洛特曼的个别观念持有异议,又或米·德·阿尔塔莫诺夫对伪造的《叶甫盖尼·奥涅金》第十章作了可笑的辩护。但不发生任何爆炸事件也是不可能的。一群年轻的列宁格勒历史学者在20世纪70年代末—80年代初出版了一份名为《迈特罗多鲁斯》①的手写(打印)杂志,他们以青年人的热情"揭露"了米·米·巴赫金和奥·米·弗赖登贝格这两位杰出学者的一些错误:有些是确实存在的,有些则是无中生有。洛特曼也未能幸免。第10期《迈特罗多鲁斯》(1982)上刊载了两篇反洛特曼的文章。罗·托普奇耶夫的文章讨论了洛特曼当时所做的关于普希金构思《耶稣》及尝试再现这一构思的报告(同题文章稍后也公开发表了)。罗·托普奇耶夫持极端的怀疑态度,他认为,仅根据已知的独词标题来再现作品的思想—情节结构,这是不可能的。但倘若能提出自己的设想和自己对普希金作品构思的复原方案,想必就会更加有效。然而,作者却仅止步于怀疑。

列·雅·卢里耶的文章《尤·米·洛特曼文化类型学文章中的史料学》内容更为丰富。作者的考察对象是洛特曼的数篇相关文章,其中就有曾引起亚·亚·济明异议的那一篇(关于古代俄罗斯文本中"名望"与"荣誉"概念的争论)。列·卢里耶在文中并未提出新颖的观点,他依据的是济明的论点,认为后者是正确的。关于洛特曼《日常生活中的十二月党人》一文的争议则更为有趣。列·卢里耶有几处反驳缺乏说服力(例如,他对洛特曼的下述观点持怀疑态度:可以对彼·雅·恰达耶夫的英勇退役作出"浪漫主义"的解读,即此举仿效的是席勒笔下的主人公;他说,没有证据表明恰达耶夫认识席勒),但基于文献和数据所提出的一些异议还是有根有据的。不过,就连数据精度的调整有时也会令人怀疑。比方说,洛特曼断言十二月党人是"行动派";列·卢里耶列出的数据恰恰与这一说法相反:在402名秘密社团成员中,仅有91人参加了对拿破仑的战争。可我们便要反驳了:那又怎样,难道这还少吗?难道他们就没有营造出这样一种氛围——不畏艰难,准备建立成功……其实,问题不在数量,而在质量。洛特曼将

---

① 迈特罗多鲁斯(前331—前278),古希腊哲学家。——译注

其注意力集中于十二月党人最为典型的特点,就是带有神话色彩的那些特点。或许,我在上文中指出过的那种做法——将局部类推至统一整体——在此也时有出现,不过,在描述大型社会群体和心理群体的特征时,这种类推还是完全可行的。即使在人数不多的集体中,人也各有不同,总能发现其中有人明显不同于主流,他具有自身的特点,但决定事物本质的并不是他。洛特曼所做出的文化学结论是以大量事实性材料为基础的,因此,即便有例外情况,甚或为数不少,也并不能动摇其整体观念。

扎·格·明茨,尤·米·洛特曼。1989 年。

大学者恐怕总会碰上几个"杠精"。我曾听见一位物理学者抱怨说,弗·伊·韦尔纳茨基徒有虚名。洛特曼怎么就不会碰上这样的抱怨者呢?! 就像古罗马的凯旋将军那样,其战车后总会跟着一个边跑边喊的谗言者。

而洛特曼的成就无疑是巨大的,无可撼动,安若磐石。在本书开篇我就已介绍了洛特曼文本的出版情况,还谈到了以这位学者创作为题新近出版的多种个人著作和合著文集,以及他在我们的学派——莫斯科—塔尔图学派中的作用。

这位塔尔图教授论著中的思想和极为丰富的事实性材料仍将被我们这一代人和后辈们长期研究。

在德国城市波鸿建立了一个以洛特曼命名的研究所,世界各地的大学城里也不断举行纪念他的会议。当代的一些杰出思想家纷纷撰写关于这位已故同仁的随笔(譬如翁贝托·艾柯为 1990 年出版的洛特曼著作英文版所撰写的序言)。以这位学者为题的一些书籍已为众人所知。我的这本书兴许是现阶段最为详尽的,但它在 21 世纪定会得以续写——在此基础上进而作严肃深刻的探讨。

除了学术遗产,洛特曼的艺术遗产也将得到更为详尽的研究,特别是他的绘画——当然,还有此人的整个独特面貌。他似乎在基因上就被设定为一位异常多才多艺的活动家,但首先——是一位学者。有才华的列宁格勒化学家,列大教授雅·瓦·杜尔金曾将其所有同事和学生分为三类:一类人能够在适宜的条件下在学术领域有所作为,而一旦条件不利,对他们就无可指望了;另一类人在任何情况下都不是做学问的料,无论条件怎样——有利还是不利;第三类则在任何条件下都是做学问的人。洛特曼自然属于第三类。无论外部力量设置何等障碍,他都不可能不成为一位学者。只要还有一线曙光(哪怕是暂时的)和有限的工作机会,他便会投入自己的全部资源和潜能——进而取得杰出的成就,获得当之无愧的世界性声誉。

附录 1　巴赫金与洛特曼①

　　在浩如烟海的巴赫金研究资料中,塔尔图—莫斯科符号学派代表人物的论著,自然也包括学派领袖洛特曼的著述,被频繁提及。洛特曼研究资料或许没有那么浩瀚,但数量也相当之多,其中亦常常援引巴赫金的文字。如果对此视而不见,岂非咄咄怪事。四分之一个世纪以前,有一位同仁(瓦·艾·扎列茨基)在德·谢·利哈乔夫和尤·米·洛特曼共同出席的一场文艺学会议上,朝向这两位邻座说道:"我国学术界三分之二的顶尖人物都在这里了。还缺一位巴赫金。"此言不虚。

　　就在那时(即 20 世纪 70 年代初),维亚切·弗谢·伊万诺夫和德·米·谢加尔论及洛特曼论著受到巴赫金思想影响的重要撰作问世了②。此后,关于这一论题的作品大量涌现。不过,其中的一部分作者似乎开始退缩了,他们所强调的,与其说是现代符号学者与巴赫金之间的共通性,不如说是其差异性(如伊·罗·提图尼克的两篇文章③)。最近则出版了一批直接以"巴赫金与洛特曼"为论题的学术研究成果,如艾·雷德、艾·曼德尔克尔、彼·格尔日别克、尼·考赫

---

　　①　本文节选内容曾刊载于《巴赫金学术报告会论文集》,第三卷,维捷布斯克,1998,第83—96 页。

　　②　维亚切·弗谢·伊万诺夫:《米·米·巴赫金关于符号、表述和对话的思想对于现代符号学的意义》,载《符号学》(6),1973,第 5—44 页;此文重刊于《对话·狂欢·时空体》杂志(1996,第 3 期,第 5—58 页),随文附有一篇作者写得妙趣横生而具有当下性的《后记》(第59—67 页);德·谢加尔:《苏联语文学中结构主义的几个方面》,特拉维夫,1974。

　　③　伊·罗·提图尼克:《米·米·巴赫金(巴赫金学派)与苏联符号学》,载《布局》(安娜堡),1976,第 1 卷,第 3 期,第 327—338 页;伊·罗·提图尼克:《巴赫金与苏联符号学》,载《俄罗斯文学》(阿姆斯特丹),第 10 卷,第 1 期,第 1—16 页。

奇什维利、伊·韦尔奇、大卫·贝西亚等人的文章①。

　　艾·雷德显然夸大了巴赫金对现代符号学所持微词的消极方面(甚至从其文章的标题《洛特曼是谁? 巴赫金为何如此恶语中伤他?》即可看出),尽管他也试图指出二者互为接近的可能性。彼·格尔日别克对巴赫金和洛特曼在方法上的相互关系进行了更为细致的研究(虽然其作品的标题中用了一个更为宽泛的"学派"概念,但这实际上指的就是洛特曼)。诚然,格尔日别克用相当大的篇幅来比较巴赫金的作品与洛特曼的早期理论著述(1960—1970 年代),这使得作者有理由仅对二者间最基本的共通点加以评说:巴赫金和洛特曼及其"学派"都在广义的符号学意义上研究语言,亦即将其视为一种不仅属于词语系统,而且属于任何一种符号系统的概念;正如"文本"也获得了广义的阐释——它是由任何符号所创建的。除此之外,格尔日别克还探析了二者的不同点,他依据的是巴赫金在其 1970—1971 年的笔记中就本国符号学(首先指洛特曼及其"学派"的论著)当时的研究水平所发表的看法:"符号学主要研究用现成的代码传递现成的讯息。而在实际言语中,严格说来,讯息是在传递过程中首次创造出来的,实质上没有任何代码〈……〉。代码只是信息的技术手段,它不具备创造性的认识意义。代码是一种被刻意设定、被夺去生机的语境。"②

　　巴赫金对洛特曼 20 世纪 60 年代的作品不够熟悉,他简化了实际情形,但其批评大体上是公正的。格尔日别克进行这种比较也是有所依据的:与"学派"③

---

　　①　艾·雷德:《洛特曼是谁? 巴赫金为何如此恶语中伤他?》,载《话语社会/社会话语》,1990,第三卷,第 1—2 期,第 325—338 页;艾·曼德尔克尔:《化域为符:洛特曼、巴赫金和韦尔纳茨基学说中的机体论》,载《美国现代语言协会会刊》,第 109 卷,1994,第 385—396 页;彼·格尔日别克:《巴赫金的符号学与莫斯科—塔尔图学派》,载《纪念集》(1),第 240—259 页;尼·考赫奇什维利:《弗洛连斯基、巴赫金、洛特曼(遥远的对话)》,载《特格斯特斯拉夫研究》,第 4 卷;《尤·米·洛特曼的遗产:现状与未来》,的里亚斯特,1996,第 65—80 页;伊·韦尔奇:《诗歌与散文:从巴赫金到洛特曼及以后……》,同上,第 153—162 页;大卫·贝西亚:《巴赫金的散文性与洛特曼的"诗性思维":代码及其与文学传记的关系》,载《斯拉夫和东欧学刊》,第 41 卷,第 1 期,1997,第 1—15 页。

　　②　米·米·巴赫金:《话语创作美学》,莫斯科,1979,第 352 页。

　　③　此处及下文中的"学派"指的都是塔尔图—莫斯科(符)学派(亦称"莫斯科—塔尔图〈符〉学派")。——译注

所不同的是,巴赫金强调文本作为表述①的独特性和唯一性(只消研读洛特曼第一部结构主义符号学著作《结构诗学讲义》〈1964〉,即可从中看到具体的"个性化"分析;虽然"暑期学校"那些年代的某些理论见解也为巴赫金所作的结论提供了依据)。然而,接着格尔日别克又转而将巴赫金的观念与费·德·索绪尔的学说进行了对比,并认为,洛特曼的方法以索绪尔的学说为基础,因此,巴赫金关于符号系统的社会性和物质性本质的论断便与所谓的"唯心主义""抽象性"似乎形成了对立——后两者不仅是索绪尔的,也是洛特曼的符号学特点。

而在文章末尾,格尔日别克不失公允地指出了洛特曼方法中所发生的变化:"然而,在70年代后半期,文本的概念在莫斯科—塔尔图学派中,特别是在洛特曼的一系列文章中得到了重新审视(下文将引用洛特曼于1977—1986年间发表的一些理论性撰作——鲍·叶)。值得注意的是,在这些文章中,文本的最初定义受巴赫金符号学特质的影响而发生了些许变化。维亚切·弗谢·伊万诺夫、拉·马太卡和德·米·谢加尔都强调了巴赫金思想对于现代符号学的重要性,之后洛特曼撰写的一些文章则表明与巴赫金的观点具有明显的共通性——无论在理论上还是在概念上。"②确实如此。

尼·考赫奇什维利的文章与其说是对两位学者的比较,不如说是对20世纪俄罗斯文化学观点的总体性概述,且关注的重点为弗洛连斯基。其他人的文章则考察了更为局部性的问题——尽管也很重要;其中,大卫·贝西亚的文章论述至详。

遗憾的是,(至少就我本人视野所及的)所有作者对于洛特曼的《巴赫金的遗产与符号学前沿问题》一文都一无所知。这篇具有开创意义的文章系他在德国弗·席勒大学举行的巴赫金国际研讨会(耶拿,1983)上所做的报告,后发表于会

---

① "表述"一词俄文为 высказывание,亦可译作"话语""言谈""话语句"。——译注

② 彼·格尔日别克:《巴赫金的符号学与莫斯科—塔尔图学派》,第247—248页。此处所提及的拉·马太卡一文系瓦·尼·沃洛希诺夫《马克思主义与语言哲学》一书的英译版后记,纽约,1973。

议论文集。①

洛特曼这篇文章对于理解塔尔图—莫斯科学派稍后阶段(即相对于学派初期所提出的、作为巴赫金批评对象)的学术思想极为有益。因为此文的论题不是分析"学派"的演变过程,而是巴赫金的学术遗产,所以尽管作者完全没有触及自身研究方法的变化,但在着重指出巴赫金学说的主要结论时——作者呈现这些结论时似乎都是认同的,并无异议(只是稍作修正而已),实际上也暗示了自身的演化,并让那些仅凭洛特曼早期作品就对其评头品足的反对者们——无论是过去的还是将来的——都无从辩驳。

因此,也可以将此文视作洛特曼是在阐述自己的观点。如果说这些观点几乎完全符合巴赫金的思想,那就意味着,洛特曼的方法发生了变化;我们再补充一点个人的看法:之所以产生这种变化,一方面是因为其早期思想中就饱蕴着内在的潜力,另一方面,显然也受到了巴赫金的影响——既包括他的著述,也包括他对"学派"的批评。这一点非常重要。

文章第一部分考察了巴赫金之方法与费·德·索绪尔之思想的相互关系,并指出其中有两点是截然不同的:其一,有别于瑞士语言学家对符号系统的"静态"认识,巴赫金强调的是其动态性;其二,针对过去的种种"独白性"理论,巴赫金创立了对话学说。在此,洛特曼提出了唯一一条意见;他认为,巴赫金的对话概念有些模糊,有时甚至带有隐喻性。随后,他给对话作出了符号学的定义:"……是对新信息加以把握的机制,而这种信息在对话性接触开始之前尚不存在。"(第 38 页)而正因为巴赫金将现代结构主义者视为索绪尔的追随者②,洛特曼在文中不仅没有提出批评,似乎还赞许地指出了巴赫金与瑞士学者之间的不同是有益的,这也就间接地表明出对巴赫金论断的巧妙修正:您好像是在指责我们有"索绪尔式"的局限性,其实我们完全认同您对索绪尔的反对意见!

上述关于对话的定义引自洛特曼文章第二部分,该部分探讨了巴赫金思想

① 尤·洛特曼:《巴赫金的遗产与符号学前沿问题》,载《小说与社会:米哈伊尔·巴赫金国际学术研讨会论文集》,耶拿,弗里德里希·席勒大学,1984,第 32—40 页。以下引用此文处直接在其后标注页码。引文由笔者所译。

② 见米·米·巴赫金:《话语创作美学》,第 238 页。

(特别是对话思想)在塔尔图—莫斯科学派进入新阶段之后的**发展**。"学派"的第二阶段始于 1970 年代,洛特曼将这一阶段的奠基性原则——文化中必须存在两种或两种以上的互补语言(如口头语言和文字语言、文学语言和戏剧语言、文学语言和电影语言等)的假说——与对话加以关联。这一点也得益于 20 世纪心理生理学的一项重大发现——大脑两半球在功能上存在差异。

这一原则似乎确实源自于对话主义的概念(两种或两种以上语言和代码的存在生成了对话性的交流),并更加关注符号学诸领域的动态过程。洛特曼为对话赋予的新定义似乎径直源自于动态性假说(新信息的生成过程),而且其本身也会生发出动态性。[①] 洛特曼在此文中数次强调:对于符号学而言,尤为重要的并不是对准确信息的机械性传输,而是因始终处于对话之中才得以生成的新信息的创造性过程。

(顺便指出:洛特曼晚年,尤其是《在思维世界的深处》一书中似乎也承认,在一般的从"我"到"他者"的单向信息传递过程中,它——信息是保持不变的,是一种恒量;但也有例外:当发生自我交际、自我传输时,代码便有可能改变,信息则有可能增殖。然而,洛特曼并未考虑到,在向他人进行传递时,代码也经常变化,而信息在各种新的语境下还会得以增加。因此,未必一定要把"我—他"和"我—我"这两类传递互为对立。)

如此一来,在符号学理论领域便出现了其立场的趋同:洛特曼在 1980 年代的方法已接近于巴赫金。但一般的符号学原则并不能涵盖世界观体系的方方面面,而后者的相互关系则要复杂得多。遗憾的是,据我所知,以"巴赫金与洛特曼"为题而撰文的作者们并未触及二人世界观和处世态度的深层基础,可其中的差异却是十分显著的。

首先要说的是,巴赫金终生不渝地信仰宗教,洛特曼则因家庭和社会教育之故而持无神论。巴赫金是一位像真正知识分子那样富有自由精神和创造性的基

---

① 在分析洛特曼的论著时,米·列·加斯帕罗夫将其动态性学说归因于尤·尼·特尼亚诺夫的学术遗产(见米·列·加斯帕罗夫:《尤·米·洛特曼的〈诗歌文本分析〉:1960—1990 年代》,载《纪念集》〈1〉,第 189 页)。但似乎巴赫金的影响更为直接。

督徒,对官方意识形态和保守的传统主义敬而远之。他对狂欢式的亵渎行为持宽容态度,他本人就曾表达过离经叛道的"亵渎"思想,譬如,他在与弗·尼·图尔宾的谈话中曾顺便提到,他把福音书理解为一种狂欢。然而,对宗教的信仰毕竟是巴赫金创造性世界观的基础。① 他的伦理观也建立于此之上;他的论著中充满了孽愆、罪过、祭祀、救赎、神赐等概念。

在整个 20 世纪 20 年代,巴赫金对形式主义者的态度无疑是十分冷淡的,而形式主义者对巴赫金的态度也同样很是冷淡:须知为其 1929 年出版的陀思妥耶夫斯基研究著作献上赞辞的,是马克思主义者阿·瓦·卢那察尔斯基,而不是某个似应着力对作家风格和语言作精细分析的形式主义领袖! 当然,帕·尼·梅德韦杰夫 1928 年出版的《文艺学中的形式方法》一书或许也在其中起到了推波助澜的作用:形式主义者们自然知道,这本书出自巴赫金小组成员之手,但这不是重点。双方相互"疏远"的原因首先在于其世界观基础的截然不同,即宗教信仰与无神论的对立,后来(四十年后)还由此引发了巴赫金的责备——形式主义者们忽视"长远时间"(即永恒性),不重视文化史,不注重艺术的内容层面和价值层面等等(不过,巴赫金也指出了形式主义者的优点——凸显"……艺术的一些新问题、新方面"②)。

巴赫金对出现于 20 世纪 60 年代的本国结构主义者和符号学者的淡漠态度似乎是他对形式主义的不满情绪的延续,因为他在结构主义者笔下也发现有从内部"封闭于文本""机械范畴""去人格化"等问题。③ 我们再次强调,巴赫金似乎既不熟悉洛特曼的历史—文学论著,也不了解其符号学观念的演变。巴赫金曾宣称,符号学—控制论的"代码"是技术性的、完成性的,而无创造性,它对立于无限的、未完成的语境。然而,在塔尔图—莫斯科学派代表们的早期论著中就已

---

① 见弗·尼·图尔宾:《狂欢:宗教、政治、神智学》,载《巴赫金纪念文集》,第 1 辑,莫斯科,1990,第 25 页。近年来有不少论及巴赫金的宗教性及其来源的著述问世。在最新的研究论文中,有一篇需单独提及:纳·达·塔马尔琴科:《"神人合一观"之争语境下的作者与主人公(米·米·巴赫金、叶·尼·特鲁别茨科伊与弗拉·谢·索洛维约夫)》,载《话语》,新西伯利亚,1998,第 5/6 期,第 25—39 页。

② 米·米·巴赫金:《话语创作美学》,第 372 页。

③ 同上,第 352,372 页。

经呈现出摆脱"静态"和恒定不变的趋势，遑论后来的方法演化了。（顺便提及，巴赫金用语境代替代码，这有失妥当，二者不可混为一谈：代码是信息传递规则的总合，而语境则是一个文化大背景，一个联想世界——深不可测而又斑驳陆离。）不过，我们注意到，巴赫金在 1970 年《答〈新世界〉编辑部问》一文中也着重指出了"近年来优秀的文学研究论著——康拉德、利哈乔夫、洛特曼及其学派的作品"①，但他还是不断强调自己对"洛特曼及其学派"的疏远态度："我不是结构主义者。"——巴赫金喜欢重复说这句话。

与宗教（和反宗教）缘由相关联的是，巴赫金和洛特曼的世界观也具有不同的哲学根基。巴赫金在青年时代是以新康德主义为旗帜的。他的挚友——职业哲学家马·伊·卡甘作为其核心人物，在涅韦尔开办了一个独具特色的康德研讨班。卡甘曾于 1907—1914 年在莱比锡、柏林、马尔堡等大学的哲学系学习，主要师从新康德主义者赫·柯亨和保·那托尔卜，并撰写了关于"从笛卡尔到康德的先验统觉"的学位论文。在 1914—1918 年的世界大战期间，他好像是被扣留在了德国，1918 年回到故乡涅韦尔市，在那里认识了巴赫金，并组建了一个研究康德《纯粹理性批判》的小组②。除了钻研康德和康德派哲学家们的论著，巴赫金想必也从卡甘那里获取到了不少有关柯亨、那托尔卜和整个马尔堡哲学学派的信息。

巴赫金那奇特的反官僚主义"恶作剧"显得颇为有趣。我们指的是出自于不久前在维捷布斯克发现的这位学者写于 1920 年的一份正式自传："从 1910 年到 1912 年我在德国，听了马尔堡大学四个学期的课程，还在柏林大学听了一个学期。"③然而，两位严谨的研究者——弗·伊·拉普通和尼·阿·潘科夫的档案考据却显示，巴赫金 1912 年才刚读完敖德萨中学四年级④，因此，除了日期上的

① 米·米·巴赫金：《话语创作美学》，第 330 页。
② 《记忆》，第 4 辑，莫斯科，1979；巴黎，1981，第 255、273 页。
③ 亚·根·利索夫，叶·格·特鲁索娃：《对米·米·巴赫金自传性神话创作的回应》，载《对话·狂欢·时空体》，1996，第 3 期，第 165 页。
④ 弗·伊·拉普通：《关于〈米·米·巴赫金传〉》，载《对话·狂欢·时空体》，1993，第 1 期，第 70—71 页；尼·阿·潘科夫：《早期之谜（对〈米·米·巴赫金传〉补充几个细节）》，同上，第 80 页。

其他误差外,这份维捷布斯克自传所包含的关于在德国几所大学学习的说法也纯属臆造。整个自传似乎是巴赫金生平中一些实际情况与其挚友马·伊·卡甘在德国从事哲学研究的相关信息的错合。巴赫金做到了——正如诗学专家们所言——"隐喻实体化":他把精神上对康德主义的接受转化为在马尔堡和柏林的实际学习经历。但从本质上说,巴赫金"编造"得并不算太离谱:他在与维·德·杜瓦金的访谈中提到,自己很早(差不多从 13 岁)就接触到了康德的《纯粹理性批判》;也是在那次口述中,他还强调了马尔堡学派,特别是赫·柯亨对他产生的"巨大影响"①。

在参加卡甘小组的同时,巴赫金在涅韦尔还为当地知识分子讲授过一门哲学课:"……我在授课时主要讲康德和康德主义。我认为这是哲学的中心问题。还有新康德主义。"②巴赫金还与一位兴味盎然的听众,后来成为伟大钢琴家的玛·韦·尤金娜,进行过几次"新康德主义"专题讨论③。20 世纪 20 年代末,还是在列宁格勒时这位学者就做过"康德主义讲座"④。

巴赫金依据新康德主义的原则来研究道德问题,他论证了伦理学在哲学中的首要作用(我们注意到,他在 1921 年末的一封信中请卡甘设法在莫斯科弄到赫·柯亨论及康德伦理学的一本书⑤),并提出了"同一""行为""责任"等概念;他还高度重视个性—人格的诸个层面、艺术作品中主体—客体领域的相互关系、问与答的认知—创新作用等问题。洛特曼认为,巴赫金与塔尔图—莫斯科学派

---

① 见《维·德·杜瓦金对米·米·巴赫金的六次访谈》,莫斯科,1996,第 35—36、39—40 页。关于"巴赫金与新康德主义"这一论题,目前已有十分丰富的文献资料(如凯·克拉克和迈·霍奎斯特、尼·佩尔林娜、瓦·利亚普诺夫等人的论著),可参看尼·伊·尼古拉耶夫的文献综述:《涅韦尔哲学学派(米·巴赫金、马·卡甘和列·蓬皮扬斯基在 1918—1925 年):据列·蓬皮扬斯基的档案资料》,载《米·巴赫金与 20 世纪哲学文化(巴赫金学问题)》,第 1 辑,第 2 册,圣彼得堡,1991,第 33 页;此文的重要性在于其中的新材料和对"涅韦尔学者们"哲学生活的评价。另可参看尼·伊·尼古拉耶夫在文集《作为哲学家的米·米·巴赫金》中的综述和披露的文献(莫斯科,1992,第 221—252 页)。

② 《六次访谈》,第 230 页。

③ 同上,第 237—238 页。

④ 同上,第 145 页。

⑤ 《记忆》,第 4 卷,第 262 页。

代表人物的不同之处在于,后者把空间概念作为一种通用语言加以运用,时间在这一语言形式中也得以表达(如"飞逝");而前者则在术语"时空体"中将空间和时间等量齐观,尽管洛特曼对时空体概念本身持十分肯定的态度(详见下文)。

在 1983 年 7 月 15 日致拉·利·菲阿尔科娃的信中,洛特曼对二者的区别做了如此表述:"……当代符号学中,对空间存在着两种完全不同的理解〈……〉。巴赫金从物理学思想(相对论)出发,将空间和时间视为同列现象(从宏观角度来看,这种想法源于康德)。我们(最先研究这个问题的,似应为谢·涅克柳多夫和我)则从数学(拓扑学)的空间概念出发:在这个意义上,彼此间存在连续关系的对象(点)的集合就被称为空间〈……〉。从这一观点来看,空间是一种普适性的建模语言。请注意:在日常言语中,我们会用关于空间的语言来表达时间范畴(之**前**的,之**后**的,时间飞逝,时间停止,等等),却不能用时间方面的语言来表达空间概念。"(《书信集》,第 270 页。"谢·涅克柳多夫和我"具体指的是这两位作者发表于《第二期"第二性模拟系统暑期学校"报告提纲集》〈塔尔图,1966〉中的文章)。

近年来,一批学者已谈到了巴赫金在 20 世纪 20 年代中期对新康德主义原则的突破:"……他远远超越了新康德主义的门户"(加·索·莫尔森)[1];"米·巴赫金在阐述哲学问题时无疑已跨过了赫·柯亨体系的边界"(尼·伊·尼古拉耶夫)[2];"……是一位对其少年时期所接受的新康德主义进行批判性重新审视的哲学家"(凯·爱默生)[3];瓦·瓦·科日诺夫认为这种突破是"自然而然的"[4]。1994 年 1 月 28 日,维·利·马赫林在莫斯科国立师范大学附属巴赫金科学教育实验室的理论研讨会上所做的题为《赫·柯亨与米·巴赫金》的报告中极为详细地考察了德俄两位哲学家的异同点;针对其差异,报告人得出如下总体

---

[1]　加·索·莫尔森:《巴赫金的制造业》,载《斯拉夫和东欧学刊》,1986,第 30 卷,第 1 期,第 86 页(转引自俄译文:《对话·狂欢·时空体》,1994,第 1 期,第 65 页;俄译文欠准确)。

[2]　尼·伊·尼古拉耶夫:《涅韦尔哲学学派》,第 33 页。

[3]　凯·爱默生:《巴赫金研究视角观照下的美国哲学家》,载《对话·狂欢·时空体》,1993,第 2—3 期,第 7 页。

[4]　瓦·瓦·科日诺夫:《生动对话中的巴赫金》,载《六次访谈》,第 277 页。

性结论:"……'超越形而上学'的问题在柯亨和巴赫金那里是通过不同的路径加以解决的:柯亨试图在'纯'文化和'纯'认知层面上找到依托;巴赫金则希望将文化扎根于'道德的现实性'。"①人们对此不能不表示同意,然而,也正如多数研究者所强调的那样,巴赫金直到晚年仍是一位康德主义者。

不过,巴赫金从未对黑格尔主义产生过好感。黑格尔的哲学方法被巴赫金定义为独白性和抽象化的方法,辩证法被其理解为对话的削弱:在辩证法中,个人情感的、个性化的特征被泯灭,"抽象的概念和论断被剥离出来,一切都被塞入一个抽象的意识之中"②。关于巴赫金对黑格尔及其辩证法的嫌恶,谢·格·博恰罗夫在一篇兼具回忆性和分析性的文章中作了饶有趣味的叙述。他在文中引用了这位康德主义者那惊世骇俗的说法:"黑格尔式的辩证法就是一种骗局。正题浑然不知自身将被反题所抵消,而糊里糊涂的合题③也不知自身中的什么被抵消了。"④

当然,黑格尔的历史主义,也即在历史背景下研究大型文学体裁和具体作品,不可能不对巴赫金的方法产生影响,但这位学者还是更加偏爱存在于圣经式"长远时间"之中的宏大范畴。无怪乎其反对者们总能发现巴赫金作品中的史料缺乏准确性。在这一方面,洛特曼将他与作为文学研究者的尤·特尼亚诺夫进行了比较:"就学术性而言,特尼亚诺夫在某种意义上颇像巴赫金:其具体的观点常常有误,在观念上也会先入为主〈……〉。但总体方向却极富成效,令人深受启迪。"(《书信集》,第 331 页)这段话引自洛特曼 1984 年给笔者的一封来信。他在1990 年刊发的一篇关于丘特切夫的文章中重申了这一思想:"在巴赫金论及拉

---

①　《对话·狂欢·时空体》,1994,第 4 期,第 126 页。该期(第 124—126 页)详录了维·利·马赫林的报告内容。

②　米·米·巴赫金:《话语创作美学》,第 352、364 页。

③　"正题""反题"与"合题"共同构成黑格尔的三段式辩证法。黑格尔认为一切发展过程都经历三个阶段,即发展的起点("正题"),对立面的显现("反题"),"正反"二者的统一("合题")。"反题"否定"正题","合题"否定"反题"。"合题"把正、反两个阶段的某些特点在新的或更高的基础上统一起来。——译注

④　谢·格·博恰罗夫:《追忆一次谈话并由此说开去》,载《新文学评论》,1993,第 2 期,第 72、88 页。

伯雷的那本书中,构成其基础的理论思想是十分深刻而大有裨益的,尽管它在被应用于拉伯雷作品的历史—文学分析中显然也不是无懈可击的。与此相通的是,特尼亚诺夫《普希金与丘特切夫》一文的意义也并不在于对普希金与丘特切夫两者关系的研究。"①不消说,巴赫金思维的理论性和宏大性绝非黑格尔式的,而是"圣经式"的和康德式的。

洛特曼则相反,他于 20 世纪 30—40 年代列宁格勒高等学府的学术环境之中成长,他的老师们所依据的是黑格尔的方法以及来源于此的早期马克思主义的方法,因此,历史主义和辩证法的情致已深植于这位青年学者的世界观根基之中;洛特曼后来的诸多结构主义理念也都建立于辩证法之上。

对洛特曼的教育同样具有积极意义的 19 世纪俄国社会和哲学思想本身就带有浓厚的黑格尔色彩,康德在其中则几乎踪影全无。但在 20 世纪两者占比发生了某些变化,如果不是黑格尔主义者人数减少了,那就是康德主义者明显增多了。米·尤·洛特曼倾向于将其父亲也列入后一阵营:"尤·米·洛特曼是一位康德主义者。"②或者用他最近的一次提法:"……扬弃黑格尔的传统,以莱布尼茨与康德为取向,这一点后来在 1989 年的一篇文章中得到了理论阐发",接着他还引用了洛特曼《作为主体和自我客体的文化》一文中的文字③。此类说法实在有些夸大其词。洛特曼根本就没有摒弃过黑格尔哲学观;他在所提文章中谈到,使其研究兴趣从"精神"在文本中的反映转移到文本在受众中的反映(即接受者对文本的解读)的诠释学问题可以追溯到康德;但之后,洛特曼便从"欧洲新思维的伟大奠基人——黑格尔和康德"转向了在他看来独具现实意义的莱布尼茨哲学观(洛特曼:《三》,第 368—369 页)。其实,洛特曼感兴趣的是莱布尼茨那玄奥的单子论,他将其引入了"符号—信息"的层面。这一点极为重要(遗憾的是,该

---

①　尤·米·洛特曼:《丘特切夫的诗歌世界》,载《丘特切夫纪念文集》,塔林,1990,第109 页。

②　米·尤·洛特曼:《文本背后:简论塔尔图符号学派的哲学背景(文一)》,载《纪念集》(1),第 216 页。

③　米·尤·洛特曼:《跋:结构诗学及其在尤·米·洛特曼遗产中的地位》,载尤·米·洛特曼《论艺术》一书,圣彼得堡,1998,第 678 页。

问题未能得到进一步的探讨），但它绝不是康德主义的概念。

在米·尤·洛特曼《文本背后》一文中，其父的"康德主义"也被大大高估了，尽管其中符号性"文本"的具体例子（主客体的二律背反趋于模糊）和有关洛特曼的晚年论著主要参考了康德的作品和思想的说法无疑是正确的。然而，在多数情况下，此类参考要么是对史实的客观陈述（例如，在关于卡拉姆津的论著中，有不少篇幅探讨的就是"卡拉姆津与康德"这一命题），要么就是为了在自己和康德主义者之间划清界限；上文已指出了巴赫金与塔尔图学者们在时空观上的区别；在《文化与爆发》一书中，洛特曼将其中屡屡出现向超验领域突进现象的复杂符号空间与康德的超验本体实在性进行了对比①；而在《在思维世界的深处》一书中，洛特曼又以伊·普里戈任关于分岔②情况下大型系统的行为"在个体上"不可预测的思想，修正了康德关于大量现象可预测的观点③。此外，如前所述，洛特曼对肇始于康德的巴赫金时空平衡观也是完全不认同的。

在分析诸种影响时，在对思想家们进行界定时，本来就应当慎用"某某主义者"和"某某主义信徒/派"这类提法。有一个叫赖·韦提克的人把尤·米·洛特曼说成是柏拉图的追随者，对此米·尤·洛特曼自然会感到诧异；但是，既然著名的马尔堡新康德主义者保·那托尔卜已发现柏拉图与康德以及马尔堡新康德主义学派之间的紧密关联，那又何尝不能将洛特曼方法的来源追溯至柏拉图呢？！就任何一位大学者而言，原则上都能发现他与任何一位先哲名人具有某些交汇点——即便后者是多个世纪之前的先人。只不过在影响程度和所占比例上有所不同而已。

如果说，两位学者在作出普遍性结论的倾向方面有着不同的源头（巴赫金倚重的是圣经本体论和康德主义本体论，洛特曼倚重的则是黑格尔、西方符号学家和结构主义者），那么，从大量具体材料的分析中得出具有重要意义的结论——

---

①　尤·米·洛特曼：《文化与爆发》，莫斯科，1992，第 42—43 页。
②　分岔是动态系统研究中的概念，指系统参数（分岔参数）小而连续的变化造成系统本质或拓扑结构的突然改变。本书"晚年的学术论著"一章对普里戈任的分岔思想有所介绍。——译注
③　洛特曼：《深处》，第 326—327 页。

就这一方法本身的特点而言,两人则颇为相似。值得注意的是,对于巴赫金的一系列重大发现,洛特曼不仅在自己的创作中加以应用,而且还作了富有成效的阐发。例如,他在分析情节时便以巴赫金的时空体和长篇小说话语等概念为理据:"米·米·巴赫金引入的时空体概念大大推动了对长篇小说体裁类型学的研究〈……〉。如果再加上经米·米·巴赫金深入分析的、能为涵义提供近乎无限可能性的长篇小说的话语特征,那么,也就不难理解长篇小说为何能唤起读者和研究者对情节无限性的感受了。"①弗·谢·瓦赫鲁舍夫在对洛特曼《在思维世界的深处》一书的有趣评论中提纲契领地指出:"作者在论述陀思妥耶夫斯基及其'不准确的'话语时,在论及'文化的异构语言那复杂的多声部'(第148页)和作为'一切对话系统之规律'的离散性(第194页)时,便时常闯入'巴赫金的领地'。"(这篇书评已由《文学问题》杂志编辑部签发付印,1998,第6期)洛特曼本人也在上述那篇德语文章中指出,他所提出的文化至少需要两种符号语言的观点直接源自于巴赫金的对话理论(见第37页)。

　　无论是在方法论或总或分的诸方面,还是在世界观的诸范畴中,都可以发现两位学者有着不少相同的要素和构架。举例来说,如果对两人共有的实体与功能的对立观加以研究,定会取得积极成果。不久前,波兰文化学者博古斯拉夫·日尔科出版了一本关于巴赫金的书,在这部力著中作者把巴赫金的"体裁"和"长远时间"与洛特曼的"象征"概念作了有趣的比较②。而洛特曼本人则在《文化与爆发》一书中确立了一个重要问题:他建议结合巴赫金在相关领域所作出的论断来检视奥·米·弗赖登贝格的方法和她对体裁、情节的研究成果③。其实很有必要将洛特曼本人的此类论著也纳入考察范围。

　　并非所有类比都呈现出完全的趋同。在个别情况下,洛特曼也会做出修正。例如,不妨注意一下他针对巴赫金将"独白—对话"这一对立仅用于"诗歌—散文"的类别比照所提出的看法,具体而言,这一对立主要不是类别上的,而是方法

---

　　① 尤·米·洛特曼:《19世纪俄国长篇小说中的情节空间》,载尤·米·洛特曼《在诗语的滋养中:普希金、莱蒙托夫、果戈理》,莫斯科,1988,第325—326、330页。
　　② 博·日尔科:《米哈伊尔·巴赫金》,格但斯克,1994,第182—184页。
　　③ 尤·米·洛特曼:《文化与爆发》,第217—218页。

上的：譬如，在诗歌和散文中都能见到多语性的巴洛克式和独白性的浪漫主义①。

　　当然，两位学者最为相通的地方还是他们的伦理原则——无论在理论方面还是在实践方面（即生活行为方式）。在巴赫金命运多舛的一生中，基督教的道德准则一直指引着他，他从未有过叛离行为。洛特曼因上帝的眷顾，未曾遭受逮捕和流放，但四年的枪林弹雨，再加上后来屡屡遭受的迫害和威胁也都是不小的磨难。他同样也从未放弃过崇高的（本质上是基督教的）道德原则。更重要的是，两位学者在日常生活和创作思想上都体现出深刻的民主精神（毕竟"对话"和"狂欢"的所有层面都以参与者的相互平等为假设条件；洛特曼的文化学也同样极具民主性）。两人所有的创作探索也都极为虔诚，用心之至。这些探索，借用尼·康·米哈伊洛夫斯基的术语来说，与"真理之真"和"正义之真"紧密相连。

尤·米·洛特曼

———————————

　　① 尤·米·洛特曼：《普希金的诗体长篇小说〈叶甫盖尼·奥涅金〉（专题课程）》，塔尔图，1997，第 33 页。

　　在洛特曼论巴赫金的那篇德语文章中,结尾处所谈的正是其分析对象的这些特点:"举凡有幸与米·米·巴赫金本人相识者,都深信他不仅是一位天才的研究者,还是一位具有高尚人格和杰出职业道德,精诚探索真理的学者。因此,我们不仅应当谈论我们是如何看待巴赫金的,也应谈论他是如何看待我们的。我希望我们在学术追求上能够无愧于他。"(第40页)其实,同样的话也可以用来评价洛特曼本人。

　　洛特曼"有幸与米·米·巴赫金本人相识"。在巴赫金夫妇刚得到机会离开萨兰斯克,迁居莫斯科附近时(自1969年年末起,巴赫金在昆采沃医院接受了7个月的治疗;自1970年5月起,巴赫金夫妇长期居住于格里夫诺的一家养老院①),洛特曼就通过几位莫斯科友人与这位学术前辈见了面。首次会面应该是在1970年7月底或8月初,当时洛特曼正在莫斯科。因目睹到这位伟大学者的生活窘状,此次登门造访令塔尔图人深感痛心:在养老院的最初几个月,巴赫金夫妇住在公共宿舍的一个房间里;长长的走廊上人来人往,"方便设施"位于走廊尽头,这些都妨碍了正常的创作活动,尽管逆来顺受的巴赫金夫妇并无怨言:他们早已习惯了有过之而无不及的种种困难。

　　回到爱沙尼亚后,洛特曼便立即着手实施他脑海里萌生出的一个好主意:邀请巴赫金来塔尔图定居。前几年,俄国文学教研室曾尝试过邀请两位杰出学者——尤·格·奥克斯曼和弗·达·第聂伯罗夫—列兹尼克来充实其师资队伍,但均未获成功。他思忖,说不定巴赫金一事可以办成。1970年9月29日,洛特曼致信鲍·安·乌斯宾斯基:

　　"有要事相商。经反复考虑,我们决定,我们不应让巴赫金过成**这样**。我们初步考虑,要想(如果他愿意的话)在塔尔图为他们夫妇租下一个好房间,再安排上医疗和家政服务,就需要:

　　"1) 有主动性和诚意——这两点我们都不缺。更重要的是,我们有一种歉疚感:不这么做便会深感愧意。

　　"2) 有相关费用。我们估计,这也能解决。但我们还是很想让一些莫斯科

———————————

　　① 昆采沃区和格里夫诺村均位于莫斯科附近。——译注

同仁也加入进来,自愿负担每月 10 卢布的捐款。

"3) 征得他的同意,尊重他的意愿。也正是基于这一点我才给您写信的。您能否想办法了解一下他对这项计划的态度? 最好不要拖得太久——我们已经看好了房间,但在塔尔图此事很不容易解决——有可能就被拖黄了。"(《书信集》,第 512—513 页)

但遗憾的是,巴赫金夫妇拒绝迁居塔尔图。这或许是因为莫斯科的住房已然在望(弗·尼·图尔宾通过其指导的研讨课学生——位高权重的克格勃主席尤·弗·安德罗波夫之女——的关系,起初成功将巴赫金夫妇安顿在了莫斯科郊外,之后又为他们要到了一套市区的住宅),或许是因为他们不想远离莫斯科,最终巴赫金夫妇还是拒绝了去爱沙尼亚生活。

此后,对巴赫金夫妇的接济仅限于弗·尼·图尔宾组织的不定期捐款。1971 年夏季也进行了一次这样的筹款,相关情况记载于洛特曼 1971 年 9 月给我的一封已公开的信件:我在彼得堡凑了点钱,还通过当时正要去爱沙尼亚和普斯科夫的女儿塔季扬娜,吁请塔尔图和普斯科夫的熟人们参与募捐,并跟他们商定后续的募捐数额和频率。不过,一如往年那样,洛特曼在夏末时身无分文;直到秋天他才加入募捐活动(参见《书信集》,第 235 页)。

也是在 1971 年秋,洛特曼筹办了纪念费·米·陀思妥耶夫斯基诞辰 150 周年的学术会议,他在 9 月 15 日致鲍·安·乌斯宾斯基的信中邀请收信人、维亚切·弗谢·伊万诺夫和弗·尼·托波罗夫参会。洛特曼想请伊万诺夫准备一份"关于巴赫金与陀思妥耶夫斯基或其他任何一位作家的报告"(《书信集》,第 522 页)。后者好像并未做此类报告,但当洛特曼着手编纂作为第 6 卷《符号系统论丛(符号学)》的专辑"纪念米哈伊尔·米哈伊洛维奇·巴赫金(诞辰 75 周年)"——正如后来扉页所示——时(该卷直到 1973 年才出版),维亚切·弗谢·伊万诺夫为文集提供了一篇具有开创意义的文章《米·米·巴赫金关于符号、表述和对话的思想对于现代符号学的意义》。在 1972 年 12 月 4 日致弗·尼·托波罗夫的信中,洛特曼称这篇文章写得"很好"。(《书信集》,第 682 页)

对巴赫金的私人拜访也一直没有断过。1973 年 2 月 12 日,洛特曼和鲍·安·乌斯宾斯基去了这位学者在莫斯科的住宅。法·谢·松金娜当时写有详细的日记,也记录了洛特曼对此次访问的口述,她在 1998 年 5 月 19 日给我的信中谈到了相关内容:"年迈的、神态和蔼的巴赫金一直坐着,他被困在了扶手椅上(因截去了一条腿而难以站立——鲍·叶);有个胖女人(指家政女工加·季·格列夫佐娃——鲍·叶)在料理家务,厨房里无线电扬声器发出的声音震耳欲聋。门牌上写着:'巴赫金教授几日几时接待访客。'尤拉为他的命运哀叹不已。"

　　洛特曼很想在《符号系统论丛》上发表巴赫金的某篇作品。后者寄来了一篇文章——是分两次寄来的,但后来却发现,此文亦可收于自己的文集《文学与美学问题》(集子是在巴赫金去世后的 1975 年才问世的)。洛特曼在 1974 年 6 月 13 日的来信中将这件未做成的事情告诉了我(《书信集》,第 255 页)。1972 年,巴赫金的《陀思妥耶夫斯基诗学问题》一书第三版行世,此后其物质生活状况才稍有改善。

　　两人的私人会面看来一直持续到巴赫金生命中的最后一年。洛特曼在《卡拉姆津的创作》一书中引用了他从这位前辈处听到的一句话:"米哈伊尔·米哈伊洛维奇·巴赫金在去世前几个月说了一句十分精彩的话:'没有什么是绝对死去了的:每种意义都将拥有其复活的节日。'"①想必这也是他听到巴赫金说的最后几句话之一。巴赫金精神遗产的复活节在这位学者生前便开始为人们所庆祝了,但遗憾的是,人的肉身却分明是有其寿数的。

　　1975 年 3 月 8 日,洛特曼收到了鲍·安·乌斯宾斯基的电报,得知巴赫金去世(见《书信集》,第 557 页)。3 月 9 日,他致信法·谢·松金娜:"您听说米·米·巴赫金去世的噩耗了吗? 据说,他在最后几天里受了很多苦。深感悲伤。他是最后一位〈……〉长者了。葬礼我没去成——腿疼得厉害(是老了吗?),课也调不开。"(《书信集》,第 372 页)

　　在那几周里他常常想到巴赫金。法·谢·松金娜在日记里记录了他的一段话(1975 年 4 月),我援引如下:"鱼会在冬季休眠,因其生物时间停止之故。巴赫金的最后 25 年想必就是这样度过的。周围人感觉他十分温和,好像变了一个人似的。就像关在牢房里的人可能会说起包脚布,甚至谈得不亦乐乎,而埋藏在

---

① 尤·米·洛特曼:《卡拉姆津的创作》,莫斯科,1987,第 319 页。

心底的却完全是另一件事。"

莫斯科传来消息说巴赫金的档案被转交到了私人手中,这让洛特曼深感不安(根据学者本人的遗嘱,谢·格·博恰罗夫、瓦·瓦·科日诺夫和列·谢·梅利霍娃被指定为其档案的共享人)。他非常担心手稿被盗或以其他人的名义公开发表,并在 1975 年 3 月 22 日致鲍·安·乌斯宾斯基的信中坚决主张:应当对档案进行全面清点,刻不容缓,并随后转交给莫斯科的列宁图书馆或列宁格勒"公共图书馆"(见《书信集》,第 558—559 页)。历史表明,洛特曼的担心显然是多虑了,他的建议也是多余的:档案保管者们所表现出的那份小心、那份珍惜,绝不亚于任何国立图书馆的手稿部门,而在谢·格·博恰罗夫和世界文学研究所的其他科研人员编纂、出版新版巴赫金文集时,让档案直接掌握在辑校者手中,这一点也显得尤为重要。

1975 年 4 月 4 日,莫斯科文学博物馆举办了一场纪念巴赫金的晚会,洛特曼也有参加。法·谢·松金娜的日记中有一段对晚会的描述,她热情地分享于我。容我再作援引:"小礼堂自然座无虚席。图尔宾的发言十分谨慎,但也相当开明。曾经与巴赫金在萨兰斯克共事过的一名同行把巴赫金狂赞了一通。但正如所预料的那样,重头戏则是科日诺夫的发言。他发言内容的基点是,科学具有道德性质,科学也应当传授道德,正如巴赫金、奇热夫斯基和乌赫托姆斯基的论著总是有教诲作用的。其压轴戏似应为维·弗·伊万诺夫的报告。维·弗对逝者主要作品的学术成就作了阐述,并称他为 20 世纪的伟大学者。其后——完全出乎参会者的意料——尤·米走上了讲台。他的演讲成了总结报告,甚至还有人试图为他鼓掌;我想,这是因为他讲的只是自己的一些认识,而未作评价,也未拿其他人进行比较。开场时他说出了那一著名的论点:在这位学者去世后,人们对其创作的认识就会发生变化,正如对《奥涅金》的评价在普希金去世后发生了变化,亦如亡者的相貌与其生前相比会发生变化……他认为,现在就说巴赫金的作品不朽,还为时尚早,也难以下此结论;但活着的人们也不应在无休止的争论中损坏他的遗产,而应通力促进对巴赫金主要思想的理解。"

或许,在那些日子里,洛特曼就已在酝酿那篇关于巴赫金的德语报告的内容……

附录 2 回忆录

关于洛特曼的回忆录,我只是完成了一部分。对于这位仁兄,我可说的还有很多。

例如,就洛特曼"从不盛气凌人"这一点,完全可以写出一大章来,但在下面的第二篇随笔中我只是一笔带过。尽管表面上看起来他"从不盛气凌人",但骨子里却深藏着一股真正的凛然霸气,他因其出众的创作能力、道德水准和渊博学识,自然而然便成了他曾置身其中的每一个集体的核心人物和公认权威。

再者,对洛特曼内心深处的骑士精神大可多谈一些。例如,法·谢·松金娜在 1998 年 11 月 13 日给我的来信中有一段话,经她同意,我援引如下:"1974年。此事发生在拉脱维亚。我和尤拉乘电气列车从凯梅里前往里加。夏日炎炎。列车里挤满了人,我们则舒舒服服地坐着,因为是在起讫站凯梅里上的车。过了几站,上来一位年轻女士,她带着个五岁左右的小姑娘。尤拉立马起身,给小姑娘让座(妈妈不肯坐)。小姑娘坐下了,尤拉则站在我身旁,我们小声说着话。小姑娘坐在那儿,向窗外望去。火车到了里加,大家都走出车厢,于是我问尤拉,为什么他要把位子让给小姑娘(要是让给妈妈,我倒还能理解)。对此他回答道:'这是为了让她从小就知道,男人应当敬爱女人⋯⋯也包括给她们让座,这无关乎年龄。小姑娘也是女士啊。'"

还有许多值得一谈的⋯⋯但暂且先采用一下已发表的几篇文章吧。文献出处如下:

1.《尤·米·洛特曼与塔尔图—莫斯科符号学派》,莫斯科,1994,第 475—484 页。

2.《维什戈罗德》(塔林),1998,第 3 期,第 147—153 页。

3. 同上,第 74—76 页。

4.《纪念洛特曼学术报告会文集》，萨拉托夫，1998，第 35—39 页。

1. 与尤·米·洛特曼相交 50 载

是啊，我们相识快 50 年了。结识后仅过了三四年，我们的关系就发展成了友谊——牢固的，富于创造性和人情味儿的友谊。说起来似乎令人难以置信，这是一份纯洁无瑕的友谊——尽管历经或龃龉或紧张的艰苦岁月，却没有一丝污点，未曾蒙上任何阴影。我们在这半个世纪里从未发生过争吵，从未闹过不愉快。这实属罕见。几年前，一位彼得堡的熟人曾向我坦言，有个问题在他心里憋了好久，接着他便径直问道："您与洛特曼终身为友，您是怎么做到的？难道您就没产生过萨列里情结①吗？难道您从来没嫉妒过他?!"或许，我是个微不足道的萨列里吧，要不，尤里·米哈伊洛维奇是个能让谋害者在行凶前就乖乖缴械的莫扎特吧……

准确地说，他不是莫扎特，而是爱因斯坦——两人不仅长相惊人相似，内在也同样如此。至少，其主导性特点（可以转化为世界观方面的心理特点）便是人道主义，对人积极而又"潜在"的关心，对不幸之人的伤怀，对他们给予力所能及甚或超出其能力范围的帮助。无法想象尤·米·洛特曼会用粗鲁或尖刻的口吻与任何一个交谈者进行对话，无法想象他（不管是公共场合还是私底下）会用粗鲁或尖刻的口吻评价某人、某事、某个民族……（这并不意味着他是老好人，对于缺德之人，他会不失优雅地加以嘲讽，直戳痛处）尤·米还酷似我孩提时的象棋偶像艾·拉斯克尔，但对后者的个人品质我全然不知，因此也就无从评判他们是否具有内在的相似性。

但拉斯克尔现如今已没人记得了，而洛特曼与爱因斯坦容貌相像则是显而易见的。在改革②之初，彼捷尔的普尔科沃机场曾发生过这样一件趣事。尤·米·洛特曼那会儿刚成为"可以出境的公民"；他克服身体病痛，多次出国；不过，

---

①　安东尼奥·萨列里(1750—1825)，意大利作曲家，创作有 40 多部歌剧、4 部清唱剧和大量教堂音乐。传说他出于嫉妒而毒杀了莫扎特。普希金据此写有悲剧《莫扎特与萨列里》。——译注

②　指戈尔巴乔夫改革(1985—1991)。——译注

改革虽然把我们解放了出来,却不怎么注重提高办证速度,简化办证手续。由于官僚主义的拖拉作风,尤·米急匆匆赶到机场时,开往奥斯陆(会议在挪威举行)的航班早已起飞,而下一班则要等一周之后才有。唯一的选项便是联程航班,在赫尔辛基转机,但这一班也已没有空位了。当班的女主管让尤·米去找国际机场的领导;教授走进大领导的办公室——看到的不是控制台,就是电话机;后者疲惫而诧异地说道:"她干吗让您来我这儿?!所有问题她都应该自行解决。""我不清楚。"领导便给那位女主管打电话问道:"您为什么让那位公民来找我?"接着,尤·米隔着办公桌清清楚楚地听到了她的回答(领导们的电话机声音都很大!):"对不起,我只不过很想让您看看他有多像爱因斯坦。"领导不禁笑了起来,便把尤·米给打发走了,而那位知性的女主管则给"爱因斯坦"成功地弄到了一张机票。

　　尤·米在创作上的深度和强度也一如爱因斯坦,但不同于这位知名物理学家的是,洛特曼的研究兴趣并非一成不变:他从不只盯着一个课题,即使是主流的课题,而是对人文科学的各个方面都感兴趣。在其本行——文艺学中,他以早期的研究对象——18 世纪末俄国文学为基础向两端延伸,后端包括普希金、果戈理、丘特切夫、托尔斯泰和 20 世纪,前端则包括罗蒙诺索夫、彼得一世时代和古俄罗斯文献;接着又以比较类型的课题拓展了自己的兴趣范围(特别详细地探究了俄国与法国的联系),后来对文学理论和符号学—结构主义的分析原则产生了浓厚的兴趣,并由此直接进入了文化学、文化理论及文化史等诸多领域。

　　想必生性就有的这一特点——丰富多彩的兴趣——成就了种种有价值的发现。比如说,依我看,这位学者最重要的见解之一,即文化必须具备数种语言,就直接生发于他对绘画和音乐的挚爱。我指的不仅是参观博物馆、欣赏音乐爱好者协会举办的音乐会(这是不言而喻的事儿),还有他始终感觉到其创作活动离不开相邻的艺术。无论是在思考、讨论时,还是在开会时,尤·米总是不停地画着:漫画、场景、人脸、人像和抽象线圈,每次都要用掉不少纸张,如果手头有的话;而当他坐在书桌前读书写作时,其理想状态是有古典音乐家——通常为巴赫、莫扎特和贝多芬——作品那轻柔乐声(广播、电唱机、录音机)的相伴。尤·米直言,这对他大有裨益。

在工作中,紧张的创作与广泛的兴趣相结合;像每一位新事物的发现者那样,偏向于破坏旧的结构和联系,对原有的元素用全新的形式加以重组——凡此种种都妙趣横生地反映在日常生活的层面:在尤·米的绘画中总有"实际"比例发生夸张、偏移的现象;尤·米在谈话时也会不自觉地摆弄身边的实物:不是重新摆放,就是搓揉一番,甚或弄得扭曲变形(如果可能的话)。比如说,如果他手边有一枚回形针,那它必定会被拧得奇形怪状,完全不再是原先的样子。连他梦见的东西也常常发生"移位"。我记得他曾说起过一个梦,梦见地平线上工厂烟囱林立,奇怪地漂浮着一条条横向的烟雾。

孩子们尚小时,尤·米喜欢和他们玩的游戏是,先用积木和木块搭成一座大城堡,再用玩具球把这座建筑击个稀巴烂(从教育方面来说,这么做是值得商榷的:在最近这几年的一个冬天里,他那些好奇心十足、爱搞破坏的小家伙们仅凭空手,没用螺丝刀,就把邻居丢在外廊上的自行车拆了个精光)。

倘若没有超强的工作能力,尤·米就不可能创作出 800 种学术论著。他总是在做事,从未有过"空闲"时间。在历时四年的艰苦卓绝的卫国战争期间(他从头至尾都是在前线度过的),他一直随身带着法语课本,一旦有了战斗空隙,就拿出来学习。在大学五年期间,他所钻研的材料如此之多,以至于从列宁格勒大学毕业一年后不仅很快就通过了副博士研究生的所有学位课程考试,而且在母校顺利通过了第一篇学位论文的答辩①。他既未读过副博士研究生,也未读过博士研究生;他从未享有过创作假,按苏联高校的规定,每年承担 700、800、900 课时的繁重工作量,其中足足有一半上的是大课(尤·米一直酷爱讲大课:通修课也想上,专题课——就更不用说了)。这只是实实在在的课堂教学时数,还要花多少时间用来备课呢!唯一聊以自慰的是,如果教学材料涉及苏联文学,那就可以把为数不少的当代作品"走马观花"地浏览一下,甚或不用翻阅,只需事先了解一下其标准的公式化内容,把它们大概介绍一下即可。那些年间,洛特曼家有过一则趣谈。其妻扎拉·格里戈利耶夫娜问道:"你读过某某的小说

---

①　苏联实施二级学位制度,学位仅分为副博士和博士。"第一篇学位论文"即指副博士学位论文。——译注

吗?""当然读过喽。""你什么时候读的呀,它可是刚出版的。""我今天上课时读到它了。"①

　　然而,持续更新专题课,指导大量的学年论文、毕业论文以及后来的研究生写作——占据了好多时间。此外还有家务缠身:洛特曼夫妇生了孩子,可家里没有奶奶和外婆帮忙照顾,小夫妻只好独自扛起家庭的重担;他们两人又都从事创造性工作,所以家务活是双方对半均分的。面对生活压力,他们以幽默的方式淡然处之。房间里挂满了一幅幅描绘日常生活场景的漫画,它们都出自洛特曼之手;例如,有一幅画的是夜深人静时,小孩在哇哇大哭,当爹的(尤·米把自己画得十分滑稽可笑)则穿着睡衣、光着脚,一脸不高兴地在热着一瓶牛奶,边上的题字是"约翰·格雷"②。

　　尤·米是一流的家庭主夫。有些人是全才,即他们的才华不仅体现在其狭窄的专业领域内。比方说,尤·米就精于烹饪。但用于科研的时间所剩无几,更准确地说,只剩下夜晚了。尤·米总是开夜车,这在有利于事业取得成功的同

————————

　　①　"读"的俄语词 читать 也有"讲(课)"的意思,因此该句还可理解为"我今天上课时讲到它了。"——译注
　　②　约翰·格雷(1798—1850),英国空想社会主义者,著有《人类幸福论》等。题字中的"格雷(Грей)"又与俄语动词 греть(加热)的命令式 грей 构成同音词,因此这幅题字也可理解为:"约翰,热一下(牛奶)。"——译注

时，也对健康造成了损害。他长期睡眠不足。我第一次见到尤·米时，他才 25 岁，可看起来却足有 40 岁。再讲一件趣事吧。尤·米带着大儿子走进一家商店，一位好心肠的老太太埋怨道："现在这些做父母的，自己当老爷，却让爷爷带着孙子来买吃的。"……可这位"爷爷"当时甚至还不到 30 岁。尤·米实在是太累了。有一回，他坦率地说道："要是把我倒吊在那个钩子上（他指着吊灯的顶部），没人打扰我，哎呀，那我就能睡上一大觉！"不消说，尤·米为长期缺乏睡眠和休息付出了昂贵的代价，他的身体因频繁的突击性工作而连连发出警报，但若非如此，他恐怕也就成不了享誉世界的学者了。

促使尤·米作为一名学者和大学教师走向成功的另一个要素是——罕见的记忆力。我从未见过记忆能力如此之强的人。在他的那台天然电脑里存储了普希金的几乎所有诗歌、庞大的俄国诗歌数据集、欧洲主要语种的词汇和成千上万的事实与事件。在社交晚会上，在散步休憩时，尤·米常常兴致勃勃地讲起战争，城市名、村庄名、日期等脱口而出。我有一次对此表示了惊讶，他则不好意思地说道："整场战争的每个日子我都记得，就像记在日历上，整整四年。"于是，我近乎声嘶力竭地号叫起来："天啊，我们将痛失一份多好的资料！这样的一本回忆录该得到多么热烈的反响啊——整场卫国战争的故事不是由将帅或军官，而是由一名普通军士讲述的！说实话，尤·米，不管我有多喜欢您的学术论著，这本书都将会比它们更有分量，更能流传百世：您的学术事业会成为历史，属于某个时段，它是学术史上的一个重要阶段，但后人也正会从历史的角度去看待它，把它视为学术的特定发展阶段；而这本讲述战争的书当然也具有历史意义，它会作为事实性材料被加以利用，但它还会超越历史，成为对一位列宁格勒少年的永恒纪念——他作为一名大学生应征入伍，在战事最激烈的地方经受了四年可怕的考验，并把战争生动而真实地描绘了出来。"我大致就是这样劝说他的。而且不止一次。在各种不同的场合。可惜，都是劳而无功。尤·米认为，他的学术事业对人类更为重要。而我经常自责：为什么不说服其追随者、研究生和本科生想办法请尤·米进行口述录制：很可能，过个一两年就可以出书了。但已经晚了，尤·米承认，许多情景都已从记忆中消失了。错失良机了……

也就在我们那难以维持长久的记忆里仅剩一些生动的景象（有趣的是，和多数战争回忆者一样,尤·米追忆起的主要事件不是战斗,而是挖战壕和防空洞的艰苦繁重的劳作、长距离的行军、饥饿、寒冷,以及日常生活中发生的冲突)。1941 年,他们撤退时,在乌克兰南部草原跋涉多日,严重缺水,干渴难挨,忽遇一片瓜田,于是欢天喜地:他们大快朵颐,甚至还用西瓜汁洗脸。在乱作一团的包围圈里浮现出一位陌生少校的英雄形象,他无所畏惧、不顾危险,屹立林边,为打散了的小队战士指路,告诉他们如何绕过德军的阻截,向己方部队突围。尤·米毅然决定,一旦面临被俘的危险,便自我了断:没有手枪,只有步枪;为了能够得着扳机,他就随身带了一支粗铅笔,因为脱靴子太费事,而情况又瞬息万变。尤·米拿出列夫·科佩列夫①般的勇气,以骑士之举试图制止对德国民宅乃至城堡的劫掠;有几次还成功了;所幸,与科佩列夫不同的是,在尤·米的这支部队里,雷马克式的好人多于强盗,还有不少来自彼捷尔的青年。这支部队也有人偷东西,但偷的不是私人财产,而是公物或无主之物。有这样一则趣谈:他们在入夜后从火车站无人看守的车皮里拖出了一箱罐头(是靠触感来判断的)和一箱咕嘟作响的瓶子(酒精!),结果却发现,那是反坦克手榴弹和燃烧瓶。在战争结束的那天,他们纵情豪饮,闹出各种笑话。还有几则关于筹备红军节庆典的趣话。比如,包括尤·米在内的一个战前大学生小组受命为本师创作一首颂诗,他们几易其稿,但都被师长给枪毙了;最后,诗人们终于恍然大悟,原来其中缺少了赞美师长的诗句;于是做了补充,终稿便立刻获得了通过。

　　然而,不仅不好笑,反而令人难过的是,我们永远都不会读到尤·米·洛特曼的回忆录。不过,他原本也没打算写,我曾做过他的思想工作,但并未奏效。更令人难过的是,他自己的一些计划也未能实现。尤·米的文艺志趣显然未能得到充分发展,尽管有时在他所画的绝妙形象中,在他私人信件那诙谐的笔触中会有所体现;有时,在尤·米的笔端也会迸发出具有鲜明悲剧色彩的诗篇。这些篇什已用文字记录了下来,它们迟早总会问世的。但是,有两部文学作品的构思(还不清楚要以何种体裁加以呈现——是中篇小说还是剧本),很可惜,只是有了

---

　　① 列夫·科佩列夫(1912—1997),俄苏作家,文艺学家,人权活动家;曾作为宣传员和译员参加苏联卫国战争。——译注

基本雏形。

上述作品构思虽说是文学性质的,但却反映出社会—政治的主题:旨在说明,假如十二月党人在1825年获得了胜利,又假如车尔尼雪夫斯基的政党在19世纪60年代初掌握了国家大权,那么俄国历史和俄国社会生活将会如何发展。一系列有趣的情节已酝酿成熟:彼斯捷利①与"北方协会"成员的权力斗争,彼斯捷利的胜利,民主与专制原则的大杂烩,侵略性的外交政策,对不服从于权力的普希金所采取的先绥靖后打压的手段;而在19世纪60年代,则是以皮萨列夫和扎伊采夫为首的俄国启蒙运动②,对大学教授的集体解雇,比尼古拉一世时代更为严酷的书报检查,后来涅恰耶夫③对上述两位领袖的抛弃(嫌他们太过软弱),集权制的建立。准是两部引人入胜的作品,它们通过具体材料展现出一切阴谋性革命所具有的类型上的共性,而这些革命终究都无可挽回地走向集权(倒是可以提一下,我建议不甚了了者读一读保加利亚革命家伊万·哈吉斯基那写得饶有趣味的回忆录,他绝妙地揭示出,保加利亚解放运动史上也具有同样的类型:英勇高尚的浪漫主义者们踏上革命道路并首倡义举,却被拿破仑的铁杆信徒所排挤,接着,集权制度便得以建立……)。

诸多其他的写作计划——包括与人合写的——都彻底泡汤了。我们未能追随拉季舍夫的足迹,从彼得堡走到莫斯科——我们考虑过这样的计划,想在拉季舍夫笔下的村庄和城市多逗留一些时日,对近两个世纪后的当地生活面貌作番调研,然后在游记中加以描述。

---

① 彼斯捷利(1793—1826),全名为帕维尔·伊万诺维奇·彼斯捷利,十二月党人,上校。十二月党人的主要组织有"南方协会"和"北方协会",彼斯捷利为"南方协会"的创始人和会长。——译注

② 皮萨列夫(1840—1868),全名为德米特里·伊万诺维奇·皮萨列夫,俄国政论家、文艺批评家、空想社会主义者;扎伊采夫(1842—1882),全名为瓦尔福洛梅·亚历山德罗维奇·扎伊采夫,俄国政论家、批评家、虚无主义者。两人都是《俄罗斯言论》杂志的主要撰稿人。——译注

③ 涅恰耶夫(1847—1882),全名为谢尔盖·根纳季耶维奇·涅恰耶夫,俄国革命者、虚无主义者和无政府主义者,被视为政治恐怖主义的"鼻祖"。著有《革命者教义问答》。——译注

　　我已在上文说到人道情怀和乐善好施。一提到这个话题,我就回忆联翩。尤·米·洛特曼以一种忍让的、基督教式的"宽恕"态度对待那些曾给他造成严重精神损害的凶狠之人。他对懒惰的本科生和研究生始终宽容相待。他经常慷慨解囊,扶贫济困:从严重违法的捐赠(为政治犯或被单位开除人员募捐)到日常的帮扶解困——其对象是有需要的同事和熟人(再加上因添丁之喜,他家的开支本来就不小,所以钱包很快就见底了;洛特曼夫妇自己时常也需要帮助——当然,并不是白帮的)。如果几个自己人一起坐电车,或参观博物馆,又或在小卖部吃点东西,需要付钱时,因钱数不多而又不方便各付各的,在这种情况下,我会根据其表现将这些人分成两类:一些人抢在前面,忙不迭地为所有人买单;另一些人则相反——总是想法子故意磨蹭,全指着那些慷慨大方的人。显然,尤·米属于第一类人,而且是"抢"在最前头的那个。

　　洛特曼家的住房向来就是免费的私人旅馆,他家的餐桌自然也就成了吃客饭的地方:莫斯科或列宁格勒的来客在此过夜;喝晚茶时也总是聚着一帮不知从哪儿来的人;就连早上那张桌子也坐着客人。而要是在塔尔图举办会议或答辩论文,洛特曼家的餐桌便从早到晚都被客人们霸占着,这样一来,一日三餐——有时还不止——都得供应了。说个典型事例吧。有一次开会,来客们住的是很好的"公园"酒店。我去餐厅吃早饭——餐厅在当时也算很不错了,有新鲜的冰牛奶和香喷喷的热咖啡。我在走廊上遇见了一个熟人,便邀请他和我同去,可他却毫不掩饰地说:"不了,还不如去尤里·米哈伊洛维奇家呢。"我提出的有点难以启齿的理由——他们都说,至少让他早上别管我们,让他多休息一下——唉,也不管用。当然了,尤·米那里是比餐厅自在些……

　　有一次,亚·伊·索尔仁尼琴意外来访,他是路过塔尔图的,在此逗留了一天。洛特曼昔日的学生加·加·苏佩尔芬和阿·鲍·罗金斯基也常来拜访,他们每人为各自的行为付出了代价——进过劳改营,遭受过流放。有一回,我来到尤·米家里,碰到了已经住了不少时日的莫斯科女诗人娜塔利娅·戈尔巴涅夫斯卡娅——1968年,她作为著名的"莫斯科七勇士"之一走上红场,抗议苏军入侵捷克斯洛伐克,此举引起了轰动。至于到底有多少客人是带着地下出版物和境外出版物进进出出的,那就数不胜数了。

不消说,洛特曼夫妇作为嫌疑人遭到了监视。有一次,几条汉子突然闯了进来,搜查了好几个小时;他们对汗牛充栋的藏书中的每一本都逐页翻检,却没找到任何危险的物件:一大捆充满煽动性的地下出版物就放在荷兰式壁炉顶上。特工们站在梯子上,在离那个纸袋两步远的书架上翻寻着,却全然没有想到再往上爬半米,把目光转向壁炉!

可以想见,尤里·米哈伊洛维奇和扎拉·格里戈里耶夫娜要有多大的勇气和自制力才能在最危险的边缘不露声色地注视着特工的一举一动。尤·米从来不缺乏勇气。他在战场上的表现虽未被其前线战友详加描述,更是完全被尤·米本人所遮掩,但却充分反映在前线部队领导给他所作的极好的鉴定评语中(这份鉴定是在他复员时发放的,但却被列大的败类给故意弄丢了,这样他们就可以轻而易举地驳回尤·米读研的推荐信——而尤·米甚至都未想到要复印一份!),遗憾的是,在现存的证明文件中几乎只字未提。不过,仅凭这名军士胸前挂满的各种勋章和奖章——且都是在火线而非后方获得的——就足以说明许多问题。而他后来走过的每一步,度过的所有艰难岁月,我们都历历在目;有一点恐怕不会有人怀疑,即从社会—政治的坚毅精神(他从未放弃过人性,从来不会为了保住正统地位而说些昧心的话)一直到日常行为(他战胜了肉体和精神上的深重创伤,并与走上街头的抗议者们进行交往),尤·米都是我们这个时代最为坚强刚毅的人物之一。

作为其主要性格特点的仁爱和勇气,鲜明地体现在这位学者的世界观及其对相关课题的选择性需求中。在勃列日涅夫执政的最为严重的停滞期,尤·米却公然将《上尉的女儿》阐释为一部有关仁慈,书写超乎阶级的人性底色的作品,这种人性表现在包括普加乔夫和女皇在内的人物的感情和行为当中。而至于勇气,在此不妨指出尤·米对拉季舍夫、十二月党人和普希金其人的持续关注。

这位学者的世界观和心理特点在其学术论著中的反映是一个很有价值而鲜有研究的课题;对于尤·米·洛特曼本人而言,该课题也值得进行广泛的专门研究。我只是想指出一点:他之所以对生命那天然的原初特性、"茨冈人的习性",还有对卢梭、普希金、果戈理、丘特切夫、托尔斯泰、勃洛克的创作产生兴趣,正是因为存在所具有的那份弥足珍贵的、使得城市文明相形见绌的至善朴素。而尤·米·洛特曼结构—符号学著述的一整套理论恰似对别人强加于己的陌生方法的一种抗拒和排斥,恰似对"社会学印象主义"(尤·格·奥克斯曼语)的极具说服力的一种抗衡,后者在苏联时期占据主导地位,看似具有严格的科学性,实则却极为主观、摇摆不定,是一种应时对景的方法和价值取向。另一方面,理论上的束缚可能也是一种必要的障碍,它对冲向原初存在之自由的精神和心灵力量的洪流具有遏制作用……

彼得堡,1993 年 7 月

2. 我们年轻的教研室

在已经公开发表的回忆录中,我曾说过,一位彼捷尔同行向我坦言,多年来他一直想问我一个问题,后来终于有一回忍不住了,启齿问道:"您和尤里·米哈伊洛维奇交好多年,而且也不嫉妒他,也没跟他争吵过,您是怎么做到的?"我随即就开始向他阐明自己的一些想法,后来就这个话题,我和尤里·米哈伊洛维奇也聊得不少:我把那次与同行的对话告诉了他。对我俩为何没有发生过争吵,我们也各自提出了看法。这种情形真是极为罕见,在我和别人的交往中,几十年来从未发生过争吵的,仅此一例。不久前,我又萌生出一些想法,在此想一吐为快。

尤里·米哈伊洛维奇·洛特曼天生就不擅长去做发号施令、让别人接受自己的指导意图之类的事情,这么说吧,他不会硬要让这些意图得以贯彻执行。顺便提一句,我大概也有类似的"犯上"毛病:我和尤里·米哈伊洛维奇一样,受不了别人的颐指气使、指手画脚,我自己也天生讨厌教训、命令别人。求人是可以的,但那也不是很情愿的。

尤里·米哈伊洛维奇待人宽容、十分大度,还有一副侠义心肠,这两点应该就是他的主要品质。他对教师和助理人员十分宽容,即使他们有做得不到位的地方;他有时对学生也过分迁就,但恐怕还未达到像他所描述的鲍里斯·米哈伊洛维奇·艾亨鲍姆的那种程度。关于艾亨鲍姆,流传着不少趣闻轶事。有位女学生在口试问答时,被问到的最后一个问题是有关《安娜·卡列尼娜》的。"您只须告诉我,您读过《安娜·卡列尼娜》吗?""没有,对不起,我没读过《安娜·卡列尼娜》。""那太好了！祝贺您！"姑娘目瞪口呆,一脸茫然。"我倍感高兴的是,您终于要读了！"当然,尤里·米哈伊洛维奇还没有宽容到这种程度,但对人的信任和宽容是他的本真。这可不是冷漠和鄙薄,而是其本性所固有的一种品质——从不对别人发号施令、指手画脚、施加压力。

因而,我们从年轻时代就建成的教研组,总体上是一个宽容待人、善待彼此的集体。这是一件了不起的事情。当然,也无需加以美化:冲突、争吵,甚或更大的矛盾都在所难免,但总体而言,包容他人是我们这个年轻教研室的特点。如果说尤里·米哈伊洛维奇和谁闹过不愉快,那此人便是扎拉·格里戈里耶夫娜。或许,这是出于放松身体的需要——而这种需要也仅限于厨房琐事,由此就会产生冲突。有时也有思想上的论争,但这并不足为道。

当然了,也正因我们关系和睦,再加上教研室还算是相对统一的有机整体,所以我们总能做到全方位的防御。因为系领导把我们逼得很厉害,话说回来,有时也是有正当理由的。系领导们所受的教育具有德意志—爱沙尼亚的那种不灵活、(要我说就是)官僚主义的弊端,他们总是数落我们教研室不照章办事。20世纪50年代,我们曾有过一段有条不紊、井然有序的时期,尽管时间并不长,且好像仅此一回——就是谢尔盖·根纳季耶维奇·伊萨科夫担任助理那会儿。请不要以为这是溢美之词,谢尔盖·根纳季耶维奇确实是位十分理想的助理。只可惜他好像只做了一年的助理,后来就当上了教师;我们甚至一度为此伤心落泪,因为谢尔盖·根纳季耶维奇的继任者是个秉性完全相反的人。有些人天生就弄不明白身边发生了什么;可以说给他们听,也可以给他们发话传电报,但对他们而言最终一切都无济于事。而谢尔盖·根纳季耶维奇则是一位十分了解校情的助理。我不认为他是特意去哪里打听来的,——这只是天性使然:他之所以无所不晓,是出于履行职责的需要和自身内心的兴趣。我们教研室当时在处理事务方面实有欠妥之处。我们也没少挨系领导的批评:自己有时做事不讲规则,活该挨批。然而,这一切都是为了科研和教学,因为对我们来说,最重要的当然还是教书和自己的科研,而当时的工作量又非常之大(仅说教学工作量,就比现在要大得多)。

尤里·米哈伊洛维奇酷爱讲课,无论是通修课,还是专题课,甚至是某一门

任选的专题课,没有他不想上的:他不停地往自己身上揽活儿,并且绝对不是为
了得到某种好处。这是一种对学术的热忱:他想与学生们共同分享,讲述自己目
前的研究课题。因为教学工作占去了几乎整个白天,他同样酷爱的科研工作便
只能在夜晚来做——直至去世他都在从事学术研究。他常常工作到凌晨三四
点,有时甚至到五六点,而八九点又要起床去上课。这对身体当然是一种损耗。
我想,尤里·米哈伊洛维奇之所以去世得比较早,就是他那完全不正常的生活方
式所导致的——几乎每天工作近 20 小时。当然,他也完全可以每天只工作 8 小
时,但那样尤里·米哈伊洛维奇也许就成不了著作等身的学者了。

扎拉·格里戈里耶夫娜也是一个钟情讲台、擅长学术的人,因而他们家在日
常家务料理方面自然就不尽如人意了。尤里·米哈伊洛维奇承担了不少。他在
这方面是位骑士,经常主动代替扎拉·格里戈里耶夫娜下厨房,想法子做出厨艺
精湛的煎饼,并用一种特殊方式烹饪第二道菜①。

我可以讲述一件非常有趣的事儿。我女儿塔尼娅和洛特曼家的大儿子米沙
差不多同岁。记得他们当时才三四岁,在一起玩过家家——典型的儿童游戏。
我们家塔尼娅像个小主妇似的整理东西、收拾房间,而米沙疲惫地提着公文包回
到了家——我不记得他拿的是自己的包还是我们家的包了。他打开包:"我买了
只鸡。"我们家塔尼娅瞪大了眼睛:"鸡应该让奶奶来买!"——我们家都是奶奶买
菜。而爸爸带回家的应该是书,爸爸爱去书店,回来时总是带着满满一包书。这
件事儿我一辈子都忘不了。我们经常想起此事——这是她"对爸爸的印象"。

有一点必须说:洛特曼夫妇的购书量当然十分惊人,所以尤里·米哈伊洛维
奇的私人藏书简直是独此一家,尽可坐拥书城,而几乎不用去国立图书馆。不
过,不要忘记,洛特曼夫妇起初住在塔尔图塔赫街尽头的小"鸽子笼"里——一个
不超过 10 平方米的小房间。条件差极了:一床一桌,还有一张小床,因为他们的
长子米沙刚刚出生。再就是书。到处都是书,连窗台上也是书;虽然已有了几个
书架,但都被塞满了,因为尤里·米哈伊洛维奇上大学时就已经开始搜集藏书
了。他当时淘得不少好书,因为战后列宁格勒的书价超级便宜,可以廉价买到任

① 在俄餐中,第二道菜是热菜,也是主菜。——译注

何作品集,也可以用很划算的价格买得19世纪的各种珍本。于是,尤里·米哈伊洛维奇便和我们不少人一样可劲儿买。后来,因为他已决意将自己的未来与塔尔图大学联结在一起,便把这些书装在行李箱里运到了塔尔图。有一次我不由得惊叹了一声。尤里·米哈伊洛维奇毕竟不具备大力士的体格。那次,我去他那里,他刚下火车——地上放着三个大箱子,里面装满了书,根本拎不动。我发出一声惊叹,因为当时还没有长途客车,得先从列宁格勒乘火车到塔帕,然后再乘从塔林始发的火车到塔尔图。而塔帕火车站是没有搬运工的。我惊得目瞪口呆:"尤里·米哈伊洛维奇,这三箱书您是怎么搬来的?""很简单啊,就这么一下、两下、三下。"这些箱子准是他一点一点挪过来的,属于自己的这一独家图书馆终于落成,此后他的学术创作更有了助力。

他们的日常生活很是艰辛。这不仅是因为尤里·米哈伊洛维奇和扎拉·格里戈里耶夫娜都究心学问,很少有时间料理家务,带着刚出生的儿子住在这样的陋室里,也确实很难安排好生活。更何况还囊中羞涩。因此,洛特曼夫妇在头几年里连餐具都难以备齐,刚够他们自己用的。比方说,叶戈罗夫夫妇来做客,四个人坐一张桌:就两个盘子,连第三个都没有。尤里·米哈伊洛维奇有一把令人叫绝的叉子。这把叉子是他专用的,被他戏称为"颇具颓废之美"。上面只有一个齿保持着原样,第二个齿则成了螺旋状——我简直搞不明白谁能把它拧成这样,第三个齿直接拦腰折断,第四个齿则呈90度角外翘着。而尤里·米哈伊洛维奇则动作娴熟地用它叉起一条小鲱鱼或别的什么,居然还能送进嘴里,每吃完一口,还能用那根傲然探向一侧的齿尖理理小胡子。当然,生活条件逐渐好转起来,后来就住上了两室户,再后来又有了三居室;在这一方面,生活渐渐地有所好转,但困难还是不少,孩子们在成长。洛特曼夫妇和我们大家当然都是在拼命工作。确实就是如此。

我还想讲一讲,尤里·米哈伊洛维奇这个人是何等的顾家。这不仅是指"买鸡"的事情,更是指他对妻儿家室的用心至极。我想分享一件趣事:有一次扎拉·格里戈里耶夫娜"丢失了",尤里·米哈伊洛维奇一连数小时都处于极度焦躁中。其实,她的"丢失"在那个年头也完全是正常的事情,因为我们没有电话。经过是这样的。我当时住列宁格勒,在塔尔图已经没有住房了,于是,当我来为函授生进行集中面授时,莱达·阿列克谢耶娃——当时她事实上已是亚当斯的妻子,但在布尔登科—维斯基街上还留着一小套住宅(实际上是公共住宅里的两个房间)——便让出一个房间给我住,完全出于好心。她一直把自己的这套住宅让给别人住。那里总住着几个她认识的女大学生。我过来授课时,姑娘们就会住到一个房间里,为我腾出另一个房间。我不仅上大课和实践课,而且当时还和洛特曼夫妇一起编辑《学术论丛》,且用力甚勤,因为《俄罗斯和斯拉夫语文学论丛》的符号学卷和正刊都已陆续面世,此外当时教研室所有骨干成员的专著也插入丛刊出版。工作量很大。我冬季和夏季过来为函授生进行集中面授时,通常也都会尽量帮忙:参与下一卷的组稿,撰写评论,或者就"梳理一下"文章,然后审读校样,如果某卷论丛已经出了排印稿而到了"待嫁之时"。不过,这毕竟是个技术性活计,我们尽可能不麻烦尤里·米哈伊洛维奇,此事主要由我和扎拉·格里戈里耶夫娜两人来做。

恰巧有一天晚上,扎拉·格里戈里耶夫娜给学生考试,要考很长时间。我们说好,晚上她到我这儿来,我们一起把一卷论丛彻底"赶出来",以便随时提交编委会。也的确如此。她在学校里考了相当长的时间,然后来我这里,我们大概待了起码又有两个小时,把这一卷"顺了"一遍,尔后,我便送她回家。明亮的夏夜如此之美妙……可在此期间发生什么事了呢?

我叫扎拉·格里戈里耶夫娜来编集子的事情,尤里·米哈伊洛维奇略有耳闻,不过,他也知道,她还要给学生考试。他知道扎拉·格里戈里耶夫娜考起试来绝不马虎:只要由她来主考,那就会持续很久。但晚上8点,9点,10点——一小时一小时地过去了,他还是不禁害怕起来:还不回来,这是怎么了?难不成真要考到晚上10点?他跑到学校——我再强调一遍,那时我们没有电话机——校园里到处都关着门。主楼的值班员出来应门,说道:"里边没人,所有教室都关了,所有学生和老师早就走了。"听闻此话,他当然就更紧张了。于是,他把最后的希望寄托在了我这里。他爬上座堂山,朝我家走去。这不,爱沙尼亚人有一个显著的特点,我将它归结为民族心理:两个女大学生就坐在窗边,并且她们一直在家,没出过门;我何时和扎拉·格里戈里耶夫娜一起干活儿,又何时送她回家的——这一切她们都看在眼里。慌里慌张的尤里·米哈伊洛维奇跑进院子,见到了这两个姑娘,打了个招呼,便问道:"叶戈罗夫在哪儿?""他不在。"她们回答道。"那你们知不知道,他那儿有没有来过一个女人?"姑娘们一本正经地说道:"没人来过。"这下他心里发毛了! 到底是怎么回事儿?

就在这幢房子旁边,住着一位我们共同的熟人——金娜·鲍里索夫娜·加博维奇。金娜·鲍里索夫娜家里有一部电话机,是当时唯一的一部。他惊恐失色,气喘吁吁地跑到金娜·鲍里索夫娜家,并开始给民警局打电话,说他的妻子失踪了。"嘻,那看来这位就是您的家人。这不,在我们这儿躺着呢,但她醉得不像样子了。她什么证件都没有,也说不了话。您过来办下手续吧。"但他怎么也不相信扎拉·格里戈里耶夫娜会醉醺醺地躺在民警局里。于是,他决定再回一趟家,此时大约是午夜了。

我们早就到家了,两个儿子——当时年纪还小——说,爸爸跑去找扎拉·格里戈里耶夫娜了。我们料想,要是我们出去找他,那又准会走岔的;于是就坐在他们家旁的长椅上等,大不了等到凌晨一点。结果还真是如此——凌晨一点左右,尤里·米哈伊洛维奇跑来了,披头散发的,看到我们坐在那儿,恨不得一拳砸过来:你们去了哪儿,干什么去了? 我们告诉他,我俩去了我家,而那两位姑娘则体现出女人间的同心同德;他这才稍稍平复下来。不管怎么说,他是非常顾家、关心家人的。

我以上所讲的,还都是些令人发笑的故事。其实,生活中糟心事也是挺多的,但我们总能想办法克服这一切。

3. 在 20 世纪 50 年代末(片段)

我对亚当斯的妻子莱达·尤里耶夫娜·阿列克谢耶娃(她战前是俄罗斯画家阿列克谢耶夫的妻子;他好像英年早逝了)颇有好感。她本人既是位颇具天才的画家,又是个特点鲜明的人:头脑聪明,诙谐幽默,为人善良,和她在一起总是很有趣味。除了她,想必很少有人能受得了亚当斯的喜怒无常,但她却把他治得服服帖帖:"沃洛金卡①今天醒来时,一副气鼓鼓的样子,可我一把咖啡端到他的床上——他就好了。"莱达·尤里耶夫娜爱搞恶作剧,在这一点上跟我也很像。她是如何捉弄人的——可以洋洋洒洒地写出一大篇随笔。

我们不仅处理学校事务,还时不时地办一场热闹的晚餐聚会;关于我们表演的精彩猜字游戏,我已写过文字(我好像尚未提到亚当斯那出众的表演才能,譬如说,他曾在一次猜字游戏中精彩地扮演了伯爵的角色)。在日常生活(如住房、家庭、市政等)方面也会生出不少事端。比方说,发生过一起生活上的事件,还闹得沸沸扬扬的,其中的主角就是尤·米·洛特曼和我。

洛特曼夫妇一直致力于慈善事业,他们收留了一位名叫格里姆的穷老太,她原先在大学里教德语。20 世纪 50 年代的养老金少得可怜(再说,也不知她有没有养老金),老太太就靠几个零钱过日子。尤·米想了个招儿,给她安排了份工作,让她教他的孩子们(米沙和格里沙当时还很小)学德语,这样就可以给老师提供额外的午餐和晚餐了。她当时寄居在亚当斯前妻希尔达·迈斯特的住宅的一个小房间里,而后者看来缺乏高尚的道德:亚当斯遭到逮捕后,又被遣送卡拉干达矿区,于是她便与丈夫断绝了关系。为此他无法原谅她,后来就没再回到她的身边,而是直接找到女友莱达·尤里耶夫娜的门上。

希·迈斯特是农学院(爱沙尼亚农学院)的副教授,她在那里教俄语。我不记得老太太是怎么在她那里住下的以及她有没有交过房租,只记得她开始找我们哭诉,说有人要让她搬出去。起先,女主人不再给她生炉子了(炉门和风门都在隔壁房间),但并未奏效;于是,迈斯特趁房客不在,把一个三门大衣柜挪进了她那逼仄的小屋,这样一来,连个转身的地方都没有了。

于是,我和尤·米未向任何法院和党委作反映(要知道当时任何日常纠纷都要向党委汇报!),就擅自做主为老太太出头。早上,我们趁迈斯特在农学院时去了她家,把大衣柜搬出小屋,移到走廊的背角处(之前它好像就是放在那里的)。迈斯特的小女儿看来是被入室的强盗们给吓坏了,她赶紧跑去叫妈妈。我们正

---

① "沃洛金卡"指亚当斯。亚当斯的俄语名为弗拉基米尔(详见本书"调职塔尔图大学"一章),"沃洛金卡"是其爱称。——译注

要离开时碰到了女主人,她上楼梯时就叫喊道:"我这就报警!"但当她认出这些强盗是塔大副教授时,便不想把事情闹大。她把老太太留下暂住了一些时日,但这个无家可归的不幸之人不久就搬到另一个地方去住了。此事被传了出去,同事们大多都交口赞誉,鲍·瓦·普拉夫金还为此事写了一首庄重的诗歌:

　　女神啊,请歌颂高贵学者的义愤,

　　他们从贫苦寡妇的斗室中推出大柜,

　　并在尘世的悲苦中恢复了美好的和平。

　　两位大力神在北国之城的此番壮举,

　　堪比神圣的桂叶和荷马的竖琴。

1958 年 12 月 16 日

　　而尤·米则画了一幅挺不错的漫画,把我们真的画成了一副戴着面具的盗贼模样。

　　倘若将尤·米·洛特曼在那些年间的所有绘画都搜集起来,那便是一部记录我们当时生活的绝妙史书,而且是用词语和图像这两种语言形式加以呈现的。正如尤里·米哈伊洛维奇所言,文化向来是趋于多语的!……

4. 生活中的尤·米·洛特曼:性格与品行

论及尤·米·洛特曼(以下简称为"尤·米")创作的著述已写了不少,在未来的岁月里数量还会不断增加;关于其人其事的回忆录和随笔也已问世。然而,应当趁我们这代人还健在,趁这位杰出学者的挚朋好友们都还在世,尽快将他个性中最典型的特点记录在纸上——历史会铭谢我们的。

一名曾经与我关系亲近的文学研究者总是对尤·米心怀嫉妒,并经常给后者编造一些缺点,聊以自慰。例如,他竟然煞有介事地这样解释其"劲敌"那善良的、骑士般的义举:"他所有的行为都是虚假的,他强装好人;不过是虚情假意而已。"我因他这种深重的"萨列里情结"而痛心疾首,便厉声说,这是对尤·米的恶毒诽谤,并补充说:"你要是能虚情假意地变得大方点儿,那该多好啊!"(我的这位朋友是个一毛不拔的铁公鸡。)可不是吗,要是所有的恶人都能佯装成好心人,那世界该会发生怎样的变化啊! 我觉着,一个出于私心待客殷勤而礼貌的女售货员远胜于一个肆无忌惮的无耻之徒。不过,这有点扯远了。

或许,其他熟人也怀疑过,尤·米那广为人知的优良品质是"虚假的",而非"真实的"。尤·米关于普希金具有"生活建构"这一意图的思想(我完全不接受这一思想;在我看来,普希金实乃随性而为之人),会不会也使别人有理由怀疑他是"刻意为之"? 我可以即刻作答:尽管尤·米比普希金更具"生活建构"的倾向,但其热情奔放、天性自由的性格根本就无助于他按照计划采取相应的行动(还是那位友人有一回表达了一个想法——这个想法在我看来是真实的,但也恰恰推翻了他那居心不良的怀疑:他曾表示,尤·米内心狂放不羁,他之所以迷上了结构—符号学的模式论,就是想用这一锁链来锁住那颗激越的心灵……)。

尤·米受父母遗传而天生善良慷慨,这一点已为诸多事件所反复证实。在我看来,检验一个人是否"慷慨—吝啬",衡量这对相悖品质的主要标准之一,便是他同熟人们在一起时的行为举止,譬如吃便餐或乘坐地面公交需要付钱时他所表现出的举止。如果某人麻溜儿地付了自己的那份或者买单时借故走开了,那他便是与尤·米截然相反的人,因为尤·米总是会冲到收银台前,为所有人买单。对了,他还说过这样一件事儿。那是在莫斯科的列宁图书馆,无论是馆内还是户外都特别冷;尤·米和一个年轻同事去薄饼铺吃点东西,顺便还想喝上一瓶暖暖身子,于是尤·米让同伴继续排队买薄饼,自己则跑向邻近的商店……尤·米和这位同事的性格我都很了解,便打断他,说道:"您比他年长一倍,让他去买酒,您来排队,这样不是更公平吗?!"尤·米无话可辩,他这么做,完全是出于无意识。

真正善良的人从不设防别人,总是相信,其交往者也是天性善良的。尤·米是多么的赤诚,他为学生们提供过多少帮助——简直无法想象。尽管有时(好在并不常见!)会出现欺骗、偷书和告密等现象,但凡此种种都未动摇过尤·米的善心,他始终是个好心人。1993 年,在他的葬礼上,爱沙尼亚总统、塔大校友伦纳特·梅里讲述了一件令他深受感动、铭记终生的事情:当梅里撰写毕业论文《十二月党人在爱沙尼亚》时,与他偶然相识、根本就不在他这个专业任教的尤·米竟把自己做的十二月党人方面的大量卡片资料提供给了他这个学生使用(有意思的是,在这位爱沙尼亚大学生看来,教授将学术资源与他共享是件了不得的事情;而在我们双都学者看来,尤其是对老一辈教授来说,这是平常稀松之事)。

由我整理出版的一卷本《尤·米·洛特曼书信集》(莫斯科,1997)中也记录了他对前辈所做的种种善举。例如,尤·米曾试图将米·米·巴赫金延请至塔尔图(此事已广为人知),不仅如此,为解决其房租问题,他还准备持续筹款。在所有信件中都未曾提及他经常为帮助苏联劳改营里的政治犯进行募捐一事;我现在可以打开天窗说亮话:尤·米和扎·格·明茨都曾坚定不移、毫不犹豫地慷慨解囊,尽管他们自己手头也并不宽裕(两人都不会精打细算、勤俭持家,花起钱来比较随性——无论是用于自家的日常开销,还是用在亲戚身上,而且他们经常请客吃饭,因此,即使稿费不少,也往往是举债度日;一拿到工资和稿费就用来还债)。

而他的良知之心则表现为高度的谦卑,表现为时时处处都顾及别人:有没有给人家添乱? 是不是得罪了某人? 后一句经常出现在他的书信里。一旦有人回信有些延迟,他就会深感担忧,并写信追问:他是否对收件人有得罪之处? 天啊,你只好提笔一本正经地向他证明,根本不可能生他的气,等等,——但数月后,他说不定就又会担忧起来。

墓碑是根据塔尔图雕塑家斯坦尼斯拉夫·涅奇沃洛多夫的设计而建造的。

　　检验人品的另一个重要标准是酒后醉态。我觉着,儿童、老人和醉汉绝不擅长口是心非,他们最能表现出其天性中的深层本质。当一个性格温和、心地善良的人在醉酒状态下忽然显露出凶狠或龌龊的"一面"时,我们有时也会感到惊讶的。我敢保证,尤·米即便喝得酩酊大醉,也依旧善良、诚实——面带腼腆的微笑(在女人面前毕竟是不好意思的!),极力想帮忙收拾吃剩的"大餐",或是准备把住得较远、也同样喝得迷迷糊糊的客人送回家。一如他平常的样子。

　　他的骑士精神在我看来也来自遗传,因为不管是喝醉还是清醒,他都多次表现出了这种精神。顺便说一句,他总是抢着为所有人买单,这也不单单只是善良,更是一种骑士精神。无法想象一个骑士会是个吝啬鬼!

　　当然,骑士精神几乎总是少不了勇气。讲一个事例吧。发生在塔尔图郊外的乡间别墅。我在洛特曼夫妇那里做客,当时还有一些女性宾客。我们一起散着步。我和尤·米落在她们后面,单独聊着什么话题,三位女士走在前面,离我们约有三十米。有两个似乎有点摇摇晃晃的爱沙尼亚壮汉迎面走了过来,叫住了她们,不知他们是想问路还是要调情——尤·米当即中断了我们的交谈,他话说到一半就冲上前去。那两个路人看上去并无任何非礼之意,即便有的话,尤·米也会毫不犹豫地与他们争斗起来……这是他天性使然,而不是对自己的行为有过什么盘算。

　　我一向就不喜欢车尔尼雪夫斯基所宣扬的"合理利己主义"观。在他看来,仿佛世界就立足于此,又仿佛哪怕一个母亲为了孩子去铤而走险,甚至甘愿牺牲自己的生命,她这样做也是为了私心:这样对她更有利,否则对她是不好的。我在课堂上总爱举一个深深印在脑海里的事例来反驳这一理论:在斯塔夫罗波尔某地,一个孩子在火车站台上玩耍时不慎摔倒在铁轨上,而一列驶经的货车正全速驶至站台,几秒钟内就会轧上小孩;旁边的一名民警纵身跳上铁轨,一把抱起孩子,随即就滚到站台下方。难道在那几秒钟里施救者对利弊做出理性判断了吗?!冲上去救助妇女的尤·米也是如此。

　　需要指出的是,尤·米个头不大,身板瘦弱,但从小就不怕打架,所以他在学校里,正如他本人所述,在班上吃了不少比他强壮同学的苦头,但这位捍卫正义的斗士却并未因此而善罢甘休。

　　还有一种"途中考验"法①——想象中的反向实验。倘若有人尝试着把尤·米设想成一个连坐车或吃饭都舍不得掏腰包的小气鬼，从另一角度说，一个无赖之徒，再或者，一个粗暴对待女性的人——简直是匪夷所思。倘若出了这种事，那他也就不再是尤·米，而是另一个人了。至于这位学者的人格是如何反映在其学术创作中的——这是一个专门的话题，可以此为题单独写一篇文章。

---

　　① "途中考验"一词源自苏联 1986 年上映的一部同名电影。这部二战佳片讲述了一名曾经主动缴械投降德军的苏联人，加入游击队并在战场上壮烈牺牲，用生命证明了自己对祖国的忠诚。——译注

人名索引①

Абакумов В. С. 维·谢·阿巴库莫夫,苏联国务活动家

Абен Карл 卡尔·阿本,塔大教师,语言学者

Абрамов Федор Александрович 费奥多尔·亚历山德罗维奇·阿布拉莫夫,作家

Абрамович Стелла Лазаревна 施特拉·拉扎列夫娜·阿布拉莫维奇,文学研究者

Аврамец Ирина Александровна 伊琳娜·亚历山德罗夫娜·阿夫拉梅茨,塔大教师,文学研究者

Адамс Вальмар Теодорович 瓦尔马·特奥多罗维奇·亚当斯,塔大副教授,文学研究者,作家

Азадовский Константин Маркович 康斯坦丁·马尔科维奇·阿扎多夫斯基,语文学者

Азадовский Марк Константинович 马克·康斯坦丁诺维奇·阿扎多夫斯基,列大教授,民间创作研究者

Акимов Николай Павлович 尼古拉·帕夫洛维奇·阿基莫夫,导演

Александр Ⅰ 亚历山大一世

Алексеев Василий Михайлович 瓦西里·米哈伊洛维奇·阿列克谢耶夫,院士,语文学者

Алексеев Михаил Павлович 米哈伊尔·帕夫洛维奇·阿列克谢耶夫,院士,文学研究者

Алексеева Лейда Юрьевна 莱达·尤里耶夫娜·阿列克谢耶娃,画家,瓦·特·亚当斯之妻

Алексеева Любовь Васильевна 柳博芙·瓦西里耶夫娜·阿列克谢耶娃,尤·米的列大同学

Аль Даниил 丹尼尔·阿尔,作家

Альтман Моисей Семенович 莫伊谢伊·谢苗诺维奇·阿尔特曼,文学研究者

Альтшуллер Марк Григорьевич 马克·格里戈里耶维奇·阿尔特舒勒,文学研究者

Альтюссер Луи 路易·阿尔都塞,法国哲学家

---

① 本索引中的缩写及其全称:赫师——列宁格勒国立赫尔岑师范学院;列大——列宁格勒国立大学;塔大——塔尔图国立大学;尤·米——尤·米·洛特曼。

---

① 此处系笔误,应为 Арендт(阿伦特)。——译注

Безродный Михаил 米哈伊尔·别兹罗德内,塔大毕业生,文学研究者

Белинский Виссарион Григорьевич 维萨里昂·格里戈里耶维奇·别林斯基,批评家

Белл Александр 亚历山大·贝尔,美国物理学家

Белобровцевы Ирина Захаровна и Виталий Иванович 伊琳娜·扎哈罗夫娜·别洛布罗夫采娃
　　与维塔利·伊万诺维奇·别洛布罗夫采夫夫妇,语文学者,出版人

Белоусов Александр Федорович 亚历山大·费奥多罗维奇·别洛乌索夫,民间创作研究者

Белый Андрей 安德烈·别雷,作家

Беме Якоб 雅各布·波墨,德国哲学家

Бенвенист Эмиль 埃米尔·本维尼斯特,法国语言学家

Берг Аксель Иванович 阿克塞尔·伊万诺维奇·贝格,院士,物理学家,控制论专家

Бердников Георгий Петрович 格奥尔吉·彼得罗维奇·别尔德尼科夫,文学研究者

Берия Лаврентий Павлович 拉夫连季·帕夫洛维奇·贝利亚,苏联国务活动家

Берков Павел Наумович 帕维尔·瑙莫维奇·别尔科夫,列大教授,文学研究者

Бернштейн Сергей Игнатьевич 谢尔盖·伊格纳季耶维奇·伯恩斯坦,语言学者

Бетеа Д. 大卫·贝西亚——见 Bethea D.

Бетховен Людвиг Ван 路德维希·凡·贝多芬

Билинкис Михаил Яковлевич 米哈伊尔·雅科夫列维奇·比林基斯,塔大毕业生,列大副教
　　授,文学研究者

Билинкис Яков Семенович 雅科夫·谢苗诺维奇·比林基斯,塔大副教授,赫师教授,文学研
　　究者

Благовещенский Николай Александрович 尼古拉·亚历山德罗维奇·布拉戈维申斯基,作家

Блок Александр Александрович 亚历山大·亚历山德罗维奇·勃洛克

Блюм Рэм Наумович 雷姆·瑙莫维奇·布卢姆,塔大教授,哲学研究者

Богатырев Петр Григорьевич 彼得·格里戈里耶维奇·博加特廖夫,语文学者

Бодуэн де Куртенэ Иван Александрович 伊万·亚历山德罗维奇·博杜安·德·库尔特奈,
　　波兰—俄罗斯语言学者

Бок Тимофей Фон 季莫费①·冯·博克,官员

────────────────

　　① "季莫费"是"蒂莫特乌斯"的俄化变体形式。在本书正文中,作者将此名写为"蒂莫
特乌斯"。——译注

Бонди Сергей Михайлович 谢尔盖·米哈伊洛维奇·邦季,文学研究者

Боннэр Елена Георгиевна 叶连娜·格奥尔吉耶夫娜·博奈尔,亚·德·萨哈罗夫院士之妻

Бочаров Сергей Георгиевич 谢尔盖·格奥尔吉耶夫奇·博恰罗夫,文学研究者

Брагинская Нина Владимировна 尼娜·弗拉基米罗夫娜·布拉金斯卡娅,语言学者

Браже Тереза Георгиевна 捷列扎·格奥尔吉耶夫娜·布拉热,文学和教学法研究者

Брежнев Леонид Ильич 列昂尼德·伊里奇·勃列日涅夫,苏联党务活动家

Бродский Иосиф Александрович 约瑟夫·亚历山德罗维奇·布罗茨基,诗人

Бродский Николай Леонтьевич 尼古拉·列昂季耶维奇·布罗茨基,文学研究者

Бронштейн Михаил Лазаревич 米哈伊尔·拉扎列维奇·布龙施泰因,爱沙尼亚经济学者

Брюллов Карл Павлович 卡尔·帕夫洛维奇·勃留洛夫,画家

Буало Николя 尼古拉·布瓦洛,法国诗人,艺术理论家

Буденный Семен Михайлович 谢苗·米哈伊洛维奇·布琼尼,元帅

Булгаков Михаил Афанасьевич 米哈伊尔·阿法纳西耶维奇·布尔加科夫,作家

Булгакова Елена Сергеевна 叶连娜·谢尔盖耶夫娜·布尔加科娃,作家的遗孀

Булгарин Фаддей Венедиктович 法杰伊·维涅季克托维奇·布尔加林,作家

Бурлакова М. И. 玛·伊·布尔拉科娃——见 Лекомцева М. И.

Бурсов Борис Иванович 鲍里斯·伊万诺维奇·布尔索夫,列大教授,文学研究者

Бухарин Николай Иванович 尼古拉·伊万诺维奇·布哈林,苏联国务活动家

Бюклинг Лийса 丽莎·比克林,芬兰俄罗斯语文学者

Бялый Григорий Абрамович 格里戈里·阿布拉莫维奇·比亚雷,列大教授,文学研究者

Вановская Татьяна Викторовна 塔季扬娜·维克托罗夫娜·万诺夫斯卡娅,列大副教授,文学
　　研究者

Васильева Зоя 卓娅·瓦西里耶娃,尤·米的列大同学

Вахрушев Владимир Серафимович 弗拉基米尔·谢拉菲莫维奇·瓦赫鲁舍夫,语文学者

Вацуро Вадим Эразмович 瓦季姆·艾拉兹莫维奇·瓦楚罗,文学研究者

Венгеров Семен Афанасьевич 谢苗·阿法纳西耶维奇·温格罗夫,文学研究者,图书编目专家

Веригина Валентина Петровна 瓦莲京娜·彼得罗夫娜·韦里金娜,演员

Вернадский Владимир Иванович 弗拉基米尔·伊万诺维奇·韦尔纳茨基,院士

Верч И. 伊·韦尔奇,——见 Verč I.

Герман Алексей Георгиевич 阿列克谢·格奥尔吉耶维奇·格尔曼,电影导演

Геродот 希罗多德,古希腊历史学家

Герцен Александр Иванович 亚历山大·伊万诺维奇·赫尔岑

Гехтман Владислава Исааковна 弗拉季斯拉娃·伊萨科夫娜·格赫特曼,尤·米的秘书,塔大
　　研究员

Гин Моисей Михайлович 莫伊谢伊·米哈伊洛维奇·吉恩,文学研究者

Гинзбург Лидия Яковлевна 莉季娅·雅科夫列夫娜·金兹堡,文学研究者

Гиннесс 吉尼斯,爱尔兰啤酒商家族,出版了世界纪录大全

Гиппиус Василий Васильевич 瓦西里·瓦西里耶维奇·吉皮乌斯,列大教授,文学研究者

Гиппиус Зинаида Николаевна 季娜伊达·尼古拉耶夫娜·吉皮乌斯,诗人

Гитлер Адольф 阿道夫·希特勒

Глинка Михаил Иванович 米哈伊尔·伊万诺维奇·格林卡

Гнедич Николай Иванович 尼古拉·伊万诺维奇·格涅季奇,诗人

Гоголь Николай Васильевич 尼古拉·瓦西里耶维奇·果戈理

Головин Борис Николаевич 鲍里斯·尼古拉耶维奇·戈洛文,语言学者

Гомер 荷马

Гончаров Иван Александрович 伊万·亚历山德罗维奇·冈察洛夫,作家

Гончарова (Пушкина) Наталья Николаевна 娜塔利娅·尼古拉耶夫娜·冈察洛娃(普希金
　　娜),诗人之妻

Горбаневская Наталья Евгеньевна 娜塔利娅·叶夫根耶夫娜·戈尔巴涅夫斯卡娅,诗人

Горбачев Михаил Сергеевич 米哈伊尔·谢尔盖耶维奇·戈尔巴乔夫,苏联政治活动家

Гордин Яков Аркадьевич 雅科夫·阿尔卡季耶维奇·戈尔金,批评家,历史学者

Горький Алексей Максимович 阿列克谢·马克西莫维奇·高尔基

Грабак Иозеф 约瑟夫·赫拉巴克,捷克语文学者

Гревцова Г. Т. 加·季·格列夫佐娃,米·米·巴赫金家的家政女工

Гречина Ольга Николаевна 奥莉加·尼古拉耶夫娜·格列钦娜,尤·米的列大同学,文学研究
　　者

Гржибек П. 彼·格尔日别克,文化学者

Грибоедов Александр Сергеевич 亚历山大·谢尔盖耶维奇·格里鲍耶陀夫

Григорьев 格里戈里耶夫,军官

Григорьев Алексей Львович 阿列克谢·利沃维奇·格里戈里耶夫，赫师教授，文学研究者

Григорьев Аполлон Александрович 阿波罗·亚历山德罗维奇·格里戈里耶夫，诗人，批评家

Григорьев Роман Геннадиевич 罗曼·根纳季耶维奇·格里戈里耶夫，文学研究者

Григорьева Елена Георгиевна 叶连娜·格奥尔吉耶夫娜·格里戈里耶娃，文学研究者

Гуковская Н. Г. 娜·格·古科夫斯卡娅——见 Долинина Н. Г.

Гуковский Григорий Александрович 格里戈里·亚历山德罗维奇·古科夫斯基，列大教授，文学研究者

Гумбольдт Александр 亚历山大·洪堡，德国自然科学研究者

Гумбольдт Вильгельм 威廉·洪堡，德国语言学者

Густав II Адольф 古斯塔夫二世·阿道夫，瑞典国王

Гуторов Иван Васильевич 伊万·瓦西里耶维奇·古托罗夫，白俄罗斯文学研究者

Гюго Виктор 维克多·雨果

Давыдов Василий Львович 瓦西里·利沃维奇·达维多夫，上校，十二月党人

Данилевский Александр Александрович 亚历山大·亚历山德罗维奇·丹尼列夫斯基，塔大教师，文学研究者

Данилевский Александр Сергеевич 亚历山大·谢尔盖耶维奇·丹尼列夫斯基，生物学者

Данилевский Григорий Петрович 格里戈里·彼得罗维奇·丹尼列夫斯基，作家

Даниэль Сергей Михайлович 谢尔盖·米哈伊洛维奇·达尼埃尔，戏剧学研究者

Даниэль Юлий Маркович 尤利·马尔科维奇·达尼埃尔，作家

Данте Алигьери 但丁·阿利吉耶里

Дантес Жорж 乔治·丹特士，军官

Декарт Рене 勒内·笛卡尔，法国哲学家

Дементьев Александр Григорьевич 亚历山大·格里戈里耶维奇·杰缅季耶夫，列大副教授，文学研究者

Державин Гавриил Романович 加夫里尔·罗曼诺维奇·杰尔查文，诗人

Державин Николай Севастьянович 尼古拉·谢瓦斯季亚诺维奇·杰尔查文，院士，语文学者

Диккенс Чарльз 查尔斯·狄更斯

Дмитриев Лев Александрович 列夫·亚历山德罗维奇·德米特里耶夫，文学研究者

Дмитриев-Мамонов Матвей Александрович 马特维·亚历山德罗维奇·德米特里耶夫—马莫

Егоров Борис Федорович 鲍里斯·费奥多罗维奇·叶戈罗夫,文学研究者

Егорова Татьяна Борисовна 塔季扬娜·鲍里索夫娜·叶戈罗娃,语文学者,鲍·费·叶戈罗夫之女

Екатерина II 叶卡捷琳娜二世

Елизавета II 伊丽莎白二世,英国女王

Елизаренкова Татьяна Яковлевна 塔季扬娜·雅科夫列夫娜·叶利扎连科娃,东方学研究者

Ельмслев Луи 路易·叶尔姆斯列夫,丹麦语言学者

Еремин Игорь Петрович 伊戈尔·彼得罗维奇·叶廖明,列大教授,文学研究者

Ермилов Владимир Владимирович 弗拉基米尔·弗拉基米罗维奇·叶尔米洛夫,批评家,文学研究者

Есенин-Вольпин Александр Сергеевич 亚历山大·谢尔盖耶维奇·叶赛宁—沃尔平,数学和逻辑学研究者

Жилко Богуслав 博古斯拉夫·日尔科,波兰文化学者

Жинкин Николай Иванович 尼古拉·伊万诺维奇·任金,心理学者,语言学者

Жирмунский Виктор Максимович 维克托·马克西莫维奇·日尔蒙斯基,院士,列大教授

Жолковский Александр Константинович 亚历山大·康斯坦丁诺维奇·若尔科夫斯基,语文学者

Жуков Георгий Константинович 格奥尔吉·康斯坦丁诺维奇·朱可夫,元帅

Жуков Дмитрий Иванович 德米特里·伊万诺维奇·茹科夫,尤·米的中学老师

Жуковский Василий Андреевич 瓦西里·安德烈耶维奇·茹科夫斯基,诗人

Жулкевский Стефан 斯特凡·茹尔克夫斯基,波兰文化学者

Заболоцкий Николай Алексеевич 尼古拉·阿列克谢耶维奇·扎博洛茨基,诗人

Заботкина Ольга Сергеевна 奥莉加·谢尔盖耶夫娜·扎博特金娜,列大教师,翻译工作者

Завалишин Дмитрий Иринархович 德米特里·伊里纳尔霍维奇·扎瓦利申,十二月党人

Завалишин Ипполит Иринархович 伊波利特·伊里纳尔霍维奇·扎瓦利申,德·伊的兄弟

Загоскин Михаил Николаевич 米哈伊尔·尼古拉耶维奇·扎戈斯金,作家

Зайдель Анна 安娜·扎伊德尔,尤·米的列大同学

Зайончковский Петр Андреевич 彼得·安德烈耶维奇·扎伊翁奇科夫斯基,历史学者

Зайцев Варфоломей Александрович 瓦尔福洛梅·亚历山德罗维奇·扎伊采夫,批评家

Зайчикова Ольга 奥莉加·扎伊奇科娃,尤·米的列大同学,塔尔图师范专科学校教师

Закревская Аграфена Федоровна 阿格拉费娜·费奥多罗夫娜·扎克列夫斯卡娅,彼得堡名媛

Зализняк Андрей Анатольевич 安德烈·阿纳托利耶维奇·扎利兹尼亚克,语言学者

Западов Александр Васильевич 亚历山大·瓦西里耶维奇·扎帕多夫,列大教授,文学研究者

Зарецкий Валентин Айзикович 瓦连京·艾济科维奇·扎列茨基,文学研究者

Зеленин Дмитрий Константинович 德米特里·康斯坦丁诺维奇·泽列宁,民族学和民间创作
    研究者

Зимин Александр Александрович 亚历山大·亚历山德罗维奇·济明,历史学者

Зиновьев Александр Александрович 亚历山大·亚历山德罗维奇·季诺维耶夫,数学和逻辑
    学研究者

Золотоносов Михаил Нафталиевич 米哈伊尔·纳夫塔利耶维奇·佐洛托诺索夫,批评家

Зощенко Михаил Михайлович 米哈伊尔·米哈伊洛维奇·左琴科

Иванов Александр Андреевич 亚历山大·安德烈耶维奇·伊万诺夫,画家

Иванов Вячеслав Всеволодович 维亚切斯拉夫·弗谢沃洛多维奇·伊万诺夫,语文学者,文化
    学者

Иванова Ленина 列宁娜·伊万诺娃,语文学者

Иващенко 伊瓦先科,军官

Игнатьев Михаил Борисович 米哈伊尔·鲍里索维奇·伊格纳季耶夫,控制论研究者

Измайлов Александр Ефимович 亚历山大·叶菲莫维奇·伊斯梅洛夫,作家,记者

Измайлов Николай Васильевич 尼古拉·瓦西里耶维奇·伊斯梅洛夫,文学研究者

Ильф Илья 伊利亚·伊里夫,作家

Ингарден Роман 罗曼·英伽登,波兰哲学家

Исаков Сергей Геннадиевич 谢尔盖·根纳季耶维奇·伊萨科夫,塔大教授,文学研究者

Каверин Вениамин Александрович 韦尼阿明·亚历山德罗维奇·卡韦林,作家

Каган Матвей Исаевич 马特维·伊萨耶维奇·卡甘,哲学家

Кайсаров Андрей Сергеевич 安德烈·谢尔盖耶维奇·凯萨罗夫,语文学者,历史学者

Калинин Михаил Иванович 米哈伊尔·伊万诺维奇·加里宁,苏联国务活动家

Колмогоров Андрей Николаевич 安德烈·尼古拉耶维奇·科尔莫戈罗夫,院士,数学研究者

Конрад Николай Иосифович 尼古拉·约瑟福维奇·康拉德,院士,东方学研究者

Константин Павлович 康斯坦丁·帕夫洛维奇,大公

Кооп Арнольд 阿诺尔德·科普,党务工作者,塔大校长

Копелев Лев Зиновьевич 列夫·济诺维耶维奇·科佩列夫,作家

Копержинский Константин Александрович 康斯坦丁·亚历山德罗维奇·科佩尔任斯基,列
　大教授,语文学者

Корман Борис Ошерович 鲍里斯·奥舍罗维奇·科尔曼,文学研究者

Костанди Олег 奥列格·科斯坦季,文学研究者

Краснов Георгий Васильевич 格奥尔吉·瓦西里耶维奇·克拉斯诺夫,文学研究者

Круус Ханс 汉斯·克鲁斯,历史学者,爱沙尼亚科学院院长

Крылов Иван Андреевич 伊万·安德烈耶维奇·克雷洛夫,寓言作家

Крюковский Николай Игнатьевич 尼古拉·伊格纳季耶维奇·克留科夫斯基,白俄罗斯美学
　研究者

Кузнецов Анатолий Михайлович 阿纳托利·米哈伊洛维奇·库兹涅佐夫,音乐学者

Кузнецов Петр Саввич 彼得·萨维奇·库兹涅佐夫,语言学者

Кузовкина Татьяна Дмитриевна 塔季扬娜·德米特里耶夫娜·库佐夫金娜,尤·米的秘书,塔
　大研究员

Куинджи Архип Иванович 阿尔希普·伊万诺维奇·库因芝,画家

Кукулевич Анатолий Михайлович 阿纳托利·米哈伊洛维奇·库库列维奇,文学研究者

Кулагина Ольга Сергеевна 奥莉加·谢尔盖耶夫娜·库拉金娜,数学研究者,语言学者

Кутузов Алексей Михайлович 阿列克谢·米哈伊洛维奇·库图佐夫,作家,翻译工作者

Куусберг Пауль 保罗·库斯贝格,爱沙尼亚作家

Кухарева Валентина Николаевна 瓦莲京娜·尼古拉耶夫娜·库哈列娃,塔大毕业生,文学研
　究者

Кэбин Иван Густавович 伊万·古斯塔沃维奇·凯宾,爱沙尼亚的苏联党务工作者

Кюхельбекер Вильгельм Карлович 威廉·卡尔洛维奇·丘赫尔别凯,诗人,十二月党人

Лакаева Людмила Константиновна 柳德米拉·康斯坦丁诺夫娜·拉卡耶娃,扎·格·明茨的
　列大同学,语言学者

Ламанский Владимир Иванович 弗拉基米尔·伊万诺维奇·拉曼斯基,院士,斯拉夫学研
究者

Лаптун Владимир Иванович 弗拉基米尔·伊万诺维奇·拉普通,文学研究者

Ласкер Эмануэль 艾曼纽尔·拉斯克尔,德国象棋手

Лаугасте Эдуард 爱德华·劳加斯特,塔大教授,语文学者

Лафонтен Жан де 让·德·拉·封丹,法国作家

Лахман Борис 鲍里斯·拉赫曼,尤·米的中学同学

Лев Мария Семеновна 玛丽亚·谢苗诺夫娜·列夫,列大语文系秘书

Леви-Стросс Клод 克洛德·列维—斯特劳斯,法国民族学者

Левин Юрий Давидович 尤里·达维多维奇·莱温,文学研究者

Левин Юрий Иосифович 尤里·约瑟福维奇·莱温,数学研究者

Левинсон Алексей Георгиевич 阿列克谢·格奥尔吉耶维奇·莱温松,文化学者

Левченко Я. 扬·列夫琴科,语文学者

Лейбниц Готфрид Вильгельм 戈特弗里德·威廉·莱布尼茨,德国哲学家

Лейбов Роман Григорьевич 罗曼·格里戈里耶维奇·列伊博夫,塔大教师,文学研究者

Леков И. 伊·列科夫,保加利亚诗律研究者

Лекомцева (Бурлакова) Маргарита Ивановна 玛加丽塔·伊万诺夫娜·列科姆采娃(布尔拉
科娃),语文学者

Ленин Владимир Ильич 弗拉基米尔·伊里奇·列宁

Леонов Леонид Максимович 列昂尼德·马克西莫维奇·列昂诺夫,作家

Леонтьев Константин Николаевич 康斯坦丁·尼古拉耶维奇·列昂季耶夫,作家,政论家

Леонтьева Е. Г. 叶·格·列昂季耶娃,文学研究者

Лермонтов Михаил Юрьевич 米哈伊尔·尤里耶维奇·莱蒙托夫

Лесскис Георгий Александрович 格奥尔吉·亚历山德罗维奇·列斯基斯,数学研究者,语言
学者

Леша 廖沙——见 Лотман А. Ю.

Леэметс Хелле Даниэлевна 黑勒·达尼埃列夫娜·莱梅茨,塔大毕业生,文学研究者

Лившиц Кира 基拉·利夫希茨,尤·米的列大同学

Лисов Александр Геннадиевич 亚历山大·根纳季耶维奇·利索夫,文化学者

Лихачев Дмитрий Сергеевич 德米特里·谢尔盖耶维奇·利哈乔夫,院士

Мабли Габриель Бонно де 加布里埃尔·博诺·德·马布利,法国乌托邦主义思想家

Мазинг Э. ① 埃·马辛,爱沙尼亚语文学者

Мазон Андрэ 安德烈·马宗,法国斯拉夫学研究者

Майенова Мария Рената（Мария Львовна）玛丽亚·雷娜塔（玛丽亚·利沃夫娜）·迈耶诺娃,波兰翻译家,文学理论研究者

Маймин Евгений Александрович 叶夫根尼·亚历山德罗维奇·迈明,文学研究者

Майсте Хильда 希尔达·迈斯特,爱沙尼亚语文学者

Макогоненко Георгий Пантелеймонович 格奥尔吉·潘捷列伊莫诺维奇·马科戈年科,列大教授,文学研究者

Максимов Дмитрий Евгеньевич 德米特里·叶夫根耶维奇·马克西莫夫,列大教授,文学研究者

Малевич Олег Михайлович 奥列格·米哈伊洛维奇·马列维奇,语文学者,翻译工作者

Малиновский Бронислав 布罗尼斯拉夫·马利诺夫斯基,英国民族学者、社会学者

Мальц Анн Эдуардовна 安·爱德华多夫娜·马尔茨,塔大教师,文学研究者

Манделькер А. 艾·曼德尔克尔——见 Mandelker A.

Мандельштам Осип Эмильевич 奥西普·埃米利耶维奇·曼德尔施塔姆,诗人

Марков Андрей Андреевич 安德烈·安德烈耶维奇·马尔科夫,数学研究者

Маркс Карл 卡尔·马克思

Марр Николай Яковлевич 尼古拉·雅科夫列维奇·马尔,院士,语言学者

Мартемьянов Юрий С. 尤里·谢·马尔捷米亚诺夫,语文学者

Маслов Виктор Сергеевич 维克托·谢尔盖耶维奇·马斯洛夫,文学研究者

Матвеева Анна Николаевна 安娜·尼古拉耶夫娜·马特维耶娃,尤·米的列大同学

Матезиус Вилем 威廉·马德修斯,捷克语言学者

Матейка Л. 拉·马太卡

Махлин Виталий Львович 维塔利·利沃维奇·马赫林,哲学研究者

Маяковский Владимир Владимирович 弗拉基米尔·弗拉基米罗维奇·马雅可夫斯基

Медведев Павел Николаевич 帕维尔·尼古拉耶维奇·梅德韦杰夫,文学研究者

Медведева Ирина Николаевна 伊琳娜·尼古拉耶夫娜·梅德韦杰娃,文学研究者,鲍·维·

---

① 原文有误,此人实名为 Уку(乌库)。——译注

托马舍夫斯基之妻

Медокс Роман 罗曼·梅多克斯,投机分子

Мейер Ян M. 扬·马·迈耶,荷兰斯拉夫学者

Мейлах Борис Соломонович 鲍里斯·所罗门诺维奇·迈拉赫,文学研究者

Мелихова Леонтина Сергеевна 列昂京娜·谢尔盖耶夫娜·梅利霍娃,文学研究者

Мережковский Дмитрий Сергеевич 德米特里·谢尔盖耶维奇·梅列日科夫斯基,作家

Мерзляков Алексей Федорович 阿列克谢·费奥多罗维奇·梅尔兹利亚科夫,诗人

Микеланджело Буонарроти 博纳罗蒂·米开朗琪罗,意大利雕塑家

Минц Зара Григорьевна 扎拉·格里戈里耶夫娜·明茨,塔大教授,文学研究者,尤·米之妻

Минц Малка Ефимовна («тетя Маня»)玛尔卡·叶菲莫夫娜·明茨("玛尼娅姑妈"),扎·格
的姑母

Михайловский Николай Константинович 尼古拉·康斯坦丁诺维奇·米哈伊洛夫斯基,政论
家,批评家

Мицкевич Адам 亚当·密茨凯维奇,波兰诗人

Модзалевский Борис Львович 鲍里斯·利沃维奇·莫扎列夫斯基,文学研究者

Молдавский Дмитрий Миронович 德米特里·米罗诺维奇·摩尔达夫斯基,文学研究者

Молотов Вячеслав Михайлович 维亚切斯拉夫·米哈伊洛维奇·莫洛托夫,苏联国务活动家

Молошная Татьяна Николаевна 塔季扬娜·尼古拉耶夫娜·莫洛什娜娅,语言学者

Мордовченко Николай Иванович 尼古拉·伊万诺维奇·莫尔多夫琴科,列大教授,文学研
究者

Морозов Павлик 帕夫利克·莫罗佐夫

Моррис Чарльз Уильям 查尔斯·威廉·莫里斯,美国哲学家

Морсон Г. С. 加·索·莫尔森——见莫尔森,G. S.

Моцарт Вольфганг Амадей 沃尔夫冈·阿玛多伊斯·莫扎特

Мочалов Лев Всеволодович 列夫·弗谢沃洛多维奇·莫恰洛夫,诗人,艺术学者

Мукаржовский Ян 扬·穆卡尔若夫斯基,捷克艺术学者

Мурникова Татьяна Филаретовна 塔季扬娜·菲拉列托夫娜·穆尔尼科娃,塔大副教授,语言
学者,教学法研究者

Мэри Леннарт 伦纳特·梅里,爱沙尼亚总统

---

① 系作者误记,此人实名为 Линнарт(林纳特)。——译注

Огибенин Борис Леонидович 鲍里斯·列昂尼多维奇·奥吉贝宁, 东方学研究者, 文化学者

Ойстрах Давид Федорович 达维德·费奥多罗维奇·奥伊斯特拉赫, 小提琴演奏家

Оксман Юлиан Григорьевич 尤利扬·格里戈里耶维奇·奥克斯曼, 文学研究者

Окуджава Булат Шалвович 布拉特·沙尔沃维奇·奥库扎瓦, 诗人

Олеск Пеетер 彼得·奥列斯克, 塔大科学图书馆馆长

Орлов Александр Сергеевич 亚历山大·谢尔盖耶维奇·奥尔洛夫, 院士, 语文学者

Орлов Владимир Николаевич 弗拉基米尔·尼古拉耶维奇·奥尔洛夫, 文学研究者

Орлов Михаил Федорович 米哈伊尔·费奥多罗维奇·奥尔洛夫, 将军, 十二月党人

Орлова Валентина 瓦莲京娜·奥尔洛娃, 尤·米的列大同学

Орлова-Чесменская Анна Алексеевна 安娜·阿列克谢耶夫娜·奥尔洛娃—切斯缅斯卡娅, 宫
　　廷侍从女官

Островский Юрий 尤里·奥斯特洛夫斯基, 尤·米的列大同学

Падучева Елена Викторовна 叶连娜·维克托罗夫娜·帕杜切娃, 语言学者, 文化学者

Павлович Надежда Александровна 娜杰日达·亚历山德罗夫娜·帕夫洛维奇, 诗人

Пальм Виктор 维克托·帕尔姆, 塔大教授, 化学研究者

Панов Сергей Игоревич 谢尔盖·伊戈列维奇·帕诺夫, 文学研究者

Паньков Николай Алексеевич 尼古拉·阿列克谢耶维奇·潘科夫, 文化学者

Папаян Рафаэль Ашотович 拉斐尔·阿绍托维奇·帕帕扬, 诗律研究者, 尤·米的塔大研
　　究生

Папкович Зоя 卓娅·帕普科维奇, 尤·米的列大同学

Пастернак Борис Леонидович 鲍里斯·列昂尼多维奇·帕斯捷尔纳克

Пастушенко 帕斯图申科, 军官

Паустовский Константин Георгиевич 康斯坦丁·格奥尔吉耶维奇·帕乌斯托夫斯基, 作家

Перевощиков Николай 尼古拉·佩列沃希科夫, 尤·米的前线战友

Перкаль Марк Константинович 马克·康斯坦丁诺维奇·佩卡尔, 文学研究者

Перлина Нина 尼娜·佩尔林娜, 文学研究者

Песонен Пекка 佩卡·佩索宁, 芬兰的俄罗斯语文学者

Пестель Павел Иванович 帕维尔·伊万诺维奇·彼斯捷利, 上校, 十二月党人

Петр I 彼得一世

Пригожин Илья 伊利亚·普里戈任,保加利亚物理学者、化学研究者

Пропп Владимир Яковлевич 弗拉基米尔·雅科夫列维奇·普罗普,列大教授,民俗学者

Прохоров Александр Владимирович 亚历山大·弗拉基米罗维奇·普罗霍罗夫,数学研究者

Прянишников Николай 尼古拉·普利亚尼什尼科夫,艺术学者

Пугачев Владимир Владимирович 弗拉基米尔·弗拉基米罗维奇·普加乔夫,历史学者

Пугачев Емельян Иванович 叶梅利扬·伊万诺维奇·普加乔夫

Пумпянский Лев Васильевич 列夫·瓦西里耶维奇·蓬皮扬斯基,文学研究者

Пушкин Александр Сергеевич 亚历山大·谢尔盖耶维奇·普希金

Пушкин Василий Львович 瓦西里·利沃维奇·普希金,诗人

Пушкин Лев Сергеевич 列夫·谢尔盖耶维奇·普希金,亚·谢·普希金的弟弟

Пярли Юле Карловна 尤列·卡尔洛夫娜·皮亚尔利,塔大教师,文学研究者

Пярль Андрес 安德烈斯·帕尔,塔大副教授,心理学者

Пятигорский Александр Моисеевич 亚历山大·莫伊谢耶维奇·皮亚季戈尔斯基,东方学研究者,哲学研究者

Рааб Харальд 哈拉尔德·拉布,德国的俄罗斯语文学者

Рабкина Нелли Наумовна 内莉·瑙莫夫娜·拉布金娜,文学研究者

Рабле Франсуа 弗朗索瓦·拉伯雷,法国作家

Радищев Александр Николаевич 亚历山大·尼古拉耶维奇·拉季舍夫,作家

Раевский Александр Николаевич 亚历山大·尼古拉耶维奇·拉耶夫斯基,上校,亚·谢·普希金的友人兼情敌

Раевский Николай Николаевич 尼古拉·尼古拉耶维奇·拉耶夫斯基,将军,亚·尼之父

Райт Рита 丽塔·赖特,翻译工作者

Раков Лев Львович 列夫·利沃维奇·拉科夫,列大副教授,文学研究者,作家

Расин Жан 让·拉辛,法国剧作家

Ратгаузер Марк Яковлевич 马克·雅科夫列维奇·拉特高泽,列大教师,历史学者

Ратнер Лия 利亚·拉特纳,尤·米的列大同学

Ревзин Исаак Иосифович 伊萨克·约瑟福维奇·列夫津,语文学者

Ревзина Ольга Григорьевна 奥莉加·格里戈里耶夫娜·列夫津娜,语文学者

Резник В. Д. 弗·达·列兹尼克——见 Днепров В. Д.

Рейд А. 艾·雷德——见 Reid A.

Рейфман Павел Семенович 帕维尔·谢苗诺维奇·赖夫曼,塔大教授,文学研究者

Ремарк Эрих Мариа 艾里希·玛丽亚·雷马克,德国作家

Репин Илья Ефимович 伊利亚·叶菲莫维奇·列宾,画家

Реформатский Александр Александрович 亚历山大·亚历山德罗维奇·列福尔马茨基,语言学者

Риббентроп Иоахим 约阿希姆·里宾特洛甫,纳粹德国部长

Римский-Корсаков Николай Андреевич 尼古拉·安德烈耶维奇·里姆斯基—科萨科夫,作曲家

Рифтин Александр Павлович 亚历山大·帕夫洛维奇·里夫京,列大教授,语文学者

Ричардсон Сэмюэл 塞缪尔·理查逊,英国作家

Ровинский Дмитрий Александрович 德米特里·亚历山德罗维奇·罗温斯基,律师,艺术学者

Рогинский Арсений Борисович 阿尔谢尼·鲍里索维奇·罗金斯基,塔大毕业生,文学研究者,历史学者,持不同政见者

Розенцвейг Виктор Юльевич 维克托·尤利耶维奇·罗森茨韦格,语言学者

Рубинштейн 鲁宾施泰因,政委

Руднев Петр Александрович 彼得·亚历山德罗维奇·鲁德涅夫,塔大副教授,文学研究者

Руссо Жан Жак 让·雅克·卢梭,法国作家

Рыков Алексей Иванович 阿列克谢·伊万诺维奇·雷科夫,苏联国务活动家

Рылеев Кондратий Федорович 孔德拉季·费奥多罗维奇·雷列耶夫,诗人,十二月党人

Рычкова Н. Г. 娜·格·雷奇科娃,数学研究者

Салтыков-Щедрин Михаил Евграфович 米哈伊尔·叶夫格拉福维奇·萨尔蒂科夫—谢德林,作家

Салупере Малле Густавовна 马勒·古斯塔沃夫娜·萨卢佩勒,塔大毕业生,爱沙尼亚历史档案馆馆员

Сальери Антонио 安东尼奥·萨列里,意大利作曲家

Самойлов Давид Самойлович 达维德·萨莫伊洛维奇·萨莫伊洛夫,诗人

Сахаров Андрей Дмитриевич 安德烈·德米特里耶维奇·萨哈罗夫,院士,物理学者

Северянин Игорь 伊戈尔·谢韦里亚宁,诗人

Сегал Дмитрий Михайлович 德米特里·米哈伊洛维奇·谢加尔,语文学者

Седакова Ольга Александровна 奥莉加·亚历山德罗夫娜·谢达科娃,文学研究者,诗人

Селищев Афанасий Матвеевич 阿法纳西·马特维耶维奇·谢利谢夫,语言学者

Семенова Е. В. 叶·弗·谢苗诺娃,画家

Сергеев Михаил Алексеевич 米哈伊尔·阿列克谢耶维奇·谢尔盖耶夫,文学研究者,图书编
目专家,民族学者

Серебряный Сергей Д. 谢尔盖·德·谢列布里亚内,东方学研究者

Серов Валентин Александрович 瓦连京·亚历山德罗维奇·谢罗夫,画家

Сидяков Лев Сергеевич 列夫·谢尔盖耶维奇·西佳科夫,文学研究者

Сидяков Юрий Львович 尤里·利沃维奇·西佳科夫,文学研究者

Сима 西玛,扎·格·明茨的表姐

Симонов Константин Михайлович 康斯坦丁·米哈伊洛维奇·西蒙诺夫,诗人

Синявский Андрей Донатович 安德烈·多纳托维奇·西尼亚夫斯基,文学研究者,作家

Скатов Николай Николаевич 尼古拉·尼古拉耶维奇·斯卡托夫,文学研究者

Скафтымов Александр Павлович 亚历山大·帕夫洛维奇·斯卡夫特莫夫,文学研究者

Скотт Вальтер 沃尔特·司各特,英国作家

Сливовская Виктория 维多利亚·斯利沃夫斯卡娅,波兰历史学者

Сливовский Ренэ 勒内·斯利沃夫斯基,波兰的俄罗斯语文学者,翻译工作者

Смирнов Александр Александрович 亚历山大·亚历山德罗维奇·斯米尔诺夫,列大教授,文
学研究者,翻译工作者

Смирнов Савватий Васильевич 萨瓦季·瓦西里耶维奇·斯米尔诺夫,塔大副教授,语言学者

Собаньская Каролина Адамовна 卡罗利娜·阿达莫夫娜·索班斯卡娅,上流社会沙龙女主人

Соколова Мария Александровна 玛丽亚·亚历山德罗夫娜·索科洛娃,列大教授,语言学者

Соколянский Иван Афанасьевич 伊万·阿法纳西耶维奇·索科良斯基,残障儿童教育家

Солженицын Александр Исаевич 亚历山大·伊萨耶维奇·索尔仁尼琴

Соловьев Владимир Сергеевич 弗拉基米尔·谢尔盖耶维奇·索洛维约夫,哲学家,诗人

Сонкина Фаина Семеновна 法因娜·谢苗诺夫娜·松金娜,尤·米的列大同学,文学研究者

Соня 索尼娅——见 Николаева С. А.

Соркина Двойра Львовна 德沃伊拉·利沃夫娜·索尔金娜,尤·米的列大同学,文学研究者

Соссюр Фердинанд де 费尔迪南·德·索绪尔,瑞士语言学者

Сосюра Владимир Николаевич 弗拉基米尔·尼古拉耶维奇·索修拉,乌克兰诗人

Сперанский Михаил Михайлович 米哈伊尔·米哈伊洛维奇·斯佩兰斯基,国务活动家

Сталин Иосиф Виссарионович 约瑟夫·维萨里昂诺维奇·斯大林

Сталь Анна Луиза Жермена де 安娜·路易丝·热尔曼娜·德·斯塔尔,法国女作家

Стамберг Линда 琳达·斯坦贝格,塔大俄罗斯语文专业毕业生

Стенгерс Изабелла 伊莎贝拉·斯唐热,伊·普里戈任的合著者

Стерн Лоренс 劳伦斯·斯特恩,英国作家

Столович Леонид Наумович 列昂尼德·瑙莫维奇·斯托洛维奇,塔大教授,哲学研究者

Судник Татьяна Михайловна 塔季扬娜·米哈伊洛夫娜·苏德尼克,语言学者

Сумароков Александр Петрович 亚历山大·彼得罗维奇·苏马罗科夫,诗人,剧作家

Суперфин Габриэль Гаврилович 加布里埃尔·加夫里洛维奇·苏佩尔芬,塔大毕业生,档案学
   研究者,持不同政见者

Сыркин Александр Яковлевич 亚历山大·雅科夫列维奇·瑟尔金,东方学研究者

Тагер Елена Михайловна 叶连娜·米哈伊洛夫娜·塔格尔,作家

Тамарченко Анна Владимировна 安娜·弗拉基米罗夫娜·塔马尔琴科,文学研究者

Тамарченко Григорий Евсеевич 格里戈里·叶夫谢耶维奇·塔马尔琴科,文学研究者

Тамарченко Натан Давидович 纳坦·达维多维奇·塔马尔琴科,文学研究者

Тарник Артур 阿尔图尔·塔尔尼克,塔尔图师范专科学校校长

Татьяна Алексеевна 塔季扬娜·阿列克谢耶夫娜——见 Николаева Т. А.

Тацит 塔西佗,古罗马历史学家

Твардовский Александр Трифонович 亚历山大·特里福诺维奇·特瓦尔多夫斯基

Терентьев Александр 亚历山大·捷连季耶夫,尤·米的列大同学

Тимофеев Леонид Иванович 列昂尼德·伊万诺维奇·季莫费耶夫,文学研究者

Тимошенко Семен Константинович 谢苗·康斯坦丁诺维奇·铁木辛哥,元帅

Титуник И. Р. 伊·罗·提图尼克——见 Titunik I. R.

Тициан 提香,意大利画家

Толстой Иван Иванович 伊万·伊万诺维奇·托尔斯泰,列大教授,语文学者

Толстой Лев Николаевич 列夫·尼古拉耶维奇·托尔斯泰

Томашевич Анатолий 阿纳托利·托马舍维奇,军官,尤·米的前线战友

Томашевский Борис Викторович 鲍里斯·维克托罗维奇·托马舍夫斯基,列大教授,语文学者

Томашевский Николай Борисович 尼古拉·鲍里索维奇·托马舍夫斯基,文学研究者,翻译工作者

Топоров Владимир Николаевич 弗拉基米尔·尼古拉耶维奇·托波罗夫,院士,语文学者,文化学者

Топчиев Р. 罗·托普奇耶夫

Тороп Пеетер 彼得·托罗普,塔大教授,文学研究者,符号学研究者

Торопыгин Петр Григорьевич 彼得·格里戈里耶维奇·托罗佩金,塔大教师,文学研究者

Тредиаковский Василий Кириллович 瓦西里·基里洛维奇·特列季阿科夫斯基,诗人

Третьяков Сергей Михайлович 谢尔盖·米哈伊洛维奇·特列季亚科夫,作家

Третьякова Ольга Викторовна 奥莉加·维克托罗夫娜·特列季亚科娃,作家的遗孀

Тронская Мария Лазаревна 玛丽亚·拉扎列夫娜·特龙斯卡娅,列大教授,文学研究者

Трубецкой Евгений Николаевич 叶夫根尼·尼古拉耶维奇·特鲁别茨科伊,公爵,哲学家

Трубецкой Николай Сергеевич 尼古拉·谢尔盖耶维奇·特鲁别茨科伊,公爵,语言学者

Трусова Елена Григорьевна 叶连娜·格里戈里耶夫娜·特鲁索娃,文化学者

Турбин Владимир Николаевич 弗拉基米尔·尼古拉耶维奇·图尔宾,文学研究者

Тургенев Иван Сергеевич 伊万·谢尔盖耶维奇·屠格涅夫

Тургенев Николай Иванович 尼古拉·伊万诺维奇·屠格涅夫,政论家,十二月党人

Тынянов Юрий Николаевич 尤里·尼古拉耶维奇·特尼亚诺夫,作家

Тютчев Федор Иванович 费奥多尔·伊万诺维奇·丘特切夫,诗人

Удальцов Иван Иванович 伊万·伊万诺维奇·乌达利佐夫,斯拉夫学者

Улыбышев Александр Дмитриевич 亚历山大·德米特里耶维奇·乌雷贝舍夫,文学家,音乐学者

Унбегаун Борис Генрихович 鲍里斯·亨利霍维奇·翁贝高恩,语言学者

Успенский Борис Андреевич 鲍里斯·安德烈耶维奇·乌斯宾斯基,语言学者,文化学者,符号学者

Успенский Владимир Андреевич 弗拉基米尔·安德烈耶维奇·乌斯宾斯基,数学研究者

Ухтомский Алексей Алексеевич 阿列克谢·阿列克谢耶维奇·乌赫托姆斯基,院士,生理

学者

Ушаков Федор Васильевич 费奥多尔·瓦西里耶维奇·乌沙科夫,亚·尼·拉季舍夫的大学
友人

Фадеев Александр Александрович 亚历山大·亚历山德罗维奇·法捷耶夫,作家

Федин Константин Александрович 康斯坦丁·亚历山德罗维奇·费定,作家

Федор Кузьмич 费奥多尔·库兹米奇,长者

Фельдбах Йоханнес (Иван Александрович) 约翰内斯(伊万·亚历山德罗维奇)·费尔德巴
赫,塔大教师,文学研究者

Феофан Прокопович 费奥凡·普罗科罗维奇,教会活动家,作家

Флобер Гюстав 居斯塔夫·福楼拜,法国作家

Флоренский Павел Александрович 帕维尔·亚历山德罗维奇·弗洛连斯基,神父,哲学家,工
程师

Фрейденберг Ольга Михайловна 奥莉加·米哈伊洛夫娜·弗赖登贝格,列大教授,语文学者,
文化学者

Фридлендер Георгий Михайлович 格奥尔吉·米哈伊洛维奇·弗里德兰德,院士,文学研究者

Фукс Нина 尼娜·富克斯,尤·米的列大同学

Хаджийский Иван 伊万·哈吉斯基,保加利亚革命家、哲学家

Халевина Маргарита Ивановна 玛加丽塔·伊万诺夫娜·哈列温娜,尤·米的列大同学,文学
研究者

Хаскина Беатрисса Яковлевна 别阿特丽莎·雅科夫列夫娜·哈斯金娜,列大教师,语言学者

Хемингуэй Эрнест 欧内斯特·海明威,美国作家

Хичкок Альфред 阿尔弗雷德·希区柯克,英国—美国电影导演

Хлебников Велимир 韦利米尔·赫列布尼科夫,诗人

Холквист М. 迈·霍奎斯特,美国文化学者

Христос Иисус 耶稣基督

Хрущев Виталий Васильевич 维塔利·瓦西里耶维奇·赫鲁晓夫,列宁格勒航空仪表学院副
院长

Хрущев Никита Сергеевич 尼基塔·谢尔盖耶维奇·赫鲁晓夫,苏联党务活动家

Цветаева Марина Ивановна 马林娜·伊万诺夫娜·茨维塔耶娃，诗人

Цейтин Г. С. 格·萨·蔡京，数学研究者

Цивьян Татьяна Владимировна 塔季扬娜·弗拉基米罗夫娜·齐韦扬，语言学者，文化学者

Цивьян Юрий 尤里·齐韦扬，文学研究者，电影学研究者

Цявловская Татьяна Григорьевна 塔季扬娜·格里戈里耶夫娜·齐亚夫洛夫斯卡娅，文学研究者

Цявловский Мстислав Александрович 姆斯季斯拉夫·亚历山德罗维奇·齐亚夫洛夫斯基，文学研究者，文献学研究者

Чаадаев Петр Яковлевич 彼得·雅科夫列维奇·恰达耶夫，哲学家

Чайковский Петр Ильич 彼得·伊里奇·柴可夫斯基

Чаплин Чарльз Спенсер 查理·斯宾塞·卓别林

Черкасский Вячеслав 维亚切斯拉夫·切尔卡斯基，文学研究者

Чернов Игорь Аполлониевич 伊戈尔·阿波洛尼耶维奇·切尔诺夫，塔大教授，符号学者，文化学者

Чернышевский Николай Гаврилович 尼古拉·加夫里洛维奇·车尔尼雪夫斯基

Чехов Антон Павлович 安东·巴甫洛维奇·契诃夫

Чижевский Александр Леонидович 亚历山大·列昂尼多维奇·奇热夫斯基，生物学研究者

Чуковский Корней Иванович 科尔涅伊·伊万诺维奇·楚科夫斯基，诗人，批评家，文学研究者

Чумаков Юрий Николаевич 尤里·尼古拉耶维奇·丘马科夫，文学研究者

Шалиев 沙利耶夫，军官

Шаныгин Александр Михайлович 亚历山大·米哈伊洛维奇·沙内金，塔大副教授，文学研究者

Шаумян Себастьян Константинович 塞巴斯蒂安·康斯坦丁诺维奇·邵武勉，语言学者

Шафф Адам 亚当·沙夫，波兰哲学家

Шахматов Александр Александрович 亚历山大·亚历山德罗维奇·沙赫马托夫，院士，语文学者

Швейцер Альберт 阿尔伯特·史怀哲，德国—法国思想家，医生

Шевченко Тарас Григорьевич 塔拉斯·格里戈里耶维奇·谢甫琴科

Эткинд Ефим Григорьевич 叶菲姆·格里戈里耶维奇·埃特金德，语文学者，翻译工作者

Эшби Уильям Росс 威廉·罗斯·艾什比，英国控制论专家

Юдина Мария Вениаминовна 玛丽亚·韦尼阿米诺夫娜·尤金娜，钢琴家

Якобсон Роман Осипович 罗曼·奥西波维奇·雅各布森，语文学者，文化学者

Яковлев Михаил 米哈伊尔·雅科夫列夫，列大教师，语文学者

Ямпольский Исаак Григорьевич 伊萨克·格里戈里耶维奇·扬波利斯基，列大教授，文学研究者

Янакиев Мирослав 米罗斯拉夫·亚纳基耶夫，保加利亚的文学研究者

Ярхо Борис Исаакович 鲍里斯·伊萨科维奇·亚尔霍，文学研究者

Andrew Joe 乔·安德鲁

Bethea David 大卫·贝西亚

Eco Umberto 翁贝托·艾柯——见 Эко У.

Kauchtschischwili Nina 尼娜·考赫奇什维利——见 Каухчишвили Н. М.

Mandelker Amy 艾米·曼德尔克尔

Marzaduri M. 马·马扎杜里

Morson G. S. 加·索·莫尔森

Polukhina Valentina 瓦莲京娜·波卢欣娜——见 Полухина В.

Reid Allan 艾伦·雷德

Reid Robert 罗伯特·雷德

Sebeok Thomas 托马斯·西比奥克

Segal D. 德·谢加尔——见 Сегал Д. М.

Shukman Ann 安·舒克曼——见 Шукман А.

Sliwowski Rene 勒内·斯利沃夫斯基——见 Сливовский Р.

Titunik I. R. 伊·罗·提图尼克

Verč Ivan 伊万·韦尔奇

Voloshinov V. N. 瓦·尼·沃洛希诺夫

Zyłko Bogusław 博古斯拉夫·日尔科——见 Жилко Б.

传记、回忆录与学术论著的合璧

（代译后记）

　　尤里·米哈伊洛维奇·洛特曼已出版的著述据统计多达九百余种。这些撰作以精微细腻著称，特别是其理论体系，往往呈现出层层嵌套、密切交织的圈层结构，如若单独截取某一侧面进行阐述，不免会有残缺之憾。为此，对洛特曼的学说进行整体性、系统性的把握，就成为一项颇具挑战却又十分必要的任务。在俄文文献中，旨在对洛特曼学术遗产进行整体性评价的资料尚不多见，此书就是其中不容忽视的，乃至"最为详尽的"一部（本书作者语；以下凡出自本书的引文，不再另注）。此书以传记的形式回顾了主人公并不平凡的一生，梳理了洛特曼学术思想的形成历程，并对其主要学术成果进行了细致的分析和中肯的评价。作者鲍里斯·费奥多罗维奇·叶戈罗夫既是洛特曼多年的同事和挚友，又是塔尔图—莫斯科符号学派的重要成员。与洛特曼近五十年的友谊使他掌握了关于传主的大量第一手资料，作为学派的创建者和见证人之一，他对洛特曼和塔尔图—莫斯科学派思想的见解自然也颇具权威性。

　　对传主的专业成就进行学术性的研究和恰当的评说，探析传主在其领域所从事的工作或其思想的发展，并说明取得这些成就的主客观原因，是学术传记写作的题中之义①。就此而言，此书无疑达到了一部优秀学术传记的标准。

　　首先，叶戈罗夫从方法论角度出发，系统地审视了洛特曼学术思想的发展历程。作者将洛特曼的学术探索划分为三个主要阶段。第一阶段为大学时期到1960年博士学位论文的撰写，叶戈罗夫将其定性为"黑格尔—青年马克思主义"阶段。该阶段的特点是实证主义传统与历史主义及辩证法的结合：深耕研究对象的背景材料，探索研究对象与"包括阶级问题和阶级利益在内的社会—政治现

---

① 杨正润：《现代传记学》，南京大学出版社，2009，第288页。

实的关联"，注重分析的完整性，且坚信社会和文化发展具有内在规律。受方法论原则和时代风气影响，洛特曼这一时期的作品往往对斗争、阶级性和文艺作品的社会约定性多有提及。第二阶段始于洛特曼的第一部结构主义专著——《结构诗学讲义》(1964)，是洛特曼学术思想的成熟时期，叶戈罗夫称之为"结构—符号学"阶段。在此阶段，洛特曼结合信息论与结构主义的思想成果，将文本置于交际过程中加以考察，探讨了文本的结构、功能、意义生成机制等问题。此外，由于将文化视为文本及其功能的集合，洛特曼也开始从艺术文本研究进入更为广阔的文化文本研究领域。他此阶段的主要研究内容——文本理论、文艺符号学和文化符号学，具有明显的相互关联性，且越到后期，其文艺学研究与文化学研究的交融就越显紧密。第三阶段指的是洛特曼晚年的20世纪80—90年代，此时，不仅学者的研究领域不断拓宽（从文化研究拓展至历史研究），其文艺学思想也发生了哲学转向："本体论问题首次得到了详细分析，艺术时间也首次获得了与空间相等的地位"；在研究内容上，洛特曼亦开始对死亡、虚空、永恒等"神秘"主题展开探索。通过这三个阶段的划分，叶戈罗夫便得以整体地把握住洛特曼学术思想的基本框架，继而对单篇（部）学术作品的具体特点展开分析。

其次，在论述洛特曼学术思想演进的同时，叶戈罗夫也注意到了其中一以贯之的内核。一方面，洛特曼的文本观始终强调文本与文本外结构（文化）的关联与互动，而这种将研究对象置于广阔文化语境中进行审视的方法，正与洛特曼早期精耕研究对象的周边文本，力图还原文本所处环境的实证主义和历史主义方法一脉相承。另一方面，不同于一般的观点，即认为洛特曼后期的文化符号学思想在某种程度上摈弃了其前期的结构主义方法，叶戈罗夫既未将洛特曼晚年的文化学研究单独划分为一个阶段，也不认为晚年洛特曼抛弃了结构主义，只不过对早年间略显刻板的方法进行了更为灵活的调整。例如，无论是在对文学作品人物结构的分析中，还是在文化类型学研究中，洛特曼都着重考察过系统间各要素的对立统一关系，只不过他前期更强调二元对立在分析复杂系统时的简便性，后期则认识到了三元系统的包容性和稳定性。

再次，此书对洛特曼一些鲜为人知的学术成果进行了再发现。由于与传主联系密切，叶戈罗夫掌握有不少关于洛特曼的"独家"材料。通过对这些"独家"

文献,特别是早期文献的解读,叶戈罗夫对洛特曼思想的萌芽和成形、塔尔图—莫斯科学派的产生和发展等学术史问题做出了更为精确的说明。例如,作者将洛特曼转向结构主义的最初尝试追溯至 1962 年发表于地区性学术会议报告提纲集中的《结构视角观照下的艺术与生活共通性问题》一文,并指出了此文在内容上与《结构诗学讲义》的联系。在辑存于附录的《巴赫金与洛特曼》一文中,作者则"重新披露"了洛特曼 1983 年在德国席勒大学的巴赫金研讨会上所做的重要报告——《巴赫金的遗产与符号学的现实问题》。值得一提的是,此书还辟专章讨论了洛特曼的学术创作中较少被人论及的"人工智能"①问题。不过,洛特曼对于"智能"的定义着眼于新信息的生成,其所谓"人工智能"是一种能够产生(往往是不可预测的)新信息的人造机制;从某种意义上说,文化就是一种人工智能。现代计算机科学中的"人工智能"则通过计算机来模拟人类学习、推理、思考、规划等思维过程和智能行为,它所涉及的"新信息"产生于统计学原理,故其总体方向还是可以预测的。所以,此"人工智能"并非彼"人工智能",尽管也有学者指出,洛特曼的"人工智能"思想或可与认知神经科学中关于意义生成机制的研究相结合。②

最后,此书对传主的学术成果进行了较为客观的评价。在高度肯定洛特曼著述价值的同时,叶戈罗夫也公正地指出了其中的一些问题,如引文中偶有错漏,晚年的一些作品缺少对引用文献的注释,过度扩大归纳法的使用范围等。作者也并不回避洛特曼与前辈学者(洛谢夫、巴赫金等),与塔尔图—莫斯科学派成员(鲍·米·加斯帕罗夫),甚至与作者本人之间的学术争议。但是,对于一些缺乏根据的攻讦,叶戈罗夫也在后记中予以了回应。总之,情感上对传主的支持、维护与学术讨论中的公正、客观相结合,这是此书作者立场的特点。

正如书名所示,"生平"与"创作"是这部传记不可分割的两个关键词。作者的写作宗旨,即为"把对他(指洛特曼)创作演变的分析与他个人的生平事迹,与

---

① 其俄文术语洛特曼多用 искусственный интеллект,有时也用 искусственный разум。

② 马雷克·塔姆,彼得·托罗普:《尤里·洛特曼指南:文化符号学理论》,布鲁姆斯伯里学术出版社,2022,第 10 页。

具体的、没有留下任何记录的言谈话语，与具体的性格特点紧密地结合起来"。这种结合主要体现在三个层面。一是在叙述传主的生活经历时顺带提及相关学术作品，如将洛特曼儿时与姐姐们演绎勃留洛夫名画的游戏视为其晚年所撰论文《关于庞贝城末日一诗的设想》的灵感来源。二是在评述洛特曼的学术作品时兼论其个性、品质。例如，叶戈罗夫从《〈上尉的女儿〉的思想结构》一文出发，谈到了洛特曼将全人类所共有的善良和慈悲置于阶级范畴之上的人文主义精神。其三是注重传主性格与其世界观的联系，并关注此二者在学术作品中的反映。例如，书中多次谈到洛特曼对于"反转"，也即矛盾双方之相互转换的兴趣。叶戈罗夫从中看到了洛特曼早年辩证法精神的延续，将其归结于"偏向于破坏旧的结构和联系，对原有的元素用全新的形式加以重组"的性格，并指出了这种取向与洛特曼晚年所提"爆发"学说的联系。

此外，叶戈罗夫还注意到了洛特曼学术作品中的自传性。这集中体现在叶戈罗夫与洛特曼围绕后者所撰普希金传记中的"生活建构"思想而展开的学术争论。洛特曼认为，普希金对于自己的性情禀赋有一种高度的自觉，他既在无意识中受此影响，又有意识地顺应这种心理取向，选择了一条充满着斗争和激情，因而也艰辛却快意的人生道路。叶戈罗夫则对这种观点持怀疑态度，并在洛特曼的解读中察觉出了一定的"自我反映"色彩："他（指洛特曼）喜欢那些在他看来曾'建设'过自己生活的作家（卡拉姆津、普希金），他们反抗任何干涉其私人生活的企图，勇敢且富于创造性地为他们所预设的目标而奋斗。他喜欢他们，因为他自己就是这样的人——反抗且斗争。"①除普希金外，勇于"建设"生活的精神在洛特曼笔下的卡拉姆津、拉季舍夫、十二月党人等杰出人物身上也有所体现，甚至其回忆录中所塑造的托马舍夫斯基、艾亨鲍姆等学者形象亦具有类似的特点。在我们看来，这种"生活建构"精神与洛特曼毕生推崇的"知识分子气质"具有一种内在的共通性，其核心便是对自我的尊重，是完整、独立而强大的心灵。它使人不再成为外在环境的奴隶，而能对自己的行为充分负责，凭其意志有所为、有

---

① 鲍·费·叶戈罗夫：《尤·米·洛特曼的个性与创作》，载《普希金》，艺术—圣彼得堡出版社，1995，第5页。

所不为,从而获得内在的自由,成为"创作型人格"①。联系到晚年洛特曼以坚持
不懈的学术创作来对抗疾病、衰老乃至死亡的事实,以及叶戈罗夫在书中反复谈
起的洛特曼的"骑士精神",有理由认为,洛特曼本人也具有这种崇高而坚毅的品
质。正如塔·德·库佐夫金娜所言:"尤·米从未背离过由 19 世纪俄罗斯文化
所孕育出,并为他这位研究者所熟知的知识人的行为理想。尤里·米哈伊洛维
奇本人往往就是他所描述的文化—行为代码的注脚。"②有趣的是,洛特曼本人
似乎也已注意到这种"自我反映"现象在人文学者创作中的普遍性,而这又与他
所钟爱的"二重反映"现象形成了有趣的呼应。对这一问题有意识的凸显,也使
此书获得了一种独特的递归结构。

当然,"生平"与"创作"的结合必然会引出"传记"和"学术"的比重问题,而这
一直是学术传记写作的难点。这种特殊的传记体裁一方面要求依据翔实可信的
材料,对传主生平及其时代进行客观、准确、完整、细致的叙述,另一方面则力求
真切地描绘出传主的个性和形象,最好还能具备一定的故事性。为此,作者在此
书的体例安排和语言运用上都进行了一番斟酌。

在全书的布局上,作者尽力实现学术性、资料性与可读性、趣味性的平衡。
为了保证传记的完整一贯,此书的正文集中展现了洛特曼作为学者的那一面,而
对于其作为普通人、作为丈夫和父亲的形象着墨不多;为了揭示洛特曼毕生的创
作"背后所隐藏的原因,以及其中所伴随的复杂人为因素及作用",作者又大量引
述了传主及其相关人士的口述资料、档案、通信等文献,有时甚至直接罗列洛特
曼在各个时期所授课程的名称和所做报告的标题。这固然能使读者切实体会到
学者研究课题的广度和深度,却也部分地牺牲了作品的趣味性。作为对此的补
偿,叶戈罗夫将自己所写的数篇笔调轻松的回忆性散文纳入了此书的附录,它们
丰富了洛特曼作为家庭成员(儿子、兄弟、丈夫、父亲)、作为卫国战士和作为朋友
的多个侧面,提供了丰富而动人的细节,与正文中的相关内容形成了绝佳对照。

---

① 尤·米·洛特曼:《培育心灵》,艺术—圣彼得堡出版社,2005,第 478 页。
② 塔·德·库佐夫金娜:《尤·米·洛特曼生前最后几篇文章中的死亡主题》,载《俄罗
斯研究》(圣彼得堡),1995,第 4 期,第 290 页。

翻阅此书时,读者诸君不妨适时"打乱"阅读顺序,将正文与附录参照来看;届时,洛特曼为人为学的一贯性便会有所显现,其学术遗产也将不再成为枯燥抽象、难以领会的玄谈,而是一位有血有肉且不乏幽默感的学者的心智产物。

在叙述策略和语言风格上,叶戈罗夫也突破了一般的学术传记写作传统。作者在此书中展现出的形象,并非高踞事外、冷眼旁观的"局外人",而是"唯一一个尤·米·洛特曼总是乐于与之分享所有想法、主意和内心秘密的人,也是少数几个能数十年如一日,在心智上都与他如此亲密交往的人之一"。如此,作者方能在保持学术上的客观性之外,充分展现传主乃至其自身的性情。此书在体裁上处于传记、回忆录和学术论著的结合点,书中的叙述视角也灵活自在,变动不居。在叙述洛特曼少年和暮年的生活时,作者以全知、自由的视角出现;在涉及洛特曼成年时期的工作、生活时,他又作为洛特曼的朋友和同事之一,作为其生活的见证者和参与者,以其本人的视角展开叙述。由于采用了场内视点,叙述者自然无法窥知事件进程的全貌,这时,作者便直接引用洛特曼亲友同事的回忆录或日记,让同时代的学者们发出各自的声音和见解。交错的多重视点、饱含情感的文字、生动的轶事、丰富的细节以及第一人称代词"我们"的频繁使用,为此书叙述平添了现场感,使人对塔尔图平等融洽的学术环境油然心生向往。不仅如此,作者还以浅显的语言耐心解释符号学术语,尽力带领普通读者走进洛特曼的学术世界。此书并不以优美的语言和写作技巧取胜,却以真挚的情谊和生动的抒写打动人心,细细读来,我们不会怀疑老一辈学者通过此书来与广大读者实现交流的诚意。

对俄国文论研究者而言,此书在某种程度上有如一部学术资料汇编,辑有与洛特曼思想研究相关的大量材料。诚然,近年来,关于洛特曼生平的资料(通信集、回忆录等)不断出版,这使得此书中的一些素材通过其他渠道进入了公众视野,不再"独此一家",但这依然无损于此书的学术价值和实用价值。正如洛特曼所说,文本间的联系有时比文本的数量更重要。经过作者精心梳理整合的文献资料,和对洛特曼学术遗产的独到评价,构成了此书的独特魅力。它依然是带领读者走进洛特曼精神世界的一部佳作。

考虑到中国读者的习惯,译文略有删减。

　　本译著系 2021 年度国家社科基金重大项目课题"尤里·洛特曼著作集汉译与研究"（21&ZD284）和江苏省社科基金重点项目"尤里·洛特曼文学语言理论研究"（20WWA001）的阶段性成果。

译者
2023 年元月